全椒古代典籍叢書

薛春黎集

1

（清）薛春黎 撰

政協全椒縣委員會 編
國家圖書館出版社

圖書在版編目(CIP)數據

薛春黎集:全三册/(清)薛春黎撰;政協全椒縣委員會編. —北京:國家圖書館出版社,2020.12

(全椒古代典籍叢書)

ISBN 978-7-5013-7218-8

Ⅰ.①薛… Ⅱ.①薛… ②政… Ⅲ.①薛春黎—文集 Ⅳ.①Z429.49

中國版本圖書館 CIP 數據核字(2020)第 259799 號

國家圖書館出版社
官方微信

書　　名　薛春黎集(全三册)
叢 書 名　全椒古代典籍叢書
著　　者　(清)薛春黎　撰　政協全椒縣委員會　編
項目統籌　殷夢霞
責任編輯　張愛芳　張慧霞　司領超
封面設計　翁　涌

出版發行　國家圖書館出版社(北京市西城區文津街7號　100034)
(原書目文獻出版社　北京圖書館出版社)
010-66114536　63802249　nlcpress@nlc.cn(郵購)
網　　址　http://www.nlcpress.com
排　　版　中睿智成(北京)科技有限公司
印　　裝　北京華藝齋古籍印務有限公司
版次印次　2020年12月第1版　2020年12月第1次印刷

開　　本　710×1000　1/16
印　　張　78.6
書　　號　ISBN 978-7-5013-7218-8
定　　價　900.00圓

總序

皖東全椒，地介江淮，壤接合寧，古爲吳楚分野，今乃中部通衢，建置歷史悠久，文化底蘊深厚。據《漢書·地理志》載，全椒於漢高祖四年（前二〇三）置縣，迄今已逾二千二百二十年。雖屢經朝代更替，偶歷廢易僑置，然縣名、治所乃至疆域終無巨變。是故國史邑乘不絕筆墨，鄉風民俗可溯既往，遺址古迹歷然在目，典籍辭章卷帙頗豐。

有唐以降，全椒每以文名而稱江淮著邑。名臣高士時聞於朝野，文采風流廣播於海內。本邑往哲先賢所撰經史子集各類著作并裒輯之文集，於今可考可見者，凡數百種一百七十餘家。其年代久遠者，如南唐清輝殿學士張洎之《賈氏譚録》、宋代翰林承旨吳幵之《優古堂詩話》《漫堂隨筆》；其聲名最著者，如明代高僧憨山大師（釋德清）之《憨山老人夢游集》、清代文豪吴敬梓之《儒林外史》；至於衆家之鴻篇巨制、短編簡帙，乃至閨閣之清唱芳吟，舉類繁複，不一而足。又唐代全椒鄉賢武后時宰相邢文偉，新舊《唐書》均有其傳，稱以博學聞於當朝，而竟無片紙傳世，諸多文獻亦未見著録其作；明代全椒鄉賢陽明心學南中王門學派首座戚賢，辭官歸里創南譙書院，經年講學，名重東南，《明史》有傳，然文獻中唯見其少許佚文，尚未見輯集。凡此似於理不合，贅言書此，待博見者考鏡。

雖然，全椒古爲用武之地，戎馬之鄉，兵燹頻仍，紳民流徙，兼之水火風震，災變不測，致前人之述作多有散佚。或僅見著録下落不明，或流散異鄉束之高閣，且溯至唐代即疑不可考，搜於全邑亦罕見一帙……倘任之如故，恐有亡失無徵之虞，亟宜博徵廣集，歸整編次。前代鄉先輩未嘗不欲求輯以繼往開來，然薪火絶續，非唯心意，時運攸關。

今世國運昌隆，政治清明，民生穩定，善政右文，全民呼應中華民族復興，舉國實施文化强國戰略。全椒縣政協準確把握時勢，以傳承發展中華優秀傳統文化爲己任，於二〇一七年發軔擔綱編纂《全椒古代典籍叢書》，獲全椒縣委、縣政府鼎力支持，一應人事財力，適時調度保障。二〇一八年十月，古籍書目梳理登記及招標采購諸事宜甫定，即行實施。

是編彙集宋初至清末全椒名卿學士之著述，兼收外埠選家裒集吾邑辭章之文集，宦游者編纂他邑之志書則未予收録。爲存古籍原貌，全套影印成册。所收典籍底本，大多散落國内各省市、高校圖書館及民間收藏機構，或流落海外，藏於日英美等異邦外域。若依文獻目録待齊集出版，一則耗時彌久，二則亦有存亡未定者，恐終難如願。爲搶救保護及便於閲研計，是編未按經史子集析分門類，而以著述者個人專題分而輯之，陸續出版。著多者獨自成集，篇短者數人合集，多則多出，少則少出，新見者續出。如此既可權宜，亦不失爲久遠可繼之策。全椒古籍彙集編纂，史爲首舉。倉促如斯，固有漏失，非求急功近利，實乃時不我待。拾遺補闕，匡正體例，或點校注疏，研發利用，唯冀來者修密，後出轉精。

賴蒙國家圖書館出版社承影印出版之任，各路專家學者屬意援手，令尋訪古籍、採集資料、版本之甄别、編纂之繁難變而稍易。《易》曰：『二人同心，其利斷金。』君子共識而遇時，其事寧有不濟哉？

文化乃民族之血脉，典籍乃傳承之載體。倘使吾邑之哲思文采，燭照千秋，資鑒後世，則非唯全椒一邑獨沾遺澤，亦可忝增泱泱中華之燦爛文明以毫末之光。編次伊始，略言大要，勉爲是序。全椒末學陸鋒謹作。

《全椒古代典籍叢書》編纂委員會

二〇一八年十月

前言

薛春黎（1813—1862），字淮生，號稚農，一字仲耕，安徽全椒人。清道光二十六年（1846）丙午科優貢，次年朝考二等。清咸豐二年（1852）高中江南解元，三年進士及第，欽點翰林院庶吉士。薛氏在全椒乃望族，號爲『福星薛氏』。薛春黎之祖薛鳳、父薛鑫皆一時耆學，在當地文名遠播。薛春黎與其兄薛暄黍、其弟薛時雨更是影響深遠，并稱『三鳳』。薛氏少承父教，治經有家法，尤精『三禮』之學。進入翰林院後，他更是鋭意精進，潛心研討『四史』『三通』，乃至應用公文。

薛春黎對官場上的爾虞我詐、争名奪利之事往往不屑一顧，故而在朝廷上衹與王茂蔭、尹耕雲、黄雲鵠、何秋濤等耿介之士往來。薛氏在被任命爲御史後，更是敢言直諫，不避權貴。咸豐十年七月，英軍兵犯天津，薛春黎奏請定戰守策，以固國本。不久圓明園被焚毀，怡親王載垣聯合鄭親王端華及肅順，發動政變以竊取朝廷大權。薛春黎大膽上疏彈劾三人罪狀，請求治罪。疏上未果，薛氏又親往宫門，以死相争，請誅三奸，以清君側。薛春黎在擔任御史期間，既操練兵勇，又處理文案，還不時登上城門，巡視西城。咸豐十一年，皇帝駕崩，發動政變的大臣皆被問罪，薛春黎因功晉四品卿銜。

清同治元年（1862），薛春黎任江西鄉試副考官，因積勞成疾，病逝於南昌貢院。薛春黎卒後十餘年，其弟薛時雨的學生譚復撰寫《山東道監察御史薛先生墓表》以爲紀念。清光緒元年（1875），祀鄉賢。薛春黎生前留下多種著述，此次編纂的《薛春黎集》收録其文獻六種。《淮生日記》與《星軺日記》乃薛氏宦海浮沉之記録；《味經得雋齋課徒草》《味經得雋齋律賦》《薛淮生文稿》爲薛氏課徒課子之應制文；《後七家詩選》選編了近代詩人的試帖詩，以爲應舉之範式。《薛春黎集》作爲薛氏著述的第一次彙編，其學術價值是不言而喻的，我們相信此集的出版將有助於晚清文獻的研究。

《全椒古代典籍叢書》編纂委員會

二〇二〇年十二月

凡　例

一、本集凡文獻六種，成書三册，乃薛春黎著述之合集。

二、本集所收各書，另撰有提要置於全書之前。

總目録

第一册

淮生日記不分卷　（清）薛春黎　撰　清袁昶鈔本……一
星軺日記一卷　（清）薛春黎　撰　清咸豐十一年（1861）稿本……一九
味經得雋齋課徒草一卷　（清）薛春黎　撰　清同治三年（1864）刻本……六三
味經得雋齋律賦一卷（一）　（清）薛春黎　撰　清同治十一年（1872）刊《薛氏五種》本……二〇三

第二册

味經得雋齋律賦一卷（二）　（清）薛春黎　撰　清同治十一年（1872）刊《薛氏五種》本……一
薛淮生文稿一卷　（清）薛春黎　撰　清光緒四年（1878）刻本……一〇五

後七家詩選七卷（一）　（清）許乃普等　著　（清）薛春黎　輯　清光緒二年（1876）刻本…………　一七三

第三册

後七家詩選七卷（二）　（清）許乃普等　著　（清）薛春黎　輯　清光緒二年（1876）刻本…………………　一

提要

一、淮生日記

《淮生日記》不分卷，清薛春黎撰，清袁昶鈔本。袁昶，原名振蟾，字爽秋，一字重黎，號浙西村人，浙江桐廬人。是書見收於袁氏《毗邪臺山散人日記》癸酉五月條目之下，題作『續録淮丈日記』。後中華書局據此稿本，將其收入《近代歷史資料》第三十四號中。第二次鴉片戰爭時，薛氏主張抵抗，日記對當時清廷内部之情況，記述較詳。是書記自清咸豐十年(1860)七月十二日，終於咸豐十年十月初五日。卷端間有袁昶眉批，有精煉者如『備查』，亦有大段評語曰：『羸卒窮官，可歎！此左恪靖所以欲南領廣部以爲籌餉之資也。』卷末跋語謂：『以上録薛日記竟。』原稿已於庚子間散佚。

二、星軺日記

《星軺日記》一卷，清薛春黎撰，清咸豐十一年（1861）稿本。全書以行草撰寫。星軺者，使者也，此殆爲薛氏出使日記。版心處所題『玉乘齋』，或爲所用信紙之門店。所述起自咸豐十一年六月初六，終於咸豐十一年八月初六。末七頁爲薛氏開銷記録，其中包含扇、箋等多種物什。卷末記録黄天傑、胡秉鈞、洪瑞雲諸人生平資料，似爲信手所題。此書於晚清政治、外交具有較大文獻價值，今見收於故宮博物院，後收入《故宫珍本叢刊》。

三、味經得雋齋課徒草

《味經得雋齋課徒草》一卷，清薛春黎撰，清同治三年（1864）刻本。是書乃薛氏課徒之八股文也。扉頁題『味經得雋齋課徒草，薛淮生，無錫氏著校』，并鈐有『首都圖書館藏書之章』印。卷首有張畹九、高延祜、陳榮紹序。目録前題『全椒薛春黎淮生甫著，受業李方豫、張兆蘭同校』。此書選《大學》八股文五篇，《論語》八股文十三篇，《中庸》八股文四篇，《孟子》八股文八篇，凡三十篇。目録後有跋語謂：『考制義創自王荆公半山安石介甫，故宋文文山、陸象山、蘇子由皆有經義之題，内含八股意思，故後以王安石爲制義之祖、古文之遺。』正文有各種閲讀符號，以明文法之精義。每篇後皆有點評，首篇後有手書評語『思清筆健，骨重神寒』。卷末有薛氏弟子張兆蘭跋語。

四、味經得雋齋律賦

《味經得雋齋律賦》一卷，清薛春黎撰，清同治十一年(1872)刊《薛氏五種》本。扉頁以小篆題寫『味經得雋齋律賦』，落款爲『秣陵敲甫氏題』。牌記曰『同治壬申年三月開雕』。卷首有薛氏之弟薛時雨同治十年九月序。目録前署『全椒薛春黎淮生著，男葆槤、婿袁振蟾仝校字』。據薛時雨序謂：『此册所編律賦乃授徒時改諸生程作，從他處葺録者。又搜得歲科試及翰林館課諸作，一并厘訂成帙。其疏章論議之文，當續搜采開雕，摭拾畸剩以表先生志節之所在。』全書收律賦七十四篇，舉凡詩賦、史賦、物賦，皆在囊括之列。晚清律賦已不能合於唐之理法，薛氏之作極有條理，體物瀏如，援比皆典，可爲一時之典範也。

五、薛淮生文稿

《薛淮生文稿》一卷，清薛春黎撰，清光緒四年（1878）刻本。扉頁爲『薛淮生文稿』，牌記謂『光緒四年秋九月四明茹古齋刻書牌記』。正文鈐有『南京圖書館藏』印。書名旁有『福慈三板』標記，暗指此書乃三版開雕。卷首爲陳榮紹及高延祜同治三年序。正文評語以文法論之，所涉有主題、文脈、結構諸範疇，簡潔精當。每篇標題之下皆有薛春黎署名。

六、後七家詩選

《後七家詩選》七卷，清許乃普等著，清薛春黎輯，清光緒二年（1876）刻本。此書扉頁題『近七家試帖詩輯注』，牌記謂『光緒二年春正月，京師琉璃廠開雕』。卷首有陳彝、曹熗光緒元年序。是書無薛氏署名，卷端題曰：『錢塘許乃普滇生著，甘泉王禄書硯耘注釋。儀徵張寶恩石生、儀徵嚴玉輝韞初校字，儀徵張兆蘭畹九。』以下人名闕如。另有此書刻本卷端題曰：『全椒薛春黎淮生輯，儀徵後學張集聲嘯秋參訂，守業張兆蘭校刊。』目録後有薛氏跋語謂：『幼讀張玉田先生《七家詩選》，心嚮往之。歲辛酉，館於儀徵張氏，見其插架中多近人帖體詩。秋窗多暇，悉心選擇，共得七家，計若干首。顔爲《後七家詩》，以爲塾中刻本非敢效顰也。庚申新秋，淮生自記。』許乃普，字滇生，浙江錢塘（今杭州）人，嘉慶庚辰科榜眼，吏部尚書，謚文恪。是編收許氏試帖二十六篇，每句皆有詳解。

淮生日記不分卷

（清）薛春黎 撰

清袁昶鈔本

○續録淮文日記

十六

○咸豐十年轃七月閏山東山西抗旱十二日熒惑
逼南斗太白晝見其長亘天　桂中堂良出京往
津
全謝山與曉嵐學士約共讀永樂大全日盡二十
本可畏可畏以是知讀書之必立限程也分上資
中下資臨時酌立限數
○十五牙門知會　欽派幫辦五城團防處同派十
人吳拙庵郭潄六薛世香楊蒱香朱海門劉鐫山
白蘭岩　帮辦中城則徐夢江泉余
以下數條與
拙修集參看

備查

○十六午後至浙紹鄉祠即團防公局總理大臣為
周中堂陳子鶴宋雪颿潘壘齋十七膳摺
請唐根石閱定十九復繕以未合款式易之 申刻赴園二
十寅初公服偕世香希初至奏事處遞摺巳初入
內預備聞已發交軍機矣
○廿五連日秋燥夷務喫緊和不成和戰不成戰昨
晚各大臣會議均謂 巡幸木蘭○○
御駕親征均萬不可行不得已仍就撫局 命怡
王穆蔭即日同往於是京師人心大震

十七

○廿六丙日吏胥捉車市為一空擬上衙門不果晚間衙門知會赴　園

○廿七午夜赴　園與同人赴　闕上書巳刻傳出硃諭未蒙　採納同人皆噭然而哭擬再冒死遞封請　巡幸萬不可行廿八同人遞連銜封奏抗疏力爭兩摺皆眉生秉筆堅請明須諭旨即刻還宮庶以定人心而延國脈翁祁兩中堂及九卿均遞封奏申刻傳出　上諭人心大定

○廿九酉刻入城至牙署住宿內城營棚棊布入夜

羸卒窮官可數此左恪靖所以欲守南領廣部以為籌饟之資也

鐙光連綴似星三鼓即起

八月初三巳刻赴潁料會館即中城辦巡防處時商民雲集議中城募勇百人勸諭民捐民用上户六十中户四十下户廿亦仙倡捐二百予與夢江倡捐百六十吊中城備有午飦紳士董蓬山作陪午後飦畢操演機桶與亦仙夢江小坐錦叢外邊旗幟森列中矗一竿約高五丈上豎大旗東西對設機桶擔水之夫各以小旗引導注滿掌桿者皮衣中立白光直上如虹在空赤日當天飛雨四落

十八

亦大觀也歸至團防處晤四大臣初四本牙門遞
連銜封章是日拏獲暎夷五人送交刑部

○初五午後人心驚惶聞僧邸已經小挫又解夷酋
廿餘名來京晚間聞有吧嗄哩在内廣東人無不
欣躍以該酋最為兇狡也

○初七午後恭繕奏摺外間傳言齊化崇文門各均
閉戲館忽剪弛内人已撤盡市間驚擾不已二更
後聞翁玉甫言通人逃奔來京恐有奸細是以閉
門不納潘星翁言午間僧邸已打勝仗奏摺不果

○初八巳刻　聖駕啟行將以北狩舉城驚恐崇宣文宣武門不啟人心更疑淀津喧攘竟夜作字寄五城堅囑出示初九探知各舖面尚閑五城告示已出徧處實貼如有搶刼格殺勿論儻凡民拏獲送團防處即行正法因此人稍心定午後西便門巳閉彰義南西兩門亦閉人心驚疑潰兵環城喧擾申刻與小宋前輩急辦本街團練親往輸寫仍以圖通觀道士總筦

○初十訛言四起忽好忽壞因連日無報城門巳閉

各路耗息不通也申刻至額料總局點勇時中城
新募二百探知今日已奉　諭旨命全小汀周賈
兩中堂為辦事大臣
○十一天氣連日晴朗紛紛告假出京　十二夷匪
游奕城下我兵眎之若無睹也
○十三出都車馬絡繹不斷西便門尚開一切米菜
均不得入二更至中城巡夜聞夷有攻齊化門之
意　十六車行生意無以復加百里之近必得十
金千里而遥即需百兩加以兵差絡繹通市竟無

一車

○十八團防處知會有緊要公事面商借車赴局時

同仁堂藥鋪樂平泉恒和木廠王海擬用弦高犒

師之法代為議和僧邸有文書與五城商酌擬約

各鋪户同往現夷人已運大炮至八里橋仍不時

至城根游奕

○十九午後赴團防處探問商人消信擬於明日出清

晨出城衆商在黑寺會齊至夷營犒勞二十京官

出城十室九空

〇廿三探知夷人五六百名於昨午赴　園夜有火燄光城門又復緊閉僧王退至西直門角樓夷由六里屯亮馬橋廣西門龍頭村拔營至德勝門外土城黑寺紮住又分股至　園搶掠我兵全潰蘆溝長新篁村等處已滿行人不能徑過城内驚恐銀價驟昂午後便門甫開出京者滔滔不絕

〇廿四車直較前尤昂百里竟須廿金矣彰義門仍未開是日釋巴夏李

〇廿五甫講和議恒子久力言其事巳刻夷人入城

由安定門入仍留一門出入儘他把守

○廿六早起聞夜間探報夷人飭民夫押抬綢緞衣物運至土城褡褳搜鄭怡僧各王府金銀等物及廣擒掠一空又報昨午新來夷人自石家故至此句

敘僧邸起至天甯寺而各門兵砲齊撤不可解已未刻赴園防處

○廿七夜間探報知夷於昨晚又有數十人至園鬧游動貝子帶兵至園彈壓土匪佳紅廟地方土城有騎馬夷人瞭望仍屯在黃寺等處連日大風天

二十

氣驟寒

○廿八入城慰問沈公□□時園屬衣箱書籍悉被掠去兼喪車馬

○廿九是日午刻開定安門夷人進城馬步隊約有五六百名恒子久帶隊引入進城後見城上五虎桿上有藍旂一桿心内白十字十字廂紅邊城外夷人仍回地壇即毀地壇起築炮臺

○九月朔探報安定門樓五虎桿下夷人設大炮一尊東邊城廧上設小砲四尊城樓下尻中設大炮

二尊上下炮口俱係向男〔南〕另有夷人二三百人手
執長槍在城上往來巡邏城内鋪户仍照常開設
又據東城外坊報昨日午刻由安定門放進馬步
夷兵四起同和[illegible]窑夷營僅剩二十餘人是日
恭邸進城住天寧寺

○初二探報安定城東廧下挖有馬道夷人出入無
常謠言大作人心驚恐又聞辰刻鼓吹撤隊未知
確否夜雨達旦

○初三内城真豪宗巨賈遷〔徙〕紛紛道路銜接銀價貴

至卅折辰刻恒子久同巴酋到監約帶夷人步隊五六十名復至雍和宮赴　聖廟初四大風
○初五夷人焚燬　圓明園烟氣漳天都門震恐凡二日火光不息夷人照會又索五十萬元允以初九限期以兵弁為我處傷害也又索皮衣三千件氊毯三千條及牛羊薪米
○初六董丞送皮衣二千件氊毯五百條夷人不收仍押交大興縣
○初七俄羅斯夷官為我說和言明賠償五十萬兩

準於初九兑付擬初十日換約後再過旬日方撤兵回又前所索之二百萬因焚我園禁只需一百萬矣

○初九園防知照明日換約又須改期夷人馬隊二百游白雲觀勝營驚潰急以白旂見示夷人大笑之是日付交五十萬兩擬明日開箱過秤彰義門外不靜

○初十東城坊報見有夷車百輛裝載箱籠出東安定門往通州去通和窰退回數百餘人巴夷帶官三

員攜有夾剪赴安定門開箱過秤英國又挑怡王
府作公館不用肅王府矣英夷走失六人請提督
查找
○十一午刻恭邸到禮部巴夷隨同額克等各坐八人
大轎四乘由安定門帶馬步隊約二千餘人並帶
女隊數十人鼓樂三四百人亦到禮部旋回怡王
府公館
○十二巳刻恭邸到禮部午刻法國葛羅愛家樂孟
將軍帶馬達步隊三千人各坐四人大轎三乘到

禮部換約回賢良寺公館

○十三土城至海淀西北一帶並無夷兵安定門城上城下夷兵撤退城樓上仍留夷兵三十四人看守炮位恭邸送酒席鮮果餑餑共十六抬至賢良寺

○十四英國由安定門大營將所有物件全運至怡王府擇日遷移法國派人至順治門城根修理天主堂未刻有夷人手持一冊繪安定門大街各舖圖樣恭邸送酒席鮮果餑餑至怡王府

二十四

○廿八入内閣會議公同具揩迎　鑾自恭邸以下

大小九卿均到

○十月初五至内閣會議知有　旨暫緩回鑾公議

不發抄「以上錄薛日記竟」

（清）薛春黎 撰

星軺日記一卷

清咸豐十一年（1861）稿本

自十八日卸去城差執授者輕至不得已仍為賣文之計每
課擬試一篇即行發刻 以省此後傳鈔 初七日改文一篇甫
經脫稿激石前輩遣至告以
簡放湖北報錄人隨至報放江西副主試刻字鋪送門封又云
湖北遺 雅丁至南闈閱看
備台倘係江西圩庭前輩出棠至前探事是一夕未寐擬闈當辦
事宜各單
初八日寅初起 午門前謝 恩帶瓶樹珠在禮部部旁小
憩聽雪虎文卿圩庭宣 同年張子青前輩 禮畢至沈呷潾

昨受番陽王業雲大哥差受通事一足并借與轎一乘着
人抬至府所薦作人無修々雖至不下四五十受回步不勝其
擾煩實難擇　我身前差之放差無一切事宜
初九日僕人已定五名余達者我所薦李福松坪所薦任全滾
石所薦達家人二名轉頭一名來北一切回却　午後至下稅
先生處我方下稅托領兵部勘合稱許濱之太夫子　下親先生處
一僕人求以邊缺擬留在家中看門
初十日張伯余親送賞扇其楊賞扇五十副來使即々拆卸宮准士
日上切催收理兵部沈雨亭館遣丁送勘合火牌　黄館長文

來收晚王浩交振伯端硯一方至訏翁處商訂分身子宜

十一日陰雨胡硯生來為劉容伯德史代修書扇曾西訪雨亭托修

兵部包馬生馬元以行娟嗜武宗前年伯湘佩文人歸環

周萼垓兄返一日雨未往點

十二日雨往收拾行囊綏出城儀部 來為茶行 修敬立求為狀

昌孝往同鄉按察地網花潭逢村燮臣耐偯卿在謝公祠餞

午往來殷玉剎蒂琰壽紫宸集地作餞今屆洪幼園太史諾路

大令陳小梠司馬芝梠先代之子行五 汪 新進士回至睦黃行卯甚迫一切

公錢均已發印 寄汪少濱同年行路對聯二副

十三日陰早起料理一切巳刻賽神於禮拜堂先遣李福駛行李
王任令傳太押馱前行于達昭轎前後車夫諸五兩料 大轎夫
至吳橋四十五里至吳新店計吳兩評庭前坐已先發矣並因馬夫夫
嗨閣清名下乃先至良鄉因與李福代為閣說理一柄起身廿
里至良鄉雨住站良 罷了住宿 沿途泥濘幸天色晴霽
十四日良鄉差多與車已發價因不齊至以酌代可惡以故府西起身
十五日至店前備飯尖申正前到涿州公館州牧羅余卿來拜
涿州居此常也州牧卿雨雅託故不來
十六日丑初起程四十里至高碑店前備中尖三十里至定興縣城

為不收驗票不得已至城中公館處備夫馬因而等至酉刻每人
賠借轎夫四名送至白溝凡十五里安肅知縣仍借晚飯延至二鼓後夫馬始
齊星夜趕程熱不可耐
十四日卯初至安肅縣凡六十里尚差能而夫馬辰時預備巳初起身
五十里至保定府城公館縣署藩臬道府均以名帖請安震以令弟答
一一和口稱謝
十五日二鼓起程行四十里至涇陽驛換馬又十五里至方順橋早尖
皆滿城縣界縣令鄭心蓮兆同來與人乃手同年尖畢巳初起身
三十里至望都縣縣信縣令劉稱劉至縣南午正住宿

十八日晴卯初發程十里渡滹沱河五十里定州早尖五十里新樂縣住
宿
十九日申初起程四十五里伏城驛早尖五十里正定府住宿
二十日申初起程二十里鋪茶尖四十里欒城縣尖又四十里趙州住宿
廿一日申正起程腹中作痛只飲小米稀粥邑六十里柏鄉縣尖又六十
里順德府住宿公館夾壁
上有題詠尖烟古跡故閣甚雄偉亦有三國邑行且黄鄉鄉
路住宿市鄉鄰古稿之城十里喬及近郡
廿二日磁州尖行又二十里豐樂鎮住宿市鎮候
磁州孫閶河水落花遠郡之

出口安陽知縣尖隊今後林　出城即近在岳忠粮行寄尖騎仰遠停驛

故甚多對聯字法稽古劍亦一聯下聯已忘行至四十里宜溝驛住

宿公館湫隘

廿五日卯正五里至淇縣早尖時甫卯初已初起程行五十五里至衛輝（淇門驛）

府住宿已正未正公館湫隘極不可當不得已仍移驛館起程

廿六日卯正六十里新鄉縣新中驛早尖連遇假有兵煌夜雨一陣　行六十里至

獲嘉縣亢旅驛住宿是晚初更起程一夜行五十里

廿七日日出時渡黃河一河面甚濶約一時許方渡對面約二十里渡河後

行二十里廣武縣早尖滎澤縣屬五十里至鄭州住宿州牧居姓錢

[illegible]

廿八日丑正起程六十里至郭店驛換馬自備中尖又四十里至新鄭縣

住宿自鄭州至新鄭多行黄沙道中經崖峭壁帶綠一樣樹木

可耐

廿九日六十里石固驛住宿

三十日丑正起程至穎橋驛自備早尖經穎考叔故里墓祠在焉三里

至襄城縣住宿襄城縣令余家敝便帶志延澤實乃可惠

七月初一日丑正起程三十里至汝墳橋茶尖又廿里至葉縣即免見

縣令張西庚延飲[illegible]協未正起程大雨如注趕至舊縣不及遂于

西善村過兩村莊進連兵燹民房盡燬僅覓空房二間容轎送

手轎中住宿沿途飛滿街泥破損幸轎夫尚健全力幫扶而往

初二日早間冒雨趕至萬縣計十二里光昇所行五十里至板倒井小

憩而光武祠門外清水環繞白蓮閣滿中香園林頗佳陽樂前方

壁題句云宛葉行經六月天道旁爭說雨靈泉我來不問當年事

且坐風前看白蓮訪甚清趙猥聞鞍住趕至保安驛住宿時逃難

之民住滿鳩形鵠面情狀可憐塞外人家一空無敢住宿者

初三日辰刻起程發給難民少許冒雨衝泥六十里趕至祁州城

外鎮真宮住宿宮院清淨該局局在焉晤紫華亭春刺史與

諄諄告之也，俟將齊行程。

初四日雇備夫馬回府路，後進傳華亭，迭次來邀，至城中，暨與紳佩卿、王芷庭、湘南兩主議，請商議，全決棄難行，詆之緩至換王已正冒雨入城，在署中小住，與紳王暢談，職處危城，時形常無至南陽防堵，除雨衣未住。

初五日天忽晴，雲南陽來信云賊已竄至郭野轉矣，決計明日起行。並前素探報傳聞異辭，虛實均難根究，言人挽留至我至下淚，仍不聽，不嚴飭預備夫馬也。

初六日中夜不寐，未明已起，裕州團局紳士入署挽留，挽之切之諸

佩卿聯氣甚惰盧管帶撥六十名親兵護送辰正起行言情形

驛僕十餘里探馬報前途有大股賊騎言情形不過七八百

許令與許庵駐輿審論佩卿已改騎折回僅從者去意不

欲已與許庵折回許庵仍欲前進而村莊數聞十字九空更無兩

接濟之處仍回涿州小住華亭欲入省垣大不了事晚間唐副馬

去傳言唐副可以取道許庵從欲前往與余意見不合蓋此路不

經探偵率爾冒進殊非穩當之道議論不免異宜至晚始論

情形時勢四字以曉之一夕無眠

初七日接架雲甫電至藩傳知涿信甚大作字交之行止兩難連去

定見一面議定奏稿作字寄鄭中丞元善屬其知照湖南江西兩省仍
一面發探賊匪動靜偵伺虛實 委員陪晤多年
初八日沈甘庭繼寄奏稿四人解銜令秦華亭一日未見晚間作箋並約
盧齋令庫余連夜延臣飲以消塊磊主人見客詞氣不擇等等絡繹
蓋齋本帶兵防堵南陽聞賊勢已近恇怯不前即擬駐扎社旗
而華亭亦藉以僻遠州城是以挽留不已甚忌哉並多為恐嚇
之詞情甚可惡 主人見將拔營前行之意已轉矣
初九日辰刻拔營卯時啟行 三十里至朴寨寨門不開沿河橋已撤不
得已乃于圍外破屋中小憩覓茶不得又四十里至賒旗鎮寨門仍然

监阅芳彩竹许命差役民壮晓之始见延纳镇市甚大水陆通衢

有巡检司传谕之乃叶姓原籍上元仲方之族姊震缁生之母舅也

人甚驯良而于南阳贼情甚为原委晓与绅士二使至宜庄小饮

自办供给至仓至命候各持名片传谕各寨寨首挑勇二十名護送

自叶路以后各寨皆系民团不归官调度必须寨首有传单下寨

乃开纳也

初十日四十里至圆驿寨闭关如故许久始开 自备中尖使子破

墙中唤馥一碗而已寨中甫经贼过民屋半毁 自入豫境所过

村庄残破民楼共存至砖墙矗立而已又三十里至唐县距府一百二

十里前對前行幾至時已黑許城門緊閉以主擁擁呼之不應不

得已繞至西關約五六里城上燈籠布滿旗幟森嚴時復轟炮將

以我為奸細寨兵嚴查窘卻　至店破屋數間無門無窗無灶待論差丁申

飭並令家人借差經城內入房備夫馬房屋令書者夫究守執閘二更

時未得換衣飯徹曉明蓋此地不當孔道張者歸語亦難責其不備也

十日黎明即起出少頃來送行語之純實不失書生本色據云勇十名護

送勇兒團（天成寨）勇十名護送所過村店無人賣買閉歇打茶尖粟不得六十里

趕至印團寨寨前房舍店　乃華蔻峰　通家堅不延納待論

時許乃開寨中飯鋪甚闊無可住宿乃訪得關帝廟憩息廟宇不

覺殿上不便住宿乃於廡下寄榻佩卿前曾詢座前祈籤、句甚切
詩曰凡坐舟人僱舟客孫燦相倚、對深宵　忽報秋光至活計扃
舟渡此湖解日上此數北乃先離波易之象未可竟食僅敷趨圍而
已同人度專急油各備一壺以給老道
十二日佃店驛以後途中去南陽甚近不過三四十里已爲所過村墟
盡空一二老民閑與轎夫私與講談又見護送兵勇均有旂幟
均被賊所掠也中途忽之遇馬已至審佛久之仍無所見四十里
至新店街道頗整齊居人途中飢不可耐僕馬俱疲又黄
至新野縣城外有兵屯紮心稍安定而城門不開行至南關街道

竟广居守经斋不见一人惟见盈街皆兵屋下皆马而已差役匿迹

民房俱支不得延至正初催送还府 据房后大雨一声趋樊已

趋府中主人迎在樊城府后狭巷小步惟闻哭声盖前月十二十五

两日贼从此过杀戮万余人虏去千余人至今仍未还也外户老闻

逃民未归即一二留守之人又为兵拘去当差苦矣生民不堪言状

十三日黎明起程贵是打过话更易之夫皆樊城之民来此藏避恐为

兵所拘也山岗平坦道阻且长六十里南至吕堰驿市面仍不闹也

供馔令与仆唤府中老妪作稀粥饮而已正刻 是夜遂行舆

夫疲恭行至恭所为河所阻绕道至渡口觅渡河水大涨水船不

行次至樊城已交辰正矣

十四日辰正至樊城襄阳知府亳无预备现觅公馆住下时七钟来查政才廷敝字茳垞与附七年相识以年再炬帖来谒其祖钞钱乃丙午同年也昔访渡河至襄阳知府俱催船渡至牟如差催至樊城兵差络绎时巴多将军降武带兵赴陕救援此住铜鞮中刻贵州学使黄滤轩同年见过并为查茳垞说项嘱挈与同行查因就婚汴梁前月行至新野遇贼折回在此住候可阅

晚约茳垞共饮一日阴霁住

十五日晨起甚凉阴雨仍止樊城十年之内未遭兵燹地甚繁盛

杜參將行幫喧知人了撥纜遲也畢而嶺行李上船已刻盡柱便送

迓佩卿世行家小話隨即登舟等候兩行々久尊三鳴鉦鐃仍未解

舟子以中元爲行船忌爲辭而詐危性急如火嚴催因辰不得已于

未刻開船行四十里風暴猝至江面甚闊風打愈大轉舵不及余

船遂觸危崖礪無一幫把杆羅折舟子喧嚷不止急以舵尾小舟塞

于危岸之下免其碰撞忽又喧嚷騰起登岸不及後有大船橫衝而

下幾無不及逃之哉從小船在後停泊觸之粉碎（破）窗斷纜換入佩

幸大船乃橫而西去方可保佩卿舟舉轉一瞬

卿座船佩卿亦魂飛魄散上岸危坐訂危之船舉已渡至對岸

佩卿座船均在芳如之散去

停泊戌刻風打不住舟子竟徑收拾把桿延至三更斧鑼之聲將未

已也幸船中一些不渗漏然心气甚为不免惊悸通宵不寐
十六日黎明解缆六十里至小河口城相距甚近登岸入城催供应水脚励
令书役仲　来船领帖送出供给计已候两时之久未及解缆余至佩
御船小北佩卿浅搁辰早不得舟行盖恐泥将未定也秦初起
船下流甚驶行可三十里还倒口泊住江多沙滩晓间不便催行
十七日黎明解缆六十里至安陆府时方午初钟祥令沈君兆元松江吉甫
人时方少坐送添席一桌即行开船行五余里每至午申之交
皆有逆风塞江江面虽阔然沙多水涨易于浅搁稍一不慎舵于
沙滩之处船有不可测矣与黄河则江同一难渡幸下水

甚溜約行二百餘里樣江中泊潮鄂到枕終夜不休竟夕未寐

戚病　附記漢宮挽杜　聯　甚難切

天為帝王師勳猶血裡香兒孝華祝真酸

人非天下老我閱百秋含貪貴詞名諧借

十八日黎明解纜三十里至宿口又六十里至洋沙小泊詢問節候已行

旋即解纜三十里至多寶灣京山縣屬時方午正荆門清學府望京山

今日備酒席各折四緡申刻逆風又作船在江心如搖搖轉天氣又

熱日起南風晚間黑雲起明有風暴隨即停泊去潛江口僅廿里

十九日黎明解纜天明至潛江口買江魚一尾味極肥美午後石元作

劉中和行抵乾鎮昔紹邠若兩協傳乾鎮巡檢司面談此地去天

门出口四十里许办差家人不在皆巡检代办询后陆印闸船仍留
快利等夜役水脚共三千文后泊多祥河 仍各给每埠十千文
二十日卯正西抵仙桃镇沔阳所发留家人备付水脚启西闸船六十里至
夹胎嘴时方午正午后息肩忽身逆风又作中流旋转船泊不能小
河口两岸不没江湖云罨翠排远一抹水面皆芦苇点缀来图画 周下福
嘴碇两岸行六十里至潜川陽已更二鼓晨依水脚犒钱家
辞真不愧予阅评兮亦停泊是处舟船不得晚作客游之行
廿一日未刻舸绕绕环曲水绕如环行六十里至郑日来和风暴又作
舟振危岸勒古方塞前有巨舰一艘彼此撞碰知其不过丈

條舟子喧呼十餘人以石繩曳住家人掖余登岸冬〻乃定未

幾然餘風打送中流留在船待風數日中無此順也共十里至

蔡甸上岸有德帆橋街播酒兩字大令 寄樣 在蔡甸卡局呼小舟近送

小礼已六十里至漢口已交二鼓沿堤燈火廿里不斷遂抵達孟

蘭谷五九遵燈積後五橋四鼎出市 頤 始緣小泊嗄則船將遣舟子訪

汗翁四象

二十五日清曉移船与汗翁同泊大口衡長街蕾許名日合衡漢

鎮留進遣兵緊帥復昔日規模矣欲湖月街金生鳳崇遣丁訪黃

黃祥帝店教子山代致叙坐之意中途遇春巷衛方伯衍存

潤舟和尚自韓欲鄭譜香、蘭觀察、武蓉洲演其作廣文、觀察均以帖招安一
作客録呈渭公屬代附片及漢陽令大兄有漢抵九水路六詩而
游邊州郡多常遠栗山中女打水脚寒多不便擬託漢陽代墊并
作轉舟和尚為僧從漢今堅不肯應送席御之江夏任令送
舫收函席收之不得已寫之黃景星跡彩雲隨即至船年七
十有四概允借白金若數之數隨錫潤船不復更煩州郡矣
昨晚抵漢皋侍餞賦二絶
連朝苦雨兩兄風今夕何期抵漢東三十年前曾小泊
一囊襆被坐涼篷乙未之漢坐小舟江南時所受那另涼篷舊會湖邊還一筍雪泥

鴻爪了無存舊來誰認周陽五擬向黃衛覓殘痕

酉初解纜待渡漢江江口設砲船三隻氣勢頗雄偉掛帆直

下放乎中流風濤濤驚震駭心耳晚飲三杯就枕仍不成寐

廿三日卯初即起詢之舟子則竟晚行只八十里矣卯正已過黃州

府與武昌縣中隔一江對峙南北午正過道士洑水急湍激若牛

叢磯阻風酉初抵蘄州本日已行百西站又行二十里始泊

廿四日卯初解纜卯初過富池口巳初過武穴鎮黃如山勢直奔廖

鬱疊峰中走江流西晉天氣燥熱巳正起北風暴華至九

江矣未正已到湖省渡口德安令胡芸閣長燕來謁送之上

號設橋板不穩急行失足墜水衣衫沾濕蓋是已決計趕早
矣九疊遲延後舫黃太守惠均來謁辭之監臨派巡捕已至一注
承諸君孔一誼昌使大使接歷東信知何在前檯接目送以下均有
名帖名樣移呼衆之龔府許葉前輩並孫翁舍觴柳芝軒恩國
均有信來夜問猶寬諸同伏枕可勝矣
並日寄馬赤前小住一日早間胡令來謁談通商了其詳同
鄉錢指庭守昌來謁李鸛堂方伯送燒烤席一桌曹太守揆
送席胡令送燒烤席一桌都之名酒公權一桌退回一桌而送酒
席分數送巡捕僕役以至船戶無不饜足

廿六日癸酉卯起，店西起程，昔修孝送至卯料胡昔閑送至十里舖陸父

並至三十舖（地名高漈）中尖，山勢迴環，泉聲汩汩，路旁水緣，雲氣蓋出，午後抵前

一陣，又三十里利遠驛住宿。

廿七日卯正啟程，仍于山轉中曲折赴之，三十里中尖，又三十里德安

縣住宿，縣令胡肅堂來，舍卯迴十里近城大河前，橫倚于山，是河疏

行轎含心益悸，城中屋宇前數年被賊燬，肅堂為甚仙齋峰

族人，言味極雅，供給周到，程中不缺。

廿八日卯西起程，肅堂來送，十里鋪話送，三十里驛尚中尖，又三十里

建昌縣住宿，縣南康府屬，縣令託病不出，在王氏宗祠作館，地極

暫歇申刻接河南鄭松峰元善中丞渡去知前月十一日已
入奏并加一摺敘次如律午刻遇雨
廿九日黎明登程廿里鋪落失又廿里燕湖中央新建所轄午後過
雨申刻行廿里蕭化住宿去省僅四十里黃郎遣差接紅栻
預備大轎送錦房門子各二名成名犧宮各二名
八月
初一日黎明登程行二十里大雨如注僅於店將沾濕復在小店避雨
行過橋約二里許右傾泥滑民壯幫扶而行幸免傾跌又二十
里至沙井黃郎預備天官船二隻隨即上船風雨渡江泊滕

東關、官馬頭關為賊兵所毀，迥非當日景象。因水深泥濘，幸江門不便行，走由廣潤門進城，撫司以下均出郭迎，先遣巡捕皆止之，側身迴避。各察一帖。水師擺隊迎送，自香港以下武弁各十餘員，以次察之。由西街至東街，至大公館，雨猶未止，差弁送滿漢席一筵，分給文武巡捕、衆家丁共飫。

初二日，閱視數紙，檢點對扇，交巡捕發交差弁備匣，對五十副，扇各十五柄。陰雨不住，直發成案巡捕，不費聯八副，隨即揮去。

初三日，黎明即起，料酌策題，繕閱查核，差弁送看圍城內地圖二紙。夜雨如注，約四五鼓許，差弁進入簾札節等。

初四日晨起天稍陰閒朗亮日照霧軒窗前月滿侵陽衣陽光可愛

辦訂題名錄收序成事少閒暇昔稿送日御覽

初五日清晨忽又雷雨亮日未從秋霖太多諸事不便檢點入

閣各龍將不用之件共存一箱交巡捕公館謄寫收存一通

向晚漸見開霽

初六日晨起晴霽朝曦照上

杉錦字

冷金圓頭扇　廿五把

檀竹冷金摺扇　九把

湘妃冷金摺扇　退　廿把

黄扇料　一百廿

饰边八寸冷金对　五付　对　五十五付

绫边八寸冷金对　廿付　二十

绫边八寸雨雪纸　廿付

七寸雨雪笺　十四付　未禄道同御用年□□

饰边描金云母对　廿付

饰边八寸冷金对　廿付

饰边七寸冷金对　十付　送房去一

洪瑞伯令親　送賞扇二十四柄　賞對五十付

扇 各扇管

平 金粉迎木 大元書冷金 貳拾柄

全 湘妃棕心半絹赤金 五柄

半 湘妃棕竹半赤金 五柄

松江尺十三月再下

又 赤金扇 五柄

信

張葉翁寄李芳伯一函

何地翁寄南昌孫務老尹一函 又附二函

朱晴翁寄羅隆廷許一函 寄李茲翁一函

鄭介石寄安福孫切一函

錦边八寸冷金對　廿存　俱錦匣

綾边八寸宣畫對　存　俱紙匣

錦边七寸冷金　十存　俱紙匣　上下安軸

棕竹大元冷金扇　廿匣　紙匣　送唐芳冈收管　又錦匣九个

斑竹木大元冷金扇（内有金扇五柄）　廿匣　錦匣　廿五个

黄表棕金扇面方頭　錦匣十六个

生白芷钱 生石膏钱 生甘松钱 生细辛钱
生绿豆四十九粒 生花椒開口四十九粒
以上各味共研细末切忌见火用食盐煮乾用时
以药一钱 盐一钱 配匀

八音冷寶鏡盒　二十副　二千条分十五份　先交八五折

胡研生 四元两宫尖十四付 墨扇五十柄 四墨针五十副

袁倩 洋宫尖八元五付 扇九把 缘边洋宫

张子桥 瑶彩大元洋宫扇 壹把 描彩 收五把

孙格 洪洋洋洋洋 洋 黄洋 黄 改送研生

曹闰尔 墨扇五十副

吴翰臣 墨针五副 墨扇五十副

李秉南 八元对十五付 缘边洋宫

李蔚 全上 壹把

陈石 四宫两十把

魁首 送對五十副 洪子白[illegible] 送對五十付 [illegible]

潯縣 黃發祥 布店 楚天街 [illegible] 雕子山 [illegible] 太平人 鄧騰芳 行一十八 騰鷺 行三十四

黃發昌 字彩雲 七十四歲 名社桂 行五

江西省惠民門內進士第左首海棠廟太史第

胡名秉鈞號筠生

[illegible]

（清）薛春黎　撰

味經得雋齋課徒草一卷

清同治三年（1864）刻本

味經得雋齋

課徒草

薛淮生典

錫氏著校

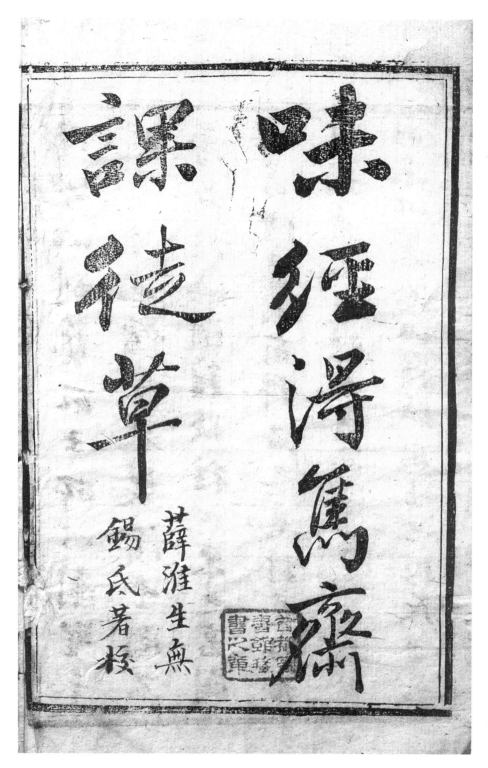

國家以制藝取士所以闡聖言
覘實學也儒生束髮讀書罔不
專力於此通籍後往往束之高閣
一若經爲弋取科名之具於是好爲
高論者且目時文爲小道豈知自設科
以來以策論以詩賦取士之法屢變矣

而惟制藝行之最久甚故何也朝廷取士非僅取文詞已也必將於聖賢立身之要治世之方講明而切究之於後是以設用尚策論或襲董賈之窺馳騁博辯以為雄尚詩賦或擷屈宋之華誇多鬭靡以為富聖經賢傳且

將瀾而不講矣制藝闡發聖言有一
定之理有不易之法于法有一毫之未
安於理有一毫之未愜皆不足以稱善
作手非好學深思心知其意固難與淺
見寡聞道也同年薛淮生侍御所以
明經負盛名年四十始舉賢書第一

人癸丑與余弟澍生同捷南宮予以同譜誼時閱其緒論其于文一準乎理法而鎔經鑄史與古踈宴學者迴殊從而登詞林列臺諫獨殷殷以引掖後進為事壬戌典試西江殁於試院張曉九武部及其門四載淮生從

敘

淮生侍御以江南名宿舉壬子鄉試第一癸丑會試第四與余聯名成進士始同館繼同臺論文議事雅相得也歲壬戌典試江右余方以得人相慶乃珊經甫張玉樓遽名持量才之柄而不獲一効其能時論惜之平生

著作未遑訂定張晼九武部懼無以傳其師爰輯館中課作錄為一編將呂付梓余從慕杜同年處見之時方炎暑鬭塵特甚讀竟心清目爽胸次灑然昔人稱大士先生為文不加點竄猶憶戊午之春與淮生慕杜諸同人作會課惟淮生胷有成竹手不起

草令讀兹編如見掀髯得意伸紙疾書旹也

治甲子季夏年愚弟高延祐拜譔

八

二

会昔也

設問業於余并錄其所改課作將付之梓囑余爲之序余受而讀之編中題多割截及虛小題不易着筆者蓋專爲啓發後學而作尚未要其所長而準繩規矩仍能獨出心裁已非淺學所能及未窺全豹亦見一斑可傳

也滄生其齠年時所作其可蒐輯晚九來諸閣門僅僅得此則吉光片羽其珍惜當何如耶　抑予更有感者滄生學殖博于古今人事之廢興政治之得失莫不究其所以然故列諫垣所言皆切於時務使天假之年得竟其

閒功名事業必有卓卓可傳者乃僅

以文藝傳可悲也夫

同治三年甲子五月年愚弟陳榮紹拜書

味經得雋齋課徒草目錄

全椒薛春黎淮生甫著

受業李方豫 張兆蘭 同校

大學

而一旦豁 一句

孝者所以 三句

所藏乎身 三句

此謂唯仁 三句

伐冰之家 二句

論語

色難有事 四字

巧笑倩兮 三句

君子懷德 三句

子謂公冶 二句

以其兄之　一句　未之能行　二句

用之則行　與爾　有美玉於　三句

褻裘長短　二句　色斯舉矣　時哉

剛毅木訥　一節　管仲之力　三句

畏聖人之　一句

中庸

人皆曰予　予知　兄弟既翕　一句

父作之　一句　其次致曲　一句

孟子

民事不可　恆心　　欲其子之　一句

遵先王之　一句　　華而得之　二句

吾豈若使　三句　　帝館甥於　一句

季任爲任　二句　　流水之爲　四句

右文共三十首

故制義創自王荊公。半山。安石。介甫。

始宋文文山陸象山蘇子由皆有經

義之與同名一股意思始從以王安石

制義乃祖古文之遺

而一旦豁然貫通焉

貫通非猝致也可徵其效於一旦矣夫格致以貫通為歸而惟用力久者乃豁然於一旦焉不可實徵其效歟今以理道之遙深未易臻融會之一候也然效非出於無因乃以暫時而其機忽轉有遞深累積之功始有不期而然之效靈機所引異境忽開乃知向之見為扞格者固未至融會之一候爾格致之極而至於用力之久則非一旦夕可知也夫力何以用亦用力以求其貫而已矣并求其通而已矣雖然豈易言哉天下之名理甚繁繁則以散而難紀或得於此而彼已相違或得於彼而此又多阻縱一知半解有

觸靈明而紛紜錯雜之交果何由綱舉而目張乎若是則貫難天
下之事情甚昧昧則以滯而多艱或挂一而不免漏萬或舉一而
未克反三縱遠引旁搜稍堪領會而奧窔幽深之地果何由燭微
而洞隱乎若是則通難況乎歷境愈深閱時愈曠故有積數年而
仍安故步有數十年而未啟新知者日就月將恐畢世未能融徹
矣夫何敢希功於捷得也且也見聞愈廣體察愈難故有今日見
爲是至明日而旋見爲非並有今歲形其優至來歲而復形其絀
者朝乾夕惕恐終身不能洞達矣夫何能遽獲於崇朝也始而茫
然繼而殷然徐而憬然終究未能了然條貫非所能也旁通無可

望也是而求其豁然於一旦也不亦戛戛乎其難哉而何以靈機乃一旦有觸也夫斷續者非貫散漫者亦非貫貫者乃因端以竟委而聯屬於不一者也大抵用功當艱苦之餘脈絡亦爲之畢具由一事貫之萬事而絲無可棼由一理貫乎萬理而縷還可析蓋向所見爲漫無紀律者今乃有條而不紊也惟貫斯通於以知頓悟之有自來焉而何以異境乃一旦頓闢也夫隔閡者非通恍惚者亦非通通者乃識精而見確能洞悉於至隱者也大抵用力當專精之候金石亦可以能開通人之所不能通而蔀無可封通人之所不得通而茅無可塞蓋向所歎爲動多窒礙者今乃啟牖於

無方也通無不貫於以知光明之無可障焉試言貫通之大效

前半反抉精透入後暢發無遺局緊機圓理明詞達　陳琴齋

思清筆健骨重神寒

孝者所以事君也　三句

家國有相通之理孝弟慈可爲例也夫孝弟慈事見於家事君事長使衆理通諸國明其所以然而教國之故益信且天下有事見爲分而於理見爲合者即家國何莫不然彼夫修人紀察人倫視一切致治之術若藐不相關而不知發諸朝廷行乎道路胥本此庸行之常以敷爲政體一室非近也四境非遥也有推而準者爾不出家而成教於國君子果何由然哉吾蓋反復推詳得其所以然而知理固莫能外也事物至紛其待理於我者何限惟君子統於一乃以合羣情之番變而不見爲紛則施措有本也境地至隔

其相接於我者無多惟君子觀其通乃以治百族之性情而不虞其隔則推暨有由也是無論君子齊家何若也第就家之中所蒸而變者爲之懸擬其象曰孝者曰弟者曰慈者亦弗論君子治國何若也且就國之中所徵而列者爲之約舉其端曰事君曰事長曰使衆今夫事君資於父未有不孝而能篤棐者事長近於兄未有不弟而能齒讓者惠民同於子未有不慈而能康乂者則一言君一言長一言衆而孝弟慈之道已統而貫也家得之而家以肥國得之而國以肥祇此理之相爲維繫而已矣且夫事親孝則忠可移未有孝而後其君者事兄弟則順可移未有弟而凌其長者

居家理則治可移未有慈而失其衆者則一言孝一言弟一言慈而君長衆之道已環而屬也國未始有加於家家未始不賅乎國總此理之與爲彌綸而已矣此豈得混所施哉言乎君親而有隱有犯之用異言乎兄長而所敬所長之情殊言乎子民而生之食之之義別家有政國亦有政析言之而道貴化裁此何嘗區以別哉君與父尊親不同而竭力則同長與兄親疏不同而立敬則同衆與子厚薄不同而推愛則同家如是國亦如是括言之而道正協一然則家人之義等於嚴君用力用勞果異於自靖自獻乎十年之長比於兄事或歌或咢果異於執醬執酳乎燠休之情同於

父母恩斯勤斯果異於鞠人謀人乎故孝非事君而實所以事君也弟非事長而實所以事長也慈非使衆而實所以使衆也

凌空蹴踏天骨開張○酷摹曉樓先生上老老三句題文然此倘有蹊徑可尋彼則痕跡俱化於以歎名手之不可及也 自記

飛花滚雪一片靈機順逆回環總爲所以二字作勢 張石生

所藏乎身不恕　二句

身爲民之準不恕者宜自反矣夫上惟見爲可藏斯安於不恕耳觀於民之難喻可徒求與非乎且聖人公其心與天下相見何嘗以藏爲得計哉自在上者有不可共見之心乃藏焉而不以示民雖然彼亦烏能藏也在民之窺測由著以及於微在上之操修雖微而無不著吾甚惜夫責人遺已者術何拙而計何疏也有無在已而後求人非人此恕道也所以喻諸人者也吾烏乎見在上之恕吾於民喻見之吾烏乎見民之能喻仍於所藏乎身決之藏厲乎隱而所藏乎身必由隱以之顯其隱焉者左右有所不及知其

顯焉者閭閻閭閻已走相告也則無隱之非顯也藏祕於中而藏身
之怨必由中以達外其存諸中者夙夜泯愧怍之愆其發於外者
事業皆性情所露也則無內之非外也若是者以怨喻人非以不
怨喻人也然而不怨者且欲喻諸人然而不怨者且謂能喻諸人
化民成俗之規壞於自圖者半壞於自恃者亦半心術不足恃喻
之以科條躬行不足恃喻之以文誥以爲吾有藏者而人莫知德
禮之迂原不若政刑之捷則恃其能喻諸人者有之簡略苟安之
習成於自用者多成於自倖者尤多倖其有所貪喻之以爵賞倖
其有所畏喻之以刑威以爲吾有藏者而人莫覩雜霸之權謀亦

可假聖王之經濟則俾其能喻諸人者有之而果其能焉否乎且夫喻人者必先一已自喻矣執令民以不恕求上上不棄芻蕘就令民以不恕非上上樂聞諷議此亦聖天子善旌謗木之常而奈何望諸愚賤也況乎人以不恕責我在我難堪我以不恕責人欲人能服是我之心已先不自喻也我不自喻而謂民之能喻有是情哉且夫喻人者必欲人人共喻矣縱使所求無不恕猶恐責備之過嚴縱令所非無不恕猶慮糾繩之太刻此亦古聖人寬大和平之意而何嘗驟冀轉移也乃至上有所藏而以不恕欺民民有所藏而以不恕欺上是上之勢已不能喻一人也一人不能喻而

謂人人能喻有是理哉所藏乎身不恕而能喻諸人者未之有也

是可知成教於國之故矣

字字清筆筆緊快如并剪爽若哀梨 胡荔紳

此謂唯仁人　惡人　壬戌擬墨

以惡成愛能事乃獨擅矣夫惟以愛爲愛不得爲愛者並不得爲惡也觀於放流若此而愛惡之公不可信仁人之能事歟且絜矩以平天下者道必尊絜之以惡誠以所惡一乖非特無以施吾惡併無以全吾愛也蓋專用吾愛而以愛爲愛者既未推乎愛之原不若專用吾惡以不愛爲愛者乃益神乎愛之用聖天子除奸去慝昭然一秉乎大公斯刑賞也而忠厚寓焉矣放流屏逐若此此而謂之用愛不可也謂此初不明示以愛也此而第謂之用惡不得也謂此正非徒示以惡也此其中有能事焉獨是用愛難用愛

以惡威之則尤難奸宄之潛滋王章必無姑宥而或進姑息之說
假大度以示包容宄之懲創未經優柔適以釀患此不得爲愛者
先由於不知惡也烏乎能僉壬之圂迹物議在所必誅而或博威
猛之名援私意槪加擯斥寃之權衡未當訐護轉得相蒙此不得
爲惡者并不克善用愛也又烏乎能唯仁人秉心至公公則明明
則能斷顯用其愛爲愛隱用其愛亦爲愛而天下咸樂其寬唯仁
人存心至正正則果果則有爲曲用其惡爲惡直用其惡亦爲惡
而天下咸稱其快唯仁人遏欲存理清其源於愛惡之先而燭照
於微欲矜全特施懲治此惡之正以成其愛也唯仁人激濁揚清

妙其用於愛惡之後而枉可使直去凶頑悉化善良此惡之仍以歸於愛也夫乃恍然於向之嚴爲驅斥者皆其至誠惻怛之意所迫而形焉者也使必待過惡已多始以惡之者正其罪恐忠良遭其殘虐何由扶正而抑邪仁人即惡以寓愛焉側聞聖天子慈祥在抱方欲措一世於久安而恩甫及於賢豪威先加於奸佞知明處嘗斯能以陰慘妙陽舒之用者哉益恍然於向之力爲投畀者皆其轉移風化之心所默而成焉者也使必見邪正雜揉遽以愛之者拔其尤恐權奸有事稽誅何以安良而除暴仁人則用愛於所惡焉側聞我國家法度維新方欲廣如天之帖冒而辟乃所以

止辟刑實期於無刑法立恩明斯能以義正大仁育之量者哉此
而謂之用愛不可也謂仁人不明示以愛也此第謂之用惡不得
也謂仁人非徒示以惡也此謂唯仁人爲能愛人能惡人

得半山逆字訣使波瀾怒飛得老泉緊字訣使首尾馳突經營
慘淡與會淋漓　張嘯秋

伐冰之家　二句

家有進於始仕者物畜非所計也夫家能伐冰典至渥矣於此而
畜牛羊貪鄙已甚獻子故爲有家者戒歟且人臣備員朝右得受
殊榮非故示優崇之謂其謂爾諸卿履潔懷淸無慚貞白旣顯躋
乎高位宜施惠於先臣用是異數特頒俾得顧名而思義也不此
之辨猶借物産以肆厥營求是豈職列浚明者仍思牧事有成歟
夫亦弗思甚矣不察雞豚以其畜馬乘耳然則等而上之物畜固
日以多乎而非也今夫職居三事之班名在百僚之上如所謂伐
冰之家者其尊崇不愈甚乎愆陽伏陰之俱泯爾有家實資調燮

之功供喪祭之用得備其物於冰於此見清操之宜勵焉將沐隆恩于天府正得於告備告充而外潔爾冰槃桃弧棘矢以宣威爾有家實藉驅除之力謹藏出之司得專其權曰伐於此見素志之不渝焉而邀厚貺于王朝更得於薦毛薦血之旁懔茲冰鑑顧或且曰周禮天官所掌凌人供冰而地官所載牛人則供牛羊人則供羊均以供祭祀之好羞爲有家者所必須也況乎下括下來於役恒逢於日夕或訛或寢考牧可兆夫年豐享告司寒備以黍者必資乎黑牡開當獻歲祭以韭者有取乎俊羔若是乎牛也羊也伐冰者即從而畜之亦奚不可然而營謀未免過鄙矣處冠裳之

貴下與茅檐爭茁壯之觀爾牛來思爾羊來思是瑣瑣者尚有煩
計較乎我國家禮遇優隆方且以杜漸防微夙夜不忘履霜之惕
而乃寄情錙銖幾致與牧豎同儕是營營於家之肥者初不念夫
民之瘠也草野自具蕃滋之象廟堂不垂豢養之經斬冰而具三
凌也吾願有家者袪其鄙念可已然而取求未免過貪矣飭簠簋
之廉下與蔀屋課滋生之利誰謂無牛誰謂無羊曾區區者乃不
思棄置乎子大夫忠貞自矢方且以行芳志潔寤寐可盟如水之
心而乃寄意維婁若深慮牲牷之未備是汲汲於家之給者必先
求夫物之充也化自洽乎春田清不忘乎夕飲鑿冰而旣於二日

也吾願有家者戢爾貪心可已夫牛羊猶其小焉者也

氣體高華精神團結大含細入高挹羣言　張石生

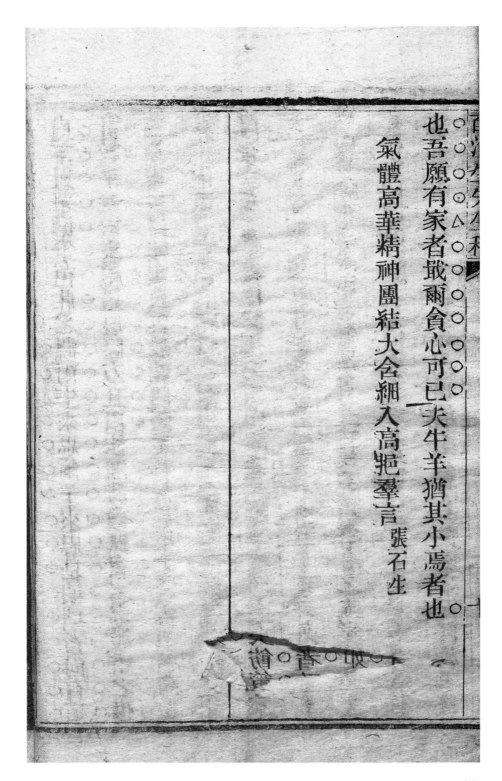

色難有事

己未擬墨

知難之在色可借證於有事時矣夫色根心而發初非藉事而形也知所難之在色彼事之屬於親者不可計其有歟且人子朝夕承歡亦惟仰承乎吾親之色以盡一已之事而已顧承乎親之色而已之色尤未可强求盡乎已之事而親之事亦不妨豫計蓋有深愛者必具夫婉容而持大體者不遺於小故由中達外意旨胥融而眷念在庭闈固不無操作之一候矣不然今之盡孝者燕安非所事顧問必在所有事矣簡畧非所事侍奉必在所有事矣顧有藉事而見有不藉事而見而傾寫於不自知表著於不及覺者

則色尙焉萬不至率性而前使吾親見嚚凌之肰乃文焉而祇益其欺質焉而已嫌其樸同此性天之流露何以事言之表獨著爲有象之恬愉也則率性非難而適性爲難也萬不至徑情一往使吾親有訶譴之加第意稍乖而象未底於中和養不深而神未臻夫暢遂同此至情之發見何以事爲之際乃有玆莫罄之形容也則徑情非難而怡情爲難也知所難之在色而遑計夫他事乎遑計夫他事之有乎然而已之色未易言也然而親之事可借證也蓋卽所難者以言事則一庭之豫順適足召累世之庥嘉而意態神明有欲摹之而惟恐不肖者夫豈闒作致也若舍所難者以言

事則周旋於爾室必先謹顧視於高堂而出入起居有日侍焉而不能暫釋者夫豈盡暇豫也獨不覩於有事時乎念屬毛離裏以來凡拊畜我者幾何事顧復我者幾何事提攜當襁褓之中嬉戲且顧而色喜此時不知所謂事也而遑計其有乃罔極之深恩未報而衰齡之閱歷積日逾深更事多則計畫周習事久則精神固於事而第日有也是亦奉几侍杖之時所習以為常者乎而狃於習慣者乃鄭重其有之即授室成人而後凡命之就傅者幾何事策之成名者幾何事堂構勤似續之謀愛惜每形諸色笑此時亦第知為事也而或忘其有乃高年之精力無多而當局之辛勤逾

時未已自矜矍鑠未事時已切夫黽皇自恃康強當事時並忘其衰邁於事而僅曰有也是又晨昏定省之餘所會逢其適者乎而視爲艱鉅者乃震矜其有之於此而服其勞焉是與酒食奉饌者豈事所至難者乎人亦勉求於色也可

前不板重後不剽滑中間用徧全題作法層層由下文兜入眞理法雙清也 自記

巧笑倩兮　三句

亟誦詩言詩自明而誦自渾也夫以倩盼爲素則素原不得爲絢也詩人未析而言之子夏亦遂合而觀之曰今以文質之互爲用也而賦於天與飾於人者見焉其賦於天者不得以人工飾也猶之飾於人者不能以天質當也乃諷誦篇章文與質本各區殊天與人竟歸合一則有如逸詩所云者商嘗繹篇什而例觀之矣靜女其姝靜女其孌衛人所云洵美且異也然必膏沐而始莊其首必佩玉而始美其儺豈昭質無虧遂足當黼黻文章之用顏如舜英顏如舜華鄭人所云洵美且都也然有瓊琚而方詠翱翔有衣

裳而始歌錦褧豈其人如玉郎可代副褘揄狄之華蓋惟其絢也是以爲絢也若詩云巧笑倩兮美目盼兮者傳深情於口輔寫逸態於清揚凡以言素而已豈云絢哉而郎繼之曰素以爲絢兮是又言絢矣且夫詩有專言素者有兼言絢者其詠碩人也修蛾擬眉柔荑喻手旨趣良工矣極之其膚其領其齒其首莫不曲爲形容而更不及垂紳充耳問者此言素不言絢之意也故朱幘鑣鑣簟第以朝不妨別屬其焜燿之辭要素自素而絢自絢耳豈其質之郎以爲衣錦耶其稱邦媛也展衣紲絆玉瑱委佗文章美備矣乃至其服其髢其笄其珈莫不極爲數陳而更不及意態神明際

者此言絢不言素之意也故揚且之晳揚且之顏亦或兼美其山河之度要素以爲素絢以爲絢耳豈鬒髮之卽以爲象揥瑱而是詩何如者驟然顧我矣目更以送之宜以象服詎不增華歟而詩若以尋常之瑜珥未足以飾姬姜固覺素之無容爲絢矣乃反覆詠焉不啻倩盼之適以絢名也將芳澤未施衣居然其楚楚鉛華弗御被帨覩其祁祁而婉婉柔情本質卽可當大文之雅絜然見齒矣目更以成之彼美淑姬詎須盡飾歟而詩亚以靡曼之冶容未可以稱窈窕固知素之當愼其絢矣乃宛轉言之不啻倩盼之本以絢成也將朱襮朱繡覞純素而無殊縞衣綦巾與裦衣而並

燦而婉孌季女天工遂可統人事之全其謂之何敢以質之夫子

益智粽耶饋貧糧耶綵絲繡耶黃金鑄耶取此等文一卷題曰

某狀元稿令人不復思楊用修馬章民矣陳琴齋

運典無非經傳一經鑪冶便簇簇生新文人之筆如是如是如是張

寶甫

君子懷德　三句　己未考學正擬作

德與土異而所懷者更在於刑焉夫惟所懷在德所以異懷土之
小人矣而君子不惟懷德也得不重念夫刑繇從來據於德者固
守法而不懼於法者也然自信為德之足據遂謂法所不必加必
非修德者之本心蓋惟懋勉無可憚之勞斯宴息無可耽之逸觀
於斤斤自矢無往非天理之是循而王法之所存乃更相畏而有
所不敢矣今夫君子者固欲用以治一世之小人而驅之使盡為
君子者也顧以君子治人則不外乎刑而以君子治已則莫先乎
德德也者固可覘安土之敦而與土大異者也德必有所遵循義

路禮門爾室中自具優游之樂而猥曰士也是營營於身之安者初不念夫心之宅也尚得曰見過內訟乎惟課深功於宥密而寸衷惕厲乃克葆固有之天德必有所歸宿升堂入室大道中豈無閒宴之時而猥曰士也是汲汲於屋之潤者初不念夫身之潤也尚得曰可告無罪乎惟殫實力以研求庶片念操存乃可復本來之性此懷德之君子所以異懷士之小人也然君子豈僅懷德哉且夫成德之儒不求暇逸但使操持有要將謹飭固可以寡過明哲亦可以保身居之安由資之深固無事刻意糾繩已足遠一身之辱然而修德之士爾貴精嚴苟令念慮稍疏將方寸內少一防

維身世間卽多一憂懼心愈危斯神愈悚初不待互相對質已惄
干三尺之條惟然而君子所懷乃因德益切矣蓋所懷又有刑在
桎梏桁楊之具所以待天下之奸回而君子防檢必周要不因迹
遠奸回遂自寬其例也誠念我國家弼敎惟刑激濁揚清方欲藉
有德者以大其感格苟一行偶玷已難逃指摘於旁觀身未列於
公庭心豫防於私室蓋卽刑所不及之地而氷淵夙懍隨時皆用
其悚惶則謂君子之懷刑卽懷德之心所迫而形焉可也囹圄圜
土之間豈以居天下之賢儁而君子修能既密要不敢自居賢儁
遂稍懈其防也誠念我國家明刑有典抉奸摘伏方欲藉有德者

以示其勸懲苟一事有慚更不免憂危於中夜盛世本無枉法紳儻豈可承羞蓋卽刑有可贖之途而垢辱增加異日更難於補救則謂君子之懷刑卽懷德之心所寓爲勸焉可也彼懷土者且懷惠矣夫豈知懷德之可免刑哉

消納安放處處自然法密機圓神恬氣適入手一段尤爲老眼無花 張石生

文成法立水到渠成 張實甫

子謂公冶長可妻也

聖人欲表彰賢者而特許以可妻焉夫長之爲人無所考自子許以可妻而長之賢可知矣豈無謂哉且甚哉聖人之觀人固迥超乎尋常萬萬也故有以匹夫之微有鰥在下方待師錫之明揚而天子即許以俞者則如堯之於舜是有以及門之賢當世無稱誰復與聯夫婚媾而聖人特許以可者則如子之於公冶長是今夫長聖門之高弟也然未經聖人之論列長將何所表見乎蓋其在魯也安貧樂道不求聞達於當時問龜蒙鳧繹之間長果誰爲延譽乎潛德之幽光待闡知音鮮遇幾忘爲宗國之賢豪而在聖門

也問難執經幸得親承夫至教問十哲四科之彥長果與誰匹儔乎平居之素履雖端實行無徵詎有當尼山之品騭已矣長未經聖人之論列長將無所表見矣然而長固默然無言也然而子已殷然見許也說者謂長有異能其文不雅馴搢紳先生難言之然吾觀周禮夷隸之職能與鳥言貉隸之職能與獸言春秋時之介葛盧者亦能知牛鳴長之異能得無類是夫其事之有無不可知要以聞譽未彰上不見知於君下不見諒於友不有夫子亦烏知士之負乎俗累而不能致乎盛名者固有公冶長在哉夫子慨之而特許以可妻豈無謂歟吾以知子之謂長有原諒之意焉從來

畸士潔身勵志一得自好每易生時人嫉妒之嫌相軋相傾莫弭外來之謠諑招尤招謗誰明抑鬱之衷懷長亦良自傷耳自得夫子謂之而世俗之譏評均無當於大雅人以爲相士之方貴立乎崖岸吾以爲相攸之道近得之門牆也詩詠伐柯之什可也且以知子之謂長有愛重之意焉從來眞儒掩晦韜光孤立無徒更易遭人世欺凌之患外騰夫口說旁觀競索以瑕疵內玷夫修能當局惟甘于隱忍長亦恬然適耳自得夫子謂之而無窮之策勵益自勉夫純修人以爲契合有眞已互洽於師若弟吾以爲締姻有在非漫聯爲舅與甥也雅詠施蘿之句可也何也長蓋縲絏中人

也自子明爲非其罪而可妻之實見矣豈可妻者必求之縲紲哉

從下文探出謂字可字神理題雖枯寂文卻華贍 自記

製局運詞俱極超妙令人尋繹不盡 林遠村

以其兄之子妻之

有不忘夫兄之子者擇配更得其人矣夫子而屬之曰其兄固亦猶夫已子也以之妻南容擇配不更得其人歟昔孔子以公冶爲可妻而因以其子妻之意者聖人相攸或多出於寒素乎顧或泥於俗見惟縈情於豪貴之家或具夫私心更區別於親疏之分則是視子猶父者竟不得視猶子也亦未知大聖人詒篤孔懷其殷殷擇配之心固與所生而同一鄭重矣有道不廢無道免禍容不已遠過乎長哉然容豈必遠異乎長哉常人多存勢利往往侈談姻婭爭誇華膴之門庭不思占鳳於高賢但願委禽於世胄心薰

鐘鼎有不禁援繫恐後者矣而子則無是心也流俗各具私情往往屬在天親不免區分夫畛域況原隰已悲宿草閭門或詠摽梅吹判壎篪有不覺恩誼漸薄者矣而子更無是心也蓋有兄之子在與其子固無以異耳子乃以之妻南容與妻長者將無同特是依依弱息僅有叔以相憐藐藐諸孤問何人之可托幸來嬪於君子得作配於高門寶載入朝納婦占富家之吉圭期無玷聯姻得淑女之逑在其子贊通棗栗問我伯姊或傷實命之不同而兄于度協珩璜宜爾室家共慶遇人之能淑此雖境遇懸殊要其所以擇配者與其子固無異也況子而屬之其兄尤聖人所極不忘者

哉尼山默禱以還瞻望鴒原已慨追隨之莫及寡兄無祿在孔子亦良切懷思耳而何幸兄之尚留遺體也念當日豆觴嬉戲久憐同父之無人既翕而樂且湛既具而樂且孺子固無此遭逢矣今而撫此遺孤彌廑深情於手足以為論婚世族門第迴邁乎寒微吾以為得配高賢宗族同分夫光寵也祇不妨於代結佩有待以分遺念往日之恩勤當亦兄子所感泣而難忘者矣鄉邑還轅而後感懷雁序久傷陪侍之無從事兄未能即兄子亦代為隱痛耳而何幸兄子之已及笄也想此後百兩將迎早識盈門之有爛爾毋縱縱爾爾毋扈扈爾子猶深為訓誨矣所以保茲一脈得隨

佳偶以翶翔人以為學禮之初情常洽於師若弟吾以為締姻之後誼無殊於舅與甥也松可施夫蔦蘿華仍韡夫常棣慰先靈於風雨當亦其兄所欣喜而無憾者矣而或謂子特厚兄子而薄已子也亦淺之乎測聖矣

於無典中用典慧業文人筆花特絢可為益智之糉可為餽貧之糧至典雅高華文言道俗場中尤足制勝 張嘯秋

瀏亮渾成華實並茂中段巧思濬發尤善推波助瀾 陳秀千

落落詞高飄飄意遠後二更一往情深令人涵泳不盡 張實甫

未之能行　二句

狀賢者力行之勇於未能時迫爲恐焉夫子路豈不能行之人哉固未能而生恐其力行之勇有如此且力行之功不患其滯於當境也而患其昧於方來夫非謂當境之可稍稽也懸一方來之情以相迫斯當境乃彌振其全神因敏皇遂覺遲疑因遲疑遂生悚惕其策勵之深心有併集於一時而不容稍滯者而當境乃滋奮矣如子路固喜於有聞者也喜之甚則行之必力夫豈尚有他恐哉乎昔專精道義常處索解之無從而何幸聞所未聞也則急起相追有不能代爲推挽者勤於初乃奮於繼儒者所以矢漸進之

功居恆自勵修爲終慮率循之不力而務期能所難能也則樂於從事有不必互相勸勉者竟其緒又引其端儒者所以貴臨幾之決然則子路亦惟恐無聞耳豈聞之而尚有未能者哉豈尚有未能而復迫爲恐者哉而其心已皇然矣人惟精勤自奮斯事機甫接乃不至稍間其功能使得一聞而置爲緩圖天下事其將誰屬乎以行緩聞不復以聞策行退縮不前之概識者已知其難與有爲此固不足以擬子路也人惟邁往無前斯道詣所關乃不敢稍寬其負荷使得一聞而漫謂無餘天下事固如是易罄乎外行於聞不復即聞爲行從容自得之情識者早知其鮮濟此尤不足以

擬子路也吾乃即未能行時窺之而知子路實恐甚恐者何仍此有聞而已矣往復有相因之效在告者豈故爲啟迪以使之應接不遑而子路惕然矣謂聞之時即行之時猝辦焉既有所不暇行之候非聞之候姑待焉更有所難安兩念交乘遂覺悚惶之莫罄其尚有愜心之一境哉授受有相待之機在告者豈故際紛紜以使之倉皇失措而子路恍然矣謂行較遲而聞甚速兩事難併爲一時行未去而聞復來後得難償夫前失寸衷交迫遂覺休息之無從其尚冀快情於一旦哉子路力行之勇如此

離奇夭矯之筆深沈刻至之思通體無懈可擊 胡荔紳

用之則行　與爾

協用舍之宜、聖與賢若可共衔焉、夫行藏一隨乎用舍、非因用舍

而始卜行藏也、此夫子於顏淵所由特明其相與乎從來身世之

交甚未可出以拘固也、特意見未泯乎異同、斯內審諸已者返顧

終無以共審、豈知遇合一歸於時運、進退胥化夫成心、而契合一

本於神明、師友正堪爲互槩、蓋自因應無滯機、而觀我觀人竟不

妨相爲聯屬矣、今夫積畢身之閱歷、乃攬事物之歸者我也、我自

得其爲我、我又不欲獨自得其爲我、回乎我將何以語爾乎、回乎

我豈無以語爾乎、蓋嘗與爾仰參天時、而知時之所遭不外乎用

舍因卽與爾俯察人事而知事之所値不外乎行藏與躁競者言行則一於行者我謂其怠與固執者言藏則一於藏者我謂其膠若夫隨世推移獨能妙順應之方而衷諸至當此其人固本無行藏之見存也豫設一用我之想可與言行者我不必復與言藏豫設一舍我之思可與言藏者我不必復與言行若夫因時俯仰獨能具時出之妙而示以咸宜此其人亦並無用舍之見存也用之則行舍之則藏同乎我將何以語爾乎同乎我豈無以語爾乎且大事可公諸一世而正不妨私諸一二人者情相契也則試爲我專而屬之則并與爾逓而及之志三代之英我將與古而尚友訂

千秋之業我將與今而爲傳而要不若我與爾爲更近也天下異學爭鳴落落何堪同調而乃前不見古人後不見來者尚留我與爾於名山風雨之中亦足慰離羣之憾矣而何必不爲我幸而何必不爲爾籌爲邦法虞夏爾嘗與禹臯爲儔潔志樂簞瓢爾若與巢由爲偶而要不若我與爾爲更親也吾黨從游甚衆斷斷者正不乏人顧乃見不必在田潛不必在淵獨留我與爾於杏壇洙泗之間夫益重儒林之感矣而爾與我何靳乎步趨而我與爾何分乎畛域是知用舍者天時之適然行藏者人事之宜然我亦於天時人事中應之以自然而已而我何與焉而爾何與焉回乎我將

何以語爾乎回乎我豈無以語爾乎

興來情往朗潤清華　汪金門

有美玉於斯　三句

爲有美玉者商所處因合藏與沽以並叩焉夫旣有美玉豈無所以處美玉者或藏或沽子貢之意固有在耳且非常之物不世出一旦得諸耳目之前則爲天下惜之尤當爲天下共之夫知希爲貴自賞非虛見用爲期人情不遠此中位置輕重之故不爲之兼權焉固無以決所從爾今夫器苟終於韜晦固足爲一世之珍術果妙於轉移自見重五都之市是以緹巾十襲貽誚旁觀累價千金終逢眞賞天下至不易得之物孰有如美玉者乎而何幸有於斯乎物非實遇之當前則珍品徒懸猶若虛而莫必美玉而旣曰

有也精神已見於山川入世豈無其作合安得以權非我屬竟任夫世運之亨屯物不甚關乎當世即幽光終閟不必急以相圖美玉而有於斯也貴重久需於廊廟升沈隱繫乎氣機安得以人莫已知徒俟諸異時之遭際賜於此將擇一術以處之因合兩說以權之以徑徑之見譏當世也則疑於藏有美玉而至於藏是固從不甚矜惜之下而頓忘計之已甚者乎一言藏而璧則猶是幾同被褐懷之矣則韞匵而藏諸以皇皇之未息周流也則宜於沽有美玉而出於沽是直從幾經審量之餘而庶幾謀之其臧者乎一言沽而寶也幾何方將鳴玉問之矣則求善賈而沽諸珍奇之誕

毓彼蒼非出以無心而特懸此藏與沽之途使有於斯者早爲決擇夫美玉豈可輕於一擲哉第使襲之文錦秘以緘縢亦自韜光而匿采而揆諸造物降材之意或不如是矣故有藏以重其器必有沽以發其光當碔砆並進之會特顯殊尤有心人所以三獻冀當途之一悟抱而孰得孰失不容以躑躅兩途者上負知我之天心温潤之聲華人世久期其大用而遂孰此藏與沽之境使有於斯者豫卜興衰夫美玉豈可無以自主哉即使終老岩阿甘心草莽非不匿迹以銷聲而環顧斯人屬望之殷其果何補矣故藏不失爲能愛其寶必沽始可爲善用其材從圭璋特達之時上膺重選

有心人所由一顧致連城之價也而何去何從要必斟酌一是者

下慰乘時之民望敢以質諸夫子

前半籠題得勢紆徐爲妍中間吞吐得神後二偶曲折頓挫中

仍不掩俊偉光明之概行文至此夫何間然 汪治夫

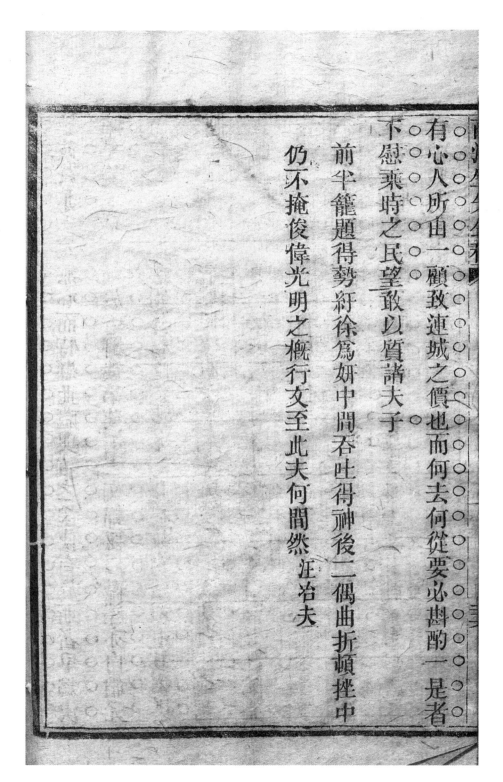

褻裘長短右袂

記褻裘之製可以補禮所未詳也夫長短衣有定數至褻裘長而右袂則短則禮所未及詳矣子以爲褻裘之製固當酌其宜爾且鄉黨記君子之服於褻服則不以紅紫幾疑顏色不可以稍間者即制度亦不可以稍差矣顧於一身謀安燠之方尤必於一體求展舒之便大聖人安身利用動無不宜故色之不可稍間者則嚴其辨於褻服而制之不妨稍差者則通其變於褻裘如羔裘麑裘狐裘衣各昭其稱矣夫論裘於有事之時則貴取乎稱而論裘於無事之日則貴酌其宜獨不觀褻裘之制息南北東西之轍優游爾

室太和之元氣常充然非裁製有經彼被吾身者或不克周吾身也息自歌夫燕燕度莫表夫申申將何以向洙泗之春風而偕徵安適彈纂修刪定之功退息餘閒鄙事則多能夙擅然苟曳婁自得恐蔽吾體者或未克勤吾體也因應本可以從心拘攣乃同於掣肘將何以佐披吟於暇日而特著從容維子以褻裘則長爲從來章身之具葛取涼而裘取温袷二寸緣寸半引而伸之綽乎有餘裕矣而長豈至於被土歟且於右袂則短爲從來一體所分左主靜而右主動身使臂臂使指化而裁之用乃無不宜矣而短豈至於見膚歟則皆禮所未詳也衣服多紀於玉藻纊爲繭緼爲袍

禪爲裲帛爲褶而褻裘獨畧其名人或疑長者爲聖人之創而正非創也夫表裘不入公門襲裘不入公門法制之昭垂已久特經聖心之裁度而範圍悉協從長者倍覺其安舒憶其時儀匪謹乎踐席而衣不煩摳地本異於升堂而齊無用攝裳而名之以褻明外此皆非所宜長也從乎增不從乎減寬舒自適可以補玉藻一篇之缺焉制度備載於深衣規取圜矩取方繩取直衡取平而右袂獨無其制人或疑短者爲聖人之偏而更非偏也夫高下則詘可運肘反詘則袂可及肘彼此之尺寸皆同特經通變之神明而提挈有分從短者更形其便易想其時向緇帷而講易編韋無支

詘之勢坐孔席以鳴琴操縵著安閒之雅袂而別之以右明反此
更不必用短也取平損不取平益而參差互異可以補深衣一冊
之遺焉此褻裘之制也

題宜滾作爲上通體分疏似未說暢然能將題意疏透吐屬名
貴氣宇光昌場中得此定當脫穎而出可知文無定格惟其當
而已矣　自記

興酣落筆搖五嶽詩成笑傲凌滄洲文有此勝概　汪谷夫

色斯舉矣　時哉

物有妙於機者聖心所深契也夫舉因乎色集先以翔物之妙於機也於雌雉歎其時聖心固默契以機云今夫機也者物與人共焉者也物之機每於人之機相乘人之機恆與物之機相感機與機相乘而人之嘗以機者物初不昧乎其機機與機相感而物之適夫機者人早默喻乎其機不昧乎機而機以呈默喻乎機而機以化而大聖人相契之機乃因一物之機有以揭其機之妙鄉黨一篇所以著聖之時也自朝廟聘享之大以及衣服飲食之微但見其因時之宜莫名其因時之妙吾黨遠觀諸物並證諸子之觀

物而予將渾示其機並不明言其機也爰爲之先經以起義曰色斯舉矣翔而後集是則獨其機於吉凶悔吝之始而一身遠引獨能窺人心已萌之隱而不觸於危斯其見機者已早審其機於安危倚伏之交而四顧躊躇獨能還造物共適之天而得知所止斯其樂機者已多此其中有時焉時當舉舉亦機也時可集集亦機也而舉不緩於舉集不遽爲集者則存乎識機者之不闇於機也此其象予嘗於山梁間得之蓋天下機之所伏自相機者默與爲伺而感召尤微而天下機之所流自忘機者適爾相遭而意言逾渾時哉之歎所由顧雌雉而興感也謂雌雉有擇於山梁則寬乎

廣大之區其足以適吾機者何限獨山梁也與哉乃爲是栖託也大抵山水清幽之地有意而失之或無心而得之故境地所呈恍若舉兩間行生飛躍之端載以俱出動不拘乎動靜不拘乎靜雌雉應適相協焉此其機固有流露於不自主者彼山梁特其偶寄也東西南北之栖皇何一不可作山梁觀哉謂山梁有待於雌雉則蠉動蜎飛之屬可以暢其機者甚多獨雌雉也與哉乃爲是留戀也大抵林泉薈蔚之中往也何所追來也何所拒故棲遲甚適恍若舉吾身用舍行藏之理挾以俱呈行乎其所當行止乎其所當止雌雉若隱相符焉蓋其機固有感動於不自已者彼雌雉特

其偶觸也仕止久速之大何一不可作雌雉觀哉此雉之所以有契於聖心也宜記者於鄉黨之末以明聖之時中歟

思筆圓靈機神流暢 汪金門

節節活著著殺風檣陣馬一片神行 受業張兆蘭

剛毅木訥近仁

爲遠乎仁者言仁特許夫質之相近者焉夫剛毅木訥豈遽謂仁哉然較之遠乎仁者則質差近矣人當益勉於學歟且世之遠乎仁者大率皆遠乎仁者也則欲求不遠之修惟克葆其本性者乃能不漓其眞性其力至健而不失之柔也其守至貞而不涉於靡也其容至質而不倚於文也其言至拙而不務於巧也是雖稟賦不必皆同功能期於自勉而本性不斲眞性常完較之遠乎仁者夫固大有區別爾今夫仁也者抱中和之德而不倚於一偏具純粹之修而莫名夫一體者也而奈何世之求仁者率皆遠乎仁以

求仁也則試言質之差近者可乎其人亦未協乎剛中而百折不回非私意所能屈氣稟厚而直可養操守固而習不移物態紛紜何足撓其素志也若是者謂之剛其人亦未備乎擾毅而寸衷自矢非外務所能搖持以一而情不遷守以貞而物不奪朋從憧擾何能撼其堅操也若是者謂之毅俗儒喜尚虛浮容止文而日漓其性修士只知樸實笑貌質而自葆其天言行悉除夫枝葉人惡其無華吾愛其存實也若是者謂之木捷士最工用佞肆辨難而務騁其辭慤儒專尚立誠甘遲鈍而不騰其口議論胥杜夫紛紜人知其不欲煩吾愛其妙於簡也若是者謂之訥此而例諸純乎

仁者氣配乎道義而不必以剛名力矣夫堅貞而不必以毅名威儀文詞悉含章美而不必以木訥名有然純而無小疵其詣固未之能遠然以例乎去乎仁者色厲而內荏非剛也假託乎剛外強而中乾非毅也假託乎毅令色巧言悉爲屏棄非木訥也假託乎木訥有僞心並無實意其質固迥不相侔是倘得謂遠乎仁哉近焉而已吾乃爲剛毅木訥者幸焉剛毅則力袪夫柔懦而其體常堅木訥則不入於輕浮而其心至愿質地光明德業已有基矣葆維皇賦畀之良不鑿不雕已見有基而勿壞將奮發者足以有爲愚魯者足以傳道如行路然未歷其全固已得其半也而能不慰

歟吾又爲剛毅木訥者望焉因剛毅而求性功絕欲漸能無欲由木訥而勤詣力謹心不至放心學問精深進境正無窮矣具昭質無虧之體勿參勿貳自可日進於無疆將矢堅强而渾厚能臻本篤實而輝光可發如陟山然欲躋其巔必先循其麓也而可不勉哉

瑟菴先生癸酉以是題典試浙江論題最詳謂此題宜與巧言令色章參看題旨自明語最直截了當此效顰耳去癸酉闈墨多矣 自記

管仲之力也　三句

美霸佐之力、復重言以贊其仁焉、夫非管仲之力、彼九合之盛桓公未必遽能也、力所在即仁所在、子故重言以贊之歟、從來以力假仁者大抵皆竊仁之名者也至殫其力以行仁於是伯業之所成乃獨高於今古造物為民生輔霸主之人以贊襄乎霸主俾克建大功揚大烈功耀王庭威震華夏使天下咸頌其力弗衰而行仁之實者乃不僅竊仁之名矣不然使當世而有如管仲者許以仁可也疑以非仁亦何不可哉無如斯人不概見而九合諸侯不以兵車之盛乃僅僅見之桓公也噫嘻此誰之力哉力莫大於尊周王室而旣卑矣孰復翊戴夫共主乃禁令旣明而王臣不下聘者六十載咸遵其約束此其力非桓公所能也力莫大於攘楚諸姬而殆盡矣誰其用懲夫荆舒乃貢征見責而蠻服不敢肆者三十年隱杜其覬覦此其力非桓之諸臣所能也則皆管仲之力也而子猶得疑其非仁歟且夫仁有以心性言者亦有以事功見者以心性言者時勢當迫窮之候捐軀在所不辭故有慷慨以明忠從容以就義此殺身成仁者固不必取以繩仲也以事功見者干戈當擾攘之秋彌禍乃爲至計故有息紛爭於戎馬彰好會於衣裳此以術行仁者固不妨取以論仲也吾蓋觀仲之力而益見仲

之仁也吾蓋觀仲之仁而益見仲之力也夫誰則如之哉橫覽七十二國之間凡所謂爭地爭城者其果何景象也上適干造物之和下罔恤征夫之怨禍患深而爭凌無已其不仁爲太甚矣仲何不戰而胥帖然也當日者以禮招攜禮即仁所著以德懷遠德即仁所流統寰區而遍予以安全固非從戎之狐偃拜賜之孟明用典之爲敎所得仰而企已仲父之流風未墜也吾願當代之刻以持論者鄭重思之縱觀二百餘年之史凡所謂書侵書伐者其孰與挽回也攻取則日肆鯨吞翦滅則互相蠶食殘暴逞則民生益蹙其不仁尚可問乎仲何息事而各晏然也當日者內政委焉安

乎內則仁聞愈彰外事斷焉又乎外斯仁澤益溥與一世咸安於休息更非佐治之高傒載車之甯戚分金之叔牙所得蹕其塵已管氏之流風猶在也吾願後世之苛以相責者低徊念之而誰如其仁哉而誰如其仁哉由亦可無疑於仲矣

不矜才不使氣醞釀深純氣機流暢　胡荔紳

畏聖人之言

言出於聖以畏天者畏之焉夫聖人之言天命之所寄也爲君子者能不以畏天者畏之哉且天生聖人爲天下萬世之道計也道之大原出於天天不言而聖代之言其闡道也至精其論道也至備於是法天者必先法聖對聖者亦如對天而戒懼之心乃因之加密焉君子之所畏既由天命以及大人矣豈尚他有所畏哉夫君子固欲以聖人爲學者也聖人探於穆之精物則民彝悉本陰陽以垂教其體諸躬者既備其宣諸口者尤殷也所以崇效具精心一語可闡圖書之秘聖人建維皇之極牖民覺世且佐君相以

爲功其察識旣出以周詳其發抒益見其眞切也所以討謨能定命單詞足徵典誥之遺是所賴乎聖人之言也惟然而君子之所畏者又可識矣今夫人當用力之初未識程途之奚若及得師資爲指示而爲法爲戒遂昭若以發矇知語涉箴規最足動人以警省也矧其爲聖謨之洋洋也今夫人當程功之久尚昧學力之何如及得賢哲之品題而或絀或優乃憬然以自悟知論關切要最足怵人聽聞也矧其爲聖訓之煌煌也君子敢不畏之哉且夫聖言之昭垂於今爲烈矣平時殫思極慮無非取法於簡編究之功難遽竟也堯舜禹湯文武道統相承而欲以一已之濳修上契古

皇之彝訓返躬能無深恐乎所以發身心性命之微畏更深於法
律正訓誥典謨之體畏尤甚於爰書當朝夕修省之餘造詣偶有
未純卽見奉行之不力緬名山之風雨能無懼古訓之燦陳哉且
夫聖言之表著自昔已然矣平居壹志凝神原欲追蹤於往哲究
之詣難驟精也詩書易禮春秋日星同炳而欲以一人之私淑默
孚先覺之襟期撫衷能無增惕乎所以表一朝之功烈畏之者如
臨帝謂之嚴顧萬世之彝倫畏之者如見綸音之布從明旦罷皇
以後功修有一未備卽覺信道之不專宣奧義於苞符能無懔陳
編之大備哉君子之畏聖言君子之知天命也小人則不然矣

此章三畏雖平究重天命一邊玩下節語意自明又下節知字乃補足上節之腦文於此着意自然合拍　自記

高文典冊宏我漢京具此手筆方許摹繪乾坤　受業張兆蘭

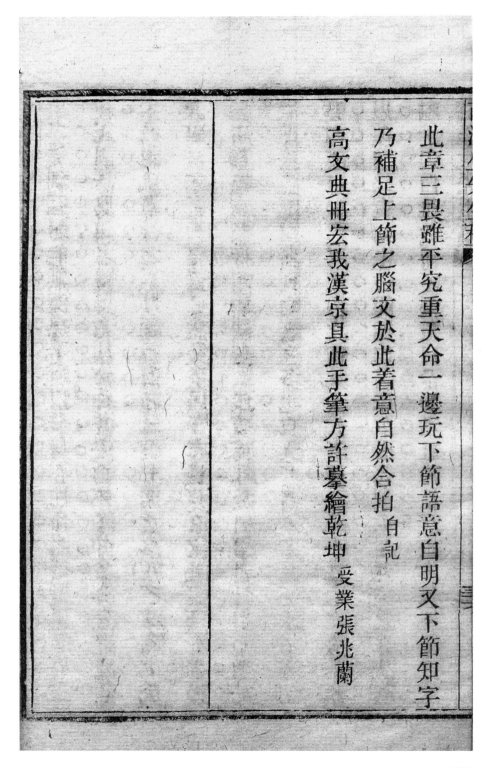

人皆曰予知　予知

予知者之多也昧於事復明於理焉夫自謂予知宜知禍之當辟矣乃辟禍莫知復以明理自矜也抑何知者之多乎從來得名爲知者皆不敢自命爲知者也夫天下事機所在必賴知而始明乃諉所長輒命通材隨所試無非危境而昧於料事者且自謂明於觀理也噫嘻何斯世知者之多也自大知者不多見而求道者固非知不可矣然吾觀古之稱爲大知者雖心通乎性命之微精察乎理道之大初未敢聰明自負示異矜奇況人世趨避之常固可以予知自雄哉而不謂皆曰予知者且譁然起也本無觀變之才

而詡詡相誇輒謂世途獨深於閱歷推其意一若人之精研性命所推爲志氣之如神者初不過予也詭托於通明幾至同聲之相應本乎先幾之見而囂囂自逞輒謂物情能識其譸張推其心一若人之深求理道所稱爲聰穎之獨絕者亦不及予也妄矜夫作哲幾至舉世而無殊夫皆曰予知自必知所辟禍矣是即有驅而納諸罟擭者彼必笑其不知矣有驅而納諸陷阱者彼更笑其非知矣而豈意莫之知辟者竟出自曰予知之人乎則甚矣人之不可自曰予知也且夫機械之來設防宜豫苟墮其術而不悟亦常致懍夫前車乃驕矜之習易地皆然縱試其技而已窮猶復別譸

其精鑑蓋自有莫之知辟者而予知者又有其人矣其即前此曰予知之人歟則是與言禍福而見詘者與言性命而見優也夫性命亦胡可自詡哉理苟深於障蔽已不啻罟擭之堪虞行稍即於顛隮更不啻陷阱之可慮乃前愆莫補昔日之受欺何拙此時之逞說仍工則謂今此予知之人特因前之有入輒迷而更變一術焉可也其非前此曰予知之人歟則是與言因應而見短者與言理道而獨見長也夫理道亦何可自是哉耳目迭致其交引非驅也而若驅心思易受其欺蒙非納也而若納乃覆轍堪懲但矜夫我識之精明轉詡夫彼術之敗露則謂今此曰予知之人特因彼

之冥然罔覺而別炫其異焉可也噫是豈不知驅而納諸罟擭陷阱者罔卽皆曰予知者哉奈何曰予知者且比比然也則甚矣斯世何知者之多也

全以靈心結撰從上節翻下節從下節翻上節骨髓空靈筋節活動至粘合生意處尤覺老手斲輪　張嘯秋

兄弟既翕

詩詠兄弟亦深望其能合焉夫常棣之詩專爲兄弟而作也因未翕而思既翕詩殆有冀倖之心歟今將序盛事於天倫求要道於同體則凡今之人固莫如兄弟矣蓋統於我者固可免箕帚之嫌而等於我者仍慮啟豆觴之釁苟差池其臭味將致慨於參商亦未思古人篇什流連其所爲莫遠具邇者欣慰也仍不勝冀倖已如鼓瑟琴詩第詠妻子之好合耳雖然常棣一詩固周公慨兄弟而作也閨房深靜好之緣伉儷相莊情更親於手足此宴爾新昏所以比之於兄弟也然而念一體之親天合固不比人合矣中饋

泯參差之釁門庭互洽吹彌暢夫塤箎此刑於寡妻所以推及於
兄弟也則夫敦同胞之雅相好者固未可相尤矣是所貴於翁也
獨是論兄弟之翁在詩固有難焉者牖戶綢繆之日鴟鴞毀室誰
憐育子之恩勤昔也慶多祜於百男今也痛不咸於二叔感三年
之零雨缺斨破斧往事未可追尋矣則期其翁而莫必其翁者有
之然而論兄弟之翁在詩又有易焉者削平患難以來脊令在原
彌望同心之禦侮螽斯羽會歌緝緝麟之趾並著振振聯一脈於
天潢釃酒儐籩後會庶幾宴集矣則期其翁而可卜其翁者有之
且夫兄弟之勢易渙也渙則胙土分茅有歎彼此之間隔者矣河

山各守夫藩封風雨未通其款洽顧瞻周道感何如之詩若曰今
之兄弟方來者夫非相合而不至於渙乎葛猶庇其本根葦勿踐
夫芭體從四國流言之後而或歌或咢借藇酒以聯歡是固嘵音
瘏口之時所念不到此者矣吾聞樂之始作也貴於翕信如詩言
兄弟不既有翕如之象也歟且夫兄弟之情易暌也暌則親合神
離有歎意言之齟齬者矣隔鴒少握手之歡聞樂起拊心之歎追
維昔款傷何如之詩若曰今之兄弟比安者夫非相得而無哉少
暌乎行早聯夫雁序怨自泯夫騂弓當一堂聚處之時而載笑載
言褒棣華之共韡是又袞衣繡裳之日所幸而得之者也吾聞坤

之方靜也取其翕信如詩言兄弟不既有靜翕之應也歟由是和

樂且耽室家不咸宜乎

高華沈實骨重神寒有　國初諸老風力　陳秀可

摹倣大家卓然名貴是以隆

萬之骨力學墨式之法裁者

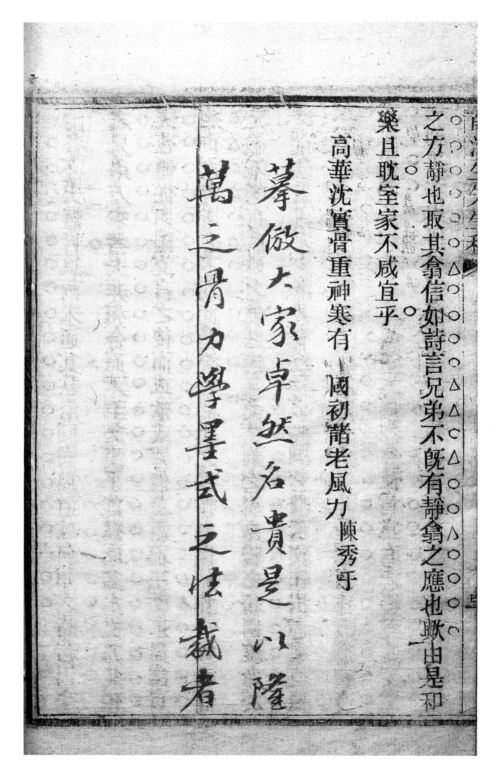

父作之

創作有人已樂得夫賢父矣夫有父而不能作者多矣文乃父作之焉不已見無憂之實乎且列祖隆宗廟之歌而王季不見諸周頌穆考紹先人之統而王季不詠於周南說者謂制作未隆者簡編因多畧焉而不知非也我國家忠厚開基永承勿替制度昭於奕世儀型實創自前人溯家法之留遺覺維我文王夫固樂有賢父矣文王之無憂固以王季爲父也夫父不重賴有作哉念鞠育之深恩屬在後人孰不思揚夫前烈然使肯堂有志而作室無聞將創建未宏何以肇寖熾寖昌之勢也則前人之基緒宜光也鐘

神靈之異質仰承世澤更思克迪夫前光然使播穫有人而菑畬
未著將規模不具何以懋以引以翼之心也則先代之創垂猶畧
也是所望於作也獨是論作於父固有難言者衣裳昭垂拱之休
盛治獨隆於蒲坂顧變生井廩窮人幾至無歸即幸獲蓋愆亦空
抱終身之怨慕尚何望其能作乎十六字道傳心法同延相授初
何嘗家學之親承亦可知瞽瞍為天子之親原難語貽謀獨善矣
天地著平成之績神功特錫夫元圭顧痛抱羽淵黃熊竟嗟入夢
即幸能幹蠱已莫解當局之憂虞尚何望其能作乎四百載統繼
靈長神器無私初何嘗前徽之克紹亦可知崇伯歸四凶之列更

難語有開必先矣而皆不可以例文之父也試觀其父豈非作者之聖乎且夫季之作有見之於國者如書言其勤王家是也自作伯膺九命之榮圭瓚久須於天府苟非克自抑畏奚自勵精誠之氣以垂裕後昆乃牧師命矣即以肇西伯之封余無代矣即以創專征之例拜王朝之殽馬無非開弓矢之先聲爲問獻捷勤王五十年服事之忠何一不由於締造乎而第謂羑里之困亦同塞庫之困以是見父之作也猶其外焉者耳作有見於家者如詩言其德克明是也自受祿篤四方之慶德音久著於大邦苟非力任修明奚自高友愛之風以光昭後嗣乃拔木之道既通紹父即所以

保後採葯之蹤不返承兒正所以安邦敦友誼於庭闈無非肇緝熙之家學爲問錫光篤慶八百載綿長之祚何一不出於創垂乎而如謂帝度其心乃有帝祉之受以是見父之作也猶其顯焉者耳合之子述不益見無憂之實乎

嶽峙淵停雲垂海立筆情英銳經義紛綸可榮世亦可壽世墨卷家當以金鑄之　受業張兆蘭

其次致曲

由盡性以思其次而得推致之功焉蓋惟有未盡之性是以名為其次也而所致者在曲亦曰此固大賢以下事耳從來品詣之所分有其上必有其次以上哲固不數見也夫稟賦固不必皆同而端倪要期於自擴人得其全我乃僅得其偏而見為偏者初不敢自囿於偏斯偏中求全之詣力見焉不然世而皆盡其性者固無所謂曲也更無所事致也何自而別為其次哉然而盡其性者其人固已莫尚也然而盡其性者其人亦非無儔也蓋盡性者得於生初也最渾渾則舉良知良能之事隨在悉見其昭融惟渾乃大

大故不入於纖凡見爲纖者皆未底於大者也夫見爲纖則所謂曲也抑盡性者見諸推行也最周周則無不純不備之虞歷候悉徵其充裕惟周乃多多故不見爲少凡見爲少者皆未得夫多者也夫見爲少則所謂曲也是所貴乎致也吾試由盡性者而思其次本取法乎上之思遞而降之曰其次可知生材不一即盡性者亦難强使之同性所存者未必無平旦之偶萌性所發者未必無幾希之偶露因偶萌偶露之端漸而加焉固未可自安於曲矣則其次正宜馴而致也於同居等類之中引而重之曰其次可知爲途不遠盡性者莫由靳其所難性之待盡於人者一意即可以造

端性之待盡於物者一念卽可以溥徧從一意一念之微擴而充之又不得當終於曲矣則其次更當推而致也且夫致曲之功仍不外乎擇善固執而已蓋善不擇則理欲混淆不知有曲也安所事於致其次乃持以定識焉當夫抉擇旣當卽推暨愈宏一物有一曲致焉可竟委以窮源物物各一曲致焉可由此以達彼卽吾識所已及并擴吾識之所未及而漸推漸滿彌綸理道之宏深水之盈科也涓滴之微積而成澎湃汪洋之象彼致曲者亦若是焉矣執不固則攻取交乘明知有曲也或未事夫致其次乃矢以定力焉當夫操守愈嚴亦彌綸愈廣曲本一而致不一分致者功無

所虧曲不同而致皆同合致者分無所歉即吾力所已充並求吾力之所未充而愈積愈多彌見功修之遂畜木之發榮也萌蘖以後且自呈增高繼長之觀彼致曲者亦若是焉矣曲則有誠也而效不可歷徵乎

將全章融入曲字中說理瑩澈用筆峭削一卷氷雪文何處更著纖塵點綴　胡荔神

樸實說理入木三分　受業張兆蘭

民事不可緩也　苟無恆心

知民事之宜急當深慮恆心之失矣夫民惟以事爲心心之所以有恆也而恆心必由於恆產勤民事者可不慮恆心之失歟從來善治民者患其事之不勤尤患其心之不固夫惟上以民事爲心斯勉於旦夕者民乃有以奮乎事矣抑惟上以民心爲事斯予以保聚者民乃有以繫其心矣否則視爲末務不暇圖維未知古人先事告誡者固深慮本心之失爾公問爲國夫國固以民爲本也君不能心乎民將草茅之勤苦上固無由體民之心也君苟能心乎民將宵旰之勤勞上固無在不籌民之心也蓋國所重者民而

民所重者事於此而置爲緩圖烏乎可獨是事屬於民有視爲可緩者有萬不可緩者亦有視爲可緩而因不可緩之事亦復刻不容緩者要惟人君震動恪恭於上斯小民勸誠勞來於下所事之無荒皆由於其心之不懈宜乎旦暮從事於原野而辛勤終歲更無淫心而舍力者也昔者我周以稽事開基而元公不忘夫先業豳風七月之詩一篇之中於民事三致意焉顧其七章有云晝爾於茅豈第不緩之晝哉宵爾索陶豈第不緩之宵哉蓋其心如此其亟者非斤斤爲乘屋計實爲其始播百穀計也不播穀則忘其所有事不播穀並忘乎其爲民且不惟忘乎爲民也抑忘其本心

實甚則未一思夫民之爲道也今試問游手而嬉者能強督以耕作乎又試問舍業而游者能敦勉於朝夕乎不以民事爲事乃不以民心爲心此豈民之咎哉無可守之田廬乃有坐荒之歲月爾宅爾以宅爾田爾以田見異思遷皆無恆產者之所致也有恆產者有恆心無恆產無恆心民之爲道罔應爾爾君人者知其然也以民事爲先圖尤以民心爲急慮少而習焉其事若性成焉長而安焉其事無他願焉長世字吒於以保此心而不失農之子所以恆爲農耳苟或無之其心不廑念始和之布其心不豫計播穀之時是即見有於茅者且以爲事可緩於晝也見有索綯者且以爲

事可緩於宵也蓋其心早已別有所事而不以民之所亟者爲亟亟矣故曰民事不可緩也

綰定首尾消納中間此八字爲長截題不易之法但運法而不可爲法拘以機運法機愈圓而法愈密矣段段有提頓有反正有手眼有縈拂有關鍵如鬭拳之技四手不脫空仍不著絲毫氣力乃與道大適之候也汪治夫

欲其子之齊語也

有厚望於其子者語不欲囿於楚也夫語爲齊語固大異於楚矣乃欲爲齊語者竟出自楚大夫也其望子不綦切歟嘗聞五方之民言語不通語之各異其方也夫人而知之矣顧語之各異其方者列邦之風氣攸殊而語之不囿乎俗者一己之詒謀獨異豈其少成若性初不思土音之是操歟何睠顧後人竟豔羨好音於東土也有如楚大夫於此亦第爲楚語已耳雖然獨不有其子在耶若敖蚡冒以來文告漸通於上國想大夫薰陶有素亦自知遷地而弗良也將堂構相承固同安鴂舌之常而言無嫌俚鞾路藍縷

之地謳謠未採於風詩郎大夫厭薄頓生亦未能半途而忽改也而封疆遠隔豈其慕魚鹽之利而聲可相求是楚之不能爲齊語也明甚而楚大夫乃爲其子欲之獨是齊處北海楚處南海固風馬牛之不相及也我觀謂乳爲轂謂虎爲於菟者此楚之語也而齊不聞有是以得爲登以豬爲都者此齊之語也而楚亦不聞有是然則生長於齊不能不爲齊語猶之生長於楚不能不爲楚語耳而欲之者何心夫人非其情之所獨鍾則雖聆異論而其情不屬惟此意常縈於寤寐而思之愈久計之彌深不覺因白馬雕龍指稷下而倍深希冀抑人而遂其欲之所專注則雖聞好言而其

願易平惟此事始動乎衷懷而望之殊殷期之彌切不禁念談天炙轂望雄邦而遐寄懷思吾知大夫之望其子者殷矣顧復鞠育之恩歷久彌篤卽一言一話亦深期吐屬之非凡維習俗之移人固未可以之自囿耳瀟湘雲夢之區倏聞夫三代之遺聲而精神爲之一振誠令其子舍舊而圖新焉吾知方言可改琴匪操乎鍾儀里耳難諧吟不同於莊舄變白雪陽春之調將吹竽鼓瑟直同表海之雄風斯則大夫所日夕焦勞而冀其邁迹者也吾亦知其子之學齊語者尤亟矣男唯女俞以後見異能遷苟變濁變淸當不至意言之難曉惟方隅之是限固未可以自封耳轂擊肩摩之

地偶聽夫羣言之嫺雅而意念爲之弗諼誠令其子用夏而變夷焉吾知言不效晉侯之韄而東道能通詞非如秦客之廋而南風不競讀高山乘馬之書將檮杌春秋頓易蠻荆之舊制此則大夫所旦夕圖維而望其亢宗者也然則傳之者奚其從

經生之文才人之筆天崇骨力墨卷規模　齊語羌無故實絶無死典可用而行文萬不能白戰了事似此烘雲托月簇簇生新眞可爲益智之粽也　張嘯秋

遵先王之法而過者

遵法而不免於過大賢特爲懸想焉夫先王之法本無過也既已遵焉而猶慮其過乎孟子殆姑爲設想歟嘗讀洪範一篇曰遵王之道遵王之路一時偏黨不形式敷皇極其可以寡臣民之過者必先有以寡一人之過顧有典有則道固善於開先斯是訓是行治莫隆於纘舊使謂監於成憲者猶未克承無愆也是亦怵惕維厲之深心所無妨過計者已詩言率由舊章夫章法也舊章者即先王之法也詩蓋美成王之克泯愆忘者以其知所遵循耳歷沖齡而踐祚天心眷佑民人已見其咸宜乃黼座精勤初未聞予知

自雄矜言剏造亦可知咸正罔缺端賁謨烈之顯承也際多難而乘乾王室漂搖風雨方憂其弗靖乃深宮擘畫初未敢師心自用修議更張亦可知大卞克循始見瑕疵之盪滌也是先王之法本無過也遵之斯無過矣然而遵法者難遵先王之法尤難其在英武之君去暴除苛政令亦歸於畫一究之定禮儀而未暇參稽獻詩書而視爲迂闊鼎新革故自矜締造之宏而父老歡呼喜覺文網是則難法也不得謂之遵也其在優柔之主因仍遷就治理亦見從容究之奉成憲而太平坐享進古制而謙讓未遑守典承庥漸啟怠荒之習而廟堂淸淨崇尙虛無是則難遵也不得謂之法

也若夫用高曾之規矩奉行罔越既覩軌迹之易遵斯著奕禩之
儀型偏倚胥融自見範圍而不過而顧沾沾者慮其過集於愆也
夫獨斷獨行事事悉更乎往制將祖宗之遺訓棄若弁髦其得過
焉宜也而茲則明明遵之矣周書八法遵焉而知㓨制之艱難周
禮六官遵焉而宣隆平之治術往敷求先王夫固遠不遺而邇不
禦耳如謂敷施已審尚有疏虞是大典顯奉夫前徽而流弊轉滋
於後世也有令吾懸想焉而殊費籌躕者而顧鰓鰓焉慮其過失
於忘也夫之綱之紀事事胥挾以矜情則方策之昭垂棄同敝屣
其得過焉亦宜也而茲則切切遵之矣遵乎金枝郊寶細書抉武

徵之精遵乎程典大匡古訓闡文言之奧念昔我先王夫固勤爲

道而世爲則耳如謂規模未備尚有瑕疵則是功效已見於篇章

而政令轉形其叢脞也有令吾擬議焉而殊勞計慮者未之有也

將上五字着實做足而字一轉便得此力爭上游法也 自記

文極空靈極緊醒尤妙在映下

而不放下尚爲截下題法則

幸而得之坐以待旦

理得於終夜之後元聖乃急於行矣夫於不合者求合豈易得也而既已得之公能不急於行哉且古聖之存心也不問其事之行不行先度夫理之得不得不得而遽見諸行其行也必多冒昧已得而猶緩於行其行也必至遲回惟心以用而後通斯心以專而愈奮當夫黽勉從事可想見於披衣問夜時已仰思而繼以夜公之心不急欲得之哉然公之心豈第欲得之哉泝人踐祚之年家相宣勞惟迪前光於勿替倘時殊勢異而事理未得其指歸郎晏坐深宵公能已於輾轉乎未得而必求其得也公之心固未敢自

逸也孺子委裘之日元臣攝政惟監成憲以無愆倘人往風微而
情事未得其要領卽情殷待漏公能免於憂虞乎未得而驟見其
得也公之心尤未敢卽安也幸而其機爲之一轉幸而其境爲之
一開幸而其理乃確然而無疑幸而其神乃悠然以如會是所謂
得之也公之心於此可昭公之力始於此稍息乎然而公愈悚然
矣念音容之旣隔三王未得親承今幸殫思極慮以還始見心源
之契合是言得而事可徵諸實言得而理仍麗於虛也而謂情耽
安逸竟至偃息以在牀非公之心也然而公愈皇然矣緬方策以
猶存三王難得之告語今幸從壹志凝神而後備徵憲典之昭垂

是一言得而事可賅其全僅言得而功猶居其半也而謂時值晏
閒竟可蹣跚而伏枕非公之心也蓋得之之後急欲見諸行也不
觀其坐以待旦乎將欲端坐於朝堂之上以大其敷施而問夜何
如誰復聆鸞聲而戾止於旦之先而見爲坐得毋神之稍疲乎我
不可不監於有夏我不可不監於有殷綜往代以溯先猷禹湯固
如親授受況乎覲光揚烈一家之作述猶新也東方而未明矣危
坐者能無急於敷施哉將欲久坐於衽席之間以耽夫閒適而濡
晨以告不免藉燕寢以偷安於待旦而堅之以坐公又不遑假寐
矣父爲聖人而尊爲天子兄爲聖人而身爲天子迪前光以承丕

緒文武已顯示憲章況乎夏鼎商盤二代之貽謀甚遠也東方而
旣白矣安坐者豈敢稍耽閒適哉此周公之存心也

筆筆靈動字字典雅中一段飛花滾雪後二偶蘊藉風流此爐
火純青之候也 張石生

吾豈若使　三句

行道更切於樂道不敢以畎畝終矣夫以堯舜之君民見之於身何行道之盛乎伊尹故因三聘而熟籌之曰吾今而知遠大之規甚不可執一說以相囿也夫使欣於所遇世與我而相遺豈不甚善無如遇之疏者需之甚殷其安危係乎廟堂其休戚關乎黎庶而其千載一時之盛早令人於俯仰間彷彿遇之殊覺向之獨善其身者藐乎小矣湯既三聘而我仍樂道於畎畝則必使是君非堯舜之君而後可則必使是民非堯舜之民而後可則必有人焉堯舜其君堯舜其民而無待於吾身親見而後可然而吾計之熟

矣今夫學不本於堯舜非吾所樂之道也治不本於堯舜非吾所行之道也吾思松雲在牖麟鳳游庭藻火垂裳夔龍效職巢燧以來開文明之運者孰如堯舜之君乎又思鑿井耕田人游化日阜財解慍尙奏薰風葛懷以後享昇平之福者孰如堯舜之民乎吾生也晩夢想唐虞畎畝優游事權不屬而顧侈然自命曰吾將使是君爲堯舜之君吾將使是民爲堯舜之民吾將使堯舜之君民皆親見之於吾身得毋誣甚而何意是君之待我甚殷也而何意是民之望我甚急也而何意是君是民竟若以堯舜之道試之吾身也則且與語文武聖神之德則且與言文明濬哲之休則且與

觀祈因夷陝之安則且與徵憯怛忠利之教則且與壤歌華祝頌手而頌承平則且與禹拜皋賡前席而陳喜起是君爲堯舜之君民爲堯舜之民而吾即爲堯舜其君堯舜其民之身也豈不盛哉豈不快哉然則天下不能一日無君不能一日無民即不可一日無堯舜其君堯舜其民之身訪巢由之跡豈若陳益稷之謨哉考種植之書豈若上勳華之頌哉望古遥集神往中天豈若操尺寸之權得以躊躇滿志哉今而後華野之樂不足爲外人道也

峭拔似馬浩瀚似韓奇橫似柳跌宕似歐落落數百言而俊邁屈盤如天馬行空有不可捉拏之致　受業張兆蘭

帝館甥於貳室

有厚待夫甥者已於所館見之焉夫舜何人也帝乃從而甥之乎館之於貳室其待舜不已厚歟且後世築館以招賢者或擁篲以迎門或執經而請業固知得致高賢不可無宫室之奉矣若乃略君臣之分聯姻婭之歡天府初登而儲宫特建藎自側陋慶明揚而德協乎帝者卽居處亦無殊於帝焉舜尚見帝帝之待舜將何如窮蟬之氏族已衰門祚卑微而艱辛備歷廩焚井浚之年家庭且多故矣縱薦經岳牧詎敢望蔦蘿是施締婚媾於天家大麓之風雷待試姚墟已降而窮約如常耕稼陶漁之日啟處更不遑矣

縱治佐平陽豈敢望棟桷重新比崇高於天府然而帝則以爲甥
矣然而帝且假之館矣館何在館於貳室也且抑思貳室何如
者哉貳之爲言倅也以之名室蓋有輔治之義焉階爲土茨爲茅
樸陋相安儉德洵堪師矣而效趨承於殿陛爲貳室備極其尊嚴
貳之爲言副也以之名室蓋有繼體之思焉松生棟雲生牖制作
漸開文明將大起矣而仰規制之崇閎惟貳室益形其壯麗此帝
之所以館甥也然則帝之待舜不已厚哉所可異者巽位固中天
之創舉而風高鼇降足開後世尙主之先聲假使當日者賡虞雖
開而嬀汭未歸都君亦只與皋夔並列則可以言館而不可以言

甥乃三十載徵庸以後嘉耦與華屋同稱人以爲帝居甚壯棟宇已極其崇隆吾以爲帝子來歸居處先形其完備也地原近於至尊禮不待夫親迎展我甥兮當亦舜所念不到此者已所尤異者擇婿亦世俗之恆情而高其閈閎不比後代卑宮之遺制假使當日者王姬下嫁而奐輪未備英皇亦只與木石同居則可以言甥而不可以言館乃十二州肇造以還攸芋與好逑並詠人以爲深山之中有奇遇親聯兩姓交歡吾以爲深宮之內可觀型誼比一家更近也鼓琴自坐夫都宮被袗同游夫夏屋適子館兮當又舜所居之不疑者已由是饗行而賓主互洽矣此非天子而友匹夫

乎○

玉節金和筆歌墨舞後二偶文情斐亹尤爲如火如荼 汪治夫

季任爲任處守以幣交

有不能不以幣交者以其爲處守也夫任去鄒甚近交豈專待乎幣哉然有不能不以幣交者亦曰其時固爲任處守爾且當世諸侯王其欲結交於賢者或造廬以請業或長跪以明恭固知交際之間初不尚戔戔束帛矣然至以寡君之貴介弟濁世之佳公子當其分屬儲宮希當大任卽使倩殷慕道絕少伻來在旁觀亦可爲曲諒不謂承筐以將者且專望周行之示我也孟子居鄒當其時果孰與之交哉列國之馳驅已久征塵暫息不求聞達於諸侯對故里而倘佯仿舊游而慰藉夫豈望瓊瑤投贈或來貴介之周

旋鄉閭之退處甚閒道望素隆早播芳譽於鄰國越境者或嫌其
太遠趨士者恆慮其難親夫何期璣組豐隆竊望他邦而餽問於
是有以幣交者問其國則為任也問其人則為季也問其時則為
任處守也夫處守也而猶以幣交哉今使季也優游境內欲親君
子之光儀必將如當日之曹交奉贄執經願留門牆以受業而幣
交且有所不足言然而季任則非其時矣又使季也奉使他邦願
聆高賢之謦欬必將如當日之滕文同轅迂道藉通款洽以明誠
而幣交且有所不必事然而季任則無其遇矣何也以季任固為
任處守也夫何必以幣交夫何必不以幣交惜也季任之尚為處

守也雅不願鄰封通問徒壯行色於耶園第以大柄未移趨侍未
能豫卜非藉區區以將意何由達吾誠也膺社稷民人之重寄而
伊人秋水竊不禁蒼葭悵望之情以幣交焉纓組雖稍盡悃忱衷
曲究難攄愛慕遠違名教而近挹謙光即一介可通恐大君子仍
遐棄我也筐篚而有餘思也彼當日之鄭叚秦鍼能如此之虛懷
下士也哉幸也季任猶以幣交也亦惟恐玉帛充庭虛博禮賢之
聲譽第以息肩無日追隨未卜何時藉茲僕僕之往來或可鑒吾
意耳撫山河帶礪之遺封而君子道周輒不勝杕杜來游之慕以
幣交焉簡書曲盡殷勤之意關津徒深杳渺之嗟碩望心傾而藩

封任重當百朋是錫彼大君子或原諒我也饋獻而具隆禮也彼人世之文繡膏粱詎足動高賢之一盼也哉宜孟子受之而不報也

高華細膩墨卷中鋒 汪金門

流水之爲物也 四句

由于漸可即水以喻道也夫道必成章而達猶水必盈科而行也觀於流水之爲物不亦見志道之有漸歟且吾歎聖道之大言水而借觀於海明聖道之有本言水而必觀其瀾是則即水固可以見道乎顧備道者自見其淵涵而造道者當求其次第序必宜循而等無可越苟未能由漸而入漫曰吾固學海而可至於海也噫嘻傎矣何則道也者其程有由開其效有由致而其境則不可以猝而幾吾蓋反覆於流水而知道之必貴於達也又知道之不遽言達也達必有達之機而機每患其滯乃歷一候而其機尙滯

又歷一候而其機忽開非受之以需不克有愈擴愈充之象也若流水特其顯焉者也達必有達之勢而勢每苦其艱乃始闢一途而其勢尚艱更闢一途而其勢頓易惟受之以漸然後有可推可放之形也若流水特其小焉者也嘗觀於波濤浩渺之區大爲淪小爲瀾其行也幾有一往莫禦之致及一揆夫發源伊始則必以注川曰谿注谿曰谷注谷曰溝者積而爲汪洋澎湃之觀坎之流異乎艮之止曰惟盈科爲然因悟夫學問深潛之候若登高若陟遐其達也幾有不可限量之思及一觀其積累之勤則必由士以希賢由賢以希聖由聖以希天備歷夫充實光輝之境誠於中乃

能形於外日惟成章爲然而不然者彼流水尙不克行而謂君子之志道可遠期其達乎然而期於達者且妄冀一蹴可至也炳蔚之大文未著漫思倖獲於崇朝是猶分一勺之多而妄冀百川之灌也有是理乎君子以發蒙端養正之基卽以習坎明洊至之義迨至日移月異而光華之發越藉覘學識之通明蓋不啻達於淮泗達於河者之推行無阻也不然成就未宏奚足語道之閫奧也哉然而期其達者且謬謂躐等可企也就將之功候未深競欲捷收於一旦是猶指斷港絕潢而謬謂洪波巨浸也有是情乎君子以望洋者興觀止之思卽以向若者勵進修之氣迨至發邇見遠

而外觀之亘蘇無非內念之充周蓋不啻溝達於洫洫達於川者之流行悉暢也不然章美未含奚足語道之微妙也哉吾蓋反覆於流水而知道之必貴於達也又知道之不遽言達也志道者可以悟矣

有總扼處有平還處有側注處有順拖處有逆抱處此種乃無法不備之作運以靈思佐以經義看極容易成卻艱辛非老手固不能猝辨也 自記

廣陵散不彈久矣百川而後此其嗣音 汪金門

跋

淮生師江南名宿顧久困場屋年四十始登賢書第一聯捷入翰林闈作皆膾炙人口通籍後殷殷以誘掖後進爲心己未至壬戌館蘭家者四載口講指畫終日無倦容每呈一藝必斟酌盡善而後止壬戌之秋典試西江因校閱過勤遽捐館舍吾師無嗣蘭與諸同門擬集遺文付之剞劂而

師平時不自珍什僅存課蘭改本若干篇又於同學李荆南水部處搜輯共得三十藝呈請吾師同譜慕杜汪先生鑒定以壽諸世吾師列詞曹登臺諫文章政事卓然可傳時文其緒餘耳況生平所作散佚正多倘得次第摭拾裒集成編實蘭所深幸也夫

受業張兆蘭謹跋

（清）薛春黎 撰

味經得雋齋律賦一卷（一）

清同治十一年（1872）刊《薛氏五種》本

味經旻雋

僉律賦

秣陵鼓甫氏題

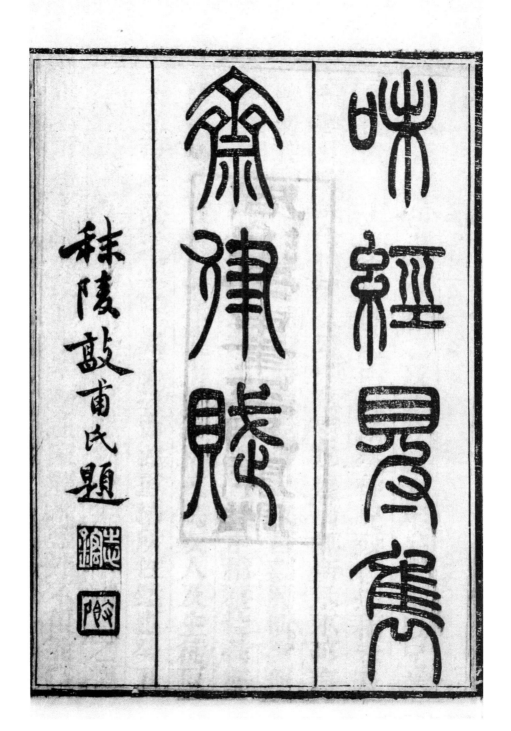

同治壬申年三月開雕

序

嗚呼先仲兄淮生先生之歿距今已十年矣寒家以兄弟爲師友兩十五而孤卽隨兩兄講藝仲兄歿後遺稿未及編輯比歲庚午伯兄又歿兩痛定加痛前無所承不可言狀何衰宗之不幸也兩少時習見仲兄攻苦刻厲昕夕無停晷朋舊文字有可意者輒手錄之昆季中稍獲佳搆亦必代爲收拾而已所作旋得旋棄稿或爲友人及生徒取去卽有經意潭思之作亦不復省視重繕所性然也癸丑通籍後兩兄弟分曹中外蹤跡遂暌少年握手講藝之樂渺不可得丁戊以後時事多梗通家問米鹽外不復能質

辨經史疑義視陸士衡兄弟東頭西頭其宅讀書遥之多
矣歲壬戌先生典試西江士林喁喁延頸相屬以校閱過
勤遽捐館舍行義未大顯而齎志以歿兩適避地西江幸
得親視含殮兩旋奉
命從軍滬上直至乙丑杭州挂冠後始親至西江扶仲兄
櫬歸葬料檢篋衍所藏弆文字多喪佚且塗乙漫漶畧可
辨識者十裁二三而零縑斷簡中丹黃璀璨讎校殆徧蓋
先生於十四經廿二史之外若丙部丁部皆有是正譌字
於前賢王深寧楊升菴諸人及我
朝崑山顧氏上海陸氏餘姚盧氏高郵王氏校定之說一

一繕謄字皆細瘦嚴密勢若風雨而波磔不苟先生之用
心亦已勤矣昔先生在諫垣於時政多所匡糾而時時從
質故侍郎王先生茂蔭與之上下其論議故所陳嚴而不
激直而不磏
顯皇帝熱河之狩累章諫止皆庋中不下又力訐三王之
罪欲伏
闕拜疏固諍不去會
乘輿北幸已發疏竟不得上而衆讙交口憸人張目先生
夷然不爲動遂止留圻城辦理巡城團防事務嗚呼充先
生之志豈僅欲以區區文字傳哉此册所編律賦乃授徒

時改諸生程作從他處葺錄者又搜得歲科試及翰林館課諸作一並釐訂成帙其疏章論議之文當續搜采開雕摭拾畸賸以表先生志節之所在卽以律賦論之此體唐人頗嚴近爲之者於理法多不能合編中極有條理體物瀏如援比皆典亦可於細事驗先生用心之勤也雨師資不遠用謹條其粗迹以爲弁言嗚呼後世子孫尚其念之

同治辛未九月壬辰旦弟時雨謹序

味經得雋齋律賦目錄

全椒　辥春黎　淮生著
男棕槤
壻袁振蟾仝校字

天街小雨潤如酥賦
百花生日賦
采芹賦
治聾酒賦
鳳子賦
馮煖焚劵賦

緹縈上書賦

引錐刺股賦

朱買臣負薪賦

鼉貓賦

麻姑搔背賦

蟭螟巢蚊睫賦

因樹爲屋賦

竹馬賦

王安石爭謝公墩賦

載酒問奇賦

黃雀銜環賦
酉爲秋門賦
賣刀買犢賦
綵囊承露賦
周亞夫平吳楚七國賦
秋實賦
擬陸士衡羽扇賦
擬王輔文涼風至賦
蟹簾賦
漢章帝詔齊相省冰紈方空縠吹綸絮賦

漢明帝送東平王歸國賦
烹虱腦賦
斷葱以寸爲度賦
及第花賦
熟精文選理賦
杜拾遺午日賜衣紀恩賦
前題
漢文帝勞細柳軍賦
冬山如睡賦
參玉版長老賦

榴火賦
李郭同舟賦
霍光驂乘賦
陳平分肉賦
三軍如挾纊賦
五斗折腰賦
安福殿言政事賦
燃糠照誦賦
琴上薰風入禁松賦
曉霜楓葉丹賦

杯水見眸子賦
擬唐崔護屈刀爲鏡賦
同律度量衡賦
鳶飛魚躍賦
學然後知不足賦
擬唐李程日五色賦
婁尾春賦
秋鷃賦
穫穀呼名賦
戴仁抱義賦

棊聲深院靜賦
紅藥綻香苞賦
擬揚子雲羽獵賦
居敬存誠賦
萬方安和賦
擬成公子安嘯賦
擬漢鄒陽几賦
前題
平湖秋月賦
遜志時敏賦

爲政猶沐賦

刻鵠類鶩賦

獺祭賦

婁脯賦

闔門左扉賦

青草池塘處處蛙賦

靈鵲報喜賦

錄焦遺毋賦

天街小雨潤如酥賦 以題爲韻

草蘇欲透柳困仍眠春融大地雲暗遙天巷靜而響停穿屐坊深而塵息歸鞭喜看細雨絲絲潤回天上錯認流酥點點糝到街前爾其六衢洞達萬宇連排累長甃而作磩疊白玉而爲堦樹出簷而宿鳥苔緣砌而黏蝸恰宜沙細泥乾幾隊鞓青絲之騎最好風輕日暖一條踏軟繡之街羌乃鳩喚簷端鶯啼樹杪市近煙昏天低雲杳蒸柱礎以空濛隱樓臺之多少輕難破塊隨薄霧以同霏細欲沾衣雜輕塵而尚小其潤也氣滃遙山甘凝下土十里五里之街三點兩點之雨薄不成漿輕疑滴乳道是林間宿靄團

成滿樹之珠原非渡口回潮潑上一庭之滷如玉醴之初
調如瓊英之乍濬如沆瀣之澄鮮如醍醐之芳潤碧重微
凝紅輕淺印眞同油漬糝香屑而霏霏直是膏流送輕風
兮陣陣時出街塵斂盡街雪消除街花半放街柳將舒喜
含醇其已徧較調酪以何如路滑三义看塵滓消融之候
雲封九陌想精英凝結之初既而濃陰漸散餘澤仍濡百
昌染黛萬彙融酥暖入餳簫晴烘小市新開酒社香溢通
衢沾來一片芳菲花叢搓遍留得十分滑膩草色含無況
乎

上苑春濃

皇都春駐慶
渥澤之旁敷仰
醲恩之廣布煙柳盈堤香花滿路衢尊滿酌和甘膚喜雨
之詩
天禁常依典麗獻凌雲之賦

百花生日賦以二分春色到花朝爲韻

旭彩凝禧煙光獻瑞筵簇錦以霏紅幔圍雲而擁翠一年之花事纔齊百卉之生辰可記喜孕芳之得地徑已開三問育艷之何時月剛逢二當夫韶光正麗淑氣微薰蜂遊作隊燕賀成羣於是一叢養露千朵攢雲珠蘊胎而毓秀玉綴蕾而舒芬香吟騷客之詞訝庚寅之同降名列羣仙之譜問甲乙其誰分第見夫畫欄送艷繡幌添新柳低縈而作帶草軟藉而鋪茵昨夜輕雷結胚胎而甫震連朝細雨釀顏色以初勻攢癸咸知欲下菖蒲之拜延庚有願請承松栢之春況復候近清明節遲寒食風似剪以輕裁月

如盤而淨拭錦簇成堆香圍作國靈璈競奏嬌鶯調葉底之聲綵仗齊翻仙蝶絢枝頭之色則有楝子初來梅兄先報臭通蘭友之言雅錫薇郎之號莫不錦帳高懸綵旛遠道紫艷垂纓紅酣壓帽未許弄麞貽誤木筆書成翻疑夢鶴徵祥睡香開到是日也才人染翰詞客停車猩屏半啟羯鼓頻撾詩劈箋而鏤雪酒泛盞而流霞頌叶同庚對對祝雄雌之樹慶占開甲雙雙添姊妹之花旣而歌停白雪宴罷紅綃夕陽冉冉曲徑迢迢倒金樽而不落秉銀燭以高燒飛觴來桃李之園飲須徹夜載筆入芝蘭之室慶集良朝

采芹賦以思樂泮水薄采其芹爲韻

淺碧參差香生泮池萃冠裳而雲集颺旌旆而風移裊裊香芹一曲漾揉藍之影采采流水幾人懷擷秀之思昔魯僖之宴於泮也大小咸從君臣其樂獻琛則象貝齊陳飲酒則犧樽並酌林巒徑而森森水環宮而漠漠望一池之新藻秀影纔搴除半畝之香蕁芳情奚託爰有楚葵叢生澤畔依淺水而滋根出芳泥而植幹千莖冒綠雜荇菜而縱橫幾葉搖青胥菱絲而歷亂欲效野人之獻調薄味以充庖欣逢多士之來奏膚功而在泮當夫俗變鴞音人歌燕喜馬蹻蹻而齊來士桓桓而並峙波明泮沼之中春入

泮宮之裏小試攀花之手秀溢青衿快償釋菜之心香沾碧水非采芹於河洲非采薇於叢薄非采藻於潢污非采葑於澗壑泥重微分泉淸待瀹是之取爾休誇沼沚之蘋蘩求則得之莫戀鄉園之菽藿況復美佐羹湯甘調醯醢品允重於蔓蒿香欲侔乎蘭茝英英擢露抽白本而頻分濯濯臨風泝中流而宛在剛獻馘上功之後佳品先登萃觫弓搜矢之徒柔莖並采既而鼓樂告備宴飲興辭馨香達爾旨否嘗其君愼威儀之則臣工頌禱之詞已看碧澗搴芳噦噦之鸞聲戾止驀見青泥啄潤翩翩之燕影飛時我

皇上圜橋講道

璧水觀文臨辟雍而滙海彙譽髦而蒸雲好教上苑簪花

及第宴日邊之杏豈僅泮林擢秀延芳掇沼上之芹

治聾酒賦以放懷聊喜酒治聾爲韻

桑柘陰濃棠梨花放約里長以同來延村巫而互唱分甘則社肉同携饋食則社糕並餉熏熏來止一樽邀酒正之頒了了殊佳凡輩變聾丞之狀是酒也釀同蘭桂壓借茅柴性温馨而能達香郁烈以彌佳年年燕子來時千觴滿酌歲歲蠶娘浴罷列甕匀排略如菊泛重陽盃壽進長春之頌恰似蒲傾五日滌聽伸導飲之懷夫以人之有聾也音難徹五絃不分么秦晉則以瞯爲號荆揚則以聾相調馬祖師喝法之餘登堂共嘿杜國輔去官之日閉戶無聊除非草擷文莖向仙山而勤覔任是蟲搜金線去宿障以

難消㲀進芳醽澄鮮可喜乞從桑柘之村釀出枌榆之里紅綻露而垂珠碧釀泉而瀉水雲壇飲福各深增健之心雷鼓迎神不破重聽之耳把盞而犀通一點導壅滯以將開當筵而蟻闘千羣辨微茫而未已其治也列座傾心傳杯在手方屏刀圭功資尊卣欲除三日之聾更盡一杯之酒倘酌言於師曠逾覺靈通如分潤於龐時休言衰朽聽到覡巫覼縷正銜杯轟飲之時透來簫鼓惺忪剛倚座微醺之後由是決壅塞醒昏癡神頓豁語咸知信宋聾之可愈匪曾酒之能治暢飲方酣座上失聞雷之箸醉眠亦得樓頭吟聽雨之詩將司聰也請嘗試之每當夕陽散處春

樹陰中蘭浮盞碧花撲缸紅喜達聽兮自藉笑鼙鼓兮無
功願從報賽之場同祈社父漫至沈酣之後不作家翁又
何必不邀夫竹醉而常至見誚夫蓀聾

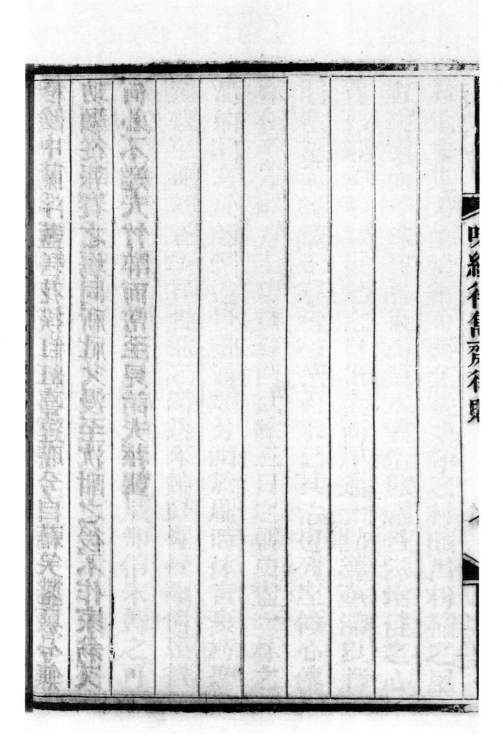

鳳子賦以鳳子輕盈膩粉腰爲韻

若夫花間日暖燕子初來柳外春深鶯兒巧哢有粉蝶兮輕翻傍錦叢兮偶弄韶光未老來香國之名駒艷質爭傳育丹山之小鳳爾其類逐蜂王名殊鶴子任鳩婦以輕捎偕鶯朋而至止文章略備覽輝來錦繡堆中苞朵非凡毓秀在綺羅叢裏當夫芳園日麗曲徑雨晴林圍翠幄檻覆紅英莫不身迴香薄翅漾風輕出穴何遲三月之桐芭滿放棲條亦好一枝之花影低橫花冠隱約錦翼分明騰月欲舞振朵多情上高樓而更起入小閣而如迎錯疑弄玉騎來育春雛而嬌小道是英臺跨去張綵翅而輕盈則有

翠閣嬋娟紅閨嫵媚撲紈扇而風清兜羅衫而色膩偶留香艷之蹤大有翩躚之致雛纔學舞趁嫩晴薄雨之天倒似收香游姹紫嫣紅之地若夫圖寫滕王琴停柳惲對弱翅之初飛喜香名之早飲或蘭砌兮頻來或槿籬兮小隱名官有紀合修花史之書入夢無妨欲傳何郎之粉㚇爲之歌曰珠簾閒處晝無聊鳳子便娟碧玉腰眞箇雙飛還綵翼荼蘼一架影飄搖

馮煖焚劵賦 以臣所以爲君市義也爲韻

齊人有馮煖者貧難自給因更無親幸濫竽之偶厠思脫穎而何因羌代收夫私責乃偏賜乎窮民我且直之底事質劑之約客何能也羞同聚斂之臣以彼寄食於孟嘗君也草具難甘魚飧可茹焚書而學問非嫻折劵而斗升莫與潛踪狗盗之班溷迹雞鳴之侶彈到隨身之鋏仍虞莫給夫臣家坐分上客之車豈尚不足於君所閒散經年光陰逝水名不彰十萬戶中身枉託三千客裏剛出記而相詢爰署能而有以利吾家非利吾國問出納誰實司之盧而往者實而歸曰會計當而已矣是有劵焉價匪奠於質

人數不勞於計吏專憑一紙之書欲抵千金之字束裝作
別請載契以俱行布算雖工欲握籌而何爲不比郵書遠
寄浮沉竟付之江流略如市劵堪憑多寡待償乎酒肆第
觀其收責于薛也取償無意拊卹彌殷旣初劵之可證何
左劵之足云信以成之期合符於此日質無益也請分賜
於諸君拚教赤燄騰空當日枉勞筆札蔦見青蚨飛去雲
時盡化烟雲突如焚如可已斯已知蘊利之多愆詎美言
之可市椎牛作會不妨慷慨以稱豪貿馬分貽翻笑錙銖
之太鄙一任連章累牘竟成刼後之飛灰縱教握算持籌
莫覓箱中之故紙旣而薛郡回車齊都返轡欵欵陳詞揚

揚得意謂君一不愛子其民故臣竊爲君市義來何疾也竟爲虛計之捐責畢收乎差等侯孺之棄顧愷之券廚悉燬希此高風陳希亮券契俱燔同茲古誼逮乎相位初更故都已捨將就國以安居乃迎郊而祝嘏營成三窟知勝算之能操齎重千金喜聘書之迭下益自是而孟嘗君爲相數十年皆馮煖之力也

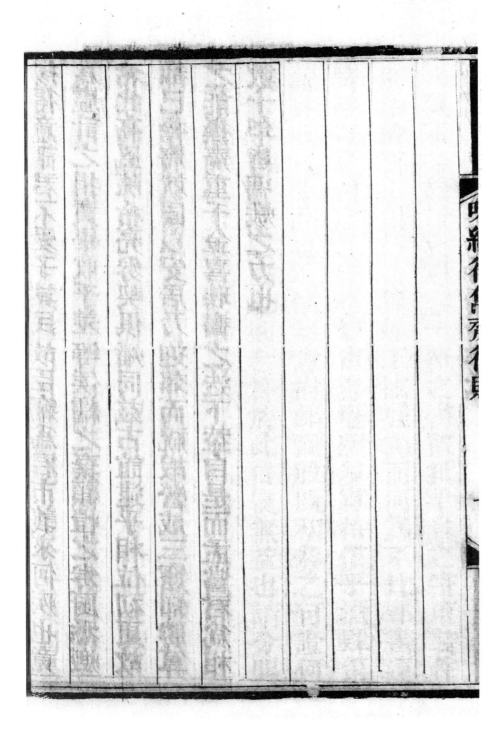

緹縈上書賦以願爲官婢以贖父罪爲韻

伊弱質之伶俜極深情之繾綣慨冤獄兮難平歎嚴親兮獨困身罹國法哀哀憐彼逮之章書達天閽惻惻動減刑之願昔湻于意之爲太倉令也廉平共仰清潔自持何坐法而未覺將理獄而奚爲法網難開冀籲天而無路冤盆深覆思見日其何時而況階無玉樹室少叢蘭淸門寥落衰祚孤單痛沉冤之莫白傷積悃之徒丹盈盈之弱女牽衣豈堪抵法寂寂之監車載道誰爲鳴官阜彼緹縈古奇女子飾撤珠環佩捐玉藥馳驅隨白髮之親服侍尠青衣之婢長安日近愴懷獄市之中短牘泥緘徑達闕廷之裏

其上書也語極酸心痛深入髓謂聖朝之厚澤如春而廉吏之清名若水三尺加焉百年已矣臣知罪也思改過而何由王曰宥之慶更生而有以誠慨夫死者不可復生刑者不能復屬惟大沛其鴻施庶無驚於犴獄父兮生我忍看三木之加妾亦何心願抵百身之贖洵詞意之愴悽極衷懷之紆曲矣果也動天意之矜憐除肉刑之痛苦志雪一朝名超萬古比似班昭伏闕乞歸絕域之兄略如木蘭從軍用替征邊之父從此文網常寬刑書頓改易從重而從輕憫無辜兮無罪已見書鑴金版時動色於九重翻憐井墜銀瓶竟埋寃於千載

引錐刺股賦以發書陳篋簡練揣摩爲韻

燼落燈昏箭沉漏歇倦眼頻揩清神陡發憑曲几以貪眠引神錐而示罰有惺惺法計罔顧於完膚具作作芒痛不嫌於徹骨昔蘇季子之去秦而歸也行縢偃蹇履蹻踟躕守匣惟劒擔囊有書感炎涼之逼我嗟貧困兮愁余誓將鍔歛鋒藏徹夜之揣摩盡銳悔甚脣焦舌敝頻年之遊說終虛遂乃牙籤排列玉軸紛陳揀陰符而細讀信秘簡之堪珍何高吟兮朗朗乃倦伏以頻頻曲肱貪宴息之方懲懷安於往日焠掌勵前修之志思比迹於前人爰取囊錐近依書篋尖同刺指之針輕比摘鬚之鑷畫沙則透影分

明綴履則施功便捷衹覺神鋒卓卓寒生一寸之芒那容睡味綿綿倦合雙眸之睫其引以刺股也罰甘受乎肉刑情專耽乎汗簡既如取而如攜詎不悚而不聳觸屏偶覺驚蜂螫之交攢隱几高眠誤燕安於何限痛下針砭之力罔恤柔肌猛驚鞭策之神豁開醒眼苦異遭笞傷殊中箭非折股而布絹分纏非刲股而刀圭並薦幾度摩挲者番研練警同鐵板破酣睡而全醒坐等針氊擢寒芒而畢現銳利之銛鋒陡試儆絮寒生模糊之清夢初回殘燈影顫由是意豁神清心摹手揣災既凜夫剝膚感更深於拊髀處囊懷脫穎之心伏案凜折鋒之恥看他日墨書掌股好

學逾勤笑幾人利析刀錐立心太鄙所由燕都遠至烏集
親摩抵掌立登平卿相奮身詎老夫巖阿肘邊之金印高
懸看爾日倍形烜赫腹內之兵書滿貯知當年不筭蹉跎
彼希祿位之富厚者可任日月之消磨也哉

朱買臣負薪賦以負薪道中行吟終日爲韻

朱翁子迹寄山林身棲畎畝徵逐無朋偕行有婦感世態之炎凉鬱平生之抱負雲程未奮功名遲高第之登樵徑初歸事業托枯株之守噫嘻買臣貧乃負薪一肩霜露兩脚風塵天有意曷爲遺我臣之壯乃不如人入山而竹杖頻挑不嫌錯午踏石而筍鞋屢破遑恤艱辛風峭深山烟橫古道涸跡年年謀生草草感鬢髮之飄蕭任形容之枯槁曳柴成堆落葉更掃凌雲有勢望古木以何深空谷無人悵幽蘭之漸老幸而倡隨有偶困苦與同蕭蕭荆布寂寂蒿蓬負戴而相隨道上往來而祇在山中夕擔將歸破

壁之炊烟黯黯晨餐早備隔林之濕靄濛濛頗嫌憔悴經年不耐淒涼之況詎識升騰有日難拋誦讀之功伐木丁丁書聲斧聲亦樵亦讀且誦且行我自耽夫宿業人競笑爲癡生曉市人稠仿村歌而互唱秋林月落雜樵唱以同賡琅琅而響振青山聊堪適志赧赧而羞深紅粉何以爲情旣而歌謳不輟激厲逾深顧裙釵而頓失執柯斧以安尋入深岩兮采復采行遠道兮吟復吟絕壁蒼茫樹老而蒼龍欲吼荒村寥寂林深而隻鶴聞臨果也天衢奮驥雲路騫鴻兮升沉於今昔判榮悴於初終天老名材豈有長貧之卿相世無巨眼誰憐未遇之英雄綰來銀綬金章此

日之新銜頓貴悽絕寒林衰草當年之舊侶終窮是知勵
志能成讀書有益苟把卷而不忘縱食貧而奚恤登雲得
路增樵夫歌詠之情衣錦還鄉艷太守榮歸之日彼中道
兮相捐能勿悵然而自失

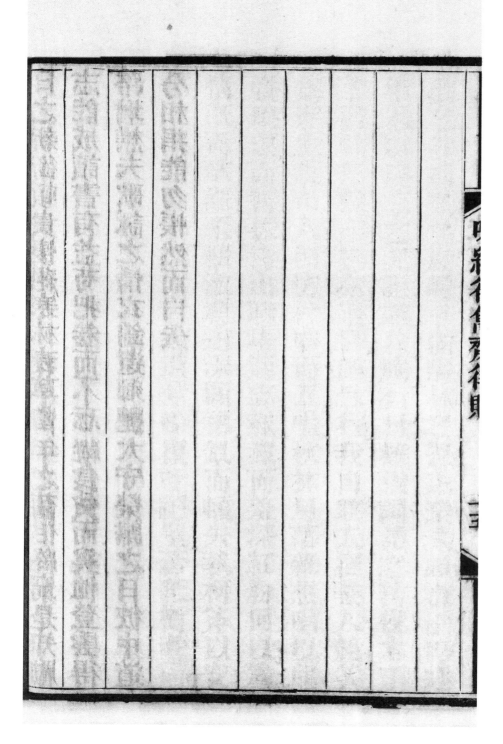

蠶貓賦以乞取銜蟬爲護持爲韻

豆莢纔齊筍根乍掘徑僻舊飛簷低鳩拂慶蠶帖之咸粘喜蠶房之早夜蘆簾日永移嚳櫟而頻看葦箔春寒爇熏籠而更熨戢戢而攢同蟻子飼葉頻添忙忙而聘到貍奴裹鹽許乞是貓也名或標麟威常比虎睛轉金搖毛茸雪聚逐女伴而戲遊任兒童之喚取花茵穩坐守徹籠於華堂繡毯高眠護藏書於廣廡度竹墻而緩步永日清閒傍桑箔而周巡一春辛苦當夫紅依一簇白滿千函蠶功漸起蠶課加嚴飼風葉其已老吐霜縷以如銜莫不柴扉晝閉竹籠晨緘紙糊窗而密補泥封壁而深嵌私心叩叩小

語喃喃曲薄宵移記連夕迭嚴其備深閨夜靜問何人或立之監乃有名高白老品重烏圓孤蹲窗底低嗷堂前舊雄威而伏鼠標雅號於銜蟬何處携歸桑柘連陰之地幾時迎到櫻桃結實之天恰宜新綴紅須傍氷奩而密護不許偷來翠幙翻繡被而憨眠羌乃束葦依墻晒蒿鋪地月低半檻燈昏一穗猧拳曲而猶眠燕朦朧其已睡顧窸窣以頻來問巡邏之誰為沙沙作響四圍酣食葉之聲悄悄潛踪五夜絕穿墉之計掠到虛堂之蝠也顧影而驚疑撲來滿架之蛾倘聳身而窺伺既而璘耤雲鋪緯蕭霜布克成作室之功更少跳梁之懼幾度偵探一番審顧黃昏耐

靜伏苔砌而窺簾白晝偷閒緣桑梯而上樹地敞而一筐
一箇任爾盤桓春深而三起三眠勞伊守護所以技工搏
擊力善維持龍精貺報鼠將威馳栩栩而擁來粉鼻耽耽
而伸到霜眉漆梯之中婦迎來提攜有惠拜簇之小姑覩
罷呼喚頻隨何須撲絮迎花倩趙昌而作畫好趁貫魚穿
柳繼山谷而吟詩

麻姑搔背賦以欲倩麻姑癢處搔爲韻

清簟涼侵幽窗夢足奇遇逢仙高懷絕俗忽痛癢兮難堪問抑搔兮誰屬啞其笑矣不圖覯此靈緣袒而示之將以求吾大欲狡獪而手曾擲米拋成顆顆之珠撫摩而背忽生花試到纖纖之玉則有如麻姑也者霞帔紅鮮雲裢碧映合仙境以徜徉豈凡工之假倩壇邊紀績顏眞卿之記能詳源口探奇謝靈運之詩可證跨龍車而拔宅曾託飛昇擘麟脯而當筵一何秀靚其降於蔡經家也停鶴馭駐鸞車冠曜日佩飛霞綽約詑最嬌姿質嬋娟比極小年華不同感遇之裴航珍求玉杵詎比逢仙之張碩飽啖胡麻

試看髻裹蓬鬆摹畫爻而略似驀見指舒蔥細認鳥爪而無差渺塵心於下士乞癡願於仙姑念指長之乃爾搔背癢以能無小卧寒輕帳底之蝨飛擾擾清宵夢覺衣邊之蝨走蘇蘇當空而快脫銀簪擬倩佳兒之抓剔如意而輕揮玉柄漫勞小婢之工夫想入非非厚徵盎盎幾度摩挲一番推盪將理劈而肌分詎心煩而技癢尖同笋細纔舒鉤弋之拳紋訝蓮輕詎合如來之掌拍肩而細細留痕有指而沙沙作響一任懶成叔夜垢膩全消縱教汗浹曹瞞精神頓爽則且小住雲軿暫停仙馭滌凈煩襟消除俗慮欹床身倦頻聞彈指之聲貼簟眠安大得吹毛之助痛煩

苛而悉鮮闌珊醒蝶夢之初尋爪跡而猶留依約認鮑叟之處然而未離凡骨遽瀆仙曹降薄懲以示罰縈妄想而徒勞渺渺而桑田未變迢迢而蓬島何高石磴紅泉蠏爬沙而隱約銅陵碧澗鴻搏雪而翔翱而選勝者酋爲之艷訪仙者首爲之搔問眞誥其誰傳佺偓之元詮許授幸眞靈其許乞杜韓之吟筆逾豪

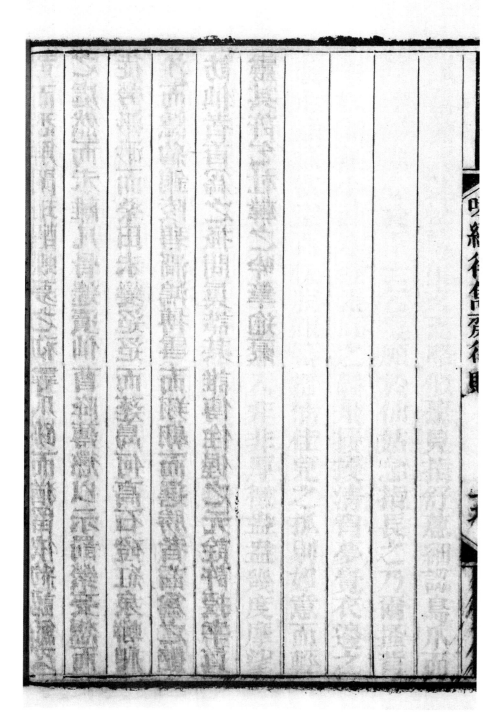

蟭螟巢蚊睫賦以東海有蟲巢於蚊睫爲韻

稽寓言於晏子傳野語於齊東物微纖而莫覩理假詭而難窮也結巢居世界渺白毫而外不隨睫轉形生叨青睞之中伊彼蟭螟生於東海微渺難名棲遲自在托夫蚊而自得因依居於睫而不嫌煩猥豈逐蠅頭之利析及毫釐儼開蝸角之疆營成爽塏夫以蚊之有睫也杪忽難分微茫莫剖比蟲臂而尤纖較蠅鬚而差偶聚雛成市閒放眼其誰知力可負山擬吹毛而何有翻笑纖毫莫取難容蠻觸之爭何期微物相依宛學駏蛩之負則有類殊蟣蝨名匪蠮螉物於物而幾於無物蟲非蟲而或以名蟲聚族

來遊喜眉軒之甚爽連羣招止訝眼界之全空營成芥孔之樓臺挫毫卽得透出藕絲之洞穴緣隙能通儼蛣房之乍啟儼蜾舍之相交儼蠅莊之競集儼蟻部之類抄遊無何有之鄉不嫌合睫從細已甚之地也學營巢從知刮到金篦一瞥之年華易度眞覺環同銀海十洲之部落能包由是飛者止止來者於於言就爾宿各奠厥居於小中而見大乃實處而皆虛縱析秋毫依然開爽如遊夏屋廓爾寬舒半空之蒲扇揮餘仍欣安止一霎之艾烟熏起或慮焚如蓋由成形太渺托質難分比結巢之小鳥趁鬧市之飛蚊居然妙到毫顛同深棲宿縱使着高眼孔未覺紛紜

夜色蒼茫決眥而模糊似霧雷聲隱約沿眶而來往如雲
然而迹近荒唐語非泛設容成子尚極之心齋列御寇詎
得之目接託無生之論微形請證之么麽作齊物之觀妙
理可悟之眉睫豈僅蟣肝虱腦世間之瑣屑能談請看鯤
化鵬摶天外之波濤遠躡

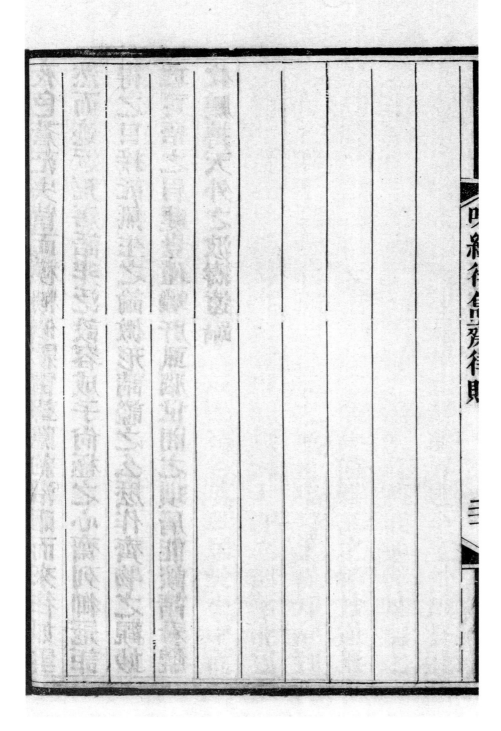

因樹爲屋賦以因樹爲屋自同傭人爲韻

申屠蟠味道守眞潛居食貧勵節則屢辭徵辟卜居則獨遠風塵三徑未荒喜結廬之有所一椽可卜豈種樹之無因方其寄跡於梁碭間也抗志彌高貞心益固匪效迹於傅巖詎縈情於温樹蔡伯喈之賞識非常郭林宗之品題不謬問中朝之柱石誰免鈎稽慼北寺之風波競羅黨錮況復三君望重八顧名馳太學則互相標榜名流則爭致詆訾苟見幾之不早將免禍而奚爲遯跡何方一帶之樹林罨藹棲身有地幾間之屋舍參差其爲屋也衣不編茅瓦非用竹仰密蔭兮橫遮喜疏陰兮低覆室小人眠窗開

鳥宿棲依得地笑四圍總是雲巢結構從天問何處更尋石屋第觀其枝幹交加棐桌位置擬掫闢兮無庸喜因依兮有自闢虛牖而雲飛敞高軒而月至移來几席試循屋內以安排徵到文書任掛樹巔而搖曳豈不以權移奄豎朝鮮公忠游士則危言竟日名豪則放議成風復何心於好爵爰托意於冥鴻羞登元禮之門棲遲堪適懶築袁閎之室隱遯差同所由棲隨野鶴德合潛龍樹森森而密布屋淺淺而能容欵戶少軒車之倡揖衣隨雜作之傭何須夏屋渠渠更動風人之詠且喜春林藹藹長留高士之蹤宜乎長辭羈絆高歌隱淪品邁乎荀爽鄭元之上識超於

韓融陳紀之倫食力無辭傭漆工而亦好希心獨遠結巢父而爲隣能不對陰森之嘉樹而深景溯於伊人也哉

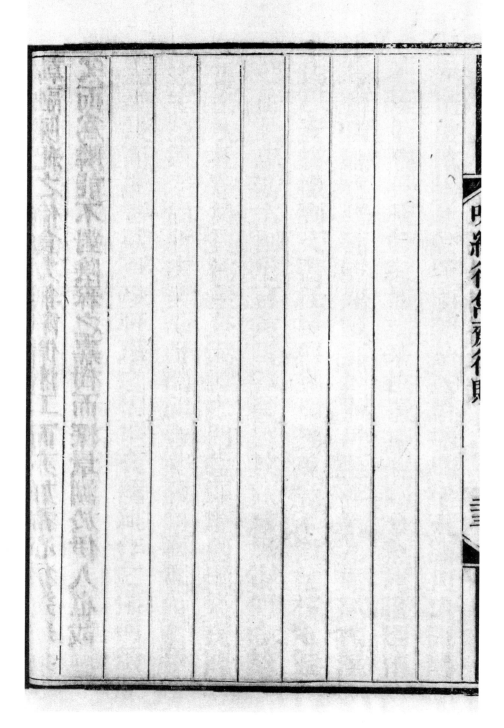

竹馬賦以各騎竹馬道旁迎拜爲韻

翠蓋飄颺朱轓照灼威儀則虎軾熊旗聲望則南韓北郭感雅惠而難忘抒下情而盍各花麾響靜安恬覘太守之恩竹馬歡迎羅拜想小民之樂昔郭細侯之作牧於并州也仁風徧洽惠澤無私大河潤於九里瑞麥秀夫雙岐行部而襜帷盡去巡鄉而欵段偏宜民說無疆道上之壺漿迭饋公來何暮河西之旌節初移維時麥隴鳩馴桑田雉伏下車而鞭久停蒲秉節而符應分竹迎郊之父老熙熙載道之兒曹僕僕童心猶有學牽孩子之牛俠氣胥捐羞佩野人之犢以籊籊之竹竿爲嘽嘽之駱馬鬉不翦而搖

青汗頻沾而流觰騎同茅狗之昇仙戲比花獅之作假弱原好弄一莖截箘簵之林跨乃如飛戕隊拜旌旄之下徒觀其色異桃花飼無芻藁屏金勒而不馳郄銀轡而更好高分六尺之形控向三叉之道大有凌雲之勢骨相原奇競誇逐電之長形容絕倒或三竿兮兩竿儼千騎而萬騎首高驤而不鳴尾連顛而若墜控縱頻番喧呼迭次任千金而不賣種本名龍信一日之難無德何慚驥由是紙鳶不放瓦狗無爭中途絡繹周道將迎呼爲馬而連鑣並集居有竹而結隊偕行鈴閣如來好答和鸞之韻琴堂許上也深仰秣之情緬一郡之純風留千秋之佳話雖嬉戲而

無嫌乃趨承而罔懈開道先馳望塵共拜不比分秧騎馬

習勞勤於泥塗會看擲杖成龍通風雲於謦欬

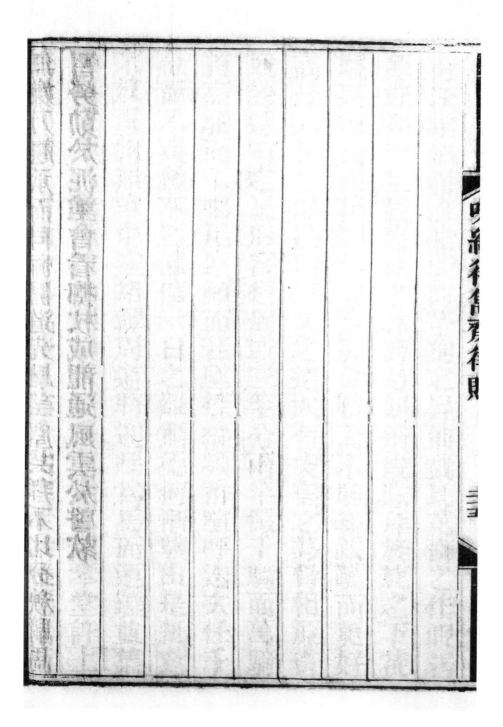

王安石爭謝公墩賦以不應墩姓尚隨公爲韻

晉代名流江東人物舊埭傾頹崇祠盤鬱半山之風月常新一角之煙雲許乞荒墩尚在訪基址而非遙異代休爭辨姓名而曷不或有告予者曰此謝太傅之所遺置而王羲之曾與同志者也方其東山嘯傲片石崚嶒念蒼生而未出呼老輩而都應鶯花尋舊日之盟此間吟嘯絲竹寫中年之感幾度憑陵星霜屢易煙景空存迢迢遠墅落落孤墩綦印苔而剩迹碑剝蘚而留痕淒涼尋王導之家感深第宅寂寞灑羊曇之淚慟益州門咄咄荊公矯揉感性慕建業之繁華 企名流之觴詠謂名旣可以同公豈墩亦

不甘易姓河山已改昔年懷裙屐之遊屋舍相依曠世感琴樽之盛爰隔代以相爭笑古人之不競豈不以金谷銷沈玉津夷曠桓伊之笛步難尋孫楚之酒樓孰訪烏衣巷迭換華門朱雀橋惟通畫舫而是墩也風雨迷離煙雲跌宕遠人世之喧譁信使君之高尙恰好我來公去陟苔蘚而重登要知公字我名畫葫蘆而依樣然而境雖可占名不相隨官禮之宏猷已誤琴箏之雅調難追詎後先之盡合何名實之多睽欲印前蹤渺渺冷煙中之屐獨爭殘刼寥寥枯枰上之棋迄今登臨石徑憑眺都宮銅駝卧草石馬嘶風塵跡難尋感起堂前之燕雪痕易化印留泥上之

鴻則夫爭荒墩于今古亦何判乎私與公哉

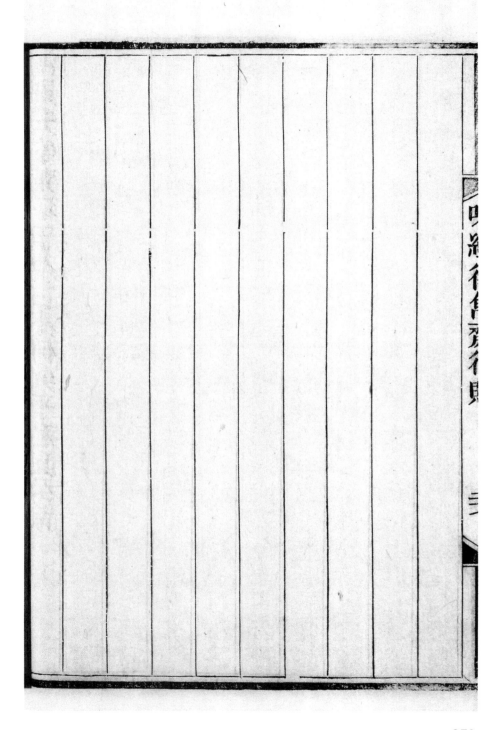

載酒問奇賦 以多識奇字人飽事之爲韻

一徑煙蘿風雨頻過門已關而迭叩宅非錯而奚訛有好事者至此將問字兮如何人來西蜀之亭詞陳欵欵客載東園之酒善益多多有如揚子雲者富以多文學能守黙撰法言則獨見精深觧客嘲則能袪回惑吐成白鳳懷鉛早信其非幾草到元經覆瓿應嗟其無識麟麟炳炳怪怪奇奇魚丁早辨豕亥無疑發睢盱之妙論逞瑰異之雄詞待問如逢有酒供先生之饌自行以上束修比弟子之儀爰有挈榼來遊踵門紛至人擕郫縣之筩酒買臨邛之市一杯兩杯今字古字乎占盈缶聊將鄙意之誠惠切承筐

專望周行之示由是琅函啟秘簡陳瓊吐屑塵揮麈載酒者惠而好我解字者旁若無人吃口何嫌得片言而頓曉潤腸亦可傾滿座而生春遂乃窮睟廓羨從之奧闡攤瑩衢錯之辭抒本本元元之論具渾渾噩噩之思爻繙古篆字剔殘碑爲君取歡聊比百金之壽匡予不逮敢求一字之師藴其風雅娛心典墳肆志桓譚則篤信不疑侯芭則薪傳未墜莫不義稹指陳禮深師事書成七略休誇子駿之才華分得一杯並佐童烏之嬉戲迄今拔宏文之班駁極古藻之陸離訪成都而齒艷過蜀郡而神馳春深問字之堂薰古香而欲醉門掩草元之室問奧義其誰知而謂

過斯地者能勿心嚮往之也哉

黃雀銜環賦以子孫清白當如此環爲韻

徵逸事於齊諧搜遺文于漢史有感惠之靈禽乃稱名於仙使黃花受哺曾邀貺于封公白璧輸誠願酬恩于君子卓哉楊寶貽福兒孫仁徵綺歲德種清門感襹褷之黃雀罹困厄於荒原墮地多時敢吝提攜之惠沖天有日難忘拯救之恩當夫以飼以育不蜚不鳴置巾箱兮安適啄花蕊兮輕盈刷羽而芸窗日暖振毛而蘭檻風清種異凡材詎肯久羈于樊籠養成健翮豈期厚報於瑤瓊寥天一碧杳無去迹林靄迷青嶺雲繚白入瑤島兮深復深翔玉田兮適其適通靈入夢何來童子之蹤希世懷珍徑達先生

之席非銜書之示瑞非銜穗之呈祥非嗽金兮灼爍非戞玉之玎璫雀躍躍其欲語環皎皎而凝光圓暈中含出瑤函而吐月寶光外溢布綺席而霏霜徒觀其珍同圭璧實比瓊瑶失皓質於晶箔散清輝於綺疏瑟瑟凝塵似琛納虞廷之會盈盈剖月比珠酬漢帝之初信受恩之必報可以人而不如豈不以仁厚為懷慈祥足紀一門覘孫子之昌累世接公卿之軌洵清白之無慚乃報施之若此豈止美符雙璧榮增象佩之華早知位列三台瑞志鱣堂之喜爰作頌曰華陰之山秀峙仙寰有鳥銜恩飛去仍還貽以美玉絜語綿蠻四世五公請視此環

酉爲秋門賦以酉之爲字象乎開門爲韻

詮解字於說文爰考時而得酉義原別於申伸形非同於丑狃酉之爲言就也百昌之成熟何蓄秋之爲義揫與萬寶之盎藏彌厚居兌方而辨位默運機緘同艮象之爲門暗藏樞紐原夫字之別以酉也下如閾上如楣旁擬棖而對峙橫比鎖以雙垂密隔關防聿重白藏之守嚴分界畫特專丹鳥之司潛藏乎三十六宮誰或闖而入也幽閟乎二十四氣勢將固而存之當夫白露晨降涼風早吹子夜則皎㴱皓月辰窗則綫上晴曦乙字橫排天外之征鴻已到庚郵遠遞海邊之歸燕偏遲仰詄蕩於天閶卯開已久

問閟藏於地府亥閡何爲以月之建夫酉也暑退平原秋
生大地剛符吐月之時適協正秋之義占濃陰於甲子雨
太連綿選佳日於庚辛景何清麗雷聲乍隱九天之閶闔
難通涼氣先來六曲之門屏盡蔽而酉之爲秋門也比魚
鑰之潛扃似獸鐶之乍上雨師旣按部先歸風伯亦拂棖
相望雲將則幙隱層樓電母則鏡韜寶帳一晝巧分乎內
外森嚴瞻少皞之威雙闢妙界乎陰陽肅穆仰蓐收之象
猶憶甲鱔餽節戊社提壺戌窗風暖午院春蘇喜寅戸之
常開高矣美矣望辰居之盡儆巍乎煥乎祇知典肅辛祈
祝三時之譯普豫計年逢酉熟慶萬頃之雲鋪羌乃蓬華

初封柴扉盡閉鳥啅果而歸巢蟲絡絲而傍砌堤坊完固波浪無驚宮室增修晨宵有備儲盈倉之子粒珍收萬畝之糧釀滿甕之辛香醑泛一林之桂方今
聖天子辰旗表度已欣瞻尊奠金甌而永固調玉燭而常溫對宮闕之巍峩幾輩幸依棖闑趣閭閻之收斂千家倍謹墻垣喜今番太歲初更問漿得酒待來歲盛陽已遍比戶開門

賣刀買犢賦以勸民務農皆有蓄積爲韻

治返敦龎風移武健鋤強而寇盜全除敦俗而農桑互勸善刀可賣羞稱俠烈之雄叱犢同歸頓慰耕耘之願昔龔遂之爲渤海太守也桑田雉伏麥隴鳩馴播五常而陳夏合四境而函春固已強誅醜類俗革頑民買來子母之牛効服勤於隴畝賣到雌雄之劔幸得價於風塵然猶豪俠未蠲孳生待裕佩玉匣而陸離撫寶刀而愕顧吹毛則利刃如風切玉則寒芒畢露橫腰電落競誇百鍊之剛入手風生誰講三時之務爾乃令嚴止武俗尚明農淬用金而奚事屈爲鏡以何庸亦祇宜捐利器歛銛鋒入市思售合

許質人之真價歸田有願將隨野老以潛踪牽牛並至買犢良佳抵價則無煩權算服耕則尚待安排穿鼻猶遲漫箠童牛之牿舐毛有愛頻牽老牸之懷則見短牧頻驅先疇共守或閒眠磟碡塲邊或軟踏桔槹村右野父結犂鋤之伴濕濕同來美人思金錯之貽空空何有所由民改豪彊戶多藏蓄技縱善平操刀人自宜於抱犢夕陽滿隴驅牧豎而初歸夜月橫空憶昆吾而不復緬漢代之循良嘉庶民之蓄積收美利於田園消雄威於兵革脫刀有贈呈祥可兆夫公侯放犢閒眠善俗允徵諸阡陌

綵囊承露賦以栢葉上露取以明目爲韻

山古凝青天晴漾碧煙雲林深雲堆徑僻石鑿鑿而封苔樹森森而列柏言尋採藥之師忽遇入山之客囊疑結綵燦一片之霞光葉盡溥珠承三霄之露液昔鄧紹之入華山也竹杖輕挑芒鞋遠躡沾巖翠兮深復深染煙嵐兮疊復疊松陰路曲覓得靈芝桐徑秋深踏殘落葉先生孤往山中之草木偏香童子何來世外之松喬宛接第見弱髻雲拖輕裾風颺態度蹁躚形神超曠極錯綵而光明攜古囊而滉漾非負琹爲滄海之遊非負劍爲飛仙之訪千絲組織攜來山徑之中一色鮮明挂到樹枝之上時則青女

遲霜丹哥警露遠樹迷青澄霄積素月已落而槳凝曦未升而珠沍瓊華滴瀝一林之濕靄同霏玉宇高寒五色之吉雲深護其承也灝景潛滋澄華足取潤欲成膏輕疑釀乳既錯落之頻加亦圓明之可數腴分栢葉乾坤之清氣都收托異荷盤沆瀣之精英滿聚泛泛而滿傾寶甕曾聞紀瑞于神堯高高而雙聳金莖翻笑求仙於漢武但覺曙色蒼茫霞光迤邐樹碧於煙天清似水一聲之警鶴初鳴十里之行人未起空青欲合氣澄五夜之中濕翠齊霏涼綴一窠之裏幾不知其何爲必將視其所以既而誠傳妙訣術具長生人奉赤松之命氣分白帝之英凝眸露湛貭

背囊輕斟得天漿十分滑潤點來銀海一片空明何須雲水光中豔豔而澄波淨洗驀見樹陰深處瀼瀼而綵縷低縈迄今遺制猶傳仙方共服佩囊袋以如新浥露華而並蓄苔徑煙迷松林氣馥喜醍醐之共浥恰看玉盌霏英幸膜翳之全消底事金篦刮目

周亞夫平吳楚七國賦 以堅卧不動卒成大功爲韻

周亞夫精諳武備重握兵權紹大業於安劉之後奮殊勳于誅錯之年同姓之子始封王本彊幹弱枝之有計諸侯太驕必生患竟通謀合算以相連三十章法令紛更笑發難未能收難一二日兵機神密羨持堅乃克摧堅當漢孝景卽位之三年藩鎭逾驕威權太過因削地以啟爭端借誅奸以爲奇貨吳王濞銅山專利招亡命以稱雄楚王戊服舍私姦擁彊兵而晏坐聯膠東膠西爲犄角渠率同推引濟南菑川爲腹心輿援難破雖齊王傳亦背約不從而趙王遂復連營爲佐此進戰反致紛紜卽退守難云高卧

也將也桓桓勇哉仡仡智可通神嚴能鎮物六乘之馳驛如飛一將之登壇靡詘肅大軍之隊約束堅明晉太尉之尊謀深密勿往日邊屯有備軍容欽細柳之嚴此時藩國頻騷重望倚長城之屹而亞夫方慮吳國之富饒方慮楚兵之彊倔賈長沙治安獻策早虞盩跋之行雖趙護軍遮說陳謀詎致聽言而信不方其自灞上以至洛陽也道本出奇術非鑿空由捷徑以爭趨連諸營而兼總兵行用詭攫阸陿之重重彼昏不知笑藩封之憒憒據滎陽而守險兵弁安全走昌邑而屯營軍書傯倥將軍似從天飛下挾勁氣以軒騰行營各堅壁相持懾羣情而震動時也楚銳

難爭梁園盜密望援救而殊斂奉詔書而罔恤塞其饟道弓高侯之輕騎先馳整我戎行田祿伯之奇謀枉出挑戰擾帳中之夢堅卧無驚簡兵練麾下之師追蹤彌疾彼兵疲而糧絕望一軍盡化蟲沙我逐北而追奔喜幾隊仍留虎卒由是渠魁既得餘孽旋清戈鋋有彩金鼓無聲勢破竹而直下功轉石而非輕備西北而敵無敢入奔東南而寇已先驚數千人壯士逃亡紛紛盡散四十載雄藩擾攘蠢蠢胥平星掃欃槍大地之煙氛盡滌風馳甌脫邊廷之兵騎徐行此平諸呂之勳周絳侯已稱績懋而平七國之反周條侯獨慶功成他如衡山王之貞信堪嘉廬江王之

堅守足賴淮南王之發兵不應力可自完濟北王之通意自
明心期晚蓋尙能愼守夫屏藩詔許各安其礪帶慮到秳
糠之米應高之口說徒勞感深設醴之樽穆父之知幾稱
最因博飲頓開藩釁諸王之倡亂何由知緩急可任將兵
先帝之貽謀更大惜也立功甚偉進爵方崇梁孝王乃媒
孽于始竇太后復讒阻于中券空鑄鐵柱枉銘銅抗顏陳
闕下之書難邀天聽召食取席前之箸過恃愚衷鬱鬱而
頻傷對簿鞅鞅而頓悔藏弓則何待召詣廷尉始識漢待
太薄無以勸善而宥功也哉

秋實賦以歲云秋矣落實取材爲韻

若夫暑退平原涼添曲砌葉脫霜梧花開月桂正當落實之時剛值迎秋之際露綻顆而凝漿星垂枝而結蒂蠶春假夏知芳序之頻更振秀披華愛繁英之密綴儲就兩間之富物告成功慶茲萬寶之登人歌樂歲蓋凡羣英之凝結悉由元氣之絪緼核雖居乎物始蘖必定于秋分聚草木之精英百昌爭絢飽風霜之滋味萬彙流芬剝象果以含仁曾驗發生於易說豳紀時而成什請徵圖繪于詩云猶憶柔荑乍茁弱榦初抽陰遮綠滿花褪紅留各協舒華之望仍深冀本之謀一夜霜催訝繁林之錦脫三霄氣爽

望密穎之星稠從知育艷胎芳孕成嘉實不道迴黃轉綠換出新秋則見龍隰繽紛鱗塍迤邐豆擢角而勻圓稻含芒而排比粟皆金燦黃堆夾隴之雲粒盡珠穿香浸一田之水翻識農桑之利求則得之欲權菽粟之資維其有矣若乃日淡郊原風高林壑山果纍垂林香雜錯綴爛熳而禽偷墮瑽琤而猿玃露涵欲墜暢烹葵剝棗之懷霜重猶凝話撲栗破柑之樂萬顆之梧桐掛處滿樹迷離千頭之橘柚垂來無邊錯落況復蘆荻洲深葦蒲渚密入水國而探珍鋪川原而委質黑漂菰米盪雲影之沉沉紅褪蓮房點波光之瑟瑟豈獨風翻曉鏡菱攢十丈之絲詎惟露下

珠盤芡積一湖之實秋何實而不成實經秋而畢聚羅水陸而珍品登統山澤而利源普既分擷其精華亦兼收乎苦窳于囊于橐任滿貯而非貪載筥載筐笑紛陳之難數飽山林之風露適觀厥成發俎豆之馨香舍斯奚取士有藝林矗立書圃滋培夙慕家丞之學心希庶子之才分一石而能載收百穫以頻栽珍同分座之梨丰神獨爽貴比豐年之穀譽望交推佩實銜華合裕棟梁之器披英擷秀請呈梗梓之材

擬陸士衡羽扇賦以題爲韻

翳溽暑之載臨兮適炎曦之方始開小閣以徜徉兮敞疏屏而徙倚苦汗雨之頻揮兮悵涼飈之不起出素扇以移雲兮透輕衫而若水乃體俊而用鮮兮非凡材之可擬巧極人工專資羽族羅健翮之翩翩攢修翎之簇簇貫絲縷而從心飾珠璣而晃目帶小結而安花柄中持而截竹形難判以方圓製兼宜乎華樸藉薦爽于北窗頓消炎於南陸言其體則豐滿堪誇差池可喜絜皓鶴而奪鮮方白鷴而媲美操之則片雪同輕拂之則一塵不滓遠而望之訝蓋影之舒張近而察之疑觴流之邐迤常隨葦渡之仙人

雅稱綸巾之名士言其用則煩襟可滌熱念能清珠招涼其並薦犀避暑以交橫夕可驅夫蚊擾晝可拒夫蠅營投懷中而霜凜舞掌上而風生鄙蒲葵之質樸厭羅綺之輕盈洵鵲翎之共寶非雉尾之爭衡慨天末兮翺翔豈世間兮摩撫連翩則可比鳳鏘宛轉則長偕鶴舞矯雙翅而雪飛振千毛而煙聚顧乃掩以雲羅弋以竹弩刷風毛之茸茸穿冰絲之縷縷遂使秦繒失妍齊紈掩嫵五明圓而難希九華絢而不取挺自然之高潔竊有慕乎斯羽每至日永槐廳風遲竹院八追北苑之吟賓侍南皮之宴衫製紅蕉裙絁白練涼習習以潛生影毿毿以旋轉翩同天外之

鴻輕比掌中之燕雪亂撲而如團花輕搖而欲顫隨舞衫以納夕涼兮更敞一庭之闥扇爰爲之亂曰維羽之衣仙則具兮維羽之檄軍則負兮未若斯扇安吾素兮翩然輕舉饒佳趣兮悠然載揚覘雅度兮奉以仁風永無斁兮清規雅裁良可賦兮

擬王輔文涼風至賦以龍火西流涼風報秋爲韻

欹檻疏慵帶圍半鬆風來習習涼到重重梁月落而潛催元鳥星河淡而漸隱蒼龍盼高樹之初歸秋期不爽悵故人之久別今夕纔逢時也令改司金星流大火池邊之紅蕖漸褪江上之芙蓉斜彈乍聞清籟起蘋末以悠揚頓減炎威入桂枝而裊娜切切悽悽湘簾半低袷衣新試紈扇停攜聽風聲之乍至識涼信之初齊翻冷燕之雙雙斜飛巷口颼寒螢之點點穿過堂西無邊颯爽到處颼飂竹橫枝而掠地蘆捲絮而盈洲雲邊之新雁飛來一天落葉沙上之眠鷗吹醒十里寒流莫不支竹几欹藤床閒葛帔脫

荷裳停瑤琴而佇月泛寶瑟而迎涼披來宋玉之襟蘭臺蕭爽感起班姬之扇竹笥珍藏别有田園尋樂村墅占豐柴門臨水草舍當風聽商音之入律感秋聲之滿空冉冉吹香十畝之稻花芬馥翻翻弄影一畦之豆莢玲瓏況復異地須羈他鄉遠蹈涼深而暑意全收風緊而寒威先報吳下之菰蓴熟未隔千里而相思洞庭之波浪生無吹片帆而已到則且摹舊製寫新秋濡墨而風生綺席拈毫而涼透層樓苟能善於學步庶無愧於前修

蟹簾賦 以一溪寒水瀰清淺爲韻

若夫荻港空濛蘆洲蕭瑟岸潤潮迴江空月出露涼而鷗睡雙雙風冷而雁驚一一中有漁翁小開蝸室問生涯于蟹舍怕虛賞菊之天仿巧製于蝦簾陡憶編筠之日爾其一灣流水十里平堤笭箵低掛舴艋輕攜畢吏部豈肯孤左手蘇長公則最愛團臍對四面之煙潯誰探幽窟點一星之燈火徧照荒溪爰有簾焉障洋洋之河水擘籊籊之竹竿綰長繩而密繫揷淺渚而粗安胥雨如織搖風欲寒不掛銀鈎捲潮痕於野渡恍垂晶箔篩月影於沙灘當夫涼雁聲清新鱸味美飽稻穗而霜肥曳蘆梢而雪起八跪

衝泥雙鰲剪水一溪波漲浸草色而縈青五夜風多颭燈
光而漾紫第見沈沈古渡寂寂澄潭星低映留露冷盈監
界波心而搖綠劃水面而紆藍連宵束葦編蘆霜寒舍北
隔浦橙黃橘綠秋老江南既而草泥遠響荻火微明漾纖
文之細碎吐圓沫之輕盈寒沙月落斷岸風清買來新酒
菊天調元膏之一品憶否荒郊蘆溆織翠篠之千莖客有
煙水情怡江湖興遣熟看茶鼎之圓側聽琴絲之搦揮短
竹而風歎斫長鰲而雪剪燈暗溪深舟迴渡淺文成經緯
搜羅想漁父之才形判團尖斟酌備食單之選

漢章帝詔齊相省氷紈方空縠吹綸絮賦以躬行節儉爲天下先爲韻

維漢建初之二年四月詔曰蓋聞黑綈元弋孝文之所以懋皇德也錦繡纂組孝景之所以惜女紅也乃者農桑不登衣食未充筐篚陳而中邦瘁杼柚竭而東國空咨爾齊相尙其罷服官之貢以崇儉於朕躬原夫漢之設三服官也輸將有式貢獻維誠絲纅氷而紈膩縠織霧而紗明披一片之晴雲吹綸乍試捲千團之香雪擘絮何輕凡此皆所以供之內府而行乎其不得不行者也然而饑饉頻臻侈靡宜節鳳扆御而誰箴龍衮補而有缺爾萬姓不憚征輸余一人實深蘊結儉素乃其所安奢華非其所悅焉太

后裙惟練布質不厭乎粗疏明皇帝身御浣衣服豈求乎鮮潔況復俗尚奢靡工資薰染紋漾重重香生冉冉玉笥啟而雪攢錦函開而雲颭裁成小扇妒月影之團團拔到春衫漾水紋之灩灩擘向晨霜之渚波冷千重紡從夜月之機燈殘一點誰復恤其罷勞尚無忘乎節儉爰頒鳳詔永沛鴻施省絲人之供億省驛使之奔馳念雄藩食稅衣租當珍物力恨貴戚侈華鬭麗罔識時宜濯龍之織室猶存不忘勤劬於母德繡鳳之機工縱巧空勞織組于人爲由是氷縑掩嫵霜縠失妍綸空誇乎似組絮何羡乎吹棉五夜之鴛機靜寂十行之鸞誥宣傳戢戢而侍列衣冠看

虎觀談經之地藹藹而言溫布帛想龍廷宣詔之天豈不
以供之也繁生之者寡惟去泰以汰侈乃自上而行下却
一騎荔枝之貢庶幾近之減百官綾袴之頒昭其儉也宜
艱難能察乎方隅而奢縱不形于朝野我
皇上絲綸廣布經緯宏宣獻氷蠶于海客繰雪繭于泉先
白葛黃蕉
賜臣工而遍渥吳棉桂布貢方物而尤虔早知
衣被萬方東漢之樸純可復且喜
詔頒五色南邦之征賦胥蠲

漢明帝送東平王歸國賦（以瞻望永懷實勞我心爲韻）

彼憲王兮惠遇頻霑而明帝兮恩誼能兼備藩國則功高屏翰朝京師則望重堂廉鳳闕興辭禮肅明廷之拜鸞輿遠送情殷周道之瞻維王負宏雅之才具寬仁之量任可托六尺之孤位迭進三公之上修禮樂制極精詳參政事博資采訪副其腰腹大哉爲善之言作朕股肱偉矣經邦之望迨其就國于東平也盛位不居大權獨屏宅居君子之鄉壤接聖人之境羌述職兮何殷喜入朝兮得請鑾聲戾止慶海甸之風清燕飲從容樂宮闈之日永既而禮文具備情意允諧欵留倍洽出入必偕惟王也賦旋歸於既

退惟帝也願少住之爲佳憶曩時校獵陳書言猶在耳帳此日驅車就道情最牽懷昔之黼黻皇猷勗勤王室談經則虎觀聯茵輔政則鸞臺載筆中興進頌擅才藻之翩翩東閣招賢萃名流之一一固已藩邸榮增宗枝秀溢氣應鼓桴情投膠漆莫不言聽而計從無俟循名而核實矣今得重依殿陛近接旌旄上印綬而未許賜錢布而頻叨聽鴻臚之乍奏悵雁影之將翔指東國以遄征予懷渺渺別西京而遠去相送勞勞帝乃躑躅都門徘徊道左慼汶水兮湯湯想泰山兮峩峩爰伏軾以長吟遂還宮而獨坐何日再賡魚藻聯臭味以無差他年重賦鹿鳴望周行之示

我所由離懷溢渚別緒彌襟草詔書而迭寄遣驛使而頻
臨分茅膺列爵之榮眷懷獨切采菽誦風人之句歎息彌
深是能講親親不失之誼而無忘戚戚具邇之心者哉

烹虱腦賦以語小天下莫能破焉爲韻

蟍舍開筵蛄房列俎蟒蛟陳蒩蜙蝑舂黍羅珍錯兮無多
問烹調兮幾許剖殊蚤腹蝚蠕充上客之庖切共蟣肝瑣
屑記騷人之語則有如虱也者匿絮原繁處褌非少頭比
蟻而尤纖首較螓而更小吮到高僧之血凝脂髓而無多
緣來宰相之鬚笑形軀之已渺劉貢父性多異嗜何曾品
味於丹鴻稽叔夜垢任滋生未必佐羞於白鳥其細已甚
矣乃聚而殲旃湯未具而先弔牙欲磨以安全碎首無餘
抽蚿刀而布剖劈頭有喝奮螳斧以無前訟爭紀韓子之
言罪甘塗地伏監符晉文之夢兆豈得天非魚腦之應月

不虛非龜腦之和丸並下非鳳腦之炬常輝非龍腦之香
暗惹冠難擬蕡釀花蜜于三春鬵豈如蟬蛻蘖衣于九夏
學射笑師夫飛衛僅繫犛毛博物縱極於張華徒珍龍鮓
其烹也螃毋和羹蝦公列錯加蛣醬而微微和蠊薑而莫
莫調成甘滑醢雜蚳而芳馨問到烘爐火流螢而熠爚翻
笑蟲肝鼠臂人間之珍味難兼定知鸞脯鳳胎上界之仙
廚未若由是堂開聚蟻館啟招蠅黍民並集網客咸登蚳
聚醢其可乞蝸說餅而猶能蝸亦流涎冀分羹而未許蛞
仍垂涕思染鼎以何曾底須螘磨旋來淸落霏霏之雪恰
趁龍香爇處光瑩芒芒之冰所以衣縫窮搜刀砧迭作當

筵則蚓笛初調侑食則蟬琹遠和討應同蚤櫛文可愈於
陳琳去豈如豚饋食定嗤夫陽貨祓裏念阿房之賦早知
一炬之可憐座中聽王猛之談誰信千頭之莫破然而詞
多俶詭語費雕鐫蜣轉九兮何濁蟫食字兮能仙刻成棘
上之猴壯夫不爲也斫到蓬池之鱠天下皆仰焉則夫誦
小言於宋玉又誰能信爲誠然哉

斷葱以寸爲度賦 以題爲韻

若夫芥醬調勻芹虀布滿截分甘蔗之漿碎碾胡麻之盌進太官之饌味待調和擇君子之葱功期裁斷淥將處末一痕乍落平鉎刀度自適中寸影恰符乎玉琯嘗溯毋儀於陸氏兼傳食譜于吳中供饌匧期乎豐腆進羞獨著其精工有如品分畦韭名著樓葱黃剥蕉而差小白噉薤而微豐也知析縷分條自具從心之妙底事絜長較短豫煩布指之功然而式凜几筵防嚴刀七苟按度之多違將秄羹其曷以切眞比玉透一孔之通明截直同金具十分之脆美乍訝草心之捲溢秀色于三春漸疑蒲節之抽掐纖

痕于一水青謂之葱計惟以寸形分羊角之圓香剖鹿胎
之嫩纖纖剥出半圭之桐葉初分細細裁成徑尺之筍根
迥遜刻到筵前之燭品羞而合許評量擎來坐上之珠進
饌而何妨較論莛疑合式紙訝同規莖非筒而乍截葉似
管而能吹寒生作作之芒斷金比利妙運空空之手持鐵
何爲試看琴釜調成綺席之雲陰欲合蘬見金盤托出氷
厨之晷影初移由是擣芥和醯擂薑潑醋蒲鮓偕登蕙肴
紛布采奚羨夫芳芹剖不同於堅瓠倘使魚烹白小儼成
一半之形如教果擘黃甘更溢二分之數五十本種留龔
遂惜操刀未盡所長十二黍論自淮南幸佐膾克符其度

辰由法矩尚遵成規夙具米鹽之淺雜無虞薑蒜之細微
必務標異名于盤盞縱逾尺而奚妨奏小技於刀砧任計
分而無悞笑幾輩販從慈肆也希玉尺之量才即此時度
美慈珩更向金門而奏賦

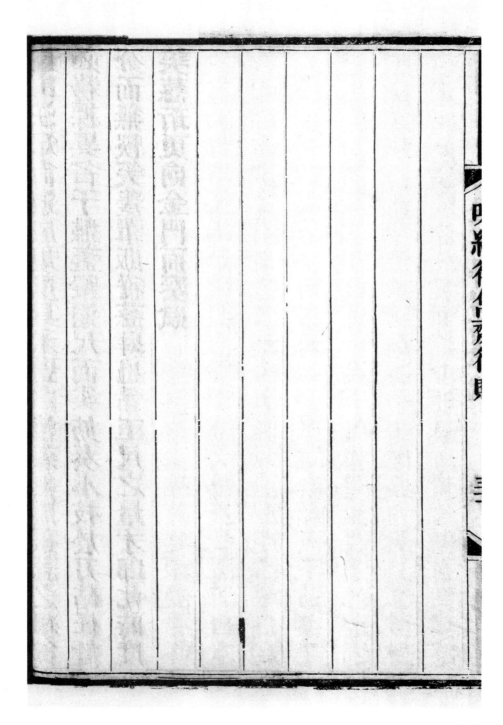

及第花賦 以道是春風及第花爲韻

上第登初名花開早張文宴于瓊林萃仙班于瑤島恩光則天上先傳韶景則日邊正好一聲臚唱祥雲奏太史之書幾輩喧闐春雨話長安之道君不見綺席燒紅錦堆耀紫艷搓雪以舒葩賴暈霞而結蕊固已苑北標奇江南擅美列花榜而殊尤膺花封而稱是生香第一占仙境於蓬萊秀色無雙陋麁材於桃李而況名園高會上國嘉賓靑雲得路紫陌飛塵帖寫泥金而字燦榜開淡墨而名新隊罷霓裳牽黃槐之舊夢證來仙籍話丹桂之前因早知寶鏡呈祥艷啟芙蓉之兆爭羨靑袍染汁濃沾楊柳之春幾

人脫白滿樹飛紅燦仙葩於二月慶多士於春風喜信先傳來花間之紫燕佳音迭報譽花外之青驄一林之紅雨霏霏襯錦袍而欲炫十里之彤雲冉冉上烏帽而微烘莫不綏轡偕遊聯裾並集客來閬苑三千春駐蓬壺九十占三頭而最上風采同欽挿兩鬢而如歆雨香乍裛曲江春艷看奪錦以齊歸深巷人譁望揮鞭而倏及宜乎獨占芳華别饒綺麗林雨吹香宮煙送靄茁科名之草秀蒨殊非開富貴之花鮮妍罕儷定卜爭春館外互映簪裾又看碎錦坊前宏開宅第或有豐隆珠樹望重瓊葩瞻

上林之壯麗希小宋之才華玉筍聯班紅綾早啖金花送

帖白板頻撾會教蓮燭分輝雙炬送令狐歸第且喜杏園
赴宴一枝學司馬簪花

熟精文選理賦以題爲韻

杜少陵一代宗工三唐名宿讀書通萬卷之神下筆爭千言之速固已抗手班揚追蹤潘陸而其示宗武也覓戒絲衣功資卷軸才名已侔於老夫詞學宜勤於初服謂詩是吾家之事不廢吟哦而文羅累代之精專期玩讀百尺之選樓尚在永留後學之初桄千秋之理緒重披羞句古人之賸馥此門才克望其纘承而庭誥豫求其習熟也粵稽文選肇始昭明招賓朋於博望萃典籍於羣英綜七代而搜奇天監朝之收羅大備合六臣而集益顯慶時之注輯尤精而苟侈談藻思虛慕英聲繡工鞶帨飾習珠纓遑文

瀾而浩瀚搴墨采以縱橫則琢句雕章竊恐浮華之汞屏縱薰香摘艷終嫌實學之難成蓋有理焉章成經緯彩散繽紛思皆錦織義可條分非侈風流於稽阮非誇霞舉於淵雲非謝月宋風第流連於光景非郭江木海徒驚駭於見聞緒擘庾庾秀句發縹囊之蘊絲抽乙乙清詞流緗帙之芬千餘年體製崇閎珍秘萃一裒之彪卅七類蒐羅賅洽光華騰五色之文是所貴乎孰精也當夫珊架勤繙牙籤徧展既背誦之如流亦心稽而無舛似重逢之舊雨意旨交融比百鍊之良金光輝益顯讀大篇則金石同諧搜秘義則綦纁悉剪字字漱芳傾液温磨勝酌夫新醅言言

縷析絲分細密如抽夫春繭是則三餘乘暇一不憚手胝口沫之功而卅卷頻研無非尺寶寸珍之選者矣益以文各殊途理原一軌習之熟而不厭咀含體之精而全消渣滓明月夢揚州之路緬裒集以何勤春風開巴蜀之堂想鑽研而未已惟蠹簡之勤披斯鳳毛之蔚起況武也論詩知律覔句如新擁書滿牀窮經自喜吟成玉案之青佩謝羅囊之紫幾度披吟一番校理三大禮賦才浩博須知家學之淵源百廿家文律精詳洞悉詞林之根柢方今

聖朝寶笈星羅瑤函錦護謝綺靡於六朝儲菁華於

四庫文穎刊則獨具心裁文萃輯則兼全掌故士也滴露

研朱臨風披素竊攀屈宋之前蹤恥作齊梁之後步經蕭
梁之劉覽體格逾高得曹憲之師承流傳無誤希手筆於
諸家爇心香於一炷隻字必求其來歷請朗吟杜老之詩
百篇有待於賡揚擬再獻楊雄之賦

杜拾遺午日賜衣紀恩賦 以細葛含風香羅疊雪爲韻

慶溢彤闈耀生釦砌扇近雲移珮飛霞麗記昨歲銀罌翠管會邀內府之班想前番玉筯金盤備飫天家之惠時也重午開筵千官宿衛綵粽遙傳朱絲共繫恩分朶殿之榮詩紀宮衣之製疊雪紋輕攢花影細一函鄭重拜嘉貺于良辰千縷輕盈荷殊榮於私第昔者杜老之官拾遺也檢點芸篇追趨瑣闥入掖左以聯裾辭瀼西而釋褐袋已懸魚冠非戴鶡當直而旗開春殿重重之錦仗齊排退朝而袖惹御香細細之爐烟乍抹一領青紵十年白脫陪鴛行于小至同披曜日之輕裘承鳳詔于端陽更曳含風之細

葛當夫朮羹初獻艾酒同酣金扉正敞綵索齊採劍佩迷離於栟外旌旗掩映於花南諫草焚餘魚符夜佩御床捧處雞舌朝含亦復搜藎篋啟瑤函花團簇鳳冰薄繰蠶曳輕裾而雪淨濡細縞而烟涵自慚補衮頻年固幸聖朝之無闕爲問尚衣此日誰邀帝澤之先覃願乃葛帔香融遍惠羣工剪半綃之晴雪透一襲之薰風如須十賚之文紛披寶敕不羨六銖之服搖曳瓊宮匪宮袍之爍綠匪宮錦之拖紅輕惟葉似薄與雲同當暑著來竟體之香紋細膩自天題處數行之妙墨玲瓏昔之京華憔悴杜曲徜徉青鞋塵黦皂帽風颸涼啟三間草閣秋生五月陂塘茅屋狂

飛衾寒似鐵春衣典盡鬢老侵霜烏皮冷落白氈蒼涼披
短褐於江湖獨憐疎放掛絺衣於蘿薜祇賸清狂自從書
絕故人更少綈袍之贈略似詩吟貧女難分羅綺之香薄
沾微祿迭沛恩波紳垂玉笏珮響金珂君頒衣兮遍及臣
受服兮如何楚楚堪憐稱身長短飄飄自適被體清和好
效佩鯉增輝謝紫宸之惠廣合與葅龜開宴拜丹闕之恩
多當襦紅艾綠之天無事衣裁白紵除壽縷靈符而外詎
惟帕賜黃羅遂乃寵誌氷函詩剬玉牒染香霧之霏霏曳
羅衫之葉葉迹泯裁縫平徵熨貼蘭湯浴罷浣涼雪於滿
襟桃印懸來翻輕風於一褶襯細縠於蕉紗招新涼於蒲

蓮瞻昭容於戶外衣同一品之披振絺綌於公門恩比五

雲之疊我

皇上披袗揚休

垂裳著烈

調玉琴而化洽時薰

握金鏡而心同朗徹銅鶴引

丹除之步珠履傳聲金猊

焚甲煎之香錦袍散纈

恩榮廣被剛逢地臘之期賚賞頻頒共慶天中之節行見

江蕉白葛經裁蜀錦之雲更欣內　慈宮莎軟勝吳棉之雪

杜拾遺午日賜衣紀恩賦以細葛含風香羅疊雪爲韻

若夫槐棘班聯簪纓門第隨沈鮑以揚裾偕高岑而捧袂寵並耀乎賜緋遇更隆乎聘幣盛事紀唐家宮殿雉尾開雲隆恩被午日絲綸蠣頭拜惠尚衣敕下彩煥金扉內帛擎來耀生釦砌裁量有式儼拜辱而拜嘉被服攸宜欣是婁而是曳侍直而渥叨厚賚十行之詔許同披紀恩而工製新詩五字之律應入細昔杜子美之拜官拾遺也身効趨蹌志原朗豁入鸞掖而垂紳謁鳳翔而釋褐銀綬新紆錦標快奪曉趨丹陛分曹而地近深嚴夜檢黃麻視草而才徵壯闊香案而爐烟乍惹袖欲團龍玉階之仙仗齊排

冠應戴鷃秉燭而寒眠繡被記直宿于華堂開函而軟詠宮莎拜恩榮于瑣闥自入紫薇之秘省互映簪裾爲詢白髮之郎官幾更裘葛維時梟羹汁進犀帶光涵浴蘭湯而薦爽泛蒲酒而延酣日炎炎兮正午風習習兮來南寶幄晨開寫靈符而共貼宮箑書啟射角黍而猶堪胡乃鏤冰作縷浣雪開函織千絲而光膩披一襲而香含非關寵誌金盤賜櫻桃而細瀉不是澤承翠管賜脂藥而先諳命上方而致錫識大賚之深覃起布衣爲中秘官爾日之被恩已渥勅宮帔作上方賜諸臣之受服何慚潔疑剪雪輕不勝風攢細花而縠軟鋪碎纈而冰融內蕊何繁捧瑤函而

鄭重天題尚濕啟畫篋而玲瓏劇憐遲暮宮臣備沐君恩
之高厚竊幸追陪袞職仰邀大化之帡幪看今朝壽縷同
須纏綵絲而漾紫知此際寶符並佩襯朱綬而霏紅散滿
幄之薰風人在九華殿上振一襟之香雪恩來五色雲中
乍驚寵遇莫罄悚惶謂采章之悉備謂祓服之無愆謂宜
爲香篝之護謂宜爲什襲之藏謂聖澤如天寵更優於錫
帶謂臣心似水惠豈昧于承筐昔之江湖漂泊行李倉皇
冷炙殘杯悲辛莫訴青鞋布襪泥滓增傷短褐漂來望帝
鄉於何處春衣典盡悵酒債之難償今也榮須鸞軸慶溢
鵷行恩承帝賚衣染天香披纖纖之縞服著葉葉之羅裳

向蘭墀而拜惠入薇院而延涼何須素繭青毘學製庾公之啟不讓紅蕉白葛榮分漢室之光爰乃輕披宮製備紀恩波君惠自彰夫優渥臣愚樂效夫吟哦小軸雲裁輝生簡翰新詞錦粲藻發詩歌試披紈而曳縞欲裂芰而焚荷分來艾朵蒲絲染一襜而翠襲飫遍彩團巧粽振雙袖而風和好看畫省輕揚佩偕魚袋尚憶內廷妙製織傷龍梭梛邊而歸院遲遲紋搖氷縠花外而華裾一一響度金珂不羨乎扇頒飛白無取乎帕錫黃羅九天特被光榮揚巨源之詩篇可續三殿頻叨宴賚唐肅宗之寵貺偏多所由沐大澤之沈深謝濃恩之稠疊羅剪水而鮮明葛裁雲而

熨貼竟體香清彌襟惠洽質薄于氷身輕似葉此後御床
親捧更披宮錦之袍今朝暑服新頒欲獻金花之帖几拭
烏皮巾拋白氎集冠裳于絳闕珮翻雕玉之痕拜綸綍于
黃扉裙訶鬱金之褶比漢章帝之水紋綾袴共沛恩施較
李元紘之紫服金魚同徵心愜得不浣手開緘迴身理摺
薰以艾蒳之香貯以木蘭之篋賀端午而題封紀宮恩而
展牒也哉我
皇上端居御中
垂裳表烈
體舜抱而沖融

挹堯襟而朗徹

辰旗拱極衣冠臚萬國之歡

己黻宣猷組綬肅千官之列白絲

賚下近侍欽承

丹詔頒來羣僚喜悅捧出紅雲一朶滿攜朝袖之煙舒開

文錦千重艷製宮袍之纈況逢地臘之良辰共慶天中之

令節

頒香葛而披雲曳輕羅而疊雪將見縞青佩紫彰施揚

聖世之華抑且履素懷芳賡拜表臣心之潔

漢文帝勞細柳軍賦（以按轡徐行改容式車爲韻）

帳擁貔貅陣排鵝鸛刁斗聲嚴旌旗彩煥守門則鐵牡宵扃肅隊則銀刀晝燗天上之鸞輿遠賁恩切拊循營中之虎旅無譁功高衛捍此勞軍示惠漢家之明詔頻頒而菱拜宜防介士之禮文可按也維漢文帝之二十有二年邊宇驛騷天驕横恣和親而屢背盟書入寇而迭驚烟燧望長安之烽火直逼甘泉擁上將之麾旄預屯邊地於時當壁分持兵權互寄棘門則徐厲恃以防維灞上則劉禮預爲守備非不尺籍頻稽伍符迭記築四面之長圍環一羣之列騎御鑾降而慰藉多方天節臨而送迎備至笑此輩

眞如兒戲入門而幾見橫戈問何人獨整軍容執策而咸思奮鑾則有細栁軍者分行布雁列陣排魚依秦雲而結寨引渭水而開渠堅同楊葉之關鐵門深閉銳比桃林之塞金甲先儲而乃張吾旗鼓整我旄旟雷出令而共震山結陣而非疏毋敢作壁上觀有愆於止齊步伐是能置軍中法無乖於坐作疾徐短鞭夜警長槊秋橫銀硝雪爛鎧仗霜明弓弩則冰絃引滿刀鎗則鐵騎爭鳴壁壘深嚴布四正四奇之陣營屯堅整環九天九地之兵風獵獵而牙旗半捲晝沈沈而畫角頻驚軍門守吏莫敢違咸遵約法

天子先驅不得入未許橫行俄而鳳輦徐臨龍驤奮倍響

咽鸞鈴威森犀鎧營門堅閉聽鼓角而猶喧使節遙頒佇軒輿而久待忽傳啓鑰重重之鐵壁齊開不許馳車歷歷之金碉近在步趨已極其從容接見更消其玩愒按轡而徐行不追軍中之守令何嚴持兵而長揖相迎麾下之戎容不改如斯備寇誰敢攖鋒君敬勞而迭深賚賞臣稱謝而益著嚴共不令而行動天顏之穆穆可襲而虜鄙諸將之肅肅蓋惟屯兵不弛其備乃能禦敵以折其衝大單于膽已先寒邊塞壯風雲之氣真將軍威應難犯旌旄燦棨火之容宜其屢握兵符歷加顯職二十年永靖邊烽三萬騎潛逃關塞指點將軍之樹倍覺森嚴歡呼君子之營爾

深謹飭卓哉亞夫之治軍足使至尊之動色問將令不問
君詔重門忘警蹕之臨撼山易而撼軍難千載著行營之
式我
皇上德威遠播醜孽全除屯七校而精兵倍奮握六韜而
良將晉譽狼燧消青正兵撤龍城之候螺聲咽碧剛風清
虎寨之初且看六幕無塵拓地遠恢乎榆塞更喜
一人有慶徵儒敬迓夫蒲車

冬山如睡賦以冬山黯淡而如睡爲韻

峻嶺重重寒雲夕封山容正懶睡味何濃惟畫工之妙墨摹逸景於嚴冬寫半幅之雲箋眉痕乍斂掃四圍之煙黛鬟影全鬆恰看卸却晨粧留十分之明淨不待醒來春夢露一角之惺忪爾其積翠都刪開門見山棲雲有洞宿靄非關倚寒林而欲醉枕怪石而非頑俯瞰澄淵澗底之驪龍正伏高凌碧漢天邊之皓鶴初還料此間石榻氷床儘煩安置望幾處雲房露闕未許躋攀時也雪積峩峩冰澄湛湛古木風凄平林雲黤仰峭壁之崚嶒企層巖之嶮巉懶開笑口縈春思而沈沈倦軃嬌鬟斂秋容而黯黯冷逼

仙人之掌意態都迷低垂玉女之頭丰神未減望山徑之蒼茫入睡鄉之黯黮如枯僧坐榻之莊嚴如高士枕琴之恬憺如捏沙之稽中散體態分明如席地之劉伯倫神情閒澹雪花堆滿如袁安高閉戸之蹤燒影騰空如文穆起挑燈之感況復霞裳低覆霧幔斜披月作鈎而捲帳風似剪而成帷欲醒不醒將移未移蒙絮被而寒多雲鋪幂若展簟紋而滑甚水漾漣漪石髮全歆想清夢初酣之後煙鬟不整認黑甜正熟之時每當巖松獨秀岸柳將舒形神偃蹇意興蕭疎橫修眉而怯掃擁高髻而慵梳眠雲倦甚臥雪清如深傳煙際之鐘暮天寥落高倚雲中之枕夢境

淸虛困體難支半壁之殘霞斷處酡顏欲醉一峰之斜照
明初是以墨客傳神畫師寫意摹黯澹而如眞狀曚矓而
有致合稱龍臥之岡漫認牛眠之地睡仙可證搩蘿壁而
如逢山客猶眠掩松關而獨寐顧此際生綃染翰幾回看
雪後之山待明年尺幅回春一笑破窗前之睡

參玉版長老賦以戲語器之同參玉版爲韻

有入饌之佳蔬疑託根於淨地版入手而生香玉銘膚而割翠記得叢林度出嫩籜纔抽憶從香界穿來橫枝獨異結靈緣于梵宇早深禮佛之誠參雋味於僧廚誰悟答賓之戲昔東坡之要劉器之也擺脫塵襟消除俗慮憑白簡以招邀望靑山而引去僧寮小集何須檀版金尊禪榻留連底事瓊筵玉筯解帶作門前之鎮晤佛印而偏遲評泉吟夢裏之詩除參寥而誰語爾其竹院周遭松關幽邃花雨紅霏茶烟碧墜春闌四月之天人到廉泉之寺山僧何在曲徑雲迷野簌先登飣盤雪膩溯嘉名於佛影合依金

粟之身通隱語於禪機更滌氷壺之器掀髯一笑覿面何
遲鏤冰有骨切玉爲肌簪甫抽而絲淨衣半脫而青垂摩
頂何年凍蕾迸春雷之夜劈頭有喝輕耡斸細雨之時謝
花豬竹𩣡之緣物其有矣結米佛茶僧之伴禮亦宜之方
其託胎淨域寄迹琳宮覆慈雲而瘦削洗法雨而玲瓏感
行脚於頻年穿殘蘚徑問打包於何處簇就篁叢試看籜
解重重久証四纏之脫便說班聯一一早知十地之同非
參禪於古刹非參佛於靈龕傍齋筵而合十列梵座而和
南慧炬燒殘騰異香之馥馥清泉沸處饒至味之醰醰氣
以超而轉淡趣入雋而逾甘貯來千畝雲烟忘餐亦可咒

罷一林風雨說法會參是則蔬品稱珍羹材絕俗佐蒲飯
而彌佳配櫻厨而自足新開遥食之單待補傳燈之錄和
盤託出根含淇雨之青放箸談餘頂結湘烟之綠老盡琅
玗徑裏地合鋪金長成箇籜林中人原如玉紀勝地之佳
遊得名區之異產相或異乎貓頭根常穹夫鹿眼詩記蘇
編名工杜撰亦莊亦戲妙可雙關是耶非耶聊供一莞此
日味深禪悅好同尋劈玉之厨他時飯共僧餐願永載銘
心之版

右六張

已張瀾翻彷彿河南千字文上之圖也時宋官緣[illegible]永[illegible]跋

蘭亭坐[illegible]迹大[illegible]同[illegible]閣長非卉郎嘗供一葉也

[illegible]法次而之運[illegible]而又紹[illegible]頗萬[illegible]失大[illegible]跋[illegible]譜

[illegible]容[illegible]合論金長改[illegible]諸林中人原如王[illegible]之[illegible]性

[illegible]何出[illegible]合古上[illegible]之吉改[illegible][illegible]餘真[illegible][illegible]之[illegible][illegible][illegible]

而[illegible]佳[illegible][illegible]而自[illegible]新[illegible][illegible]會人[illegible]作[illegible]傳[illegible]人[illegible]和

[illegible]十本[illegible]同[illegible][illegible]自[illegible]有[illegible]大[illegible][illegible][illegible]會

榴火賦以五月榴花照眼明為韻

若夫上闌擢紫宴罷櫻園曲砌霏紅吟殘藥圃剛火令之方行適榴花之盛吐一林乍耀遲花事於春三千點交攢流星光於夏五爾其綠葉紛披朱苞競發絳雪鎔胎丹砂鍊骨剛火雲之低映氣溽芳林恰火繖之高張蔭迷清樾濃逾杏蕊暈頳靨以烘霞淡異梨花束素粧而對月烟濃堆蕚星繁綴毬枝低丹耀樹小紅稠扇薰風而益熾漬宿雨而如浮恰鄰炙草之旁枝枝朝灼剛近煑梅之候朶朶交流放一片之光明錯道木能生火列千株之燦爛何須臺建環榴第見丹鬚掩映絳瓣交加天未曉而耀日庭已

暝而燒霞蝶入深深訝螢飛之乍見蜂游隊隊認蛾赴而原差試看葉底風輕彷彿鼓爐中之橐籥見稍頭霧重依稀籠燈上之紗燦直同於火樹照奚羨夫琪花則有石徑流連林園吟嘯望曲砌之紅蕤愛攢柯之紫耀擷來滿把詎增炙手之憂插去盈頭漫啟然眉之誚入夜而朱房更煥何須燈綴千枝當空而絳萼齊翻只道花開四照況復邑姤羅裙香流酒盞孕嘉實以將成攢高枝其何限千林秋老垂垂之紅玉勻排萬顆晨開粒粒之朱砂細揀略似火珠摘出盛玉盌而凝膏也如火齊堆成列瑛盤而炫眼而富夫花舒平圃彩耀繁英光騰騰而不散氣燄燄而交

呈點溪之荷葉初圓錢疑鑄出隔浦之蒲莖新矗劍待鎔
成標名花於安石符盛德於長贏爭如校字功深乙枝之
火光照灼且喜登科兆驗千枝之榴實分明

[illegible]

李郭同舟賦 以神仙中人不近名利為韻

握別河濱飄飄出塵入攜仙侶舟泛通津數品望則高同佺偓論交情則摯比雷陳士快登龍朗照樹當空之鑑人思附驥高風希折角之巾看雲邊挂到孤帆儘多繾綣羞天外聳來雙鶴綽有丰神則有李元禮者風裁邁俗度量涵淵陳實則交聯把臂杜密則名許隨肩桃李盈門廣置三千之座芝蘭入室近依尺五之天而林宗則風規卓爾標格翛然泛濫鄙奉高之器草蔬識季偉之賢羞幾人貂寺邀承妄思附勢喜今日龍門接引榮快登仙頭巾不脫懷刺初通乍來遊於京洛藉修介于符融一則三君之品

重一則八顧之名崇同榻論心送抱而歡聯今雨同床結契彌襟而惠洽春風也知鶴峙鸞停地望超千人而上爭奈褒衣博帶鄉思縈一夕之中烟波渺渺溪水粼粼歸舟一葉別酒千巡洛下之衣冠列堵河干之車馬聯茵悵兮襟於舊好感祖道於羣賓汪汪千頃之波澄懷可想漾漾三篙之浪別思彌肫歌匏葉於江頭竟作揚帆之客聯苔盟於岑上難忘破柱之人攜勝友兮同登望長途兮達迄帆半挂兮雲閒纜頻牽兮風拂行行而互映衣裾落落而羞稱簪紱川路偏長塵緣早祓孤篷搖曳座中之笑語安恬一水空明鏡裏之鬚眉髣髴各樹斗山之望此去如何

相思雲水之蹤儥歸豈不惜也國事難支天心莫問鼎臣遭貶黜之憂徵士少升庸之分鈎援則治自奸邪黨錮則下從典郡北寺之風波漸起罔恤公忠遥天之星象頻瞻空嗟時運安得波澄濁水濟川占舟楫之通何時風引神山把袂話蓬瀛之近然而孤標山峻亮節氷瑩惟李也不愧楷模之望惟郭也無慚水鏡之清人招招兮共往舟泛泛兮長横倚槳高吟破虜記揚戈之會推蓬晏坐留賓話炊餅之情半空之風水初調如聆仙樂一棹之雲烟漸達競仰清名惟意氣之能投故戀依之不置動景仰于旁觀話風流之盛事執策顧隨乎荀爽常侍車塵鑴銘無愧於

蔡邕永畱碑誌想當日同登畫舫片帆瞻天際雲飛喜今
茲近接星軺一舸快江邊風利

霍光驂乘賦（以霍氏之敗實基于此爲韻）

望肅鸞軒名高麟閣旒斿雲舒朱轓錦絡大司馬威動堂廉新天子駕行京洛爾日賜冠有詔渥荷衮崇當年負扆成圖不忘付託比心事于伊周紹功名于衛霍作十一人功臣之冠特紀元勛秉二十年朝政之綱咸欽偉略所以龍光晉接入朝共仰其尊嚴亦且扈蹕分榮驂乘獨彰其蹇諤則有如博陸侯霍光者端正夙昭精忠足恃臺閣之望重如山寰海之治平如砥當廢立昌邑之時正會議未央之始獄中有天子氣預占炎祚中興民間稱皇孫材曾詔掖廷養視爰乃偕丞相奏書奉太后懿旨詢諸受詩之

師訪自尚冠之里獵車駕而太僕先迎御衣賜而宣皇崛起雲捧日而重光柱擎天而孤峙將軍不負乎社稷請建賢君天下咸識其忠良能安劉氏洎乎宣帝之謁高廟也黃屋雷動紫蓋雲移旗翹翠鳳車駕鐵驪爰肅冠裳于玉輦將拜弓劒于彤墀寶幄高坐珠旒四垂幢棨肅穆羽葆葳蕤丙魏屬車而戾止金張結駟而追隨光也職居輔弼尊如傅師國事必先爲關白朝章胥賴以綱維宣德明恩徧衛舊傳其忠正守節秉義會朝咸望其光儀勢當軸而處中孚原惕若命共輿而居右禮亦宜之其驂乘也華覆初張洪頤高挂伏軾則文虎俱馴銜軛則繆龍並晝遇更

隆平宋昌壯不希平樊噲非驂乘之袁種官階居侍騎之
班非驂乘之趙談宦閹忘失入之戒往日殿門出入進止
有常今茲輦路馳驅欽承罔懈看列侍虎貔畢萃原非奉
引之先驅望隨班鵷鷺偕來竊幸積中之不敗夫以不世
之勳膺非常之秩歸政猶謙讓未遑入見亦敬恭罔失弟
昆接軌朝廷之根據殊深子壻聯鑣親黨之鉤連益密本
勢重而望尊難循名而責實矧璽綬奉上之初剛車駕偕
行之日天子有大臣在側風範若許端凝斯人本先帝所
貽儀節何能坦率輪未轉而神傾轂不推而心怵咄咄有
逼人氣體詎安舒鞅鞅非少主臣心殊戰慄彼金日磾之

驂乘共出在先朝同荷光榮逮張安世之驂乘相從視此日亦何閒逸論者謂火中乃退月盈則虧故威震主者不畜而身居高者必危瓦徹庭前憂疑迭見竈居樹上禍患將基地可畫而人多觸鼠門已壞而殿有鳴鵄雖敗徵于後日實兆始於今茲其六尺輿氣燄之森嚴已甚定萬世冊身名之煊赫如斯寒生背上之芒威棱陡觸朽懍手中之索兢惕頻持不同軍勞條侯按轡者從容之致略似禮嚴汲黯整冠深矜式之思奈何墳墓未乾遽奪印綬祠堂盛飾旋見邱墟蓋夫人顯旣陰謀于始公子禹復踰制於初驕奢逾甚縱佚自如韋絮薦輪車上之繡絪如畫綵絲

輓輦第中之游戲無虛逮邪謀之既敗慨遺澤之無餘回
憶因權制敵建策定儲威常森平鶴籞寵迭荷夫鸞車駕
乘相隨覘天顏之穆穆如驂之靳統官屬而于于起家由
階闥之間累邀厚眷兆釁在輪輿之地難永終譽此不學
有譏後世足樹萊公之鑒而太盛宜抑當時已陳徐福之
書夫惟我
國家阜益宣猷我
皇上勳華合軌盈
廷皆忠藎之臣護
蹕盡賢良之士會典聿彰

朝制嚴飭官邪通禮丕煥
王猷咸尊道揆
鳳闕啟
九重閶闔伏馴象而無譁烏臺糾五等車旗避花驄而且
止望
龍旂而拜
命臣道靖共篤
鑾輅而巡方
天顔有喜彼甘泉之鹵簿長樂之官儀曾何足以語此

陳平分肉賦 以里中為社分肉甚均為韻

若夫惠洽枌榆歡聯桑梓預占調鼎之才小試操刀之技花外而迎牲小立將或剉而或烹柘邊而頒胙偕來乃有條而有理笑年年肉食賽神來陽武之鄉羨一一瓜分受福遍新豐之里有如漢丞相平者鸞臺望肅鳳閣名崇繼蕭曹而績懋先丙魏而勳隆封萬戶侯食邑陋戛羹之號運六出策奇謀媲借箸之功燕齊之徒侶紛紛笑幾輩椎牛屠狗楚魏之遊蹤歷歷感頻年春燕秋鴻然此第論其奮迹功名之會也而未知其屈身里閈之中以彼蓬門寂寞窮巷栖遲啜糟糠而自適議酒食而無資迹不類鼓刀

之呂情豈希負鼎之伊會啟雞豚剛里黨迎神之候祠陳羊彘正村墟賽社之時告神羞之既備樂福胙之同貽從知歸遺情多拔劍之東方欲去爲問切能食盡賜卮之樊噲何爲夫以禮重歸膰惠均逮下苟此絀而彼贏易爭多而較寡呶呶不已盆如買菜之求咄咄來前小類市瓜之捨貪肥同博士之班羊聚衆異通侯之刑馬置大胾而不切周條侯未肯甘焉供一食而無多公孫宏誰眞繼者惟當事自昧夫權衡斯受惠難均於里社善哉孺子卓爾不羣長身立玉高情屬雲揎臂則自雄願盼擊鮮則衆息紛紜縱兩橫三落手聽銀刀之響條分縷析橫腰騰寶劍之

文惠遍給而褐夫何睨甘平分而野老交欣幾度喧闐咽
鼓聲而乍寂一塲交代和酒氣而微醺携回而合倩鳩扶
半脡之肥鮮各給歸去而不憂烏攫一條之村巷遙分葢
其志切均平才非踢蹷調和遲宰相之羮須賜待皇家之
祿目無全牛胸有成竹技藝比屠龍之侶久鬱經綸英雄
當逐鹿之塲胡甘隱伏縱此日鉛刀從事微材同一觿之
嘗卜他年鼎鼐居官大化錫萬家之福所以分肌擘理覺
目中己自無人而贊治調元視天下亦如此肉也宜乎父
老爭誇廉平共稔受福貺而頻欣拜神庥而咸凜佐饌而
葱能啟慧絲絲切碧玉之珍開筵而酒可治聾灔灔泛之紅

霞之瀋莫不藉其韜鈐職之烹飪推爲鄉里之鴻才上爲
廟堂之駿品仗劍佐風雲之運膏腴之割據何窮提刀看
市井之屠意氣之粗豪已甚迨乎出身事主決策如神佐
刺船而獨往進賜食而何肫金刀開讖緯之祥元功函夏
玉鉉贊隆平之化協氣流春不愧鈞衡之任允爲毗倚之
臣將見育物化時合宇仰恩膏之溥遍豈僅大軒細膾一
鄉喜宰割之平均

三軍如挾纊賦 以三軍之士皆如挾纊爲韻

溫言春煦厚澤天涵彌襟惠浹列幕恩覃感拊循之甚切覺冷煖之先諳洽眞意之纏綿寒消犀甲聽仁詞之覼縷暖溢鮫函從知衆志同仇安燠賦無衣之七頓見全軍告捷歡呼逾被練之三昔楚莊王之伐蕭也雞鳴遄駕魚麗排羣合前後隊以交飭亦左右廣之必分時也一天釀雪萬竈屯雲刁斗晨寒盼征衣而莫寄鼓鼙夜冷悵薄酒之難醺既挾持之鮮具何繒纊之足云四圍之壁壘陰森服猛壯貔貅之衆千里之江山料峭號寒聯鵞鸛之軍天仗初移王巡六師仁風載道愛日隨曦軫困苦於兵戈之地

恤罷勞于風雪之時陳詞縷縷入扣絲絲均服相從竟一寒之至此戎衣未息致萬姓之如斯望我軍如火如荼亦云瘁矣嗟爾衆無衣無褐何以綏之温語甫終疲兵盡起春生韎韐之中暖入兜鍪之裏豈藉不龜之藥凍免皸皮請看如虎之徒喜思拊鞞戰荒寒于草木頓忘序屬嚴凝變頃刻于風雲真覺天臨尺咫煦煦而暄肌燠質感深覆被之恩熙熙而送抱推襟傾倒同袍之士其回温也如裝綿之夙備其送暖也如贈綈之相偕其恩誼之交融也如春服既成絮千團以密裹其情詞之互洽也如寒衣偏給縉一襲以匀排萬帳回春慷慨奮從軍之氣千營播照飛

騰厲勁卒之懷霸者之民多驩虞栱幪獨厚仁人之言煖布帛悅豫孔皆此所以士心豫附衆志咸攄忘寒威之凜冽感和氣之吹嘘衣衣我而陽生肘腋風風人而煖透襟裾鐵甲霜凝正壯士長歌之候銀䤨氷瑩剛征人奮臂之初不虞雪虐風饕坐氈廬而瑟縮從此披堅執鋭列戎幕而安舒投醪泛逝水之波比恩膏而畧似賜帛廣窮簷之惠較摯意而差如洎乎師賦偕行軍歌克捷驅怒馬以爭馳潰敵兵而共讋獸𤰈城危魚鱗陣接地已凍而惠澤融天雖寒而恩情浹數語直透來肌骨何須襖著黃棉片時已煖到衷懷底事衣裁白氎不比裏氈之士縋峭壁之重

重絕勝擁絜之八擘晴雲之疊疊所由經仁緯義羣瞻廣
厦以來依而奮力報功欲奪大軿以俱挾也我
皇上惠德旁敷
醲膏遠暢纁元抒萬國之忱絲枲受四方之貺
綸音播化渠渠遊夏屋之間
黼座延和盎盎頌春臺之上而且將習龍韜軍屯虎帳
賜衣則弁卒騰歡釋甲則凱歌競唱將見沐
洪恩於
聖世垓埏咸仰夫
經綸豈僅侈小補于伯功軍士同披夫綿纊

五斗折腰賦 以先生不知何許人也為韻

襟帶翩翩高風嶄然宦情水淡亮節冰堅斗懸金而奚羨腰圍玉而拚捐是義皇上人不嫌兀傲作風塵下吏未肯貧緣羌上官之過從將中道以周旋持手版以寅賓羞同屈膝問頭銜于甲吏恥事隨肩悔見幾之不早信歸計之宜先也知升斗微沾富貴不難自致爭奈腰肢甚懶生平不受人憐昔淵明之爲彭澤令也家辭栗里地近湓城雲橫岫而仍懶泉出山而亦淸腰綰銅符坐琹堂而日永肘懸斗印張油幙而霞明看斯人落落不羈學栽花之潘令笑幾輩洋洋自喜如捧檄之毛生公也一襟酒瀞兩袖風

淸天外昂頭愛乘輿以遠昇坐中伸脚感造履之多情亦祇宜逍遙組綬脫略簪纓與送酒之王宏爲把晤與尋源之劉驥爲將迎而欲以鄉里小兒強使作下風之拜縱是受朝廷來職恐有妨介石之貞擁煊赫之車旗彼督郵者何物當麾節之遙臨謂拜迎之宜屈於是有吏來告曰公宜步謹趨蹌榮襄黼黻祇候朱幡恭承赤芾冠已整而仍彈帶既垂而更拂毋驤首而視爲等倫毋挺身而矜爲奇崛毋貿貿然故示以坦夷毋昂昂然獨形其彊倔一竟至此效磬折以何妨再命而僂循鼎銘而胡不向使心薰利祿貪戀銖錙與雞鶩而爭食借枳棘而棲枝候長吏以趨

塵故作佩巫之態望長安而索米彌深帶悖之思縱令粟
逮千鍾可期飽腹安得階盈尺地竟許揚眉將欲展足而
無非紲絆將欲抽身而隨在羈縻將仰高鳥而慚生茂樹
將俯遊魚而愧起臨池何時腰腹能舒碌碌者亦云瘁矣
正恐斗筲無算紛紛者立見殆而且夫降志者骨幹之靡
委承顏者志氣之媮阿脅肩事人治畦交病卑躬屈己攫
食同科惟公也孤懷峭峻雅抱沖和苦塵緣之束縛厭禮
數之煩苛肩承笑鷺背曲羞駝褒衣御而不飭高冠聳而
自峩昂藏七尺之軀欲低頭而未可冷落半通之綰將矯
首以云何明知腰印無緣耻學下官之鞠𦡆底事斗城虛

擁不容老子之婆娑爰乃舟車並駕裝載無多絕意軒冕抗情軸邁三月官身脫腰金而暢意一塲春夢縱斗酒而高歌看沓番撲三斗之塵頓覺襟懷舒坦任若輩纏盈腰之貫應憐骨氣消磨遂覺宦海蒼茫歸途容與鳥投林而知還花迎門而欲語杖曳遲遲衣飄楚楚秋刈田中之秫佳釀多資春栽園內之蔬精英可茹既塵視夫簪裾並錙輕夫祿糈逸興風生高情霞舉翻笑當門五柳裊萬縷以何輕閒看荒徑孤松長十圍而更巨三十載田間樂志腰巾之灑落如初五六月窗下高眠斗室之清涼如許蓋其識高見遠葆素守眞感鳧毛之落早厭塵尾之揮頻簪笏

傳家沐殊恩於累世江山半壁支未造以何人比索靖之愁生駝棘同張翰之興寄鱸蒓非恃才以傲物將屏貴以離塵結宇家林折簡而賓朋小集汲流山巘折枝而僮僕都親折來一角之巾倚窗傲夏折到百錢之劵入市沽春世途之折挫原多未可出身以揹拄官廨之折磨已甚常畱傲骨之嶙峋所由嘯咏軒楹遨遊郊野比迹夷皓之間養眞衡茅之下有酒一樽采菊盈把詩吟五字淡旨誰同琴撫五絃閒情獨寫詎不羨乎五花貴詎希夫五馬斗瓢屢空門前之車馬無喧腰腳爭強塵外之耕耘有暇漉酒借葛巾之便縱泥首以何嫌攜尊爲蓮社之游歎知心之

益寡是則比節操于七松處士殆有過之彼夫誇印綬于

五鹿充宗何足筭也

安福殿言政事賦以題為韻

在漢元和時慎選舉之法建保傅之官循平役簡物阜民安固已政除乎苛切事得其要端戒亭虛候儒館騰歡闕無補袞慶結彈冠有進言於安福殿者乃抱嘉謨以入告抒名論於不刊時惟黃香起家安陸譽播神童識高老宿甯帷之志行能完册府之奇書盡讀帝用嘉之詔居輦轂措治平於第一乃克覘庶績之熙標名譽於無雙何以錫兆民之福爰詣彤廷經趨廣殿日晃金鋪雲移羽扇追隨虎觀之羣儒蹌濟鸞臺之碩彥不進訏謨奚酬寵眷紀綱整飭竊思仰贊夫高深經典淹通更欲上稽乎史傳其言

政事也提綱挈要竟委窮原法律要歸於寬大科條何取乎紛繁按時勢則互陳得失援古今則備切討論卓識閎崇允矣臣時之署名詞絡繹大哉經世之言葢其忠誠獨結乎主知孝友夙根乎天性惟體立而用彰故施行而措正判決如流空明若鏡三策闡天人之藴董仲舒有此深醇一篇陳法戒之端臣穉圭得茲剛勁庶乎侃侃以陳言得以優優而敷政帝乃玩味逾深欽承備至二千秩示以褒崇三十萬厚其賞賜居樞密之端任宮臺之事於殿上得諫諍之士諤諤難回措天下如磐石之安蒸蒸大治我

皇上政典修明事功優裕

居蒿宮則默運樞機
廣蔀屋則頻蠲租賦猶復
察訪邇言精求治具菲材太薄愧依
染殿而抒忱芻論非高願向
樞廷而起慕

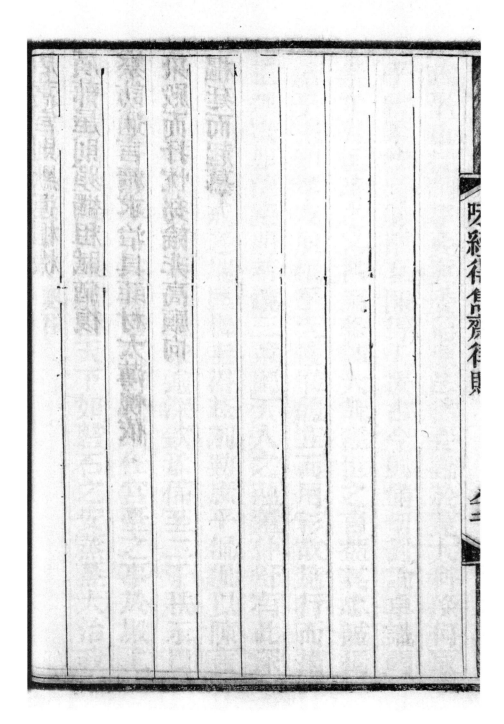

燃糠照誦賦　以篤志好學躬耕誦書爲韻

顧景怡汲古情殷嗜書念篤披吟殫五夜之心文史冀三冬之足慨無力於焚膏懼貽譏於食粟閒庭已暝燈分穅火之紅滿室生光字照芸編之綠方其誦讀忘劬揣摩盡利樂永日之方長悵夕陽之又墜將何以佐披覽之功慰勤求之志書帷夜靜透雪影而偏遲講幄宵深延月光而未至向憶空倉粃糠待掃廡下鴻舂廚邊雀噪曾勞掀簸於當場曾備烘煁於冷竈愧哺糟之已苦何妨向婦而謀笑食覈之徒肥未克從吾所好當夫漏歇丁東門無剝啄雲暗齋頭天低屋角執箕則風力徐揚束緼則煙光乍爆

恰分得一炊之火膏不須添記滌來十月之塲稼曾請學回回熊熊輝生座中始訝松薪之爇繼同竹火之烘雜豆藍而灰細比樺炬而光融不須析以爲輿大雅仗扶輪之力翻誚偷因鑿壁窮廬有入穴之躬燃同箋炷照擬燈檠星星燄細夜夜光明架上之圖書有彩庭前之杵臼無聲直須斜倚熏籠朗朗佐深宵之讀記否平鋪禾穗芒芒催隔隴之耕遂乃昂首高吟等身徧誦咀含妙味頬番羅列奇書幾種披蠹簡而逾勤置螢囊而不用哺糟亦樂文章之光燄方長脫粟能甘風雨之吟哦與共是知學奮居諸躬耕自如埽秕有志乞米無書比高鳳之持竿而誦同兒

寬之帶經而耡況乎名依芸館典輯石渠紀

先業於穅燈不忘

締造誦史宬於

秘觀彌切涵茹

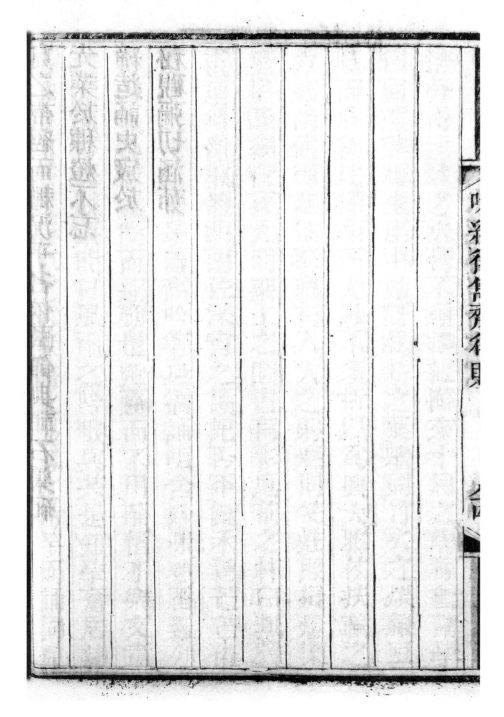

琴上薰風入禁松賦以題爲韻

一庭幽籟滿地凉陰古松謖謖仙禁沈沈發鏗鏘之妙弄寄縹緲之清音譜雅調於南薰風生綺席寄閒情於西掖入理瑶琴乃有温飛卿者暇日逍遥高懷幽曠露燦仙毫霞明綺障晝長而蓮漏纔停坐久而蘭襟互暢道是地依温室覆樹影於簷前原非樓住通明聽濤聲於閣上時則氷簾塵淨寶鼎香焚屏開六曲簟展雙文花眠紅而彈日樹藹綠而揖雲有人擕到孤桐此間習靜除是引從修竹何處延薰觸撥玲瓏聲流指中含商嚼徵換羽移宮絲拂鸞而瀟灑軫引鳳而精通振清響之洽洽剛調薇桂透凉

颸之習習不隔屏風爾乃蕙徑香披蘭軒爽挹御柳煙濃
宮花露裛地高而丹禁深巖樹老而蒼松偃立廻瞻冰凡
激清籟以徐生徑度雲梢挾寒濤而並入第覺耳欲俗砭
脾同詩沁平臨畫檻淰淰雲浮俯聽流泉涓涓波浸一彈
而響動喬柯再奏而陰披密蔭曲眞天上激清響於丹霄
聲在樹間嫋餘音於紫禁爰題雅什暫住行踪茶烹火活
篆裊煙濃契元音之感召聆妙響之春容果然樂奏鈞天
度三霄之鸞鳳恰應歌成虞帝譜一曲於雲松我
皇上德化涵濡
治功優裕

調元則奏叶英莖
播樂則音諧韶頀小臣職佐夔龍班隨鵷鷺解阜仰
無爲之治願隨太史而陳詩中和成率職之篇更繼益州
而作賦

[illegible]作賦

[illegible]父以治[illegible]大臣東諸中孝汝獻大[illegible]益心

[illegible]樂與言謂諸數小臣　雅[illegible]在[illegible]諸[illegible]　鳥[illegible]阜台

國[illegible]卷十[illegible]終

曉霜楓葉丹賦以題爲韻

萬徑霜寒一天秋曉翠減山阿紅堆樹杪江空而露冷蒼葭洲遠而花迷疎蓼攙來黃葉絢蝶影以翩翻醉到楓林數雁聲之多少爾其步出西堂頳霞散光叢瘦轉碧樹老皆蒼鴉外千點萬點螢邊三行兩行罨密蔭之千重潤含宿露畫疎林之半幅濃著新霜霜華點綴曉氣空濛寒侵楊柳雨歇梧桐殘霞艳艳以塗赤初日杲杲以升紅數到鴉羣知連日寒侵烏柏照分漁火記前宵冷對青楓羌乃幹挺森森枝搖攝攝瘦古於人圖濃似蝶霏絳雪以迷漫塗頳霞而稠疊道是春濃漢殿圍繡幄以千花伊誰冷詠

吳江坐扁舟之一葉但見蕭蕭古渡瑟瑟平灘有地皆白
無林不丹扶笻杖而賞豔着葛屨而侵寒居然富貴山林
莫嫌秋老始信文章絢爛煥作奇觀不嫌蠟屐凌晨撫喬
柯而靜賞更欲停車向晚對夕照以頻看遂乃刻翠題詞
裁紅選句丹黃點染徐熙之畫本如開靑翠深沈謝眺之
新詩可賦然何如
御苑春濃
仙園景駐風動萬年之枝日煖恒春之樹小臣
釀膏沾被合依
楓陛以銘

恩佳氣葱龍更景
丹霄而引步

杯水見眸子賦以題爲韻

奎清者水至小者杯惟纖塵之不著何元象之弗該則嘗悉心審諦顧影徘徊瞭矣常明秋水之全神畢注端然可見春風之生面將開昔淮南之著訓也論本說山形黎止水謂欲破夫光明須盡消夫塵滓能空空斯能色色象乃困之以昭昭不以昏昏機原如此縱說膠堪止濁仍多投闇之虞何須鏡本涵清始悟鑒形之理而不觀夫杯水乎勢匪汪洋渦難洄漩比窪勺之無多繞堂坳之易徧舟惟泛芥增涓滴而能容璧或懸弓映澄波而乍見渺乎小矣敢云形影之塊分薄而觀之未必鬚眉之畢現然而澄分

雪盌淨滌冰甌波瀾不起障翳全收既容光之必照乃對影以長留纔從掌上擎來瞥驚電落試向壺中傾出炯訝星流淨碧纔舒彷彿記高僧之渡垂青有意依稀迴狂客之眸了了無疑明明可指知清流迥異濁流乃神似而非形似透一規之精采滌點波間涵萬道之靈暉珠澄水底翻訝論餘目睫迴眸互澈夫青矑豈知照到鬚眉著面難藏夫眾子是知量不問乎洪纖物無分乎新故惟宿障之全祛斯眞形之如晤請於水監渾是凝注之神但假杯浮自著昭融之趣我

皇上樞運揚休

淵涵表度
重瞳含濬哲之神
四目廣明揚之路盤銘有儆默追
上聖之心蠡測難知漫擬小言之賦

擬唐雀護屈刀爲鏡賦以題爲韻

百鍊韜英一規瀉水利失吹毛柔能繞指逞異術於須臾現奇觀於尺咫屈曲而刀纔脫鞘利向風生團圞而鏡忽開奩圓惟月擬原夫刀之爲器也鋒原銳利質本堅剛佩腰間而偃月舞掌上而飛霜莫不錦函珍重玉匣韜藏靈可飛泉爭仰懸流於邊塞銳期淬砥致勞運鑿於中唐至夫鏡也者面圓拱璧背滿依臺光涵水靜輪碾氷開凝清光之晶晶顯皓質之瞪瞪依稀懸峭壁之銘字惟鐫蜀彷彿望高樓之月詩不題雀而乃幻境多方仙曹巧遇術同點石之工方異煉金之誤摩鏡面之光明撫刀頭於指顧

直揉爲曲一條之鮫練寒收方毀成圓三尺之螭盤雲護
其屈也勢乍歛夫鍨銛形幾同於剞劂熒熒而刃豈頻揮
灔灔而鍾無待劖瞥地迴環一番披拂誰言切玉水龍吟
而頓失鋒芒宛爾斷金山雞舞而漸看髣髴既化剛而爲
柔乃無伸而不屈霜棱尚肅月魄疑高閃寒芒而虎氣斜
隱拭古暈而龜鱗已韜蛾眉欲照而臨檻鯨室將離而脫
緜揮乍出乎秦宮飛來實鏡氣已銷於漢庫化去銀刀第
見盈盈瑤質濯濯冰姿映瓊兔而初上倒金鸞其乍窺苟
君子之取鑑胡美人之見貽珠儼同還寶匣之波濤不起
剸將逌躍炎爐之鼓鑄何爲豈不以神物銷磨濤暉朗映

技妙於轉移理難以究竟石欲飛而成燕既異其形飯可歎而爲蜂亦殊其性惟能引鏡而爲刀故可屈刀而成鏡也然而幻術雖工靈機誰悟物無失其本眞器勿改乎成虔眩化難窮頑仙奚慕三公貴而寶刀可贈長貽王氏之祥萬方平而玉鏡重懸更製庾生之賦

全椒古代典籍叢書

薛春黎集

2

（清）薛春黎 撰

政協全椒縣委員會 編
國家圖書館出版社

第二册目録

味經得雋齋律賦一卷（二）　（清）薛春黎 撰　清同治十一年（1872）刊《薛氏五種》本…………一
薛淮生文稿一卷　（清）薛春黎 撰　清光緒四年（1878）刻本…………………一〇五
後七家詩選七卷（一）　（清）許乃普等 著　（清）薛春黎 輯　清光緒二年（1876）刻本…………一七三

味經得雋齋律賦一卷（二）

（清）薛春黎 撰

清同治十一年（1872）刊《薛氏五種》本

同律度量衡賦以題爲韻

有嬀氏之受命也修六府正五工政苹秩物棣通亦既金科秉憲玉軫調風上覆別而克審下背私以從公猶復省方問俗明目達聰謂由備數而和聲實昉自六觚之算因是制器以立則胥起乎九寸之宫必貞於一乃協於中俾民不迷日用泯夫差忒與物无妄風行徧於顓蒙比班瑞於朝參與之正始譬合符之晝一靡不協同在昔軒紀垂裳伶倫製律聲辨忽微數該積實育生則損益相尋唱和則陰陽是匹應瑞而鳳巢阿閣奇采歸昌遴材而竹取昆侖脫無溝節以之運一元橐籥固統天地人而其函以之

立萬事本根實爲度量衡所自出故從其道則長短多寡輕重之莫欺而彰厥常自豪釐圭撮黍絫之不失然而誠僞殊其性情遐邇判其道路弊歷久而叢生制遞沿而滋誤或泥古器而參通規或蔑舊章而成文具其始疏於檢勘而譌僭在官司其繼意爲損增而侜張及婦孺截管則短長莫定中聲既失其傳校尺則強弱懸殊綍制已徵其度釜鍾收貸權門得市其私恩鈞石畱貽王府誰稽其掌故于是采風謠勤咨訪辨歧紛懲謬妄覈出納於貿遷防奇衺於營匠同其律而龠銅錧玉宣暢中和同其度而禾蔚蠶絲折衷至當同其量而形程鬴耳𧎾斛之制罔或渝

同其衡而式定毫梢錘鈎之姦不能廷措握要以十二箭爲本奚煩掊斗而折衡而積筭從九十黍以求兼可平權而較量是以執中極建從欲化成物不終遯時靡有爭以探賾而索隱由聽聰而視明六律均而克協声鐘願簫韶之紹美五度審而勿欺紅女樂纁縞之輸誠嘉量可成納總者孰偏多而偏少定衡不爽貢金者詎畸重而畸輕四序隱相表裏萬方罔弗均平所以順氣應而和樂興諧八音於金石亦民俗敦而天象協齊七政於璣衡方今

聖武遠揚遐方普蘉會同而車攻誌盛

威慑溢陬協律而凱唱臚歡和諧英護奏膚公則胥從罔

治欽
法度之兼容
絜心矩而體恤彌周仰
權衡之夙裕固足媲格遠而舞千巡方而乘輅行見
功成樂作昭蕩平正直之規咸欣
武偃文修獻紈縵光華之賦

鳶飛魚躍賦 以鳶飛戾天魚躍於淵爲韻

物徵咸若理悟自然緬眞機之洋溢仰大化之昭宣垂雲而鵬運將開風搏九萬跋浪而鯤溟遠徙水擊三千故象可借觀於飛躍而道乃妙契夫天魚鳶也夫以天澄萬里水浸四圍凝蒼蒼之正色涵曖曖之清暉亦可以廓泰宇養靈機此間具色色形形羽張鱗翕何處覓生生化化川泳雲飛則有振翮林間揚鬐波際鳶逐隊而飄飄魚樂羣而裔裔四野風高一池雨霽寫在天在淵之樂於意云何契察上察下之神厥心無戾其飛也竦身軒翥矯翼翩躚比刻木而遐舉殊翦紙以高搴一聲碧落四顧蒼烟謝鷽鳩

斥鷃之嘲起繞決地具翥鳳翔鸞之勢舉必沖天其躍也遊芳渚陟清渠萍池漲後花水澄初始躍鱗而蕩漾繼鼓鬐而安舒梭燦銀而擲罷尺橫玉而拋餘一溪之煙水蒼茫助氤氳於蛟蜃五夜之風雷鼓盪通變化於龍魚其機愈微其理愈博鳶何事而凌霄魚何爲而縱壑層雲峻而胡翔重淵深而胡樂隨元氣以涵濡遇眞形於沖漠解人可索當前之妙悟超超品物咸亨卽境之生機躍躍是以詩工吟咏理契葩符飛躍見性天之露天淵徵境地之殊然而形質各判氣化與俱庸愚之與知與能機原若此聖賢之徹上徹下意在斯乎故擴其理不啻登熙熙而遊皞

皞而順其常亦如臥徐徐而覺於於若夫

御園曡巘

靈沼通泉

暢觀之軒東峙

傳妙之室南連㥦

宸心之茂對欽

聖藻之高懸固已旁敷

雨露

丕冒垓埏位育悉本於

中和羣生在宥上下同流於天地

帝德涵淵

學然後知不足賦 以題爲韻

道本集虛功先苦卓譽愧鴻通飛同鳥數惟奮勉乎前修始仰希夫先覺名理有慊心之候知之乃可爲知修途無滿足之期學焉仍如未學夫人之爲學也孳孳終日矻矻窮年擬胸吞乎八九快腹拄兮五千非不珍羅墳典富比山淵然而識其大或遺其小攬其全僅得其偏望美富之宮牆方茲褊矣問文章之林府自視欿然無如器本易盈量非善受不升其堂徒豐其蔀心未通天地之蘊藏目未覽古今之淵藪猶且悟恃憑空博誇記醜一得自矜片長輒負侈然自足祇期飾智以驚愚瞢矣無知竊慮跋前而

毫後夫惟深於學者面牆有戒腹笥交資力破書城之奧精搜理窟之奇似亦可文經史緯左有右宜食千蹠而可飽窺全豹以無遺而何以求盈轉歎積悟生疑三十乘書載張華彌駪舊學八千紙文鈔崔約待擴新知然後知識闇未足以通經智淺未足以察物規模尙隘未足樹鄉國之儀型議論多偏未足備廟堂之黼黻氣以斂而逾謙思以沈而彌鬱功深積累宜一旦之豁然愧甚空疎讀十年而悔不所由汲綆轉深下帷倍篤精等鎔金美同琢玉辨魯魚於卜子始可窮經 戒遼豕於朱浮未能免俗羣山崱屴曾撮壤以何加大海淵涵納細流而未足我

皇上性稟生安
德臻純固
御經筵則義匯百家
培學校則書羅四庫
聖不自聖彌屢
念典之懷
新乃日新其仰
緝熙之素幸觀
化於得文敬濡毫而作賦

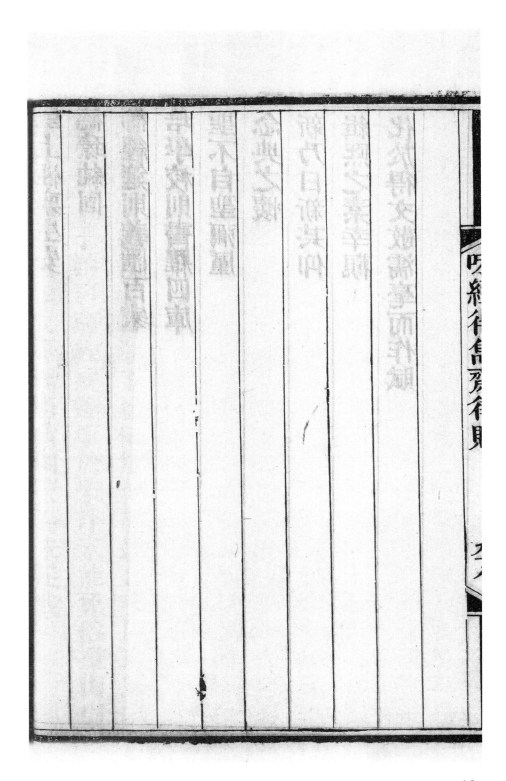

擬唐李程日五色賦 以德動天鑒祥開日華爲韻

瑞采天呈榮光宙塞景麗重霄輝騰萬國升黃道而凝禧出青方而絢色日爲君象彰珍瑞於皇圖五本陽爻發光華於土德當夫曙啟溟濛天開澒洞蜃樓霧消鮫宮雲斂浴咸池而混瀁淩神山之寵嵸金輪乍湧樹頭之瑞露猶溥寶鏡全開川上之文波欲動紅碧交宣金烏爛然槃高擎而益肇璧雙合而彌圓翀霄之丹鳳揚輝明生萬里出海之燭龍耀采光煥諸天其爲色也如徐土之交輝如灘流之滿泛如鍊山邊之石碧漢常塡如開筆上之花彩豪乍蘸烘仙霞而散采集錦成章佩寶月之舒華堅金作鑒

徒觀夫一丸漫影萬丈騰芒有光必發無美不彰露成文
而頓失虹泛采而旋藏連朝之春雨灑來晴光放霽一朵
之壽雲捧出天象垂祥豈不以五行播五事該五風協而
聲調律琯五星聚而位近魁台上瑞登豐五土之菁英畢
貢衆情說豫五方之靈貺頻開故得光耀天門輝增帝室
餤燭海而波明躔經天而霞失晴舒錦繡正名翬矯翼之
時書麗文章想仙藹纖絲之日令則德臻顯鑠象著休嘉
燦中天之麗彩紛萬道之奇葩度花磚而光耀入芝室而
輝加蓋奉三無而統歸臨照故合九有而普被光華

婪尾春賦以四月清和雨乍晴爲韻

檻曲搖紅欄深倚翠草草離情怨怨芳事花最後而舒英
人更番而覓醉點筆續羣芳之譜名殿春三舉杯酣合座
之賓祥占相四當夫淑景初長穠華競發集錦成堆凝香
作窟嬉遲日以逶迤感良時之飄忽光纔過眼張繡幄以
圍雲宴罷遨頭把金尊而醉月藥圃縱橫遲開逾榮禎裁
雲聚赤裏霞明翻文階而影顫坐仙宮而香清九十日之
韶光堂堂欲去廿四番之芳信續續頻驚夫以酒之有婪
尾也尊傾綠蟻盞酌紅螺舉一觥其引滿導三爵以飲和
曲唱秦靑拍尾聲而益振醉書李白賸尾幅以無多快轟

飲於當場環周未座逞豪情於賈勇疾捲圓波而花之名婪尾也旖旎留春翩翻絢午結藉香絲銜憑金縷遲幾度之花風經連番之穀雨暉眞繫駐任有腳以難行譜亦留名嬾從頭而悉數歲歲芳蘭祓罷餘烟景於重三年年紅藥吟成押風光於百五遂乃游覽名園流連曲榭愛異種之開齊恐芳期之過乍壓擔分香插瓶安架春冉冉以將歸日遲遲其欲下遇晚而文章華絢榮膺一品之封宵深而燈燭熒煌勝値千金之價士有迴翔芸館棲息蓬瀛貂垂珥麗鳳判文成視草而偏多清暇看花而預卜新晴春老豐臺十里之紅雲掩冉人歸晝省一天之仙露晶瑩好

攜藍尾之樽餞芳華於
閬苑且譜黃腰之狀昭瑞應於
鄴城

秋駕賦以用志不紛乃凝於神爲韻 有序

昔尹需學御夢授秋駕於師事並見於呂氏春秋及淮南子注第以秋駕爲善御之術而秋之爲義未詳或又以爲法駕不知法駕乃天子之駕鹵簿所載非凡爲御者之所學也按漢書禮樂志有云飛龍秋游上天注訓秋爲飛貌楊子雲羽獵賦啾啾蹌蹌李善注曰啾或爲秋觀啾啾與蹌蹌並列則御者之速可知蓋需惟學御三十一無所得一旦得悟此術駕乃如飛故人以爲異也謹本此義而賦之曰

技與神通名因藝重三載馳驅一番控縱傳薪感夢境徜

徉執策憶師門侍從乘高秋而試馬精參指授之方比飛駕於驂龍妙極神明之用方尹需之學御也慕切揚鞭情般攬轡春風盤馬之天落日從禽之地非不馳騁多方揣摩盡致紹千秋之絕藝竊思道問夫已經殫十駕之深功敢詡可成於有志得解遲遲經年鬱鬱目想郵程神依箠茀轡何自而和柔策何為而卹勿輪蹄之歲月將淹俎豆之神靈空乞感駒光之易逝逐禽枉事夫驅之悵馬性之難調馴獸幾同於服不輾轉宵分航求益勤蘧蘧入夢飄飄出羣精誠格而神來告授受親而師有云往有功乎看此夕奏能甚捷御之上也悔頻年結想徒紛第見驚飇號

空飛電激釆馬籋雲而不嘶旃捎星而有綵蒙公則秉轡
先驅造父則扶輪久待弭節翥鵷鴻之路轡自琴如揚鞭
掃狐兔之羣鋒原礪乃由是驂無木絓程可雲騰長途縺
獵遠響鞫較效駕者展軨以俟命駕者伏軾而憑縱轡如
飛九陌之塵埃不起歸鞍益迅四山之烟靄將凝既而神
遊婉婉夢醒徐徐秋原馳縱星駕安舒疑王良之執靶比
韓哀之附輿衡爲鸞而軾爲和聲相應矣馬如龍而車如
水業乃精於是以用心貴一學業宜純卽技能之足錄豈
傳授之無因況乎筠編篤志芸館棲身秋實春華並入羣
仙之隊駕輕就熟重扶大雅之輪希往哲以比轍喜彩筆

之通神

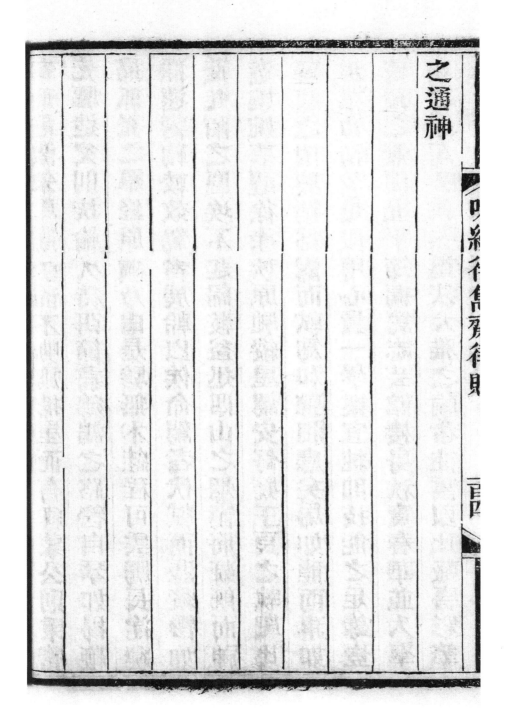

穫穀呼名賦以布穀聲中夏令新爲韻

麥黃秧碧之天水郭山村之路聚人影於芳畦聆禽言於碧樹提壺勸罷似憐征客之醒買鈽啼殘迭儆農家之務伊穫穀之初來乃呼名而自具挃挃而田功漸起萬隴雲深聲聲而鳥語如傳千塍綺布爾其類本鳴鳩名詳鴶鵴異百舌之玲瓏等八哥之敏速讀淮南之訓會紀鳲鳩徵吐蚤之奇亦名布谷似說前溪水漲勸脫袴以芒芒恰宜隔隴風清爲催耕而穀穀當夫梅風未歇槐日乍晴村喧叱犢樹老啼鶯雨足而桔槔影息風來而餅餌香清荷擔何忙十里之黃雲待刈磨鐮競出一彎之新月初生纔看

綠樹畦邊飛到鴽犁之影驀聽夕陽村裏喧傳裨笠之聲
乃有引吭嘹嘵調舌精工方音略近俚語能通傳遍乎舍
南舍北長鳴乎畦西畦東未了田功樹裏之催歸休唱纔
分曙色窗前之喚起差同催耞板以齊喧絜絜桑疇而外
督攝殳而並起提提麥隴之中人第知夫穫穀也者類與
鳩分質從鸇化或名以刮鍋而語任頻猜或名以結襪而
音嫌太借郭公郭婆之句幾度推詳看竈看火之詞連番
驚訝豈知刷羽田疇關心耕稼名本自呼音非外假不比
鶡鴠搏黍作蠻語以難詳略如鸊鵜傳茶呼好音而未罷
芃芃壓擔趣農務於麥秋幪幪連畦課田功於槐夏由是

荷銍偕來滿籌致慶歡溢三農樂輸萬姓穰穰而阡陌相
交濟濟而來年特盛又見桔槔村畔壓擔將歸試看磟碡
場邊連枷並競從此風風雨雨儆農事於晨昏好同扈扈
鳩鳩宣農家之號令我
皇上恩施草野
惠澤黎民
醲周函夏
化洽熙春仰鶉居之化洽慶鳩集之風渥蠲餘蔀屋之租
扈頻催趣稅到桑田之鴽雉亦柔馴好看瑞麥嘉禾十稔
之豐年上頌豈僅鴉耘鳥耨一時之農政咸新

戴仁抱義賦 以戴仁而行抱義而處爲韻

稽至論於宣尼著純修於大戴學必謹乎居由功無分乎外內探其元於資生資始仁本居先養其氣於至大至剛義能作配尊無與上戴高同首服之加守乃常貞抱一協衷旗之佩惟天生人全畀以仁其心渾渾其性肫肫包萬善而爲元氣涵羣動冠五常而作首德邁凡倫安土能敦得止叶兼山之吉靈苗待種含生藏一粒之春輔仁者義於理爲宜範圍不過經畫靡遺動與衡平妙合從心之矩運如環轉圓成應事之規堅持而扶質常完庶乎近矣襲取而捫心多歉不其餒而卓哉儒士道切遵行本仁祖義

以昌其緒左仁右義以定其程漸仁摩義以致其力稱仁說義以究其精而猶恐朋從多擾客感交攖舉而加諸岌岌比高冠之狀引而近矣依依深文褆之情其戴仁也藹吉流輝慈祥在抱標峻德而克明聳元神而永葆幾度觀摩一番振澡進而益上冒合宇而熙熙仰之彌高澄寸天而浩浩器重而力能勝任光更耀夫章縫爵尊而體極崇閎華不矜夫冕藻其抱義也推放咸宜操持不易則本期乎因心功宛資乎使臂左宜右有無勞遷徙之思方智圓神備極縈迴之志恍開襟而誼洽適莫胥融不下帶而道存推行盡利此抱樸所以還眞而治情必由陳義也宜乎

仁心宣播義行昭垂漸進熟精之候已端育正之基綜萬
類以帡幪高也明也宏一心之經緯魁而顏而冠冕堂皇
自具長人之象襟懷洞達彌廑利物之思我
皇上盛德聿新宏綱畢舉
荃宰凝庥蘿圖紀敘
體仁出治八方銘怙冒之
恩慕義歸懷四海順燠寒之序士益勵夫儒修俗盡敦夫
古處戴瞻
天近喜沐浴乎
聖涯抱懍冰淸忝翺翔於

仙籞

棊聲深院靜賦以松陰滿地不見一人爲韻

壇深雲護徑古苔封欄迴曲曲門掩重重晝永而別饒閒趣地偏而更少塵蹤是孰敲棋清響聞泠泠之竹有人入院涼陰伴落落之松爾其法苑閒臨幽探轉深催詩有鉢揮筆無琹茶煙當戶以徐裊香篆入簾而欲沈偶然送到風鈴音流塔頂除是敲殘雲板響度花陰何處錚錚其來緩緩簷鐵無喧門鐶誰欵豈氷盞之敲餘豈玉簪之墜斷此何聲也報晝漏而應稀若有人兮聽風泉而倏滿則有韻士閒情雅人深致逞心計而爭長藉手談而適志布局空靈安枰幽邃一聲落子剛鐘樓風定之天半晌傳音想

石逕雲棲之地髹几高憑氷匳靜拂搖屈戌以依稀對東丁而髣髴敲細響之丁丁袪俗情之鬱鬱想閒談於橘叟此樂何如記坐對於桐君爾思豈不第見槐蔭侵階松風滿院石臼停舂金丹罷鍊苔送綠而陰鋪花搖紅而影顫定有爛柯之迹空谷能傳如聞彈指之聲深山不見遂乃瞻眺琳宮徘徊瓊室地敞逾幽林遙轉密深復深兮隔塵寰靜復靜兮娛永日鐘沉磬定尋聲而徑忽開三雲布星羅斂局而着誰輸一緊道家之勝地留表聖之吟身寫淸幽而特妙經體驗而尤眞古松謖謖流水粼粼試從仙觀

深奇重賡逸句常傍

帝臺布局幸遇眞人

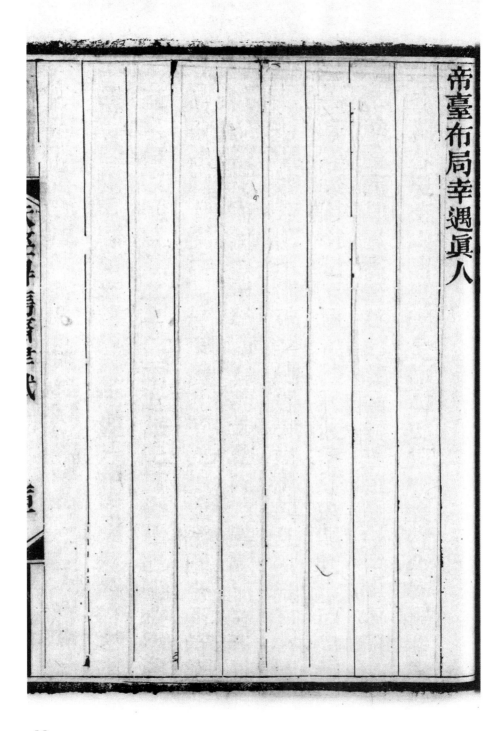

紅藥綻香苞賦以題爲韻

藥欄春煖藥圃晴烘纏金作瓣集錦成叢苞含英而綻露香助豔而翻風纔看葉剪琉璃幾莖綴綠蘤見梢垂繭栗一瓣舒紅猶憶泥沍籬根苔封叢薄芽茁偏肥莖抽尚弱蝦鬚簾外芳信珊珊鴉觜鋤邊輕陰漠漠且留後約將計日以看花尚記前年爲待春而栽藥爾乃豔麗呈姿鮮妍動盼紅放千枝香開幾瓣盤吐玉而賴塗帶圍金而黃綰風來有致疑荳蔻之初含雨過添肥訝梅林之倏綻烟濃畫檻日麗雕廊當階自靜繞砌逾芳昨夜寒輕綽約之霞綃尚歛連朝風暖豐茸之金縷微颺酴醾之花事將闌千

叢競豔錦繡之春光能殿滿院飄香則有居依畫省地近
芳郊罷草而新詞甫就看花而舊約難拋第覺蜂喧蝶繞
燕舞鶯捎花如盂仰枝盡珊交九天之香霧吹來都開笑
口一朵之紅雲捧出偏解芳苞遂乃刻翠題詞研朱選句
傾斐尾以留連宴遨頭而欣慕花國天長仙宮春駐入
樞廷而儤直重賡謝眺之詩近
楓陛而承
恩願上豐臺之賦

擬揚子雲羽獵賦以題爲韻 并序

昔魯莊公築泉臺君子譏其非禮誠恐侈意遊觀崇飾華麗甚非所以規諭憲示後嗣也孝成帝時上以五校兵出獵車徒淫奇器械儲偫凡夫期門佽飛之士爭僄佼逞趫捷者動以千計時雄爲侍從之臣恐違古人盤於遊畋之戒乃作羽獵賦以爲風其辭曰

於時窮陰沍朔風起萬物告成天地將否帝乃開五柞長楊思從禽以供祭祀固將以蒐軍實耀武士宮觀所歷百有餘里固非縱馳騁騖侈靡極視聽之娛耽遊觀之美也下詔虞人恪恭以俟列卒周帀部曲環侍草薪薙而地寬

紛星錯與雲峙車騎繁庶莫與比擬遂統酆鄗大開圍場牢籠廣野聯絡崇岡循以椒塗桂殿承以蕙路蘭唐背阿房周建章環太液陡未央雲甍甍以紛布日荒荒以納光驚狐兔以騤瞿振鴛鵝而高翔斯時猶未及縱獵也而營合圍會沓來而紛至者已預期乎我武之孔揚則有孟賁軼倫許少施技朱竿矗雲飛旗散綺列刀攢鏃追蹤接趾其餘罻羅絡幕罼罘迤邐輕捷淩岩縱橫厲軹其散也若風馳其聚也如雲委前要後遮無遠無邇被隴連山乘機闘詭莫不淫淫焉與與焉連袵掎裳相與待命於天子天子乃筮吉日占祥氛飭法駕飾朱幩乘飛龍之衙衙走輕

雷之磤磤鳶前截而不鳴鳥高驤而絕羣華鐘鏗發複道
香焚出明光經河汾珠旒翕赩彩帳繽紛蒙公執鞭以導
引壯士擁衞而勖勤鱗萃翼附碁布星分曠野蕭條一望
無垠火烈具舉光薄層雲爾其趫趯乘機赳桓奮武猛搤
飛螭闞搏虓虎振毛旋風灑血戚雨猨狖悲嘷而挂枝梟
鵠摧鋒而落渚蒼鷹脫韝而伸威功狗發蹤而畜怒響激
神機拘迥勁弩囊括雄雌不可殫數旣而集衆移圍聯行
綴伍實實虛虛三三五五鳥駭觸矰獸驚納罟隊已曲而
加重網雖寬而必補追野盡而山空乃邱累而陵聚會衆
收禽枕皮藉羽西園之遊未終靖冥之館斯接瞰太液之

縱溶睇滇池而遠涉相與泛蘭槳嬉桂楫碎層氷之砰磕沿平波之妥貼乃使文身之徒懷利刃鶩輕艓珍收獱獺之髓健截虬螭之鬣剖胎珠之光明椎文王之熒曄餉屈子之忠魂遠宓妃之笑靨蓋以崇德尚賢固將本道德爲漁獵也天子於是乎茫然有思睪然遠慕曰此第可爲一時之娛未足爲垂範百王之治具也方欲縱轡於詩書之林弭節於仁義之路馳心於咸五登三廣鶩夫上暢下泝肉有俎而弗登禽易荒而滋懼惟是惠澤頒德音布賑窮乏之被饒裕雖苑囿之時勤彌廑思乎農務於斯時也囿有靈芝之甕盈甘露曲獻梁騶庭歌朱鷺凡一切苑囿之麗未

暇瞻顧也敬獻頌曰祛浮靡葆太素升王猷緜皇祚惟不
號志於盤遊乃永裕中邦之財賦

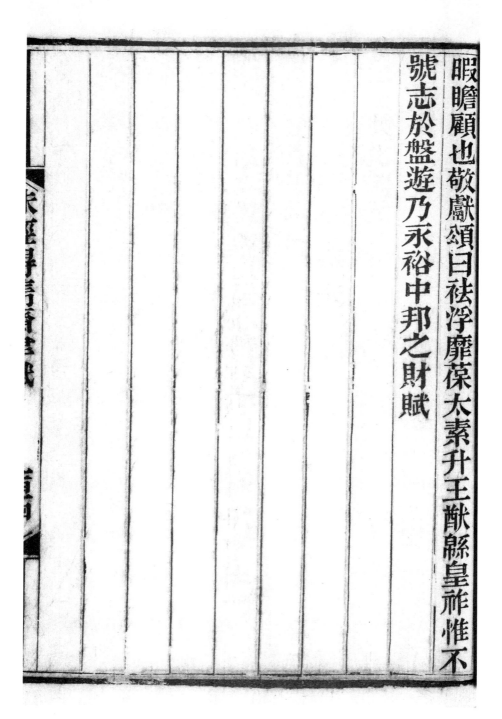

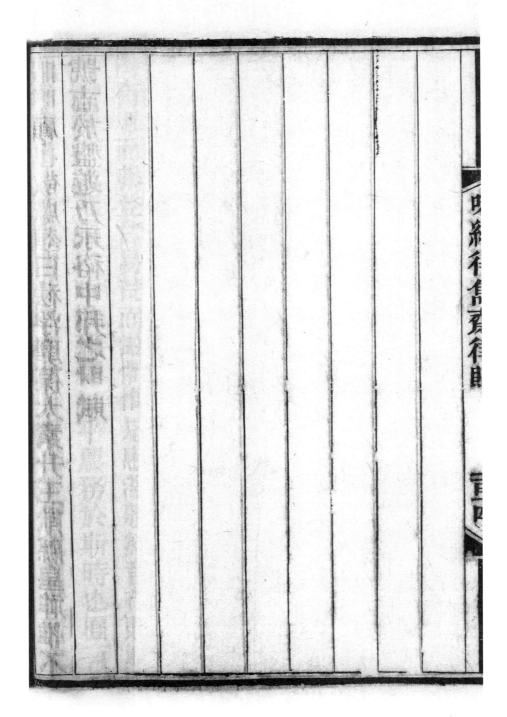

居敬存誠賦以聖人之學居敬存誠為韻

欽惟我

皇上贊化調元

立中生正緝熙彌懋夫

宸修沕穆克通乎

天命猶復本勿勿以居心藉存存以成性敬惟主一

心傳默紹乎

前人誠乃生明

家法聿承乎

先聖則有

高齋崇邃傑構嶙峋亙楹森其嶽立層樓聳以虹申標嘉
名於養性
坐小室以怡神圖史清閒
幾暇有讀書之地鳶魚活潑
靜中思悟道之人
齋心伊邇
榜額高垂
璇題翥鳳
寶翰盤螭仰
純皇之標識懍

祖訓之留貽立大中至正之規蔑以加矣括千聖百王之
道一以貫之豈不以敬爲德與功勤祓濯飭雅度以矜莊
藏眞神於沖邈其禮彌恭其容愈慤垂旒搢珽默乎
天
祖之心拜範陳書欽仰
皇王之學立誠爲本眞實無虛堅確則能開金石感通則
可格豚魚象占盈缶飾戒虛車圭帛修虔通神靈於饗胙
衣冠示樸表風化於鶉居惟居也乃覘泰宇之安惟存也
乃見天懷之淨思敬以作所也則業業以自持思誠以接
物也則肫肫以致儆防意如城用心若鏡一理闡天人之

蘊敬本於誠四言該性道之全誠無不敬於是停

鳳輦駐

鸞軒

繹奧旨

體名言

主敬而德隅彌飭

守誠而道統常尊片言擷濂洛之精

心源可溯一室

廑羹牆之慕

手澤猶存頌曰箴哉箴

崇構徹飛甍兮

天章漢倬炳太清兮我

皇繩

武德昭明兮堂構聿承道恢宏兮欽始欽終百度貞兮爲

通爲復性體瑩兮惟

一人之敬德乃其推天下之

至誠

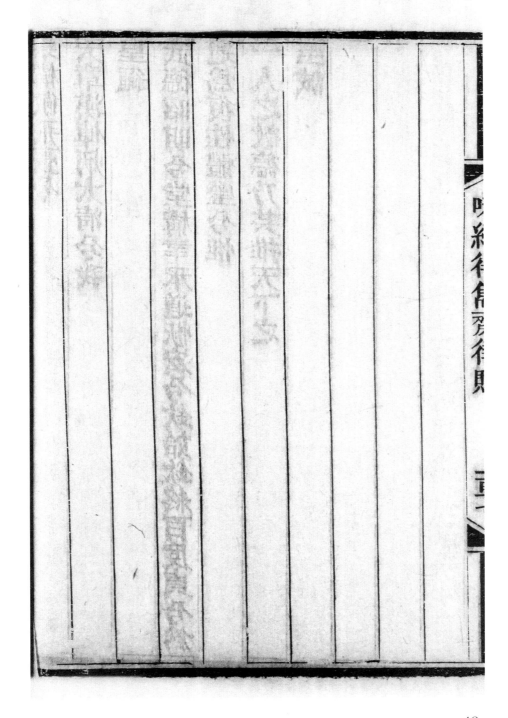

萬方安和賦以冬燠夏爽四序皆宜爲韻

繚曲平欄楯重重將衡復縱拓八方而在抱列卍字而羅胸

世宗特標夫榜額

純皇屢駐夫吟蹤

天章炳煥玉應金春蓋將以播

德化慶時雍措一世於準平繩直調二氣於假夏終冬洪

惟我

皇昭哉嗣服仰

先構而欽承繹

鴻題而往復其地則依水開楹背山架屋列岫攢青層波盪綠境已轉而仍迴廊將周而更複橋曲虹縈欄高月矗當中則十字勻排由外則四隅隱伏鬬角鈎心怡神爽目坎離分而交錯乎朔南子午正而互更夫寒燠故就其形而言之則列壁平遮飛梁橫跨累石凌空招雲補罅波三折而相連屏九疊而恰亞境似隔而仍通道將旋而忽迓如畫卦者之分配乎陰陽如布陣者之莫窮其變化如江成巳字之遞見縱橫如田作井文之不關假借水臬槷而逾平土圭測而轉訝拱四輔於紫垣用撫臨平方夏若就其義而言之則方位無偏方隅共仰函

世界於大千配太極之生兩將奠萬姓之居必使閭閻相生而相養也將平萬物之憾必使法令無縱而無枉也登萬庶於平康致萬邦於熙攘祜篤萬年量包萬象汪汪乎若萬壑之自赴歸墟翼翼乎若萬山之共延朝爽也由是而見爲安也奠若覆盂安如寘器全消反側之形用紀太平之瑞軒楹屹立以交撐璫碣排空而不墜其崢嶸而高閎也象羣嶽之鎮乎方維其羅絡而貫串也比衆星之依乎躔次措一世於安安乃覺五帝可六而三王可四且由是而見爲和焉雲蔭窗櫺波蒸柱礎冬不祁寒夏無溽暑風雨時而百物咸登陰陽順而五行攸敘藹藹浮浮容容

輿與統函夏而登熙被陽春而幾許蒸善氣於鄉隅敦淸
風於古處調玉燭以常明復何愆於四序至若景物研麗
風日淸佳挹春芳而秀可擷泛秋水而淨如揩招涼颸而
水亭徙倚延冬曦而溫室安排莫不依池置檻緣壁橫階
窗納雲而互對門挂月而非關宵足
抒乂安之宏願
寫和樂之天懷統八荒而徧覆庶悅豫之孔皆
天子於是停
鸞杏館弭
葢蘭墀景

璇題而繹義仰
奎藻而凝思懋
安止之學則幾康自飭大和會之休則
兢業自持欽承
祖訓永固
皇基垂心八表坐以治之小臣敬獻頌曰
聖人在上胡瑱不頤聿瞻
先構妙若神施佛宇壽宇總括無遺治得磐固
澤比春熙於萬斯年
受福孔宜

擬成公子安嘯賦以題爲韻

曠世之才軼羣之士抗心希古慨焉與企於是陟高嶺之嵯峨傍層臺而徙倚四顧茫然天清若水攄峻想於三霄馳遙情於千里高吟長嘯烏能自已落清籟於半空豈常音之可擬於時霽宇澄廓霜氣肅清暮雲疾捲夕月俄生沙雁落而復起皐禽靜而不鳴天空野曠悄無人聲爰乃矯首遐觀振策孤征鬱幽思之蟠曲結浩氣之縱橫僉蓄焉其必發因蹙口而成聲是故音不假器而得藝不待學而工近取諸身可徵可宮氣以噏而斯聚情以感而斯通言已忘而未默響因結而彌洪鼓聲籟於脣吻流煩濾於

淵袁散繁音之憀亮振木末之驚風竦長軀以迴立疑通呼吸於天公始奮激以高張繼悠揚而嗣起中震厲而慨慷終紆迴而邐迤調急逾豪音淸匪靡唳孤鶴於寒皐吟翔鸞於雲裏隱隱隆隆駭心震耳山鳴谷應無遠無近蕩餘響於長空有所思兮之子若夫衆音互答羣響畢彈涼吹四起艮夜將闌雜笳聲於邊戍間碪韻於江干送天風之浩浩馳浮雲之漫漫胡馬嘶而塞遠征雁唳而霄寒山空隕籜泉急流灘增長言之永歎冗旅夢而未安至若蓬戶棲遲桂阿吟眺風篁自淒蘿月孤照悵酒戶之來遲思琹工而往召發異響之噌吰寫幽思之杳窱迅激千聲寒

生萬竅將爲海客之游永謝山靈之誚振雙袖以輕颺挂片帆而遠掉幸招手於洪厓凌滄波而長嘯足使林巒獻媚烟霞成趣攜箏笛以與偕藐簪纓而弗顧䍐然如望憬然如悟浩乎如思嘅乎如慕虎何爲而出山狷何爲而抱樹惟樂志以逍遙憫世人之馳鶩繼絕調於蘇門更登高而作賦

擬漢鄒陽几賦以題爲韻

試啟華堂載升金卮左列尊彝右陳圖史張廣席而重重坐文茵而累累有几端然近於尺咫弟子操以相從聖王設而不倚固禮器之所關豈玩物之可擬爾其朵奇木裁修幹既直既平是斲是斷其長五尺得筵之半髹以漆而質逾堅嵌以玉而光彌奐設或依屏撫還同案銘敬繹夫冊書昭大文於雲漢即登依之必謹識緝御之有由席以奉而互列爵既舉而紛酬抱隨衽攝拂爲塵留共琴書而憩息偕杖履以優游怒投則師將班晉隱臥則人欲歸鄒若夫高依畫扆洞開明堂朝萬方之玉帛萃百爾之冠裳

帷幄烏奕鐘鼓鏗鏘偕莞筵而備設共纙席而鋪張舒彤雲其赫赩登美玉其熒煌此固至尊之所憑也孰不謹春官之職掌而懔然於天子之當陽至如錫寵命於耆臣嚴課功於君子共壽杖而摩挲傍書帷而邐迤可以安體便禆觀文析理旣拂袂而瑩然漫操觚於率爾洵體正而用周亮無踰乎斯几爰系銘曰軒轅遺製中法度兮名物有五用則具兮以德為憑思無斁兮與禮為依體彌固兮請卽几而鐫銘永不忘兮此賦

擬漢鄧陽几賦以題爲韻

敞高堂而設宴兮延嘉賓而戾止廣席張而臨軒兮文茵鋪而夾戺於時肴核紛羅尊罍列峙有几端然隨人徙倚於是主人撫之而興言曰此物文采中含棱隅四起可安志而息神常追隨於杖屨請作頌於衆賓羌有待於議擬賓乃作而言曰吾問物之可爲憑依者不徒供夫撫玩也器之可爲箴儆者不求飾於藻翰也昔者軒轅伐材成謨可按倚父垂銘丹青丕煥賜几則則寵賚者英授几則禮隆燕衎古人所言備哉粲爛試爲主人賦之慎勿以斯言爲河漢也是故言其體則質原堅緻工精雕鏤嵌以玉而

光瑩髹以漆而澤浮其安也如山而横偃其平也如水而不流其隅之隋厲也儼乎威儀之是飭其材之方正也卓乎矩矱之咸周偕琴書而整頓共硯席而優游攝焉而典尊抱袛隱焉而人匪居鄒言其用則取攜便適位置安詳物以度而能容兮塵以拭而愈光陳彝鼎之陸離兮燦燈燭之熒煌去書席而齊尺兮擁萬軸之琳瑯侍講帷於函丈兮展千卷之縹緗布左右而成列兮何間乎向背與陰陽彼營室於匠人兮度以筵而審視矧嘉宴之既陳兮列主賓而盡美啟虛牖而臨風兮坐高臺而聯水榻並設而不懸兮牀横安而不徙或揹頤而倘徉兮或盱衡而延佇

或假寐而小憩兮或據吟而未已信體正而用便亮無踰
乎斯几於是主人曰善文義備具叟請爲銘用續此賦銘
曰幽崖百尺森高樹奇材屢迴匠石顧伐以爲几中法度
君子用之永無斁憑依有德同貞固銘旣畢主人爰就几
以鐫之儆此心於旦暮

以綿之微此心於古善

諸子所以未無纖嫌依有德而貢固然既畢生入變流兒

曰融選百只絲締樹詳祓屬迴匯古匯作以像几中共瓊

子期孔樂遙生入日譜文義信具要潔森錦用讀此冊路

璽蒙佩而小膽舍府持佛兩而本石信欄玉西用俱寡樂鑑

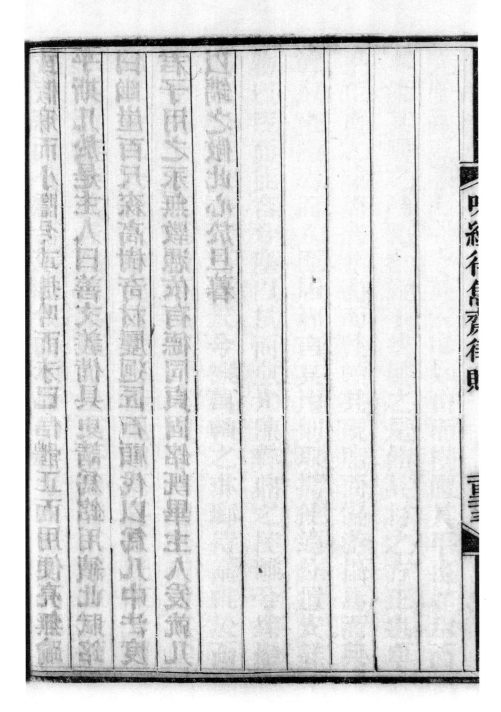

平湖秋月賦以月點波心一顆珠爲韻

天晴雨歇試睇

福海之坤隅兮印澄輝而朗揭沖瀜而花嶼潮平迤邐而

蘭皐露滑一抹之鏡光淨啟

樓恰臨湖三霄之珠彩深涵橋連規月於廓

平湖晴舒翠瀲浦遠藏舟岩低架广波泛雪而如指水含

風而不颭遙通泉脈靜石浪之淙淙倒映山光蘸雲峯之

點點時則層霄煙霽曠宇秋多天澄似水雲淡如羅仰晶

盤之徐上疑寶鑑之新磨在鳴琴夾鏡之間豁開銀界從

浪靜風恬之後晃出金波曖曖湖陰圓規乍臨盪冰輪而

欲碎浸瓊璧而疑沈澄景堂開清輝遠接

尋雲榭敞涼氣微侵看來一片空明潭清潦淨悟到十分

朗澈水面天心湖得月而澄鮮月照湖而昭晣光湛湛其

若浮波溶溶而明溢萬頃漣漪四圍明瑟樓臺縹緲似涵

仙島之三煙水蒼涼欲混長天之一

天子於是駐

龍旆揚

鳳舸泝沿洄隨瀋沱清氣往來平波貼妥

藏密之樓前滉瀁紋展風漪

靜香之館外澄鮮光凝露顆固宜延清

靈囿擅美

上都邀

皇情之悅豫寫

藻思而恬愉地近淸虛之府人疑明聖之湖仰

朗照之高懸暉徵巨鑑欽

淵懷之俯映

智握靈珠

遜志時敏賦以惟學遜志務時敏爲韻

昔傅說之進言於王也謂夫滿假者意多侈作輟者功易虧志旣盈而厥修曷懋時已失而雖悔何追學於古訓繹以精思克自抑畏裕乃猷爲遜其業而心常謹惕敏於事而功急圖惟古我先王識推先覺萬邦待其撫綏九有奉其正朔明德惟新大猷彌倬然而俊乂則志切旁求昧爽則時勤洗濯蓋惟智勇不矜天錫之神然後聖敬益懋日躋之學令王率乃攸行修其可願朝期訓誨之陳夕望謨猷之獻要惟迪前光監成憲道與志孚事因時建懷若谷以恆虛行法天而同健庶往烈之比隆紹前徽而奚遜王

其念之哉遜順所以宅心明敏所以興事海處下而能納百川山增崇而懼虧一簣無自廣以狹人當思艱而圖易小善勿矜前功弗棄虛則能容勤斯不匱謙卑著而彌宏翕受之懷豫怠戒而益奮研求之志允若茲問學兼資守爲悉裕其采納也增涓壤而弗辭其迅厲也挾風雷以畢赴其心之沖抑也仍以淬其發奮之神其功之黽皇也仍自飭其溫恭之度志以惕而常惺時以閱而成故惟勉勉於修來乃孜孜於本務非然者氣鄰於驕亢功懈於紛馳逝前聞而罔繹背成訓而弗師芻蕘不採葑菲多遺梓材未斲丹雘曷施將何以率舊典憲成規求言而訓於志慮

善而動惟時繼自今矜伐不形怠荒悉泯舊學不忘夫甘
盤保衡尙美夫伊尹用以德懋厥修懷茲惟允奉前哲之
典型示學人之標準惟說式克欽承力宏汲引將休命之
對揚臣敢謝爲不敏

爲政猶沐賦以雖有棄髮必爲之愛爲韻

開採韓非之論旁徵古諺之詞卽潔身之小節得治世之良規化洽漸摩信經猷之裕乃功勤灑濯戒湛樂之汝雖故布諸政而綱維悉具亦例諸沐而膏澤常施夫以小紀大綱左宜右有虎闈之頒敎聿新象魏之懸書已久求言必期其沃心措治或易於反手當於水監專思激濁而揚淸載頌盤銘要貴磨光而刮垢而獨不見夫沐乎蘭艾初熏稷粱具備禮詳請靧之文詩著爲容之義一甌泛潔不染塵氛盈缶騰香潛消垢膩若茲種種頻煩濯手之摩卽膹星星漫作弁髦之棄功殫湔除理參治忽顧諟湯盤與

言魏闕試觀條教之章明奚啻容光之發越櫛風忘痒緬媧后之勞心繼日宣勤景元公之握髮敷五可通於盥五志抱澄清宣三何異於薰三功深洗伐其補救也猶進以機羞其鬛剔也猶加以梳櫛其奮迅也猶興起於崇朝其緝熙也猶圖新於又日不散髮以爲高並澡身之可必翻詒圖謀易反晉文之私憾仍存定知覺祓分榮管仲之奇勳可立是以濃膏滿注惠澤頻滋垢纖微而必去憾毫髮以無遺具盪滌之功煩苛悉解著廓清之效洗濯都宜試看立紀陳綱眞彈冠之可慶爲問抗塵走俗頭拾瀋以何爲乃知用不離乎巾櫛道卽宗乎卮匜惟政也布維新之

紀惟沐也有昭潔之恩氣播馨香想艾蒳騰薰之候神開爽快比醍醐灌頂之時當陽而渥澤初晞維其似矣蓍雨而喬柯競秀如或見之我

皇上澤沛汪洋

恩流沆瀣著條科而悉秉

宸裁布憲典而獨高往代萬彙沾濡八方灌溉仰恢宏於

帝治革以面兼革以心幸沐浴乎

聖涯全所受更全所愛

刻鵠類鶩賦 以刻鵠不成猶類鶩爲韻

昔馬伏波之誡兄子也志戒輕浮行歸謹飭懼朽木之難雕恐美材之未植謂風骨務極乎高騫謂毛羽毋矜乎外飾廣野鶩家雞之論愛本難分具翔鸞峙鵠之姿模還足式此遺書倍致其周詳而取譬不嫌於深刻也則有如伯高者尺步繩趨渾金璞玉鳳德自高鳩儀彌篤驕讓鶴以乘軒廉比雞而擇粟丰神獨遠久知品重夫鵷鸞則儆宜嚴慎勿心馳於鴻鵠而不見夫刻鵠者乎當夫志在雕刓功深剞劂象假羽翰工施芒芴使其技足通神智能肖物摹銀翮而依稀飾金衣而髣髴維其似矣橫遼海以能無

不日白乎集汙池而儀不是固將徘徊天路指顧雲程浴日振采変風作聲羽肅肅以欲動步蹌蹌而如行隊恥雁鶩之入食羞鷄鶩之爭居然碧海晴雲慶修翮之橫絕底事落霞秋水誇好句之吟成然卽工疎刻畫技拙雕鎪摹神未肖作勢不遒將嬌嬌焉比雲中之鶴乃泛泛然同水上之鷗擬鵠舉而無從成模小異縱鶩更而亦好真面仍留決乎上僅得乎中天下事大都爾爾遺其真而得其似局中人意蓋猶猶勢待鴻鶱形同鳧戲綠蘋千頭翠舒兩翅道是空籠乍揭辨起齊晃錯疑餘食同分雁鶩陳翠比奏能於大射難言不出於正擬修贊於庶人尙得各從其

類卽誥誡之常留知楷模之有屬鶴可立於雞羣鳳何慚
於鸞族懲畫虎之無成笑續貂之已甚況乎鷺序隨班鶯
新出谷宜勉蹈夫前型尙愼持其初服侍彤庭而鵠立雕
敢詡夫蟲蟲依
丹陛而鳧趨意常存夫鶩鶩

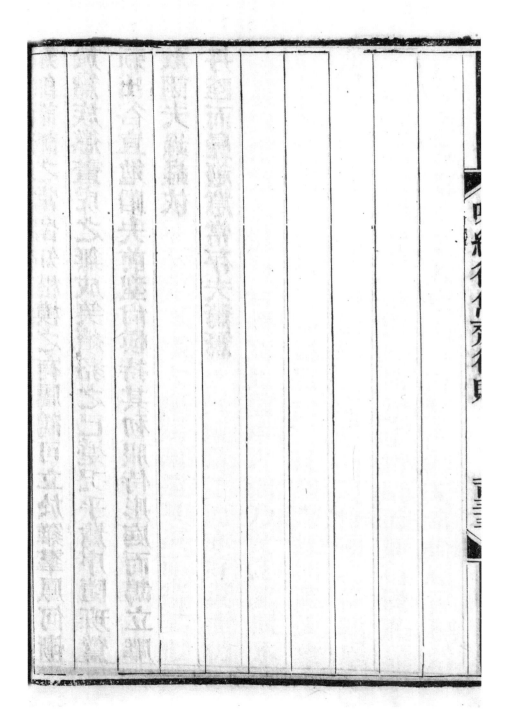

獺祭賦 以文有以多爲貴者爲韻

李義山早流駿譽雅擅鴻文入學海而網羅悉備啟詞源而漁獵彌殷鋪來一幅魚箋擬驪探之有得搜到千秋蠹簡比獺祭而無分夫以獺之爲物也迹寄河濱聲喧渡口較魚虎而差同比魚鷹而非偶每當霜冷懸罾星低映罶塗已滌而仍寒冰漸融而可負亦復入水紛拏歐淵奔走默申報本之誠隱答受恩之厚千頭密布儼且旨而且多四面紛陳乃維時而維有若夫人之爲文也字織龍梭詞聯魚紙明如龜總之年利比犀分之水而欲文善鋪張義工排比則探穴括酉山之秘非貫串而胡能拜經記庚日

之陳肅儀文而有以顧乃思抽軋軋善益多多百家環列諸子紛羅其遺材也如大取而小棄其聚典也如助浪而推波其窮原而竟委也如覓鯉而爭來野岸其徵文而考義也如尋鯿而競趁江河匯成驅鱷之文倘煩祝告不比戲鯉之表空費吟哦徒觀其西崑演派南國摛詞令狐楚則才名早識溫飛卿則文譽同馳見壽星而作表藉錦瑟而成詩莫不駢紅儷白左有右宜鋪陳最富刻畫能爲排列成行想流水迎神之地貫穿歸類擬寒沙候月之時蓋惟學擅淹通詞成典貴吮獺毫則考證彌精燃獺髓則鑽研莫既字皆魚貫獨工驅策之方義等鱗批饒有新鮮之

氣翻笑買驢書劵徵引徒多定喚嚼蠟成文語言無味士有寒謝島郊香薰班馬慚白戰之徒鏖繙青編而勤寫漫道雕龍吐鳳文不在茲爲詢帝虎魯魚客何爲者爇一瓣之名香希八乂于大雅一紙排青鱗之字問世何慚千金市白獺之膏則吾姑舍

萐脯賦以薄如萐形搖鼓生風爲韻

寶籙初開衢尊徧酌瑞應蓂階祥徵芝閣伊靈草之叢生傍天廚而根託以爲萐也味乃芬芬以爲脯也葉維莫莫潤霏甘露佐佳品於筵前淸動微風送新涼於林薄爾其產自階除非果非蔬精原自具美或堪茹騰異香之馥郁振淸籟以吹噓翻疑福占淸涼形同扇障不羨富羅珍錯肉侈林如當夫炎逼三庚涼消一霎廚工烹割之方人習調和之法冰滌盌而塵淸香薰籠而氣洽莫不屑桂擂薑煙歕霧欲開筵滌暑尙煩試到鸞刀款戶無風安得移來雉萐瑞物通靈流甘播馨味含馥馥響振泠泠豈酒樹之

生從異地豈肉芝之產自中庭豈青翠如迎涼之草豈連蜷如抱木之苓孼自何年分一鸞莖芬之味搖還竟日仿五明璀燦之形故其名之以脯也鹽無用和鼎不煩調肥勝登盤之筍碩逾盈匊之椒氣淑而雲腴乍截膏凝而露液初消束卽爲脩正貳室饗賓之日斷原非膾想鈞天觴帝之宵不待肌分而理析漫勞舌鼓而脣搖而其形之如翣也製異裁筠形同植羽搖搖而或詡旌懸側側而宛隨干舞刀砧響靜透涼意之重重鼎鼐香清散煙痕之縷縷彷彿黼扆高敞移宮扇而雲開依稀槖籥中含煽洪爐而風鼓是以奇珍具美膳呈羅甘旨列菁英一天暑退四壁

風清定和鸞脯鳳胎上界之仙厨遜美錯認疎屏畫翣盈
庭之彩仗增明宜乎祛腥羶以盡滌俾芳烈以常生也我
聖朝化徵桐茂物慶棣通植華平於中圃挺屈軼於芳叢
小臣簪毫侍直珥筆從公邀
賜宴於
瀛臺渥承
湛露效賡歌於
殿陛願誦清風

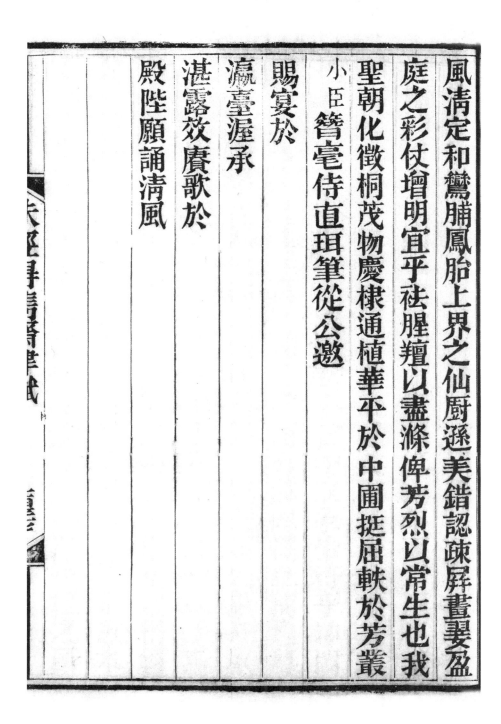

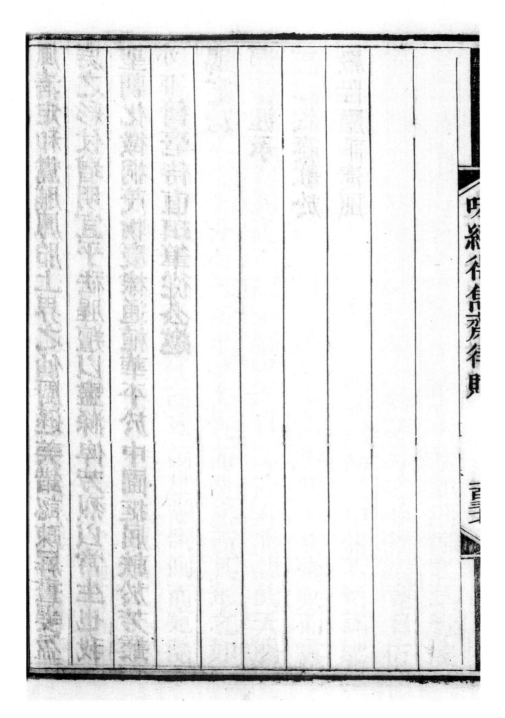

閏門左扉賦 以閏門左扉立於其中爲韻

粵稽閏月之視朔也積餘氣而奇零算比年而周匝覩星則視史先占釋字則門王暗合於是典肅黃扉綸頒丹闥拱而尙左正方仍協乎離明立必當中取象恰符乎坤闔夫以八窗洞達重屋高騫開明堂而有赫臨黼座而逾尊其門則高連帝闕峻仰天閽朝萬國之冠裳諸侯攝衽啟九天之閶闔天子臨軒凡視朔而聽政者固將洞啟乎斯門至於歲乃歸餘數堪默揣益節之藕乍滋添莢之桐斜蟬際告朔之初頒擬懸書而未可計三歲杪分之積數本逢奇比平時詄蕩之開義偏虛左豈不以門乃中樞之所

筦閏非正氣之所歸苟依常經以爲例必至政典之多違
惟是通章蔀之理順闔闢之機本有偶而有奇雙排紫闥
乃一開而一合半敞朱扉其闔必左扉也行異天旋靜如
坤翕堂有个而位乃不居階依𥓓而級還可拾拂帳者或
許旁行由闑者未容經入左者賓之位漫勞掃闥而迎閏
乃歲之餘何事當扆而立於是禮官涖止屬御分趨階蓂
吐翠砌草呈朱鳳紀新更時不失閏龍輿甫降帝乃當樞
惟陰闔而陽開象非洞若斯立中而生正儀不忒於既而
頒典制定歲時考周髀之法探隸首之奇周史之過期未
當魯文之廢禮可訾左積實而右積虛布算之籌堪悟彼

卯象開而酉象閉說文之義可推其我

聖朝璣衡政協玉燭光融

頒朔則同遵時憲

授時則默運元功當此候增律琯策布蓍筩同欽

景運宏開翊贊不離乎

左右豈獨渾儀精測參稽並協乎西中

青草池塘處處蛙賦 以題爲韻

波添別浦雨歇前汀鼉更作寂鷗夢纔醒有羣蛙之聒噪傍一水之瀦渟宿漲初平十里之溪光漾翠繁聲倏起滿陂之草色縈青時也芽茁蘆肥茸抽蒲早砌邊之蚓唱初諧林際之鶯聲漸老魚吹浪而開萍鳧浴波而戲藻看此處樓臺倒影半畝方塘記前番蝌蚪成形一池春草羌乃積翠紛披煙交霧滋楝花開後梅子黃時堆濃青而不埽漲新綠而成陂何來鼓吹之音聆從隔岸漸訝笙歌之奏譜出芳池固不待繁音之沸已足償清聽之思況復蕪深夾岸水積橫塘陰濃路曲波遠天長纔從鸂鶒洲邊清音

互答又見蝦蟆碚上怒氣頻張莫問官私偏地之溪雲掩冉不分遠近緣堤之煙月蒼茫或岸側而卑棲或磯頭而高踞或跳擲於澄波或喧闐於沮洳不煩蚓笛之吟詎藉蚊雷之助一羣躍躍雨酣而新水添初徹夜囂囂煙霽而暗潮通處莫不競響終宵爭鳴達曙將軾禮而逾多何氐投之足慮露濃而塘瀉荷珠風澹而池吹柳絮聲來一片正菰蒲戰雨之時夢醒連番想葭葦連雲之處則有居鄰野岸門掩幽齋遲來密約莫遣孤懷但覺茫茫烟水漠漠陰霾波沿堤而皆草夜何地而非蛙挑盡燈花感衆音之併集敲殘棋子摩挲眼而頻揩爰逞閒情用題新句擬蛤吠

而差同證蟈鳴而非誤流水一灣綠蕪遠路頻牽別緒請

賡夢裏之詩欲洗淫哇待獻

殿前之賦

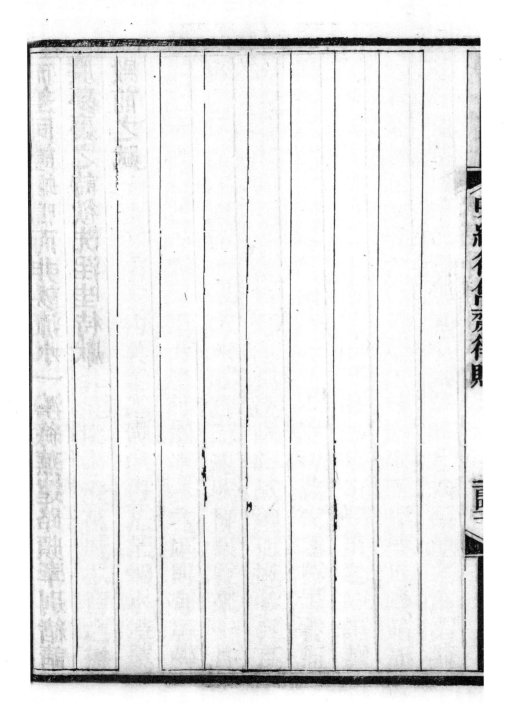

靈鵲報喜賦 以乾鵲聲中笑口開爲韻

晨起凭欄春風送寒花開吉慶竹長平安院落之晴曦乍上簷前之宿雨初乾何來嘖嘖之聲佳音迭報恰兆重重之喜瑞靄雙蟠伊彼靈禽實惟神鵲拙不同鳩警還比鶴繞三匝以來依借一枝而蚤託方營太歲巢搆芳郊巧乞天孫橋塡碧落果爾吉祥止止得氣之先居然識解超超知人之樂屋宇新晴驚人一鳴欣欣得意喈喈傳聲非晨雞之報旦非夜雀之報更非報春之好鳥非報曙之流鶯一點靈心翻笑意而之不智十分喜兆生憎吉了之無情當夫祥雲紛郁淑景沖融草宜男其已綠花及第而剛紅

莫不鏡聽碧玉錢擲青銅綵占壁蟢書盼雲鴻而欲好音先惠芳訊預通則吉兆難憑枉貯蜘蛛於盒內巧言低喚空調鸚鵡於籠中顧乃飛繞頻來高低迭叫喜語分明靈機感召習鳥卜而逾精聽禽言而殊妙分祥光於寶鏡似遞鸞書話遺事於金坡曾占鳳詔不是營成大厦申燕賀之殷勤早知慶集新春學鶯歌之繚繞宜乎徵吉者爲之解顏而聆音者爲之含笑也由是慶溢門閭祥開戶牖鵲爐爇處彩煥名香鵲印懸來光榮錦綬居人雀躍而彌殷賀客鳧趨而恐後共道緣深歡喜各抒得得之懷須知助有神靈請驗嘵嘵之口葢由識能測往性本知來曾示赦

書之信預占行客之回飛來瑞草庭前歡心互洽喿向海
棠枝上笑口應開好憑文字通靈一騎飛傳夫金帖豈止
燈花兆喜千枝燦爛於銀臺

選祕書千枚漱潤於鉛臺

采掇上奚口瀛閣存燕文字遍覽一萬卷傳來金華書室

尋入酒懷古行給以同雅來講章固前數小石泊樂同樂

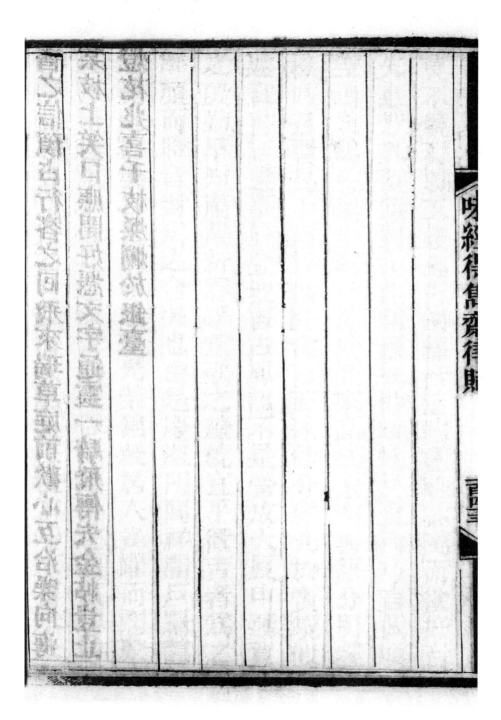

錄焦遺母賦以今之孝者是謂能養爲韻

宦閣蕭森炊煙夕沈傾囊有粟解橐無金悵慈闈之遠隔進薄物以輸忱香收鐺底之焦聊當蘭膳健祝堂前之母曲慰萱心此至行特彰於往昔而孝思永播於而今也昔者陳遺爲郡簿司暫睽子舍遠別親帷淸儉而惟分鶴俸馳驅而未遂烏私望重青雲悵閒曹之久困感深白髮縈歸夢而頻馳愧無封鮓之資傷哉貧也念切烹雞之奉老者安之而母也晝荻傳書折葼示教脯不躭鸞胎非飫豹進甘旨而不怡供饔飧而自效最愛紅蓮炊稻星星而活火微烘恰看白雪翻匙粒粒而圓珠乍爆是之取爾漫矜

烏飯之敬供請以遺之竊慕白華之盡孝當夫炊黍厨邊燃薪爨下米乍淅而銀鋪泔交流而珠瀉范甑雲蒸顏瓢水灑光餤餤而霏紅質蘇蘇而變赭薄凝一片之春氷厚結幾稜之古瓦香溢開鐺之後請嘗試之戞傳轢釜之聲是何爲者其錄也飽詡槖肥馨憂罍恥千絲敵秋露之囊一繭搗舂蠶之紙熱到梁家之竈炊餘而香屑猶霏濃分墨突之煙抄罷而煤炱漸起不是焦桐能辨詡入聽而原非差同遺橘多情擬探懷而近是歸路遥馳親闈遠慰與飯糗而同陳佐羹湯而不費隔林有鳥聽婆飯之頻呼舍肉何人誇君羹之獨貴絕勝飯包荷葉馳十里而歸壚定

嫌粥羮桃花啜雙弓而少味洵適口之斯珍亦養志之可謂葢其天懷本摯篤行交稱舉孝廉而薦書早上拜賢良而國史將登捧袵來歸片片飽囊中之貯和盤托出浮浮憶釜上之蒸此時侍養有資加餐克慰他日行軍無備遍給猶能亦有孟筍穿林姜魚出涙或拾桑椹以為供或取葡萄而相餉皆因食性之諳備致親心之暢小人有母幸承菽水之歡君子固窮願備鼎鐘之養

汾濱水之變吾于周鳥鍋論紛之義

通道而相與圖兩負性之講論遊錄從之以心大人有習容

紛燭不必宜其苟得亦求流出頃政特善得以桁蔽攻取

禪金上之義日將往僕有資加濟之類他自行業講題造

回國史將錄箱在來而古石節學中之史和邁花當詳

浦監其天像木學　書旦上日曾夏

綠陽韻桃花發叢　亦兼謂公回

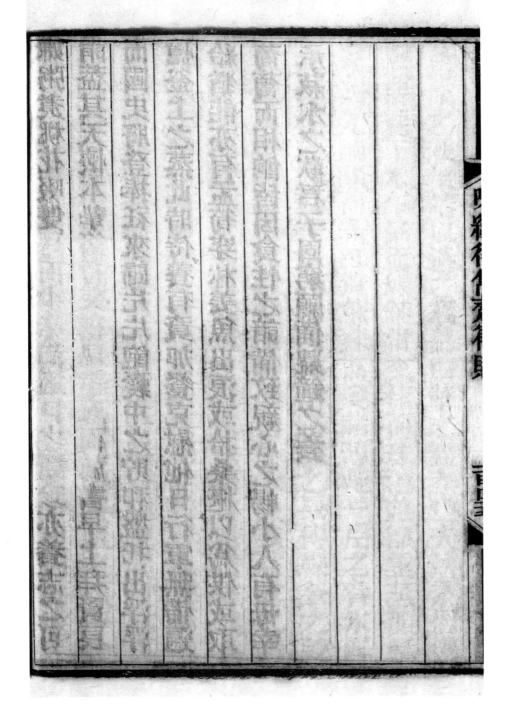

薛淮生文稿一卷

（清）薛春黎 撰

清光緒四年（1878）刻本

薛淮生文稿

福慈三板

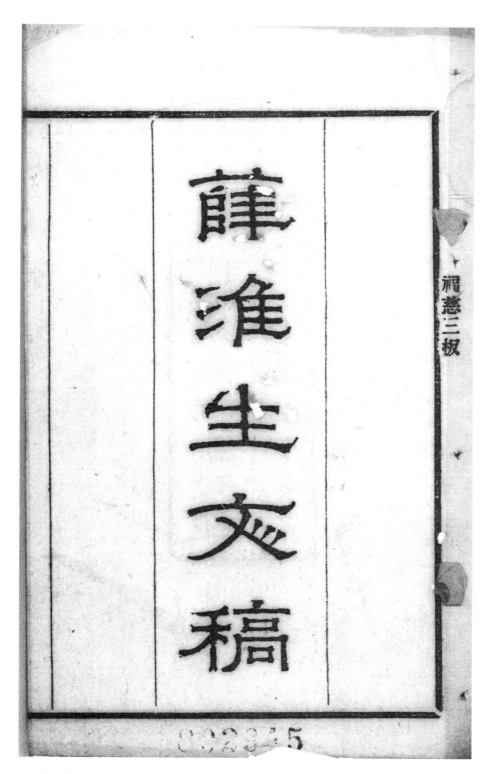

光緒元年秋九月
元四茹古齋校刊

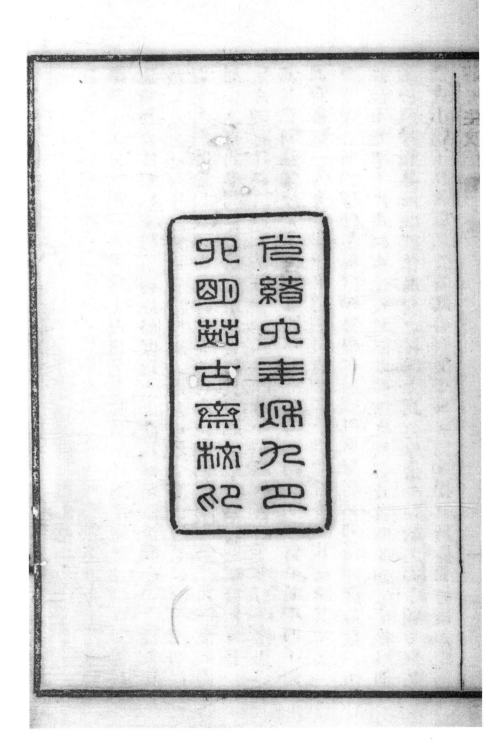

序

國家以制藝取士所以闡聖言覘實學也儒生束髮讀書罔不專力於此通籍後往往束之高閣一若僅為弋取科名之具於是好為高論者且目時文為小道豈知自設科以來以策論以詩賦取士之法屢變矣而惟制藝行之最久其故何也朝廷取士非僅取文詞已也必將於聖賢立身之要治世之方講明而切究之然後足以致用前策論或襲董賈之貌馳騁博辨以為雄尚詩賦或掇屈宋之華誇多鬥靡以為富聖經賢傳且將闕而不講矣制藝闡發聖言有一定之理有不易之法於法有一毫之未愜皆不足以稱善信乎非好學深思心知其意固難為淺見寡聞道也同年薛淮生侍御初以明經負盛名年四十始舉賢書第一人癸丑與介弟樹生同捷南宮予以譜誼時聞其緒論其於文一準乎理法而鎔經鑄史與空疏無學者迥殊既而登詞林列臺諫猶殷殷以引掖後進為事壬戌典試西江歿於試院張晥九武部及其門四載淮生既沒問業於余并錄其所改課作將付之梓屬余為之序余受而讀之編中題多割截及虛小題不易著筆者蓋專為啓發後學而作尚未盡其所長而準繩規矩仍

能獨出心裁已非淺學所能及未窺全豹亦見一斑可傳也淮生無嗣平時所作無可蒐輯畹九索諸同門僅僅得此則吉光片羽其珍惜當何如耶抑予更有感者淮生學既博於古今人事之廢興政治之得失無不究其所以然既列諫垣所言皆切於時務使天假之年得竟其用功名事業必有卓卓可傳者乃僅以文藝傳可悲也夫

同治三年甲子五月年愚弟陳榮紹拜書

敘

淮生侍御以江南名宿舉壬子鄉試第一癸丑會試第四與余聯名 成進士始同館繼同臺論文議事雅相得也歲壬戌與試江右余方以得人相慶乃珊網甫張玉樓遽召持量才之柄而不獲一効其能時論惜之平生著作未遑訂定張晥九武部懼無以傳其師爰輯館中課作錄爲一編將以付梓余從慕杜同年處見之時方炎暑囂塵特甚讀竟心清目爽胸次灑然昔人稱大士先生爲文不加點竄猶憶戊午之春與淮生慕杜諸同人作會課惟淮生胷有成竹手不起草今讀茲編如見掀髯得意伸紙疾書時也

同治甲子季夏年愚弟高延祜拜譔

味經得雋齋文稿目錄

全椒薛春黎淮生甫著

大學

而一旦豁　一句
孝者所以　三句
所藏乎身　三句
此謂唯仁　三句
伐冰之家　二句

論語

色難有事　四字
巧笑倩兮　三句
君子懷德　三句
子謂公冶　二句
以其兄之　一句
未之能行　二句
用之則行　與爾
有美玉於　三句
褻裘長短　二句
色斯舉矣　時哉
剛毅木訥　一節
管仲之力　三句
畏聖人之　一句

中庸

人皆曰予	予知	兄弟既翕	一句
父作之	一句	其次致曲	一句

孟子

民事不可	恆心	欲其子之	一句
遵先王之	一句	幸而得之	二句
吾豈若使	三句	帝館甥於	一句
季任爲任	二句	洚水之爲	四句

而一旦豁然貫通焉

薛春黎

貫通非猝致也可徵其效於一旦矣夫格致以貫通爲歸而惟用力久者及豁然於一旦焉不可實徵其效歟今以理道之遙深未易臻融會之一候也然效非出於無因乃以暫時而其機忽轉有遞深累積之功始有不期而然之效靈機所引異境忽開乃知向之見爲扞格者固未至融會之一候爾格致之極而至於用力之久則非一旦夕可知也夫力何以用亦用力以求其貫而已矣幷求其通而已矣雖然豈易言哉天下之名理甚繁繁則以散而難紀或得於此而彼已相違或得於彼而此又多阻縱一知半解有觸靈明而紛紜錯雜之交果何由綱舉而目張乎若是則貫難天下之事情甚昧昧則以滯而多艱或挂一而不免漏萬或舉一而未克反三縱遠引旁搜稍堪領會而奧窔幽深之地果何由燭微而洞隱乎若是則通難況乎歷境愈深閱時愈曠故有積數年而仍安故步有數十年而未啟新知者日就月將恐畢世未能融徹矣夫何敢希功於捷得也且也見聞愈廣體察愈難故有今日見爲是至明日而旋見爲非並有今歲形其優至來歲而復形其絀者朝乾夕惕恐終身不能洞達矣夫何

能逸獲於崇朝也始而茫然繼而般然徐而憬然終究未能了然條貫非所能也旁通無可冀也是而求有豁然於一旦也不亦戛戛乎其難哉而何以靈機乃一旦有觸也夫斷續者非貫散漫者亦非貫貫者乃因端以竟委而聯屬於不一者也大抵用功當艱苦之餘脈絡亦之爲畢具由一事貫之萬事而絲無可棼由一理貫乎萬理而縷還可析蓋向所見爲漫無紀律者今乃有條而不紊也惟貫斯通於以知頴悟之有自來焉而何以異境乃一旦頓闢也夫隔閡者非通恍惚者亦非通通者乃識精而見確能洞悉於至隱者也大抵用力當專精之候金石亦可以能開通人之所不能通而蔀無可封通人之所不得通而茅無可塞蓋向所歎爲動多窒礙者今乃啓牖於無方也通無不貫於以知光明之無可障焉試言貫通之大效

前半反挟精透入後暢發無遺局緊機圓理明詞達

孝者所以事君也　三句

薛春黎

家國有相通之理、孝弟慈可爲例也、夫孝弟慈事見於家、事君事長使衆、理通諸國、明其所以然、而敎國之故益信、且天下有事見爲分而於理見爲合者、卽家國何莫不然、彼夫修人紀察人倫視一切致治之術若藐不相關而不知發諸朝廷行乎道路胥本此庸行之常以敷爲政體一室非近也四境非遙也有推而準者爾不出家而成敎於國君子果何由然哉吾蓋反復推詳得其所以然而知理固莫能外也事物至紛其待理於我者何限惟君子統於一乃以合羣情之蕃變而不見爲紛則施措其本也境地至隔其相接於我者無多惟君子觀其通乃以洽百族之性情而不虞其隔則推暨有由也是無論君子齊家何若也第就家之中所蒸而變者爲之懸擬其象曰孝者曰弟者曰慈者亦弟論君子治國何若也且就國之中所殺而列者爲之約舉其端曰事君曰事長曰使衆今夫事君資於父未有不孝而能篤棐者事長近於兄未有不弟而能齒讓者惠民同於子未有不慈而能康乂者則一言君一言長一言衆而孝弟慈之道已統而貫也家得之而家以肥國得之而國以肥祇此理之相爲維繫而已矣且夫事親孝則忠可移未有孝而後其君者事兄弟則順可移未有弟而凌其長者居家理則治可移未有慈而失其衆者則一言孝一言弟一言慈而君長衆之道已環而屬也國未始有加於家家未始不賅乎國總此理之與爲彌綸而已矣此豈得混所施哉言乎君親而有隱有犯之用異言乎兄長而所敬所長之情殊言乎子民而生之食之之義別家有政國亦有政析言之而道貴化裁此何嘗區以別哉君與父尊親不同而竭力則同長與兄親疎不同而立敬則同衆與子厚薄不同而推愛則同家如是國亦如是括言之而道正協一然則家人之義等於嚴君用力用勞果異於自靖自獻乎十年之長比於兄事或歌或哭果異於執醬執酳乎燠休之情同於父母恩斯勤斯果異於鞠人謀人乎故孝非事君而實所以事君也弟非事長而實所以事長也慈非使衆而實所以使衆也

凌空蹴踏天骨開張

所藏乎身不恕　三句

薛春黎

身爲民之準、不恕者宜自反矣、夫上惟見爲可藏、斯安於不恕耳、觀於民之難
喻、可徒求與非乎、且聖人公其心與天下相見何嘗以藏爲得計哉自在上者
有不可共見之心乃藏焉而不以示民雖然彼亦烏能藏也在民之窺測由著
以及於微在上之操修雖微而無不著吾甚惜夫責人遺己者術何拙而計何
疏也有無在己而後求人非人此恕道也所以喻諸人者也吾烏乎見在上之
恕吾於民喻見之吾烏乎見民之能喻仍於所藏乎身決之藏屬乎隱而所藏
乎身必由隱以之顯其隱焉者左右有所不及知其顯焉者閭閻囿已走相告
也則無隱之非顯也藏秘於中而藏身之恕必由中以達外其存諸中者夙夜
泯愧怍之愆其發於外者事業皆性情所露也則無內之非外也若是者以恕
喻人非以不恕喻人也然而不恕者且欲喻諸人然而不恕者且謂能喻諸人
化民成俗之規壞於自囿者半壞於自恃者亦半心術不足恃喻之以科條躬
行不足恃喻之以文誥以爲吾有藏者而人莫知德禮之迂原不若政刑之捷
則恃其能喻諸人者有之簡略苟安之習成於自用者多成於自倖者尤多倖

其有所貪喻之以爵賞俾其有所畏喻之以刑威以爲吾有藏者而人莫覩雖
霸之權謀亦可假聖王之經濟則俾其能喻諸人者有之而果其能焉否乎且
夫喻人者必先一己自喻矣就令民以不恕求上上不棄芻蕘就令民以不恕
非上上樂聞諷議此亦聖天子善旌謗木之常而奈何望諸愚賤也況乎人以
不恕責我在我難堪我以不恕責人欲人能服是我之心已先不自喻也我不
自喻而謂民之能喻有是情哉且夫喻人者必欲人人共喻矣縱使所求無不
恕猶恐責備之過嚴縱令所非無不恕猶慮糾繩之太刻此亦古聖人寬大和
平之意而何嘗驟冀轉移也乃至上有所藏而以不恕欺民民有所藏而以不
恕欺上是上之勢已不能喻一人也一人不能喻而謂人人能喻有是理哉所
藏乎身不恕而能喻諸人者未之有也是可知成敎於國之故矣

字字淸筆筆緊快如幷翦爽若哀梨

此謂唯仁人　惡人　薛春黎

以惡成愛能事乃獨擅矣夫惟以愛爲愛不得爲愛者並不得爲惡也觀於放流若此而愛惡之公不可信仁人之能事歟且絜矩以平天下者道必專絜之以惡誠以所惡一乖非特無以施吾惡併無以全吾愛也蓋專用吾愛而以愛爲愛者既未推乎愛之原不若專用吾惡以不愛爲愛者乃益神乎愛之用舉天子除奸去慝昭然一秉乎大公斯刑賞也而忠厚寓焉矣放流屛逐若此此而謂之用愛不可也謂此初不明示以愛也此而第謂之用惡不得也謂此正非徒示以惡也此其中有能事焉獨是用愛難用愛以惡成之則尤難奸宄之潛滋王章必無姑宥而或進姑息之說假大度以示包容究之釁創未經優柔適以釀患此不得爲愛者先由於不知惡也烏乎能僉壬之溷迹物議在所必誅而或博威猛之名援私意槪加擯斥究之權衡未當詐諼轉得相蒙此不得爲惡者并不克善用愛也又烏乎能唯仁人秉心至公公則明明則能斷顯用其愛爲愛陰用其愛亦爲愛而天下咸樂其寬唯仁人存心至正正則果果則有爲曲用其惡爲惡直用其惡亦爲惡而天下咸稱其快唯仁人遏欲存理清

其源於愛惡之先而燭照於微欲矜全特施懲治此惡之正以成其愛也唯仁人激濁揚清妙其用於愛惡之後而枉可使直去凶頑悉化善良此惡之仍以歸於愛也夫乃恍然於向之嚴爲驅斥者皆其至誠惻怛之意所迫而形焉者也使必待過惡已多始以惡之者正其罪恐忠良遭其殘虐何由扶正而抑邪仁人卽惡以寓愛焉惻誾聖天子慈祥在抱方欲措一世於乂安而恩甫及於賢豪威先加於奸佞知明處當斯能以陰慘妙陽舒之用者哉一念恍然於向之力爲投畀者皆其轉移風化之心所默而成焉者也使必見邪正雜揉遽以愛之者拔其尤恐權奸有事稽誅何以安良而除暴仁人則用愛於所惡焉惻誾我國家法度維新方欲廣如天之怙冒而辟乃所以止辟刑實期於無刑法立恩明斯能以義正大仁育之量者哉此而謂之用愛不可也謂仁人不明示以愛也此第謂之用惡不得也謂仁人非徒示以惡也此謂唯仁人爲能愛人能惡人

得半山遒字訣使波瀾怒飛得老泉緊字訣使首尾馳突經營慘淡興會淋漓

伐冰之家 二句

薛春黎

家有進於始仕者、物畜非所計也、夫家能伐冰、典至渥矣、於此而畜牛羊、貪鄙已甚、獻子故爲有家者戒歟、且人臣備員朝右得受殊榮非故示優崇之謂其謂爾諸卿履潔懷清無慚貞白既顯躋乎高位宜施惠於先臣用是異數特頒俾得顧名而思義也不此之辨猶借物產以肆厥營求是豈職列浚明者仍思牧事有成歟夫亦弗思甚矣不察雞豚以其畜馬乘耳然則等而上之物畜固日以多乎而非也今夫職居三事之班名在百僚之上如所謂伐冰之家者其尊崇不愈甚乎愆陽伏陰之俱泯爾有家實資調燮之功供喪祭之用得備其物於冰於此見清操之宜勵焉將沐隆恩於天府正得於告備告充而外潔而冰盤一桃弧棘矢以宣威爾有家實藉驅除之力謹藏出之司得專其權曰伐於此見素志之不渝焉而邀厚貺於王朝更得於薦毛薦血之旁懍茲冰鑑顧或且曰周禮天官所掌凌人供冰而地官所載牛人則供牛羊人則供羊均以供祭祀之好羞爲有家者所必須也況乎下括下來於役恆逢於日夕或訛或寢考牧可兆夫年豐享告司寒備以黍者必資乎黑牡開堂獻歲祭以韭者有取乎俊羔若是乎牛也羊也伐冰者即從而畜之亦奚不可然而營謀未免過鄙矣處冠裳之貴下與茅檐爭茁壯之觀爾牛來思爾羊來思是瑣瑣者尙有煩計較乎我國家禮遇優隆方且以杜漸防微夙夜不忘履霜之惕而乃寄情芻秣幾致與牧豎同儕是營營於家之肥者初不念夫民之瘠也草野自具蓄滋之象廟堂不乖豢養之經斬冰而具三凌也吾願有家者袪其鄙念可已然而取求未免過貪矣飾簠簋之廉下與蔀屋課滋生之利誰謂無牛誰謂無羊曾區區者乃不思棄置乎子大夫忠貞自矢方且以行芳志潔寤寐可盟如水之心而乃寄意維縶若深慮牲牷之未備是汲汲於家之給者必先求夫物之充也化自洽乎春田淸不忘乎夕飲鑿冰而既於二日也吾願有家者戢爾貪心可已夫牛羊猶其小焉者也

氣體高華精神團結大含細入高挹羣言

色難有事

薛春黎

知難之在色可借證於有事時矣夫色根心而發初非藉事而形也知所難之在色彼事之屬於親者不可計其有歟且人子朝夕承歡亦惟仰承乎吾親之色以盡一己之事而已顧承乎親之色而己之色尤未可强求盡乎己之事而親之事亦不妨豫計蓋有深愛者必具夫婉容而持大體者不遺於小故由中達外意旨胥融而眷念在庭闈固不無操作之一候矣不然今之盡孝者燕安非所事顧問必在所有事矣簡略非所事侍奉必在所有事矣顧有藉事而見有不藉事而見而傾寫於不自知表著於不及覺者則色尙焉萬不至率性而前使吾親見嬰孩之狀乃文焉而祗益其欺質焉而已嫌其樸同此性天之流露何以事言之表獨著爲有象之恬愉也則率性非難而適性爲難也萬不至徑情一往使吾親有訶譴之加第意稍乖而象未底於沖和養不深而神未臻夫暢遂同此至情之發見何以事爲之際乃有茲莫罄之形容也則徑情非難而怡情爲難也知所難之在色而追計夫他事乎追計夫他事之有乎然而已之色未易言也然而親之事可借證也蓋卽所難者以言事則一庭之豫順適

足召累世之庥嘉而意態神明有欲慕之而惟恐不肖者夫豈關作致也若舍所難者以言事則周旋於爾室必先謹顧視於高堂而出入起居有日侍焉而不能暫釋者夫豈盡暇豫也獨不觀於有事時乎念屬毛離裏以來凡拊畜我者幾何事顧復我者幾何事提攜當襁褓之中嬉戲且覩而色喜此時不知所謂事也而遑計其有乃罔極之深恩未報而衰齡之閱歷積日逾深更事多則計畫周習事久則精神固於事而第曰有也是亦奉几侍杖之時所習以爲常者乎而狃於習慣者乃鄭重其有之即授室成人而後凡命之就傅者幾何事策之成名者幾何事堂構勤似續之謀愛惜每形諸色矣此時亦第知爲事也而或忘其有乃高年之精力無多而當局之辛勤逾時未已自矜矍鑠未事時已切夫黽皇自恃康強當事時並忘其衰邁於事而僅曰有也是又晨昏定省之餘所會逢其適者乎而視爲艱鉅者乃震驚其有之於此而服其勞焉是與酒食奉饌者豈事所至難者乎人亦勉求於色也可

此己未會試擬作意到筆隨文成法立是老斲輪手段壘卷家豈能猝辦

巧笑倩兮　三句　　薛春黎

亟誦詩言詩自明而誦自渾也夫以倩盼爲素則素原不得爲絢也詩人未析而言之子夏亦遂合而觀之曰今以文質之互爲用也而賦於天與飾於人者見焉其賦於天者不得以人工飾也習之飾於人者不能以天質當也乃諷誦篇章文與質本各區殊天與人竟歸合一則有如逸詩所云者商嘗綜篇什而例觀之矣靜女其姝靜女其孌衞人所云洵美且異也然必膏沐而始莊其首必佩玉而始美其儺豈昭質無虧遂足當黼黻文章之用顏如舜英顏如舜華鄭人所云洵美且都也然有瓊琚而方詠翺翔有衣裳而始歌錦褧豈其人如玉即可代副褘揄狄之華蓋惟其絢也是以爲絢也若詩云巧笑倩兮美目盼兮者傳深情於口輔寫逸態於清揚凡以言素而已豈云絢哉而即繼之曰素以爲絢兮是又言絢矣且夫詩有專言素者有兼言絢者其詠碩人也脩蛾擬眉柔荑喻手旨趣良工矣極之其膚其領其齒其首莫不曲爲形容而更不及垂紳充耳間者此言素不言絢之意也故朱幘鑣鑣翟茀以朝不妨別厲其焜耀之辭要素自素而絢自絢耳豈其碩之即以爲衣錦耶其稱邦媛也展衣紲

絆玉瑱委佗文章美備矣乃至其服其髢其笄其珈莫不極爲敷陳而更不及意態神明際者此言絢不言素之意也故揚且之晳揚且之顏亦或兼美其山河之度要素以爲素絢以爲絢耳豈鬒髮之即以爲象揥耶而是詩何如者顯然顧我矣目更以送之宜以象服詎不增華歟而詩若以尋常之瑜珥未足以飾姬姜固覺素之無容爲絢矣乃反覆詠焉不啻倩盼之適以絢名也將芳澤未施衣居然其楚楚鉛華弗御袨恍覩其祁祁而婉婉柔情本質即可當大文之雅粲然見齒矣目更以成之彼美淑姬詎須盡飾歟而詩正以靡曼之治容未可以稱窈窕固知素之當慎其絢矣乃宛轉言之不啻倩盼之本以絢成也將朱襮朱繡視純素而無殊縞衣綦巾與裳衣而並燦而婉孌季女天工遂可統人事之全其謂之何敢以質之夫子

益智糉耶饋貧糧耶絲絲繡耶黃金鑄耶取此等文一卷題曰某狀元稿令人不復思楊用脩馬章民矣

君子懷德　三句

薛春黎

德與土異而所懷者更在於刑焉夫惟所懷在德所以異懷土之小人矣而君子不惟懷德也得不重念夫刑歟從來據於德者固守法而不罹於法者也然自信為德之足據遂謂法所不必加必非修德者之本心蓋惟懋勉無可憚之勞斯宴息無可耽之逸觀於斤斤自矢無往非天理之是循而王法之所存乃更相畏而有所不敢矣今夫君子者固欲用以治一世之小人而驅之使盡為君子者也顧以君子治人則不外乎刑而以君子治己則莫先乎德德也者固可覘安土之敦而與土大異者也德必有所遵循義路禮門爾室中自具優游之樂而猥曰土也是營營於身之安者初不念夫心之宅也倘得曰見過內訟乎惟課深功於眘密而寸衷惕厲乃克葆固有之天德必有所歸宿升堂入室大道中豈無閒宴之時而猥曰土也是汲汲於屋之潤者初不念夫身之潤也倘得曰可告無罪乎惟殫實力以研求庶片念操存乃可復本來之性此懷德之君子所以異懷土之小人也然君子豈僅懷德哉且夫成德之儒不求暇逸但使操持有要將謹飭固可以寡過明哲亦可以保身居之安由資之深固無

事刻意糾繩已足遠一身之辱然而脩德之士彌貴精嚴苟令念慮稍疏將方寸內少一防維身世間即多一憂懼心愈危斯神愈悚初不待互相對質已恐干三尺之條惟然而君子所懷乃因德益切矣蓋所懷又有刑在桎梏桁楊之具所以待天下之奸回而君子防檢必周要不因迹遠奸回遂自寬其側也誠念我國家彌敎惟刑激濁揚清方欲藉有德者以大其感格苟一行偶玷已難逃指摘於旁觀身未列於公廷心豫防於私室蓋即刑所不及之地而冰淵夙懍隨時皆用其悚惶則謂君子之懷刑即懷德之心所迫而形焉可也囹圄圜土之間豈以居天下之賢俊而君子修能既密要不敢自居賢俊遂稍懈其防也誠念我國家明刑有與扶奸摘伏方欲藉有德者以示其勸懲苟一事有慚更不免憂危於中夜盛世本無枉法繩儒豈可承羞蓋即刑有可贖之愆而垢辱增加異日更難於補救則謂君子之懷刑即懷德之心所密爲勸焉可也彼懷土者且懷惠矣夫豈知懷德之可免刑哉

文成法立水到渠成

子謂公冶長可妻也

薛春黎

聖人欲表彰賢者而特許以可妻焉夫長之爲人無所考自子許以可妻而長之賢可知矣豈無謂哉且甚哉聖人之觀人固迥超乎尋常萬萬也故有以匹夫之微有鰥在下方待師錫之明揚而天子卽許以兪者則如堯之於舜是有以及門之賢當世無稱誰復與聯夫婚媾而聖人特許以可者則如子之於公冶長是今夫長聖門之高弟也然未經聖人之論列長將何所表見乎蓋其在魯也安貧樂道不求聞達於當時問龜蒙鳧繹之間長果誰爲延譽乎潛德之幽光待闡知音鮮遇幾忘爲宗國之賢豪而在聖門也問難執經幸得親承夫至敎問十哲四科之彥長果與誰匹儔乎平居之素履雖端實行無徵詎有當尼山之品騭已矣長未經聖人之論列長將無所表見矣然而長固默然無言也然而子已殷然見許也說者謂長有異能其文不雅馴搢紳先生難言之然吾觀周禮夷隸之職能與鳥言貉隸之職能與獸言春秋時之介葛盧者亦能知牛鳴長之異能得無類是夫其事之有無不可知要以聞譽未彰上不見知於君下不見諒於友不有夫子亦烏知士之負乎俗累而不能致乎盛名者固

有公冶長在哉夫子慨之而特許以可妻嘗無謂歟吾以知子之謂長有原諒之意焉從來畸士潔身勵志一得自好每易生時人嫌妒之嫌相軋相傾莫弭外來之謠諑招尤招謗誰明抑鬱之衷懷長亦亘自傷耳自得夫子謂之而世俗之譏評均無當於大雅人以爲相士之方貴立乎崖岸吾以爲相攸之道近得之門牆也詩詠伐柯之什可也且以知子之謂長有愛重之意焉從來眞儒掩晦韜光孤守無徒更易遭人世欺凌之患外騰夫口說旁觀競索以瑕疵內玷夫修能當局惟甘於隱忍長亦恬然適耳自得夫子謂之而無窮之策勵益自勉夫純修人以爲契合有眞已互洽於師若弟吾以爲締姻有在非漫聯爲舅與甥也雅詠施蘿之句可也何也長蓋縲絏中人也自子明爲非其罪而可妻之實見矣豈可妻者必求之縲絏哉

從下文探出謂字可字神理題雖枯寂文郤華腴

以其兄之子妻之

薛春黎

有不忘夫兄之子者擇配更得其人矣夫子而屬之曰其兄固亦猶夫己子也以之妻南容擇配不更得其人歟昔孔子以公冶為可妻而因以其子妻之意者聖人相攸或多出於寒素乎顧或泥於俗見惟縈情於豪貴之家或具夫私心更區別於親疏之分則是視予猶父者竟不得視猶子也亦未知大聖人誼篤孔懷其般般擇配之心固與所生而同一鄭重矣有道不廢無道免禍容不已遠過乎長哉然容豈必遠異乎長哉常人多存勢利往往侈談姻婭爭誇華膴之門庭不思占鳳於高賢但願委禽於世胄心薰鐘鼎有不禁援繫恐後者矣而子則無是心也流俗各具私情往往屬在天親不免區分夫畛域况原隰已悲宿草閨門或詠摽梅吹判壎箎有不覺恩誼漸薄者矣而子更無是心也蓋有兄之子在與其子固無以異耳子乃以之妻南容與妻長者將無同特是依依弱息僅有叔以相憐藐藐諸孤問何人之可託幸來嬪於君子得作配於高門實載入朝納婦占富家之吉圭期無玷聯姻得淑女之逑在其子贊通棗栗問我伯姊或傷實命之不同而兄子虔協珩璜宜爾室家共慶遇人之能淑

此雖境遇懸殊要其所以擇配者與其子固無異也況子而屬之其兄尤聖人
所極不忘者哉尼山默禱以還瞻望鴒原巳慨追隨之莫及寡兄無藏在孔子
亦良切懷思耳而何幸兄之尙留遺體也念當日豆觴嬉戲久憐同父之無人
既翕而樂且湛既具而樂且孺子固無此遭逢矣今而撫此遺孤彌廑深情於
手足人以爲論婚世族門第迥邁乎寒微吾以爲得配高賢宗族同分夫光寵
也禱不妨於代結佩有待以分遺念往日之恩勤當亦兄子所感泣而難忘者
矣鄉邑還轅而後感懷雁序久傷陪侍之無從事兄未能即兄子亦代爲隱痛
耳而何幸兄子之已及笄也想此後百兩將迎早識盈門之有爛爾毋縱縱爾
爾毋扈扈爾子猶深爲訓誨矣所以保茲一脈得隨佳偶以翺翔人以爲學禮
之初情常洽於師若弟吾以爲締姻之後誼無殊於舅與甥也松可施夫蔦蘿
華仍韡夫常棣慰先靈於風雨當亦其兄所欣喜而無憾者矣而或謂子特厚
兄子而薄己子也亦淺之乎測聖矣

於無典中用典慧業文人筆花特絢可爲益智之糉可爲饋貧之糧至典
雅高華文言道俗場中尤足制勝

未之能行 二句

薛春黎

狀賢者力行之勇於未能時迫爲恐焉夫子路豈不能行之人哉因未能而生恐其力行之勇有如此且力行之功不患其滯於當境也而患其昧於方來夫非謂當境之可稍稽也懸一方來之情以相迫斯當境乃彌振其全神因斂皇遂覺遲疑因遲疑遂生悚惕其策勵之深心有併集於一時而不容稍滯者而當境乃滋奮矣如子路固喜於有聞者也喜之甚則行之必力夫豈尚有他恐哉平昔專精道義常虞索解之無從而何幸聞所未聞也則急起相追有不能代爲推挽者勤於初乃奮於繼儒者所以矢漸進之功居恆自勵脩爲終慮卒循之不力而務期能所難能也則樂於從事有不必互相勸勉者竟其緒又引其端儒者所以貴臨幾之決然則子路亦惟恐無聞耳豈聞之而尚有未能者哉豈尚有未能而復迫爲恐者哉而其心已皇然矣人惟精勤自奮斯事機甫接乃不至稍閒其功能使得一聞而置爲緩圖天下事其將誰屬乎以行緩聞不復以聞策行退縮不前之概識者已知其難與有爲此固不足以擬子路也人惟邁往無前斯道詣所關乃不敢稍寬其負荷使得一聞而漫謂無餘天下

事固如是易蹈乎外行於聞不復即聞爲行從容自得之情識者早知其鮮濟此尤不足以擬子路也吾乃即未能行時窺之而知子路實恐甚恐者何仍此有聞而已矣往復有相因之效在告者豈故爲啟迪以使之應接不遑而子路惕然矣謂聞之時即行之時猝辦焉既有所不暇行之候非聞之候姑待焉更有所難安兩念交乘遂覺悚惶之莫罄其倘有愜心之一境哉授受有相待之機在告者豈故際紛紜以使之倉皇失措而子路怵然矣謂行較遲而聞甚速兩事難併爲一時行未去而聞復來後得難償夫前失寸衷交迫遂覺休息之無從其尙冀快情於一日哉子路力行之勇如此

離奇夭矯之筆清沈刻至之思通體無懈可擊

用之則行 與爾

薛春黎

協用舍之宜、聖與賢若可共審焉、夫行藏一隨乎用舍、非因用舍而始卜行藏也、此夫子於顏淵所由特明其相與乎、從來身世之交、甚未可出以拘固也、特意見未泯乎異同、斯內審諸己者、返顧終無以共審、豈知遇合一歸、於時運進退胥化、夫成心而契合一本於神明、師友正堪爲互絜、蓋自因應無滯機而觀我觀人、竟不妨相爲聯屬矣、今夫積畢身之閱歷、乃攬事物之歸者、我也、我自得其爲我、我又不欲獨自得其爲我、同乎、我將何以語爾乎、同乎我、豈無以語爾乎、蓋嘗與爾仰參天時、而知時之所遭、不外乎用舍、因卽與爾俯察人事、而知事之所值、不外乎行藏、與躁競者言行、則一於行者、我謂其急、與固執者言藏、則一於藏者、我謂其膠、若夫隨世推移、獨能妙順應之方、而衷諸至當、此其人固本無行藏之見存也、豫設一用我之想、可與言行者、我不必復與言藏、豫設一舍我之想、可與言藏者、我不必復與言行、若夫因時俯仰、獨能具時出之妙、而示以咸宜、此其人亦並無用舍之見存也、用之則行、舍之則藏、同乎、我將何以語爾乎、同乎、我豈無以語爾乎、且夫事可公諸一世、而正不妨私諸一二人者情相契也則試爲我專而屬之則幷與爾連而及之志三代之英我將與古而尙友訂千秋之業我將與今而爲儔而要不若我與爾爲更近也天下異學爭鳴落落何堪同調而乃前不見古人後不見來者尙留我與爾於名山風雨之中亦足慰離羣之憾矣而何必不爲我幸而何必不爲爾籌爲邦法虞夏爾嘗與禹臯爲儔潔志樂簞瓢爾若與巢由爲偶而要不若我與爾爲更親也吾黨從游甚衆斷斷者正不乏人顧乃見不必在田潛不必在淵獨留我與爾於杏壇洙泗之間夫益重儒林之感矣而爾與我何靳乎步趨而我與爾何分乎畛域是知用舍者天時之適然行藏者人事之宜然我亦於天時人事中應之以自然而已而我何與焉而爾何與焉回乎我將何以語爾乎回乎我豈無以語爾乎

與來情往朗潤清華

有美玉於斯　三句

薛春黎

爲有美玉者商所處、因合藏與沽以並叩焉、夫旣有美玉、豈無所以處美玉者、或藏或沽子貢之意固有在耳且非常之物不世出一旦得諸耳目之前則爲天下惜之尤當爲天下共之夫知希爲貴自賞非虛見用爲期人情不遠此中位置輕重之故不爲之兼權焉固無以決所從爾今夫器苟終於韜晦固足爲一世之珍術果妙於轉移自見重五都之市是以緹巾十襲貽誚旁觀累價千金終逢眞賞天下至不易得之物孰有如美玉者乎而何幸有於斯乎物非實遇之當前則珍品徒懸猶若虛而莫必美玉而旣曰有也精神已見於山川八世豈無其作合安得以權非我屬竟任夫世運之亨屯物不甚關乎當世卽幽光終閟不必急以相圖美玉而有於斯也貴重久需於廊廟升沉隱繫乎氣機安得以人莫己知徒俟諸異時之遭際賜於此將擇一術以處之因合兩說以權之以硜硜之見識當世也則疑於藏有美玉而至於藏是固從不甚矜惜之下而頓忘計之已甚者乎一言藏而璧則猶是幾同被褐懷之矣則韞匵而藏諸以皇皇之未息周流也則宜於沽有美玉而出於沽是直從幾經審量之餘而庶幾謀之其臧者乎一言沽而實也幾何方將鳴玉問之矣則求善賈而沽諸珍奇之誕毓彼蒼非出以無心也特懸此藏與沽之途使有於斯者早爲決擇夫美玉豈可輕於一擲哉第使襲之文錦秘以緘縢亦自韜光而匿采而揆諸造物降材之意或不如是矣故有藏以重其器必有沽以發其光當碔砆並進之會特顯殊尤有心人所以三獻冀當途之悟也而孰得孰失不容以躑躅兩途者上負知我之天心溫潤之聲華人世久期其大用而遂執此藏與沽之境使有於斯者豫卜興衰夫美玉豈可無以自主哉卽使終老巖阿甘心草莽非不匿迹以銷聲而環顧斯人屬望之殷其果何補矣故藏不失爲能愛其寶必沽始可爲善用其材從圭璋特達之時上膺重選有心人所由一顧致連城之價也而何去何從要必斟酌一是者下慰乘時之民望敢以質諸夫子

前半籠題得勢紆徐爲妍中間吞吐得神後二偶曲折頓挫中仍不掩俊偉光明之概行文至此夫何間然

褻裘長短右袂

薛春黎

記褻裘之製可以補禮所未詳也夫長短衣有定數至裘長而右袂則短則禮所未及詳矣子以爲褻裘之製固當酌其宜爾且鄉黨記君子之服於褻服則不以紅紫幾疑顔色不可以稍間者卽制度亦不可以稍差矣顧於一身謀安燠之方尤必於一體求展舒之便大聖人安身利用動無不宜故色之不可稍間者則嚴其辨於褻服而制之不妨稍差者則通其變於褻裘如羔裘麑裘狐裘衣各昭其稱矣夫論裘於有事之時則貴取乎稱而論裘於無事之日則貴酌其宜獨不觀褻裘之制息南北東西之轍優游爾室太和之元氣常充然非裁製有經彼被吾身者或不克周吾身也息自歌夫燕燕度莫表夫申申將何以回洙泗之春風而倍徵安適殫纂修刪定之功退息餘閒鄙事則多能夙擅然苟曳婁自得恐蔽吾體者或未克勤吾體也因應本可以從心拘攣乃同於掣肘將何以佐披吟於暇日而特著從容維子以褻裘則長焉從來草身之具葛取涼而裘取温袷二寸緣寸半引而伸之綽乎有餘裕矣而長豈至於被土歟且於右袂則短焉從來一體所分左主靜而右主勤身使臂臂使指化而裁

之用乃無不宜矣而短豈至於見膚歟則皆禮所未詳也衣服多紀於玉藻纊爲繭縕爲袍禪爲絅帛爲褶而褻裘獨略其名人或疑長者爲聖人之創而正非創也夫表裘不入公門襲裘不入公門法制之昭垂已久特經聖心之裁度而範圍悉協從長者倍覺其安舒憶其時儀匪謹乎踐席而衣不煩摳地本異於升堂而齊無用攝衣而名之以褻明外此皆非所宜長也從乎增不從乎減寬舒自適可以補玉藻一篇之缺焉制度備載於深衣規取圜矩取方繩取直衡取平而右袂獨無其制人或疑短者爲聖人之偏而更非偏也夫高下則袂可運肘反詘則袂可及肘彼此之尺寸皆同特經通變之神明而提挈有分從短者更形其便易想其時向絀帷而講易編韋無支詘之勞坐孔席以鳴琴操縵著安閒之雅袂而別之以右明反此更不必用短也取乎損不取乎益而參差互異可以補深衣一冊之遺焉此褻裘之制也

興酣落筆搖五嶽詩成笑傲凌滄洲文有此勝概

色斯舉矣　時哉

薛春黎

物有妙於機者，聖心所深契也。夫舉因乎色，集先以翔，物之妙於機也。於雌雉歎其時，聖心固默契以機云。今夫機也者，物與人共焉者也。物之機每於人之機相乘，人之機恆與物之機相感。機與機想乘，而人之嘗以機者，物初不昧乎其機；機與機相感，而物之適夫機者，人早默喻乎其機。不昧乎機而機以呈，默喻乎機而機以化，而大聖人相契之機，乃因一物之機有以揭其機之妙。鄉黨一篇，所以著聖之時也。自朝廟聘享之大，以及衣服飲食之微，但見其因時之宜，莫名其因時之妙。吾黨遠觀諸物，並證諸子之觀物，而子特渾示其機，並不明言其機也。爰爲之先經以起義曰：色斯舉矣，翔而後集。是則燭其機於吉凶悔吝之始，而一身遠引，獨能窺人心已萌之隱，而不觸於危，斯其見機者已早。審其機於安危倚伏之交，而四顧躊躇，獨能還造物共適之天，而得知所止，斯其樂機者已多。此其中有時焉。時當舉，舉亦機也；時可集，集亦機也。而舉不緩於舉，集不遽爲集者，則存乎識機者之不闇於機也。此其象，子嘗於山梁間得之。蓋天下機之所伏，自相機者默與爲伺，而感召尤微；而天下機之所流，自忘

機者適爾相遭而意言逾渾時哉之歎所由顧雌雉而興感也謂雌雉有擇於
山梁則寬平廣大之區其足以適吾機者何限獨山梁也與哉乃爲是棲託也
大抵山水清幽之地有意而失之或無心而得之故境地所呈恍若舉兩間行
生飛躍之端截以俱出動不拘乎動靜不拘乎靜雌雉應適相協焉此其機固
有流露於不自主者彼山梁特其偶寄也東西南北之棲皇何一不可作山梁
觀哉謂山梁有待於雌雉則蠉動蜎飛之屬可以暢其機者甚多獨雌雉也與
哉乃爲是留戀也大抵林泉薈蔚之中往也何所追來也何所拒故棲遲甚適
恍若舉吾身用舍行藏之理揆以俱呈行乎其所當行止乎其所當止雌雉若
隱相符焉蓋其機固有感動於不自已者彼雌雉特其偶觸也仕止久速之大
何一不可作雌雉觀哉此雉之所以有契於聖心也宜記者於鄉黨之末以明
聖之時中歟

思筆圓靈機神流暢

剛毅木訥近仁

薛春黎

爲遠乎仁者言仁、特許夫質之相近者焉、夫剛毅木訥、豈遽謂仁哉、然較之違乎仁者、則質差近矣、人當益勉於學歟、且世之違乎仁者大率皆遠乎仁者也、則欲求不遠之修、惟克葆其本性者、乃能不漓其眞性、其力至健而不失之柔也、其守至貞而不涉於靡也、其容至質而不徇於文也、其言至拙而不務於巧也、是雖稟賦不必皆同、功能期於自勉、而本性不斵、眞性常完、較之遠乎仁者、夫固大有區別爾、今夫仁也者、抱中和之德、而不倚於一偏、具純粹之脩、而莫名夫一體者也、而奈何世之求仁者、率皆遠乎仁以求仁也、則試言質之差近者可乎、其人亦未協乎剛中、而百折不回、非私意所能屈、氣稟厚而直可養、操守固而習不移、物態紛紜、何足撓其素志也、若是者謂之剛、其人亦未備乎毅、而寸衷自矢、非外務所能搖、持以一而情不遷、守以貞而物不奪、朋從憧擾、何能撼其堅操也、若是者謂之毅、俗儒喜尚虛浮、容止文而日漓其性、脩士只知樸實、笑貌眞而自葆其天、言行悉除夫枝葉、人惡其無華、吾愛其存實也、若是者謂之木、捷士最工用佞、肆辨難而務騁其辭、鬻儒專尚立誠、甘遲鈍而不騰其口議論胥杜夫紛紜人知其不欲煩吾愛其妙於諂也若是者謂之訥此而側諸純乎仁者氣配乎道義而不必以剛名力矢夫堅貞而不必以毅名威儀文辭悉合章美而不必以木訥名有大純而無小疵其詣固未之能逮然以側乎去乎仁者色厲而內荏非剛也假託乎剛外强而中柔非毅也假託乎毅令色巧言悉爲屏棄非木訥也假託乎木訥有僞心並無實意其質固迥不相侔是何得謂遠乎仁哉近焉而已吾乃爲剛毅木訥者幸焉剛毅則力袪夫柔懦而其體常堅木訥則不入於輕浮而其心至愿質地光明德業已有基矣葆維皇賦畀之良不鑿不雕已見有基而勿壞將奮發者足以有爲愚魯者足以傳道如行路然未歷其全固已得其半也而能不慰歟吾又爲剛毅木訥者望焉因剛毅而求性功絕欲漸能無欲由木訥而勤詣力謹心不至放心學問精深進境正無窮矣具昭質無虧之體勿參勿貳自可日進於無疆將矣堅强而渾厚能臻本篤實而輝光可發如陟山然欲躋其巔必先循其麓也而可不勉哉

此題與巧言令色章參看題旨自明語最直截了當

管仲之力也　三句

薛春黎

美霸佐之力復重言以贊其仁焉夫非管仲之力彼九合之盛桓公未必遽能也力所在即仁所在故重言以贊之歟從來以力假仁者大抵皆竊仁之名者也至殫其力以行仁於是伯業之所成乃獨高於今古造物爲民生輔霸主之人以贊襄乎霸主俾克建大功揚大烈功耀王庭威震華夏使天下咸頌其力弗衰而行仁之實者乃不僅竊仁之名矣不然使當世而有如管仲者許以仁可也疑以非仁亦何不可哉無如斯人不概見而九合諸侯不以兵車之盛乃僅僅見之桓公也噫嘻此誰之力哉力莫大於尊周王室而既卑矣孰復翊戴夫其主乃禁令既明而王臣不下聘者六十載咸遵其約束此其力非桓公所能也力莫大於攘楚諸姬而殆盡矣誰其用懲夫荊舒乃貢征見責而蠻服不敢肆者三十年隱杜其覬覦此其力非桓之諸臣所能也則皆管仲之力也而子猶得疑其非仁歟且夫仁有以心性言者亦有以事功見者以心性言者時勢當追窮之候捐軀在所不辭故有慷慨以明忠從容以就義此殺身成仁者固不必取以繩仲也以事功見者干戈當擾攘之秋彌禍乃爲至計故有息

紛爭於戎馬彰好會於衣裳此以衞行仁者固不妨取以論仲也吾蓋觀仲之力而益見仲之仁也吾蓋觀仲之仁而益見仲之力也夫誰則如之哉橫覽七十二國之間凡所謂爭地爭城者其果何景象也上適干造物之和下罔恤征夫之怨禍患深而爭凌無已其不仁爲太甚矣仲何不戰而胥帖然也當日者以禮招攜禮即仁所著以德懷遠德即仁所流統寰區而遍予以安全固非從戎之狐偃拜賜之孟明用典之蔿敖所得仰而企已仲父之流風未墜也吾願當代之刻以持論者鄭重思之縱觀二百餘年之史凡所謂書侵書伐者其孰與挽回也攻取則日肆鯨吞離滅則互相蠶食殘暴逞則民生益蹙其不仁尙可問乎仲何息事而各晏然也當日者內政委焉安乎內則仁聞愈彰外事斷焉乂乎外斯仁澤益溥與一世咸安於休息更非佐治之高傒載車之甯戚分金之叔牙所得躡其塵已管氏之流風猶在也吾願後世之苛以相責者低徊念之而誰如其仁哉而誰如其仁哉由亦可無疑於仲矣

不矜才不使氣醞釀深純氣機流暢

畏聖人之言

薛春黎

言出於聖以畏天者畏之焉夫聖人之言天命之所寄也爲君子者能不以畏天者畏之哉且天生聖人爲天下萬世之道計也道之大原出於天天不言而聖代之言其闡道也至精其論道也至備於是法天者必先法聖對聖者亦如對天而戒懼之心乃因之加密焉君子之所畏既由天命以及大人矣豈尚他有所畏哉夫君子固欲以聖人爲學者也聖人探於穆之精物則民彝悉本陰陽以垂教其體諸躬者既備其宣諸口者尤殷也所以崇效具精心一語可闢圖書之秘聖人建維皇之極牖民覺世且佐君相以爲功其察識既出以周詳其發抒益見其眞切也所以訏謨能定命單詞足徵典誥之遺是所賴乎聖人之言也惟然而君子之所畏者又可識矣今夫人當用力之初未識程途之奚若及得師資爲指示而爲法爲戒遂昭若以發朦知語涉箴規最足動人以警省也矧其爲聖謨之洋洋也今夫人當程功之久尚昧學力之何如及得賢哲之品題而或絀或優乃憬然以自悟知論關切要最足怵人聽聞也矧其爲聖訓之煌煌也君子敢不畏之哉且夫聖言之昭垂於今爲烈矣平時殫思極慮

無非取法於簡編究之功難遽竟也堯舜禹湯文武道統相承而欲以一己之潛修上契古皇之彝訓返躬能無深恐乎所以發身心性命之微畏更深於法律正訓誥典謨之體畏尤甚於爰書當朝夕修省之餘造詣偶有未純即見奉行之不力緬名山之風雨能無懼古訓之燦陳哉

且夫聖言之表著自昔已然矣乎居壹志凝神原欲追蹤於往哲究之詣難驟精也詩書易禮春秋日星同炳而欲以一人之私淑默孚先覺之襟期撫衷能無增惕乎所以表一朝之功烈畏之者如臨帝謂之嚴闢萬世之彝倫畏之者如見綸音之布從明旦晝皇以後功修有一未備即覺信道之不專宣奧義於苞符能無懍陳編之大備哉

君子之畏聖言君子之知天命也小人則不然矣

高文典册宏我漢京具此手筆方許摹繪乾坤

人皆曰予知　予知

薛春黎

予知者之多也、昧於事復明於理焉、夫自謂予知、宜知禍之當辟矣、乃辟禍莫知、復以明理自矜也、抑何知者之多乎、從來得名爲知者、皆不敢自命爲知者也、夫天下事機所在、必賴知而始明、乃詡所長輒命通材、隨所試無非危境、而昧於料事者、且自謂明於觀理也、噫嘻、何斯世知者之多也、自大知者不多見、而求道者固非知不可矣、然吾觀古之稱爲大知者、雖心通乎性命之微、精察乎理道之大、初未敢聰明自負、示異矜奇、況人世趨避之常、固可以予知自雄哉、而不謂皆曰予知者、且譁然起也、本無觀變之才、而詡詡相誇、輒謂世途獨深於閱歷、推其意、一若人之精研性命、所推爲志氣之如神者、初不過予也、詭託於通明、幾至同聲之相應、本乏先幾之見、而囂囂自逞、輒謂物情能識其譸張、推其心、一若人之深求理道、所稱爲聰穎之獨絕者、亦不及予也、妄矜夫作哲、幾至舉世而無殊、夫皆曰予知、自必知所辟禍矣、是卽有驅而納諸罟擭者、彼必笑其不知矣、有驅而納諸陷阱者、彼更笑其非知矣、而豈意莫之知辟者、竟出自曰予知之人乎、則甚矣、人之不可自曰予知也、且夫機械之來、設防宜豫苟墮其術而不悟亦當致懔夫前車乃驕矜之習易地皆然縱試其技而已窮猶復別誇其精鑑蓋自有莫之知辟者而予知者又有其人矣其卽前此曰予知之人歟則是與言禍福而見詘者與言性命而見優也夫性命亦胡可自詡哉理苟深於障蔽已不啻罟擭之堪虞行稍卽於顛隮更不啻陷阱之可慮乃前愆莫補昔日之受欺何拙此時之逞說仍工則謂今此予知之人特因前之有入輒迷而更變一術焉可也其非前此曰予知之人歟則是與言因應而見短者與言理道而獨見長也夫理道亦何可自是哉耳目迭致其交引非驅也而若驅心思易受其欺蒙非納也而若納乃覆轍堪懲但矜夫我識之精明轉誚夫彼術之敗露則謂今此曰予知之人特因彼之冥然罔覺而別炫其巽焉可也噫是豈不知驅而納諸罟擭陷阱者固卽皆曰予知者哉奈何曰予知者且比比然也則甚矣斯世何知者之多也

全以靈心結撰從上節翻下節從下節翻上節骨髓空靈筋節活動至粘合生意處尤覺老手斲輪

兄弟既翕

薛春黎

詩詠兄弟亦深望其能合焉夫常棣之詩專爲兄弟而作也因未翕而思既翕詩殆有冀倖之心歟今將序盛事於天倫求要道於同體則凡今之人固莫如兄弟矣蓋統於我者固可免箕帚之嫌而等於我者仍慮啓豆觴之釁苟差池其臭味將致慨於參商亦未思古人篇什流連其所爲莫遠具邇者欣慰也仍不勝冀倖已如鼓瑟琴詩第詠妻子之好合耳雖然常棣一詩固周公慨兄弟而作也閨房深靜好之緣伉儷相莊情更親於手足此宴爾新昏所以比之於兄弟也然而念一體之親天合固不比人合矣中饋泯參差之釁門庭互洽吹彌暢夫壎篪此刑于寡妻所以推及於兄弟也則夫敦同胞之雅相好者固未可相尤矣是所貴於翕也獨是論兄弟之翕在詩固有難焉者牖戶綢繆之日鴟鴞毀室誰憐育子之恩勤昔也慶多祜於百男今也痛不咸於二叔感三年之零雨缺斨破斧往事未可追尋矣則期其翕而莫必其翕者有之然而論兄弟之翕在詩又有易焉者削平患難以來脊令在原彌望同心之禦侮螽斯羽曾歌緝緝麟之趾並著振振聯一脈於天潢釃酒儐籩後會庶幾宴集矣則期

其翕而可卜其翕者有之且夫兄弟之勢易渙也渙則胙土分茅有歎彼此之間隔者矣河山各守夫藩封風雨未通其款洽顧瞻周道慼何如之詩若曰今之兄弟方來者夫非相合而不至於渙乎葛藟庇其根本葦勿踐夫苞體從四國流言之後而或歌或号偕奠酒以聯歡是固曉音瘏口之時所念不到此者矣吾聞樂之始作也貴於翕信如詩言兄弟不既有翕如之象也歟且夫兄弟之情易暌也暌則貌合神離有歎意言之齟齬者矣臨觴少握手之歡聞樂起拊心之歎追維昔款傷何如之詩若曰今之兄弟比安者夫非相得而無或少暌乎行早聯夫雁序怨自泯夫騂弓當一堂聚處之時而載笑載言慶棣華之共韡是又衰衣繡裳之日所幸而得之者也吾聞坤之方靜也取其翕信如詩言兄弟不既有靜翕之應也歟由是和樂且耽室家不咸宜乎

高華沈實骨重神寒有　國初諸老風力

父作之

薛春黎

創作有人已樂得夫賢父矣夫有父而不能作者多矣文乃父作之焉不已見無憂之實乎且列祖隆宗廟之歌而王季不見諸周頌穆考紹先人之統而王季不詠於周南說者謂制作未隆者簡編因多畧焉而不知非也我國家忠厚開基永承勿替制度昭於奕世儀型實創自前人溯家法之留遺覺維我文王夫固樂有賢父矣文王之無憂固以王季爲父也夫父不重賴有作哉念鞠育之深恩屬在後人孰不思揚夫前烈然使肯堂有志而作室無聞將創建未宏何以肇禋熾禋昌之勢也則前人之基緒宜光也鍾神靈之異質仰承世澤更思克迪夫前光然使播穫有人而菑畬未著將規模不具何以慰以引以翼之心也則先代之創垂猶畧也是所望於作也獨是論作於父固有難言者衣裳昭垂拱之休盛治獨隆於蒲坂顧夔生井廩窮人幾至無歸即幸獲蓋愆亦空抱終身之怨慕尙何望其能作乎十六字道傳心法同廷相授初何嘗家學之親承亦可知瞽瞍爲大子之親原難語貽謀獨善矣天地著平成之積神功特錫夫元圭顧痛抱羽淵黃熊竟嗟入夢即幸能幹蠱已莫解當局之憂虞尙何

望其能作乎四百載統繼靈長神器無私初何嘗前徽之克紹亦可知崇伯歸四凶之列更難語有開必先矣而皆不可以例文之父也試觀其父豈非作者之聖乎且夫季之作有見之於國者如書言其勤王家是也自作伯膺九命之榮圭瓚久頒於天府苟非克自抑畏奚自勵精誠之氣以垂裕後昆乃牧師命矣即以肇西伯之封余無伐矣即以創專征之例拜王朝之數馬無非開弓矢之先聲爲問獻捷勤王五十年服事之忠何一不由於締造乎而第謂羑里之囚亦同塞庫之困以是見父之作也猶其外焉者耳作有見於家者如詩言其德克明是也自受祿爲四方之慶德音久著於大邦苟非力任修明奚自高友愛之風以光昭後嗣乃拔木之道既通紹父即所以保後採藥之蹤不返承兄正所以安邦敦友誼於庭闈無非肇緝熙之家學爲問錫光篤慶八百載綿長之祚何一不出於創垂乎而如謂帝度其心乃有帝祉之受以是見父之作也猶其顯焉者耳合之子述不益見無憂之實乎

嶽峙淵停雲垂海立筆情英銳縱義紛綸可名世亦可壽世壘卷家當以金鑄之

其次致曲

薛春黎

由盡性以思其次、而得推致之功焉、蓋惟有未盡之性、是以名爲其次也、而所致者在曲、亦曰此固大賢以下事耳、從來品詣之所分、有其上必有其次、以上哲固不數見也、夫稟賦固不必皆同、而端倪要期於自擴、人得其全、我乃僅得其偏、而見爲偏者、初不敢自囿於偏、斯偏中求全之詣、力見焉、不然、世而皆盡其性者、固無所謂曲也、更無所事致也、何自而別爲其次哉、然而盡其性者其人固已莫尚也、然而盡其性者、其人亦非無儔也、蓋盡性者得於生初也最渾、渾則舉良知良能之事隨在悉見其昭融、惟渾乃大、大故不入於纖、凡見爲纖者、皆未底於大者也、夫見爲纖、則所謂曲也、抑盡性者見諸推行也最周、周則無不純不備之禀、歷候悉徵其充裕、惟周乃多、多故不見爲少、凡見爲少者、皆未得夫多者也、夫見爲少、則所謂曲也、是所貴乎致也、吾試由盡性者而思其次、本取法乎上之思、遞而降之、曰其次、可知生材不一、卽盡性者亦難強使之同、性所存者、未必無平旦之偶萌、性所發者、未必無幾希之偶露、因偶萌偶露之端、漸而加焉、固未可自安於曲矣、則其次正宜馴而致也、於同居等類之中引而重之曰其次可知爲途不遠盡性者莫由斬其所難性之待盡於人者一意卽可以造端性之待盡於地者一念卽可以溥徧從一意一念之微擴而充之叉不得常終於曲矣則其次更當推而致也且夫致曲之功仍不外乎擇善固執而已蓋善不擇則理欲混淆不知有曲也安所事於致其次乃持以定識焉當夫抉摘旣當卽推暨愈宏一物有一曲致焉可竟委以窮源物物各一曲致焉可由此以達彼卽吾識所已及幷擴吾識之所未及而漸推漸滿彌覘理道之宏深水之盈科也涓滴之微積而成澎湃汪洋之象彼致曲者亦若是焉矣執不固則攻取交乘明知有曲也或未事夫致其次乃矢以定力焉當夫操守愈嚴亦彌綸愈廣曲本一而致不一分致者功無所虧曲不同而致皆同合致者分無所歉卽吾力所已充並求吾力之所未充而愈積愈多彌見功修之邃密木之發榮也萌蘖以後且自呈增高繼長之觀彼致曲者亦若是焉矣曲則有誠也而效不可歷徵乎

樸實說理入木三分

民事不可緩也　苟無恆心

薛春黎

知民事之宜急當深慮恆心之失矣夫民惟以事爲心心之所以有恆也而恆心必由於恆產勤民事者可不慮恆心之失歟從來善治民者患其事之不勤尤患其心之不固夫惟上以民事爲心斯勉於旦夕者民乃有以嚮乎事矣抑惟上以民心爲事斯予以保聚者民乃有以繫其心矣否則視爲末務不暇圖維未知古人先事告誡者固深慮本心之失文公問爲國夫國固以民爲本也君不能心乎民將草茅之勤苦上固無由體民之心也君苟能心乎民將宵旰之勤勞上固無在不籌民之心也蓋國所重者民而民所重者事於此而置爲緩圖烏乎可獨是事屬於民有視爲可緩者有萬不可緩者亦有視爲可緩而因不可緩之事亦復刻不容緩者要惟人君震動恪恭於上斯小民勸誡勞來於下所事之無荒皆由於其心之不懈宜乎旦暮從事於原野而辛勤終歲更無淫心而舍力者也昔者我周以稼事開基而元公不忘乎先業豳風七月之詩一篇之中於民事三致意焉顧其七章有云晝爾於茅豈第不緩之晝哉宵爾索綯豈第不緩之宵哉蓋其心如此其亟者非斤斤爲乘屋計實爲其始播

百穀計也不播穀則忘其所有事不播穀並忘乎其爲民且不惟忘乎爲民也抑忘其本心實甚則未一思夫民之爲道也今試問游手而嬉者能强督以耕作乎又試問舍業而游者能敦勉於朝夕乎不以民事爲事乃不以民心爲心此豈民之咎哉無可守之田廬乃有坐荒之歲月爾宅奚以宅爾田奚以田見異思遷皆無恆產者之所致也有恆產者有恆心無恆產無恆心民之爲道固應爾爾君人者知其然也以民事爲先圖尤以民心爲急慮少而習焉其事若性成焉長而安焉其事無他顧焉長世字甿於以保此心而不失農之子所以恆爲農耳苟或無之其心不廑念始和之布其心不豫計播穀之時是卽見有于茅者且以爲事可緩於晝也見有索綯者且以爲事可緩於宵也蓋其心早已別有所事而不以民之所亟者爲亟亟矣故曰民事不可緩也

有提頓有反正有手眼有縈拂有關鍵如鬻拳之技四手不脫空仍不著絲毫氣力乃與道大適之候也

欲其子之齊語也

薛春黎

有厚望於其子者、語不欲囿於楚也、夫語爲齊語、固大異於楚矣、乃欲爲齊語者、竟出自楚大夫也、其望子不綦切歟、嘗聞五方之民、言語不通、語之各異其方也、夫人而知之矣、顧語之各異其方者、列邦之風氣攸殊、而語之不囿乎俗者、一己之詒謀獨異、豈其少成若性、初不思土音之是操歟、何睠顧後人、竟豔羨好音於東土也、有如楚大夫於此、亦第爲楚語已耳、雖然、獨不有其子在耶、若敖蚡冒以來、文告漸通於上國、想大夫薰陶有素、亦自知遷地而弗良也、將堂構相承、固同安鴂舌之常、而言無嫌俚、蓽路藍縷之地、謳謠未採於風詩、即大夫厭薄頓生、亦未能半途而忽改也、而封疆遠隔、豈其慕魚鹽之利、而聲可相求、是楚之不能爲齊語也、明甚、而楚大夫乃爲其子欲之、獨是齊處北海、楚處南海、固風馬牛之不相及也、我觀謂乳爲穀、謂虎爲於菟者、此楚之語也、而齊不聞有是、以得爲登、以豬爲都者、此齊之語也、而楚亦不聞有是、然則生長於齊、不能不爲齊語、猶之生長於楚、不能不爲楚語耳、而欲之者何心、夫人非其情之所獨鍾、則雖聆異論、而其情不屬、惟此意常縈於寤寐、而思之愈久、計之彌深不覺因白馬雕龍指稷下而倍深希冀抑人而遂其欲之所專注則雖聞好言而其願易平惟此事始動乎衷懷而望之殊殷期之彌切不禁念談天炙轂望雄邦而遐寄懷思吾知大夫之望其子者殷矣顧復鞠育之恩歷久彌篤即一言一話亦深期吐屬之非凡維習俗之移人固未可以之自囿耳瀟湘雲夢之區倏聞夫三代之遺聲而精神爲之一振誠令其子舍舊而圖新焉吾知方言可改琴匪操乎鍾儀里耳難諧吟不同於莊舄變白雪陽春之調將吹竽鼓瑟直同表海之雄風斯則大夫所日夕焦勞而冀其邁迹者也吾亦知其子之學齊語者尤亟矣男唯女俞以後見異能遷苟變濁變清當不至意言之難曉惟方隅之是限固未可以自封耳轂擊肩摩之地偶聽夫羣言之嫻雅而意念爲之弗諼誠令其子用夏而變夷焉吾知言不效晉侯之饗而東道能通詞非如秦客之廋而南風不競讀高山乘馬之書將檮杌春秋頓易蠻荊之舊制此則大夫所旦夕圖維而望其亢宗者也然則傅之者奚其從

經生之文才人之筆天崇骨力墨卷規模

遵先王之法而過者

薛春黎

遵法而不免於過、大賢特爲懸想焉、夫先王之法、本無過也、既已遵焉而猶慮其過乎、孟子殆姑爲設想歟、嘗讀洪範一篇曰遵王之道遵王之路一時偏黨不形式敷皇極其可以寡臣民之過者必先有以寡一人之過顧有典有則道固善於開先斯是訓是行治莫隆於纘舊使謂監于成憲者猶未克永無愆也是亦怵惕維厲之深心所無妨過計者已詩言率由舊章夫章法也舊章者即先王之法也詩蓋美成王之克泯愆忘者以其知所遵循耳歷沖齡而踐阼天心眷佑民人已見其咸宜乃黼座精勤初未聞予知自雄矜言創造亦可知咸正罔缺端資謨烈之顯承也際多難而秉乾王室漂搖風雨方憂其弗靖乃深宮壼畫初未敢師心自用侈議更張亦可知大卞克循始見瑕疵之盪滌也是先王之法本無過也遵之斯無過矣然而遵法者難遵先王之法尤難其在漢武之君去暴除苛政令亦歸於畫一究之定禮儀而未暇參稽厭詩書而視爲迂闊鼎新革故自矜締造之宏而父老歡呼喜寬文網是則難法也不得謂之遵也其在優柔之主因仍遷就治理亦見從容究之奉成憲而太平坐享進古制而謙讓未遑守典承庥漸啟怠荒之習而廟堂淸淨崇尚虛無是則難遵也不得謂之法也若夫用高曾之規矩奉行罔越旣覘軌迹之易遵斯著奕禩之儀型偏倚胥融自見範圍而不過而顧沾沾者慮其過集於愆也夫獨斷獨行事事悉更乎往制將祖宗之遺訓棄若弁髦其得過焉宜也而茲則明明遵之矣周書八法遵焉而知創制之艱難周禮六官遵焉而宜隆平之治術往斁求先王夫固遠不濆而邇不褻耳如謂敷施已審尚有疏虞是大典纘奉夫前徽而流弊轉滋於後世也有令吾懸想焉而殊費躊躇者而顧鰓鰓焉慮其過失於忘也夫之綱之紀事事胥揆以矜情則方策之昭垂棄同敝屣其得過焉亦宜也而茲則切切遵之矣遵乎金枝郊寶細書揆武儆之精遵乎程典大匡古訓闡文言之奧念昔我先王夫固動爲道而世爲則耳如謂規模未備尚有瑕疵則是功效已見於篇章而政令轉形其叢脞也有令吾擬議焉而殊勞計慮者未之有也

將上五字著實做足而字一轉便得此力爭上游法也

幸而得之坐以待旦　　薛春黎

理得於終夜之後、元聖乃急於行矣、夫於不合者求合、豈易得也、而既已得之、公能不急於行哉、且古聖之存心也、不問其事之行不行、先度夫理之得不得、不得而遽見諸行、其行也必多昌昧、已得而猶緩於行、其行也必至遲回、惟心以用而後通、斯心以專而愈奮、當夫罷勉從事、可想見於披衣問夜時、已仰思而繼以夜、公之心不急欲得之哉、然公之心豈第欲得之哉、沖人踐阼之年、家相宜勞、惟迪前光於勿替、倘時殊勢異、而事理未得其指歸、即晏坐深宵、公能已於輾轉乎、未得而必求其得也、公之心固未敢自逸也、孺子委裘之日、元臣攝政、惟監成憲以無愆、倘人往風徵、而情事未得其要領、即情殷待漏、公能免於憂虞乎、未得而驟見其得也、公之心尤未敢即安也、幸而其機爲之一轉、幸而其境爲之一開、幸而其理乃確然而無疑、幸而其神乃悠然以如會、是所謂得之也、公之心於此可昭、公之力殆於此稍息乎、然而公愈悚然矣、念音容之既隔、三王未得親承、今幸殫思極慮、以還始見心源之契合、是言得而事可徵諸實、言得而理仍麗於虛也、而謂情耽安逸、竟至偃息以在牀、非公之心也、然

而公愈皇然矣緬方策以猶存三王難得之告語今幸從壹志凝神而後備徵
憲典之昭垂是一言得而事可賅其全僅言得而功猶居其半也而謂時値晏
閒竟可躊躕而伏枕非公之心也蓋得之之後急欲見諸行也不觀其坐以待
旦乎將欲端坐於朝堂之上以大其敷施而問夜何如誰復聆鸞聲而戾止於
旦之先而見爲坐得毋神之稍疲乎我不可不監於有夏我不可不監於有殷
綜往代以溯先猷禹湯固如親授受况乎覲光揚烈一家之作述猶新也東方
而未明矣危坐者能無急於敷施哉將欲久坐於衽席之間以耽夫閒適而嚮
晨以告不免藉燕寢以偷安於待旦而堅之以坐公又不遑假寐矣父爲聖人
而尊爲天子兄爲聖人而身爲天子迪前光以承丕緒文武已顯示憲章况乎
夏鼎商盤二代之貽謀甚遠也東方而既白矣安坐者豈敢稍耽閒適哉此周
公之存心也

筆筆靈動字字典雅中一段飛花滚雪後二偶蘊藉風流此爐火純青之
候也

吾豈若使　三句

薛春黎

行道更切於樂道、不敢以畎畝終矣、夫以堯舜之君民、見之於身、何行道之盤乎、伊尹故因三聘而熟籌之、曰吾今而知遠大之規、甚不可執一說以相囿也、夫使欣於所遇、世與我而相遺、豈不甚善、無如遇之疎者、需之甚殷、其安危係乎廊堂、其休戚關乎黎庶、而其千載一時之盛、早令人於俯仰間彷彿遇之、殊覺向之獨善其身者、藐乎小矣、湯既三聘、而我仍樂道於畎畝、則必使是君非堯舜之君而後可、則必使是民非堯舜之民而後可、則必有人焉堯舜其君、堯舜其民、而無待於吾身親見而後可、然而吾計之熟矣、今夫學不本於堯舜、非吾所樂之道也、治不本於堯舜、非吾所行之道也、吾思松雲在屚、麟鳳游庭、藻火垂裳、夔龍效職、巢燧以來、開文明之運者、孰如堯舜之君乎、又思鑿井耕田、八游化日、皐財解慍、曲奏薰風、葛懷以後、享昇平之福者、孰如堯舜之民乎、吾生也晚、夢想唐虞、畎畝優游、事權不屬、而顧侈然自命曰、吾將使是君為堯舜之君、吾將使是民為堯舜之民、吾將使堯舜之君民、皆親見之於吾身、得毋誣甚、而何意是君之待我甚殷也、而何意是民之望我甚急也、而何意是君是民竟若以堯舜之道試之吾身也則且與語文武聖神之德則且與言文明濬哲之休則且與觀析因夷隩之安則且與徵憯怛忠利之教則且與壤歌華祝頌手而頌承平則且與禹拜臯賡前席而陳喜起是君爲堯舜之君民爲堯舜之民而吾即爲堯舜其君堯舜其民之身也豈不盛哉豈不快哉然則天下不能一日無君不能一日無民即不可一日無堯舜其君堯舜其民之身訪巢由之跡豈若陳益稷之謨哉考種植之書豈若上勳華之頌哉望古遥集神往中天豈若操寸尺之權得以躊躇滿志哉今而後莘野之樂不足爲外人道也

梢拔似馬浩瀚似韓奇横似柳跌宕似歐落落數百言而俊邁屈盤如天馬行空有不可捉摹之致

帝館甥於貳室

薛春黎

有厚待夫甥者、已於所館見之焉、夫舜何人也、帝乃從而甥之乎、館之於貳室、其待舜不已厚歟、且後世築館以招賢者、或擁篲以迎門、或執經而請業、固知得致高賢、不可無宮室之奉矣、若乃略君臣之分、聯姻婭之歡、天府初登、而儲宮特建、蓋自側陋慶明揚、而德協乎帝者、即居處亦無殊於帝焉、舜尙見帝、帝之待舜將何如、窮蟬之氏族已衰、門祚卑微、而艱辛備歷、廩焚井浚之年、家庭且多故矣、縱薦經岳牧、詎敢望蔦蘿是施、締婚媾於天家、大麓之風雷待試、姚墟已降、而窮約如常、耕稼陶漁之日、敢處更不遑矣、縱治佐平陽、豈敢望棟桷重新、比崇高於天府、然而帝則以爲甥矣、然而帝且假之館矣、館何在、館於貳室也、且抑思貳室固何如者哉、貳之爲言倅也、以之名室、蓋有輔治之義焉、階爲土茨、爲茅樸陋、相安儉德、洵堪師矣、而効趨承於殿陛、爲貳室備極其尊嚴、貳之爲言副也、以之名室、蓋有繼體之思焉、松生棟、雲生簷、制作漸開、文明將大起矣、而仰規制之崇閎、惟貳室益彩、其壯麗、此帝之所以館甥也、然則帝之待舜不已厚哉、所可異者、巽位固中天之創舉、而風高鑾降、足開後世尙主之先聲假使當日者廣廈雖開而嫣納未歸都君亦只與皐夔並列則可以言館而不可以言甥乃三十載徵庸以後嘉耦與華屋同稱人以爲帝居甚壯棟宇已極其崇隆吾以爲帝子來歸居處先形其完備也地原近於至尊禮不待夫親迎展我甥兮當亦舜所念不到此者已所尤異者擇婿亦世俗之恆情而高其閈閎不比後代卑宮之遺制假使當日者王姬下嫁而奐輪未備英皇亦只與木石同居則可以言甥而不可以言館乃十二州肇造以還攸芋與好逑並詠人以爲深山之中有奇遇親聯兩姓交歡吾以爲深宮之內可觀型誼比一家更近也鼓琴自坐夫都宮被袗同游夫夏屋適子館兮當又舜所居之不疑者已由是饗行而賓主互洽矣此非天子而友匹夫乎

玉節金和筆歌墨舞後二偶文情斐亹尤爲如火如荼

季任爲任處守以幣交

薛春黎

有不能不以幣交者以其爲處守也夫任去鄒甚近交豈專恃乎幣哉然有不能不以幣交者亦曰其時固爲任處守爾且當世諸侯王其欲結交於賢者或造廬以請業或長跪以明恭固知交際之間初不尙戔戔束帛矣然至以寡君之貴介弟濁世之佳公子當其分屬儲宮希當大任即使情殷慕道絕少往來在旁觀亦可爲曲諒不謂承筐以將者且專望周行之示我也孟子居鄒當其時果孰與之交哉列國之馳驅已久征塵暫息不求聞達於諸侯對故里而倘佯仿舊游而慰藉夫豈望瓊瑤投贈或來貴介之周旋鄉閭之退處甚閒道望素隆早播芳馨於鄰國越境者或嫌其太遠趨士者恆慮其難親夫何期璣組豐隆竊望他邦而餽問於是有以幣交者問其國則爲任也問其人則爲季也問其時則爲任處守也夫處守也而猶以幣交哉今使季也優游境內欲親君子之光儀必將如當日之曹交奉贄執經願留門牆以受業而幣交且有所不足言然而季任則非其時矣又使季也奉使他邦願聆高賢之謦欬必將如當日之滕文回轅迂道藉通款洽以明誠而幣交且有所不必事然而季任則無

其遇矣何也以季任固爲任處守也夫何必以幣交夫何必不以幣交惜也季任之尙爲邊守也雖不願鄰封通問徒壯行色於邱園第以大柄未移趨侍未能豫卜非藉區區以將意何由鑒吾誠也膺社稷民人之重寄而伊人秋水竊不禁蒼葭悵望之情以幣交焉纁組雖稍盡悃忱衷曲究難攄愛慕遠違名教而近挹謙光卽一介可通恐大君子仍遐棄我也筐篚而有餘思也彼當日之鄭段秦鍼能如此之虛懷下士也哉幸也季任猶以幣交也亦惟恐玉帛充庭虛博禮賢之聲譽第以息肩無日追隨未卜何時藉茲僕僕之往來或可鑒吾意耳撫山河帶礪之遺封而君子道周輒不勝杕杜來游之慕以幣交焉簡書曲盡殷勤之意關津徒深杳渺之嗟碩望心傾而藩封任重當百朋是錫彼大君子或原諒我也饋獻而具隆禮也彼人世之文繡膏粱詎足動高賢之一盼也哉宜孟子受之而不報也

高華細膩墨卷中鋒

流水之爲物也　四句

薛春黎

學由於漸可即水以喻道也夫道必成章而達猶水必盈科而行也觀於流水之爲物不亦見志道之有漸歟且吾嘆聖道之大言水而借觀於海明聖道之有本言水而必觀於瀾是則即水固可以見道乎顧備道者自見其淵涵而造道者當求其次第序必宜循而等無可越苟未能由漸而入漫曰吾固學海而可至於海也噫嘻愼矣何則道也者其程有由闢其效有由致而其境則不可以猝而幾吾蓋反覆於流水而知道之必貴於達也又知道之不遽言達也達必有達之機而機每患其滯乃歷一候而其機尙滯又歷一候而其機忽開非受之以需不克有愈擴愈充之象也若流水特其顯焉者也達必有達之勢而勢每苦其艱乃始闢一途而其勢尙艱更闢一途而其勢頓易惟受之以漸然後有可推可放之形也若流水特其小焉者也嘗觀於波濤浩渺之區大爲淪小爲瀾其行也幾有一往莫禦之致及一揆夫發源伊始則必以注川曰谿注谿曰谷注谷曰溝者積而爲汪洋澎湃之觀坎之流異乎艮之止曰惟盈科爲然四悟夫學問深潛之候若登高若陟遐其達也幾有不可限量之思及一觀

其積累之勤則必由士以希賢由賢以希聖由聖以希天備歷夫充實光輝之境誠於中乃能形於外曰惟成章爲然而不然者彼流水尚不克行而謂君子之志道可遽期其達乎然而期於達者且妄冀一蹴可至也炳蔚之大文未著漫思倖獲於崇朝是猶分一勺之多而妄冀百川之灌也有是理乎君子以發蒙端養正之基即以習坎明洊至之義迨至日移月異而光華之發越藉覘學識之通明蓋不啻達於淮泗達於河者之推行無阻也不然成就未宏奚足語道之閫奧也哉然而期其達者且謬謂躐等可企也就將之功候未深競欲捷收於一旦是猶指斷港絕潢而謬謂洪波巨浸也有是情乎君子以望洋者興觀止之思即以向若者勵進修之氣迨至發邇見遠而外觀之恒赫無非內念之充周蓋不啻溝達於洫洫達於川者之流行悉暢也不然章美未含奚足語道之微妙也哉吾蓋反覆於流水而知道之必貴於達也又知道之不遽言達也志道者可以悟矣

廣陵散不彈久矣百川而後此其嗣音

（清）許乃普等 著 （清）薛春黎 輯

後七家詩選七卷（一）

清光緒二年（1876）刻本

新七家詩

精選輯註

光緒二年春正月
京師琉璃廠開雕

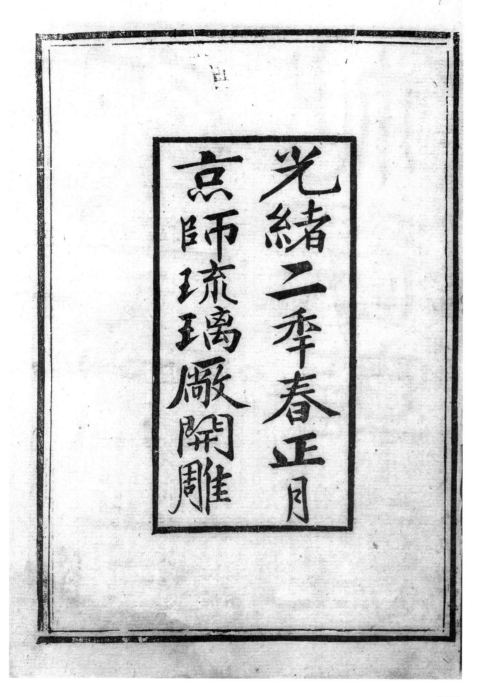

序

國家設科取士兼用試帖士之懷鉛握槧者靡不鉤心鬥角競巧爭妍每拈一題必經營慘淡以盡其能事而後已顧其中驅遣典籍有熟事而生用者有僻語而隱用者更有合數事而連類以用者蓋取材宏富學問淵深一字一句各有來歷必反覆引証詳加註釋使讀者心領神會怡然渙

然而後作者之精神與之俱出矣　王子硯耘以名孝廉觀政水曹品學純粹兼工吟詠公暇以坊本後七家詩風行海內幾於家置一編每苦註釋缺如不無遺憾爰廣搜册府逐句箋解寒暑一周始克蕆事書成余受而讀之見其探源竟委考据精詳或有意取於此而詞則見於彼者必兼引之以期明顯或有說見於前而議則聚

於後者必分晰之以正異同訓詁仿鄭氏之箋古事有仲舒之問噫何其盛也且尊甫小秋觀察曾註養雲山館試帖行世流播坊間不脛而走今　硯耘復成是編以津逮後學於以知名父之子必有傳人益徵家學相承淵源有自云余因樂而爲之序

光緒紀元歲在乙亥秋七月

同郡世愚弟陳彝頓首拜序

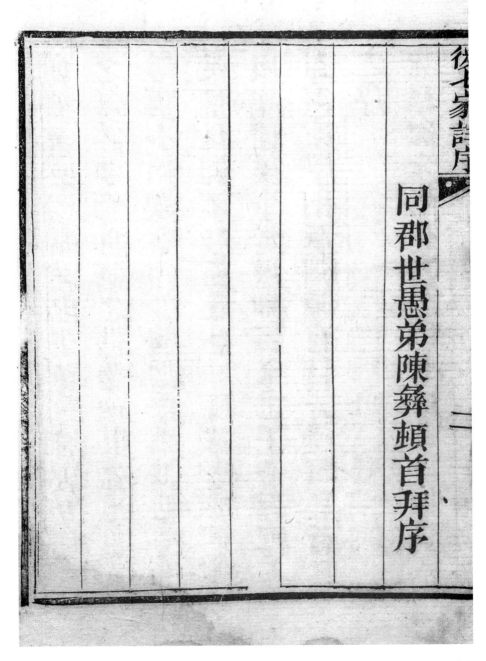

後七家詩序

夫黻繡成文不必求耀於離朱而眯目者衆鈞韶振響不待叩音於師曠而忘味者希良由所收有殊所得迥異況乎騁妍於藝圃摛藻乎詞林波詭雲譎羅罥者萬象金薤玉膾食蹠者千雞不探星海以分流詎識詞源之壯闊不審風斤而運巧誰知意匠之經營此名流著述所待索解於後賢也吾鄉　王硯芸水部性夙耽吟才雄博物譜白雪之雅唱里和難諧獻大羅之仙音天香蛩折爰以三餘之暇復尋七步

之詩近取坊刻後七家試律詳爲詮證分條析縷註爾雅之蟲魚辨僞存疑訂遺文之亥豕探奇二酉段柯古儷事多聞下取六丁楊子雲元經愛護數典必期心得展卷無慮口箝窺豹管於一班度鴛鍼於五字師古是孟堅忠輔杜侯爲盲左功臣以彼方茲洵無愧矣　煒忝陪詞館愧乏清才技祇逐平竿隨吹竟同平竽濫手茲三復飽飫百臠識榘矱於前人逮津梁於後學昔　尊甫

小秋先生曾有養雲山館註釋之刻引據宏富辨析

精微固齊醫之肱折也三宜洛市之手抄以萬今
硯芸復以此編嗣出知庭承詩教早傳玉尺於宗工
世守遺經亦引金繩於覺路鳳毛有美鴻麗無儔此
時拄笏閒吟例見詩人於水部他日簪毫侍從更傳
清課於木天固將奄雅頌而侔懿揜星雲而比華也
已
光緒元年歲在乙亥冬月下澣姻愚弟曹煒頓首拜
序

堪喜齋試帖目錄

夙夜在公　若保赤子
心清聞妙香　臣心如水
恭儉惟德　歸及薦櫻桃
周孔垂名教　窗外三更蕉葉風
春在先生杖履中　灞橋風雪
日氣初涵露氣乾　花亞欲移竹
秋山極天淨　露滴如珠落卷荷
菊影　風剪疏林寒有聲

高閣卷簾千樹風　起弄明月霜天高

碧落無雲稱鶴心　興過山寺先雲到

十聯詩在御屏風　高竹半樓風

殿閣生微涼　自有春風爲掃門

宰相須用讀書人　寫葉惜殘紅

堪喜齋試帖輯註

錢唐許乃普滇生著
甘泉王祿書硯耘注釋
儀徵張寶恩石生
儀徵嚴玉輝韞初校字
儀徵張兆蘭畹九

夙夜在公詩｜｜｜｜少
實命不同

宣聽

皇極建

清問旰宵殷矧在臣工列能忘夙夜勤樹回溫室煦草記

掖垣焚閶闔瞻三殿神仙宿五雲花磚天上麗蓮漏
月中聞晷影階翻藥鈴聲館閉芸忘私承永譽匪懈
策殊勳基命
乾行健
箴垂百爾廑
亶聰書｜｜明皇極建書次五曰清問書皇帝｜｜
作元后建用皇極下民鰥寡有
辭於旰宵見下若保臣工詩嗟嗟夙夜勤書｜｜罔
苗赤子詩注｜｜或不｜
樹温室漢書孔光傳或問光温室省中樹皆何草
木光默不應答以他語其不洩如是
焚南史謝弘微傳弘微每獻替及掖垣唐書權德輿
陳事必手書焚草人莫之知傳德輿知制

誥獨直兩省乃上書言左右丨丨閶闔漢書禮樂志
承天子誥命奉行詳覆各有攸　天馬來龍之
媒游丨丨觀玉溫子昇大覺寺碑居丨丨申山
臺注丨丨天門三殿以長想出四門而承慮　神仙
天隱子在人曰人仙在天曰天仙在地　周禮春
曰地仙在水曰水仙能通變曰丨丨五雲官保章
氏以丨丨之物辨吉凶水旱降豐荒之祲象宋史中韓
琦傳弱冠舉進士名在第二方唱名太史奏日下丨
色丨花磚李肇翰林志北廳前階有丨丨道冬中日
見　及五磚為入直之候李程性嬾好晚入恆
過八磚乃至衆呼為八磚學韓偓詩中使押從
士國史補御史得立五丨丨天上丨丨去外人知自
日邊宋史燕肅傳性精巧嘗造指南記里鼓二
來　蓮漏車以獻又上丨華丨法詔司天臺考於鐘
鼓樓下翻譯名義集遠公之門有僧慧要患山中無
刻漏乃於水上立十二葉芙蓉因波而輪以定十二
時晷景無差今日李益詩遥聞史記天
遠公丨華丨是也月中聞天語月明中晷影官書略

以知日至要決丨景歲星階翻藥謝眺直中書省詩
所在五穀逢昌接景丨同　紅藥當階翻蒼苔
緣砌鈴聲王仁裕開元天寶遺事天寶初寧王於後
上　園中紉紅絲以爲繩密綴金丨繫於花稍
之上每有烏鵲翔集則令園吏掣鈴索以驚之蓋惜
花之故也樂史太真外傳上至斜谷口霖雨涉旬于
棧道雨中聞鈴館閉芸論衡主人請賓賓如聞其家
丨隔山相應　有輕子泊孫教親徹饌退膳
不得飲食閉館關舍不得頓則必不往李漢書
質良獄賦蔭檀欒之芸館谿凝思之雅堂忘私賈誼
傳爲人臣者主耳忘身永譽詩庶幾夙夜匪懈詩夙
國耳忘家公耳丨丨　以丨終丨　夜丨
丨以事殊勳舊唐書阿史那杜爾傳杜爾從太宗征
一人　遼頻遭流天拔而又進其所部兵士人
百其勇盡基命詩成王不敢康乾行健易丨丨卦箴垂
獲丨丨　夙夜丨丨宥密　天丨丨
李嶠爲公主讓新宅表鬼神所福常百爾詩丨丨君
矜於缺隅賢聖垂箴必誡於豐屋　子應瑒詩

凡丨敬丨位
以副饑渴懷
若保赤子書康誥丨丨丨丨
丨惟民其康乂
皇上毀保赤煦嫗洽羣倫見齒煩丁籍婆心育子民情原
毛裏切視儼角羈新顧復飢由巳愚蒙命屢申孩之
無弗愛少者宛相親虎乳奇傳鬬羊腓化啟幽生成
誰異氣胞與况斯人撫字勤
宵旰依依
覆幬仁
皇衷宋書樂志以承丨丨煦嫗禮記陰陽相得丨丨覆育
宗祀以肅丨丨煦嫗萬物注以氣曰丨以體曰

｜羣倫法言聖人聰明淵懿繼天測靈冠乎｜｜兒齒詩既多受祉黃髮｜｜箋｜｜亦壽
儆釋文｜五歹反｜落更生細者也丁籍宋史姚仲孫傳知滁州歲旱饑有詔發官粟以賑民而主
吏不時給仲孫既至州立勑主吏夜索｜｜盡給之婆心傳燈錄大愚曰黃蘗恁麼老｜｜切子
民詩繄民子來毛裏詩靡瞻匪父靡依匪母不屬於｜不離於｜傳｜在外陽以言父｜在內
陰以言母角羈禮記三月之末擇日翦髮爲鬌男｜女｜注鬌所遺髮也夾囟兩旁當角之處留髮
不翦者謂之角留頂上縱橫各一相交通達謂之羈嚴氏云夾囟日｜兩髻也午達日｜三髻也顧
復詩｜我｜我飢由己孟子稷思天下有｜者｜｜飢之也愚蒙杜甫詩雛言養雛哺
此語亦足爲｜｜命申易重巽以申命孩之老子百姓皆注其耳目聖人皆｜｜少者
禮記長者賜｜｜賤者不敢辭相親王縉詩曰與道｜｜虎乳鬭左傳初若敖娶於鄖

生鬬伯比若敖卒從其母畜於䢵淫於䢵子之女生子文焉䢵夫人使棄諸夢中虎乳之䢵子田見之懼而歸夫人以告遂使收之楚人謂乳穀謂虎於菟故命之曰鬬穀於菟

羊腓 詩誕寘之隘巷牛|腓字之注腓芘也字愛也

異氣 嵇康養生論特受||稟之自然

胞與 張子西銘民吾同|物吾|也

同斯人 論語吾非||之徒與而誰與

撫字 韓愈順宗實錄陽城在道州賦稅不登觀察使數誚讓上考功第城自署第曰||心勞催科政拙考下下

宵旰 唐書劉蕡傳終任賢之效無||之憂

依依 韓詩外傳其民||其行遲遲

覆幬 禮中庸辟如天地之無不||

心清聞妙香 杜甫大雲寺贊公房詩第三燈影照無睡|||||

鼻觀參眞諦香生靜者心六根清不滓一瓣妙難尋

冰淨壺涵三秋高粟散金湛如澂水止細欲博山沈

塵掃栴檀界芬飄薝蔔林拈花明鏡澈待月畫簾深
偶覺靈犀觸都忘法象森贊公聯舊雨幽賞滌煩襟
鼻觀趙孟頫詩飄如脫樊籠妙香清丨丨參眞諦蘇軾燒香詩不是聞思所及且令鼻觀先
丨梁昭明太子解二諦義二諦者一是丨丨一是俗諦眞諦亦名第一義諦俗諦亦名世諦香生
韓偓香奩詩序咀吾色之靈芸之丨丨九竅𤏲三危之瑞露美動七情靜者心杜甫詩丨丨丨多妙
先生藝絕倫六根首楞嚴經一根既返源丨丨成解脫不滓秦宓答王商書如揚子雲潛心
著述有補於世泥蟠丨丨行參聖師一瓣陳師道詩向來丨丨香敬爲曾南豐難尋蘇軾詩潤
草誰復識聞香杳丨丨冰淨表楠詩晴湖淨奩冰壺涵玉王昌齡詩洛陽親友如相問一
片冰心在玉丨王績詩露葉疑丨丨秋高張籍詩山情因月甚詩語入丨丨粟散金唐詩

紀事佛家有金丨影如來袁㭿送虞伯生降香詩寶幡繡重團金粟細佇香嚴印紫泥盧綸詩白露團珠菊丨湛蘇軾詩丨然丨古如井終歲不復瀾澂水止潘尼琉璃沈賦凝霜不足方其潔丨丨不能喻其清周禮以瀦畜水以防丨水細欲博山沈蘇軾詩山平水遠丨丨無西京雜記長安巧工丁緩作九層丨丨爐𡋬容詩薰爐點細丨塵掃杜審言詩坐覺煙丨丨秋風古北平旃檀酉陽雜俎一木五香根曰丨丨節曰沈花曰雞舌葉曰藿膠曰薰陸薝蔔林蘇軾詩丨丨丨中無刖花拈花傳燈錄釋迦佛手丨一丨迦葉見花微笑世尊遂付以正法眼藏明鏡漢書韓安國傳草木遭霜者不可以風過清水丨澈丨丨不可以形逃許渾詩池光秋鏡丨山色曉屏開待月丨杜審言詩卷簾惟丨丨應在醉中歸畫簾深杜牧詩四面朱樓卷丨丨丨陸游詩簾丨上燈早靈犀李商隱詩心有丨丨一點通法象傳燈錄波羅提丨中龍丨舊雨杜甫詩小

序卧病長安旅次多雨尋常幽賞李白春夜宴桃李
車馬之客｜｜來今雨不來園亭｜｜未已高
談轉滌煩襟孟郊詩蘭泉｜我襟杉月棲我心杜
清甫雲詩高齋非一處秀氣豁｜｜
臣心如水見下恭倫惟德題詩臣心注
臣門雖近市洗滌到塵襟待試和羹手先盟飲水心
在山原不濁及物便爲霖入海澄清志廉泉淡泊恍
銘丹同井冽守素想淵深瀾靜徵風度江澄皓月臨
維
皇賚啟沃與世肯浮沈愧乏涓埃報絛冰勵影衾
近市左傳齊景公使更晏子之宅曰子之宅｜｜湫
隘不可居請更諸爽塏辭曰臣之先臣居此宅

焉臣不足以嗣之得　洗滌後漢書左雄傳州宰競其
所求小人之利也　辟召或考奏補案而亡不
受罪會赦行賂復見｜｜朱紫同色清濁　塵襟韓愈
不分孟郊詩｜｜煩濁盡視聽昭曠庄　詩哀
猊醒俗耳清　待試宋史選舉志嘉祐二年歐陽修知
泉潔｜｜　貢舉嚴禁挾書者既而試牓出時
所推譽者皆不在選自是文體亦　和羹書若作｜｜
少變｜｜京師者恆六七千人　爾惟鹽梅
先盟孟郊韓愈城南聯句驚｜｜　飲冰禮啜菽｜｜盡其
廣雜良牧蒙休賴｜｜　歡斯之謂孝魏志
胡昭傳注時有隱者焦先河東人也關中亂　不濁後
先失家屬獨竄於河渚間食草｜｜無衣履　漢
書黃憲傳憲字叔度郭林宗曰叔度汪汪　及物杜荀
若干頃波澄之不清淆之｜｜不可量也　鶴詩
月留清俸資家少　爲霖書用汝作霖雨杜甫詩三
歲計陰功｜｜多　伏適巳遇驕陽化｜｜　人
海蘇軾詩萬｜｜　澄清志後漢書范滂傳冀州飢荒盜
如｜一身藏　賊羣起以滂爲清詔使按察

之滂登車攬轡慨然有丨丨天下之丨 廉泉 南史胡諧之傳范柏年梓潼人爲州將劉亮使出都
諸事見宋明帝帝言次及廣州貪泉因問柏年卿州復有此水否曰梁州惟有文州武鄉丨丨讓水又問
卿宅在何處曰臣所居在廉讓之間 淡泊 諸葛亮誡子書非丨丨無以明志 井冽 易丨丨寒
泉食 守素 魏志孝文帝詔諸州舉民望三十以上丨丨衡門者援以令 淵深 後出師表高祖
明並日月謀臣丨丨 微風度 杜甫詩丨丨燕子斜陸游詩風丨丨楝花香 江空 羊士諤詩鴛鴦
飛去綠丨丨 皓月臨 顏延之詩丨丨鑒丹宮張九齡詩南窗見月丨 維皇 書維皇作極惟
同維 啟沃 書丨乃心丨朕心 與世浮沈 史記貨殖傳豈若卑論儕俗丨丨丨丨而取榮
名哉 涓埃 杜甫詩未有丨丨答聖朝 條冰 宋書陳彭年兼數職皆翰林清祕之目人謂其銜爲
一丨丨 影衾 宋史蔡元定傳貽書訓諸子曰獨行不愧丨獨寢不愧丨勿以吾得罪故遂懈

恭儉惟德書｜｜｜｜無載爾僞

位高恭不侮祿厚儉爲難爾德惟行素心務矢丹

同寅期道協非己怵財殫山立齋莊見淵居淡泊安

書猶防誤馬獵肯羨懸貆作肅其儀正兼懲所寶完

日宣功自懋月省誠非寬

聖治隆三代

箴言錫百官

位高戰國策季子位高｜｜而多金恭不侮孟子｜者｜｜人祿厚昌言奉｜誠｜則割剝貿易之罪乃可絕也爲難禮記養可能也敬｜｜行素禮中庸君子素其位而行不願

乎其外臣心冄漢書鄭崇傳尚書令趙昌奏崇與宗族通疑有奸上責崇曰君門如市何
以禁切人主崇對曰臣門如市丨丨如水阮籍詩丨心失恩澤重德喪所宜同寅道協
書丨丨協恭和衷哉馮萬石歷數非對化光坤載丨叶乾行丨古作叶非巳論語非飲食言禹自奉太
薄也財殫莊子及其患至求盡性竭丨丨以反一日之無故而不可得也山立禮記丨丨時行
齋莊禮中庸丨丨中正足以有臨也淵居淮南子黑蜧神蛇潛丨而丨淡泊易正義序
易者其德也光明四通簡易立節天以闡明日月星辰布設張列通精無門藏神無穴不煩不擾丨丨不
失此其易也書誤馬史記萬石君傳建為郎中令奏事下建讀之驚恐曰書馬者與尾而
五今乃四不足一獲譴死矣蔡邕賀錄換誤上章謝罪表臣不唯石慶數馬之誤簡忽校讎不謹之愆雖
見原宥仰愧先臣傷肌入骨不勝慚蒙流汗獵懸貆詩不狩不丨丨胡瞻爾庭有丨丨兮

作肅書恭｜｜其儀詩｜｜不試正是四國慈所寶舊唐書文宗紀聖祖之誡以｜
儉為寶大易明訓垂易簡之文宋史太
宗紀贊帝以慈儉為寶書｜｜惟賢日宣書｜｜三德
功懋書｜｜懋賞·月省書王省惟歲卿士惟月師尹惟日言王與羣臣當時加省察所以欽
天也聖治隆三代莊子夫子無意於橫目之民子願聞｜｜唐書選舉志三代鄉里德行之
舉非至治之｜莫能行也禮
記大道之行也與｜｜之英箴言書相時儉民猶胥顧於｜｜其發有
逸口百官易｜｜以治萬民以察
歸及薦櫻桃杜甫收京詩賞應歌杕杜｜｜｜｜｜
報道西京復三軍靜不譁歸裝無薏苡薦食及櫻桃
含憶啼鶯溼銘傳汗馬勞寢園陳俎豆驛路擁旌旄

拜闕人攜籠還家士解麕麥風催令節梅雨洗征袍
振旅瓜期早題詩杜甫豪紅旗馳凱奏慶賞沐
恩鶯
報道李涉詩若逢城邑人相問｜｜花時也不閒 西京復綱鑑唐肅宗至德二載廣平王俶郭子儀收復西京 三軍周禮大司馬大國｜｜ 不囂蘇軾詩誰憐破屋眠無處坐覺村飢語｜｜ 歸裝陸游詩秋風日日望｜｜忽報來期喜欲狂 薏苡後漢書馬援傳援在交阯嘗餌｜｜實以勝瘴氣援欲以爲種軍還載之一車及卒後有上書譖之者以爲前所載還皆明珠文犀帝益怒 薦食左傳吳爲封豕長蛇以｜｜上國 含啼鶯溼高誘淮南子注櫻兆以其爲鶯所｜｜食故又曰含桃陳陶詩梨花三見喚｜｜白居易詩鶯聲｜漸稀 銘傳張衡緩筒

丨引南陽太守鮑德有詔所賜先公　汗馬勞史記蕭
綬笥丨世用之衡爲德主簿作銘　相國世
家高祖以蕭何功最盛封爲酇侯所食邑多功臣皆
曰臣等身被堅執鋭多者百餘戰少者數十合攻城
略地大小各有差今蕭何未嘗有丨丨之丨　寢園後
徒持文墨議論不戰顧反居臣等上何也　漢
書祭祀志古不墓祭漢諸　陳俎豆禮記簠簋俎豆制
陵皆有園寢承秦所爲也　度文章禮之器也
史記孔子世家爲兒嬉　驛路元史兵志世祖中統五
戲常丨丨丨設禮容　年隨州府丨丨設置巡
馬及馬擁旌　班固涿邪山祝文杖節丨旄鉦人伐
步弓手旄　鼓爾雅注旄首曰丨注載丨於竿頭
如今之幢　張萱紫宸殿前櫻桃樹攜籠陸龜蒙
亦有旄　拜闕賦濟濟多士鏘鏘丨丨掇野蔬
詩淩風藹彩初丨丨帶露盧疏或貯襟挼此用　還家
杜甫詩西蜀櫻桃也自紅野人相送滿筠籠
後漢書臧洪傳舉孝廉補即丘長中平末棄官丨
丨李白詩越王勾踐破吳歸義士丨丨盡錦衣　解

槖楊愼藥市賦鮫人泣珠而麥風歐陽修詩黃栗留
酬價狼䐺䶂金而｜｜鳴桑椹美紫櫻桃
熟｜宋之問詩｜｜三陸佃埤雅今江淛
｜涼令節秋晚重陽九日歡梅雨二浙四五月之間
梅欲黃落時則水潤土溽蒸征袍李白詩明朝驛使
鬱成雨其霏如霧謂之｜｜發一夜絮｜｜
書班師題詩杜甫詩石欄斜點瓜期左傳及瓜
振旅｜｜筆桐葉坐｜｜而往日及
瓜而代王世貞紅旗杜甫詩健凱奏周禮春官大司
詩歸不待｜｜兒皶｜｜樂王師大獻則
令奏周禮族師刑罰許敬宗詩｜｜空
愷樂慶賞｜｜相及相共沐恩膏改鬢將何謝夏戚
孟子｜澤
下於民
周孔垂名教范質誡兒姪詩｜｜
｜｜｜齊梁尚清議
聖德推周孔千秋至教垂袞衣思愷澤絲竹仰謨貽

帝啟金縢日天宣木鐸時綢繆桑土詠化育杏壇施
負扆臣衷竭循牆祖訓持儀爻辭繫易鯉對學傳詩
戕斧三年役章逢百世師
崇儒欽
盛世道統繼艮規
聖德史記五帝紀高陽有||是謂千秋唐書張九
帝顓頊王維詩||超千古齡傳初|
|節公王並獻寶鑑九齡上事鑑十章號||金鑑
錄以伸諷諭盧照鄰登封大酺歌借問乾封何所樂
人皆壽命禮記天道|詩小雅是以愷澤
得||至教|聖人至德袞衣有||兮
舊唐書高宗紀詔曰粤以孤眇屬當元嗣敬順
惟新仰昭先德宜布凱澤被乎億兆撥凱同愷絲竹

水經注魯恭王壞孔子舊宅得尚書春秋論語孝經于時聞堂上有金石｜｜之音

謀貽　詩貽厥孫謀以燕翼子

啟金縢　書金縢王與大夫盡弁以｜｜之書

天木鐸　論語天將以夫子爲｜｜

綢繆桑土　詩徹彼桑土綢繆牖戶

化育　禮記可以贊天地之｜｜

杏壇　莊子孔子遊乎緇帷之林休坐乎｜｜之上弟子讀書孔子絃歌鼓琴

負扆　詩既登乃依箋公劉既登堂｜｜而立按禮記周公相踐阼而治｜｜即此意

循牆　左傳正考父佐戴武宣三命茲益共故其鼎銘之一命而僂再命而傴三命而俯｜｜而走亦莫余敢侮

祖訓　書皇｜有｜民可近不可下

羲爻　周禮春官太卜疏伏｜本畫八卦直有三｜法天地人後以重之爲八八六十四

辭繫易　易繫辭焉以斷其吉凶按周易圖說易之圖九有天地自然之易有伏羲之易有文王周公之易有孔子之易自伏羲以上皆無文字只有圖畫最宜深玩

鯉對學詩　論語｜趨

而過庭曰學詩乎丨丨曰　戕斧三年詩既破我斧又缺
未也不丨丨無以言　我所又自我不見
于今禮記少居曾衣逢掖之孟子聖人
三年　章逢衣長居宋冠章甫之冠　百世師丨丨之丨
也　崇儒舊唐書陽嶠傳景龍末累轉國子司業奏修
先聖廟及講堂因建碑前庭以紀丨丨之事
盛世貢奎詩洪惟丨丨自作　道統高蓊詩學道期傳
古制書勒石傳不磨　千載統獻言先辨
一生　良規韓愈病鴟詩勿諱泥
閒　坑辱泥坑乃丨丨

窗外三更蕉葉風

小睡初醒候三更漏未終芸窗篩碎月蕉葉送微風

露滴疑敲竹門低旨掩蓬蝦簾頻蕩漾鹿夢正朦朧

種悔苦皆密涼生木析中紗痕應閃碧燈影欲摇紅

餘響疏櫺達秋聲四壁通待看天曉後遶檻映玲瓏
小睡杜甫詩長歌敲柳癭｜｜凭初醒薩都剌詩積
藤輪袁桷詩｜｜足幽夢雨莓苔土壁
青曉寒山漏未終陸龜蒙詩細雨輕鴉玉｜芸窗朱
館夢｜｜終李白詩金尊樂｜｜器
詩九霄月篩碎月宣和畫譜皇叔端獻王頵以墨寫
傍緣｜｜竹其茂梢勁節吟風瀉露拂雲篩
月之態無不曲盡其妙黃庚詩萬微風杜甫詩細雨
頃波光搖月碎一天風露藕花香魚兒出｜｜
燕子露滴孟浩然夏日南亭懷辛大詩敲竹吳萊詩
斜荷風送香氣竹｜｜清響風生｜｜
檻｜雨溼門低陸游詩不作容東掩蓬陶宏景尋山
墮船花計｜閭儀放｜誌荊門晝｜｜
蓬戶夜開謝莊懷園引青蝦簾溫庭筠詩應卷｜｜
苔蕪石路宿草塵｜門着皓齒鏡中惆悵見
梧蕩漾阮籍詩人情有感鹿夢列子鄭人有薪於野
桐慨｜｜焉能排者遇駭｜禦而擊之

斃之恐人見之也遽而藏諸隍中覆之以蕉不勝其喜俄而遺其所藏之處遂以爲丨焉

朦朧 潘岳秋興賦月丨丨以含光兮露凄清以凝冷

種 杜牧芭蕉詩芭蕉爲雨移故向窗前丨憐渠滴點聲留得歸鄉夢夢遠莫歸鄉覺來一翻動

苔階 拾遺記靈帝游西園采綠丨以被丨引渠水以繞砌

涼生 劉孝綽詩輕丨丨筍席微風起扇輪

木柝 左傳哀七年魯擊柝聞於邾徐鉉日謂判兩木夾于門爲機相擊以警夜也今荒城多叩鼓以持更蓋其遺制

紗碧 李嶠詩月宇臨丹地雲窗網碧紗

燈影 見心清聞妙香詩題注杜牧寢夜詩露華驚做禍丨丨挂塵冠

搖紅 王詵憶故人詞燭影丨丨向夜闌乍酒醒心情懶

餘響 博物志韓娥東之齊過雍門鬻歌假食而去丨丨遶梁三日不絶李白詩丨丨入霜鐘

疏櫺 張東詩樓上鳴鐘門夜扃風檐送雨入丨丨

秋聲 四壁 歐陽修丨丨賦但聞丨丨蟲聲唧唧如助予之歎息

待看 蘇軾以雙刀遺子由詩作詩銘其背以丨

知者天曉雍陶詩秋磬丨數聲丨欲丨遠檻王褒九懷撫檻兮遠望念君兮不忘映玲

瓏韓愈詩百葉雙桃晚更紅窺窗丨竹見丨丨

春在先生杖履中蘇軾藏春塢詩年抛造物甄陶外丨丨丨丨丨丨

妙有仙心在先生意趣眞山川都轉停杖履亦含春

瘦竹扶高嶺芒鞋踏軟塵光陰餘淑氣天地寄吟身

鳩拄和風暢鳧飛麗景新衣冠留醞藉腰腳健精神

濠濮之間客羲皇以上人

聖朝宏樂育百爾覲

楓宸

妙有老子欲言其有不見其形則非有故謂之丨欲言其無形由以生則非無故謂之丨斯乃有中之無故謂丨丨

仙心文心雕龍正始明道詩雜丨丨

意趣眞畫史李甲作逸筆翎毛有丨外丨陸游詩園林搖落知寒早父老逢迎覺意丨

山川易地丨丨邱陵也

轉序馬臻詩候丨芳華歌杜甫詩時丨丨百年心

含春梁簡文帝燈賦草丨丨而色動雲飛綵以輕來

瘦竹扶韓偓詩丨丨迸生倫坐石野藤纏殺鶴翅松接論衡竹木之杖皆能丨病竹杖之力弱劣不及木或操竹杖皆謂不勁莫謂手空無把持

高嶺唐太宗聖教序桂生丨丨雲露方得泫其花蓮出淥波飛塵不能汙其葉

芒鞋陳師道詩竹杖丨丨取次行

踏軟塵楊基詩十里湖隄丨暖塵老鄉忽憶故鄉春許有王詩喚醒三年夢東華足丨丨

光陰李白春日宴桃李園序丨丨者百代之過客

淑氣杜審言詩丨丨催黃鳥晴光轉綠蘋

天地易丨丨交泰后以裁成丨丨之道輔相丨丨之宜

寄吟身晉書皇甫謐傳丨身聖世託道之靈賈島詩三月正當三十日風光別我若丨丨·

鳩杖後漢書禮樂志仲秋之月案戶比民年始七十者授之以玉杖長尺端以丨鳥爲飾鳩者不噎之鳥也欲老人不噎杜甫詩丨杖芽花聽馬嘶

和風暢村甫詩吹面受丨丨歐陽詹德勝頌塊不破而雨足條無聲而風丨

鳧飛後漢書王喬傳喬爲業令每月朔望詣臺朝帝怪其來數密令太史何之有雙丨從東南丨來舉網張之得雙舄乃所賜尚書官屬履也

麗景新册府元龜唐哀宗天祐二年詔及此芳辰當茲丨丨稍及暇逸俾務游從唐書禮樂志元旦首祚景福維丨

衣冠論語君子正其丨丨

醞藉漢書薛廣德傳廣德爲人溫雅有丨丨及爲三公直言諫爭注丨如醞釀也丨有所薦藉也

要脚李嶠謝加賜金祿表臣苦丨丨軟弱不獲躬詣闕廷拜謝

健精神文天祥簡留窻諸友詩獨喜精神健山中剩有詩

濠濮間見起弄明月霜天高詩會心不遠注又莊子秋

水篇莊子與惠子游於濠梁之上莊子曰儵魚出游從容是魚樂也惠子曰子非魚安知魚之樂莊子曰子非我安知我之不知魚之樂

羲皇上人 晉書陶潛傳潛嘗言夏月虛閒高臥北窗之下清風颯至自謂丨丨丨丨

聖朝 舊唐書禮儀志丨丨垂則永播於芳規螢燭末光增輝於日月

樂育 詩小序菁菁者莪丨丨才也君子能長育人才則天下樂之矣

百爾 詩小雅丨丨君子

楓宸 何晏景福殿賦芸若充庭槐丨被丨

灞橋風雪 北夢瑣言或問鄭綮相國近有新詩否對曰吾詩思在丨丨丨丨中驢子背上拔灞橋在長安東跨水作橋漢人送客至此橋折柳贈別

風雪荒寒甚圍爐正探貂豈知驢背客翻向灞陵橋

境已紅塵遠情眞白戰驕飛揚詩思健灑落酒懷消

澤腹冰淩五山肩絮影搖四圍雲作墨一路月如潮

便欲探梅信曾經折柳條垂鞭閒覓句付與畫圖描

荒寒甚北山移文澗戶摧絕無與歸石逕｜｜涼徒延佇鮑照詩風烈無勁草｜｜有凋松園

爐李中詩煮茶燒栗爇早晚復｜｜擁貂朱子聞報喜詩雪｜｜裘一馬馳孤軍左袒事難期

驢背見題注灞陵橋黃酒詩｜｜｜外駐征轅此一分飛十六年紅塵應據書悲

風起於閶闔｜｜蔽於機槅白戰蘇軾詩引與客會飲聚星堂忽憶歐陽公作字時約客賦詩禁

體物語詩曰當時號令聽君取｜｜不許持寸鐵飛揚漢高祖大風歌大風起兮雲｜｜威加海

內兮歸故鄉詩思健｜｜見題注李子遷贈王南雲詩石鼎夜聯詩筆｜｜布囊春醉酒錢籠

灑落宋史張泊傳泊風儀｜｜文采清麗終日清談亹亹可聽酒懷消范成大詩低迷病｜

丨白居易詩出早冐寒衣軟薄歸遲侵黑酒全丨**澤腹**禮記季冬之月氷方盛水丨丨堅**氷**
凌陸游夜寒詩寢衣觸體起芒粟鼻息噓潤成丨丨**山肩**陸游詩吟作楚人語聳成丨字丨
絮影搖世說謝太傅寒雲日內集公曰白雪紛紛何所似兒子胡兒曰撒鹽空中差可擬女道韞曰未若柳丨因風起陳章風不鳴條賦颺絲光於空際惹絮丨於春餘苟子水動而影丨人不以定美惡
四圍癸辛雜識西湖青山丨丨中涵綠水金碧樓臺相間**雲**
墨蘇軾詩黑丨翻丨未遮山
一路宋史張燾傳以寶文閣學士知成都府兼本路安撫使陸餅奏曰臣至所部首宣德意俾丨丨咸沾惠澤上曰豈惟丨丨四川恤民事悉以委卿杜甫詩幽尋非丨丨遠色有諸嶺
月如潮姚鵠詩湘陰島上寺楚色丨中潮張憲端午詞段家橋下水丨丨東船奪得西船標
探梅信陸游詩見言山圍當收栗僧約溪橋共丨丨皮日休詩潮期暗動庭泉碧梅丨微侵地障紅
曾經曹松詩長

疑未到處一折柳條｜｜見題注梁簡文帝詩垂鞭一似｜｜柳｜｜低著地楊花好上衣李白詩平明拂劍朝天去薄暮｜｜醉酒歸
覔句全唐詩話劉昭禹嘗與人論詩曰五言如四十箇賢人箸一字如屠沽不得｜｜者若掘得玉合子必有蓋底精心求之必獲其寶
付與杜甫詩聖賢古法則｜｜後世傳
畫圖描宋史蘇軾傳取葑田積湖中爲長堤堤成植芙蓉楊柳其上望之如｜｜周紫芝詞晚來秋水映殘宵水墨新｜圖畫

曰氣初涵露氣乾李商隱詩池光不定花光亂｜｜｜｜｜｜｜

夜氣兼晨氣虛空指蔚藍露乾光欲曙曰出影初涵若木新晴放如珠宿潤含一輪看鏡湧五色憶囊探明也傳移八溥兮徑望三捧同雲朵麗垂讓筆花酣

葵向忱逾切蕭斯句可參早朝
閶闔啟旗拂柳毿毿
夜氣孟晨氣歐陽修六一詩話龍圖學士趙師民文
子章之外詩思尤精如麥天丨丨潤槐夏
午陰清前世名虛空婆娑論欲書丨丨令蔚藍杜甫
流皆所未到成五色只益自勞詩上
有丨丨天注丨丨者茂丨之丨陸游老學菴光欲曙
筆記丨丨乃隱語天名非可以義理解也詩羔裘如
虞世南早朝詩萬戶霄丨曙重檐夕日出膏丨丨有
霧收白居易詩耿耿星河丨丨天若木山海經灰野
曙影涵秋丨丨數行天字到江南之山有樹青
葉赤華名曰丨丨日所入處離騷經間居賦徵
折丨丨以拂日兮聊逍遙以相羊新晴雨丨丨六
合情續齊諧記弘農鄧紹八月旦入華山采藥
朋如珠見一童子執五綵囊承柏葉露皆丨丨曰

赤松先生取以明目紅淹別賦秋露丨丨宿潤含劉禹錫太湖石詩煙波含宿潤苔蘚助新靑

一輪朱齊邱投姚洞天書胸中之萬仞靑山壓低氣宇頭上之丨丨紅日燒盡風雲鏡湧李賀

詩炎炎紅丨東方開趙孟頫詩天門日丨大江來五色洞冥記吉雲之地其國俗第以雲氣占吉

凶若古樂之事則滿室雲起丨丨著于草木皆成丨丨露囊探丨見上如珠注五代史南唐世家韓

熙載初與李穀相善熙載奔吳穀送至正陽酒酣臨訣熙載謂穀曰江南用吾爲相當長驅以定中原穀

曰中國用吾爲相取江南如丨囊中物耳明也中庸磚八見夙夜在公花磚注溥兮詩野

有蔓草零露丨丨徑望三陶潛詩素心正如此開丨丨丨益捧雲朵麗丨見

碧落無丨稱鶴心捧日注唐書韋陟傳陟嘗以五綵牋爲書記使侍妾主之唯自署名謂所書陟字若五

丨雲時人慕之號郇公五雲體陳樵詩曉日郵雲丨高秋白月懸垂筆花酣庾信啓文

異水而湧泉筆非秋而丨露開元遺事李白少時夢所用之丨頭上生丨後才思贍逸名聞天下裴延翰樊川文集後序筆丨興健菀眇碎細

葵向淮南子聖人之於道猶丨之與日其丨之者誠也司馬光詩惟有丨心丨日傾

蕭斯詩蓼彼丨丨零露湑兮

早朝國語范蠡曰孰使我蚤朝而晏罷者非吳乎蚤同早

閶闔啓王維詩九天丨丨開宮殿萬國衣冠拜冕旒劉基詩天雞一聲金闕丨龍顏有喜常先覩

旗拂柳岑參詩花迎劍佩朝初落柳拂旌旗露未乾

毿毿孟浩然高陽池詩澄波澹澹芙蓉發綠岸丨丨楊柳垂

花亞欲移竹杜甫入宅詩丨丨丨丨丨鳥窺新卷簾

竹徑花如錦香飔拂面吹只因紅蕊亞偏欲碧雲移

蝶夢迷深塢貓頭劚短籬欄教霞影壓窗許月痕窺

秋雨拋千个春風戀一枝豔遮蝸舍密心有鶴鋤知
但得金鈴護何須翠篠扳

上林韶景麗班筍近
形墀

竹徑梁昭明太子狎賓五月香追凉｜｜托蔭松間韓翃詩名者連｜｜花如錦李白詩咸
陽三月時干｜書｜｜香颸古詞繡幕園｜風｜說文涼風也拂面吹楚辭大招長袂
｜｜善留客只杜甫詩｜｜面要和風紅蕊宋之問詩青林暗換葉｜｜續開花碧雲江淹詩日
暮｜｜合隹人殊未來蝶夢迷深塢莊子昔者莊周夢爲蝴蝶栩栩然｜俄而覺蘧蘧然
周也不知周之｜爲蝴蝶與蝴蝶之夢爲周與岑參詩鄉遥夢亦｜竹坡詩話東坡遊西湖僧舍壁間見

小詩云竹暗不通日泉聲落如雨春風自有期桃李
亂丨丨丨問誰所在或告以錢唐僧情順者即口求得
之一見貓頭釋贊甯筍譜竹根有鼠大如貓其色類
甚喜　竹名竹豚亦名稚子杜甫詩所謂筍根
稚子無人見是也鈴項
詩丨丨筍煮紅豆糜
劚　馬異詩抱鋤丨地芸芝木
短籬　崔曾詩斜覆漁
家短丨丨蘇軾詩
野桃含笑竹籬短
欄
霞影壓　溫庭筠詩吳波不動楚山晚花壓欄杆春
晝長劉滄題天官寺閣詩丹闕
侵霄壯復危排空霞影動簷扉
窗
月痕窺　王禹偁詩竹丨
無寐月嬋娟陸游詩丨丨漸淺覺
秋雨抛千个　王建詩丨
窗明劉憲詩珠簾隱映月華丨
丨縣牆綠蘿山宮樹黃杜甫詩雨丨丨金
春風戀一枝
鎖甲僧齊詩旁坐竹相圍竦竦碧丨丨
李商隱天桃詩丨丨為開了郄擬笑春風晉子夜歌
春別猶春丨夏還情更久說苑越使諸發以丨丨梅
遺梁
王
豔蝸舍窗　党懷英黃菊集句繞籬殘豔窗擁鼻細香來中華古今法野人為圓舍狀

如蝸牛故曰蝸舍心

鶴鋤　知史記五帝本紀贊非好學深思心知其意固難爲淺見寡聞道也劉弇詩來書歸伴鶴頭鋤

金鈴護　王仁裕開元天寶遺事天寶初甯王於後花園紉紅絲以爲繩密綴金鈴繫於花梢之上每有鳥鵲翔集令園吏掣鈴索以驚之惜花之故也張端詩故園樹樹開東風油幕丨丨有誰丨

翠篠披　梁簡文帝詩隔簾陰丨丨映氷舍珠榴喬林蕊竹賦紫韡運丨青錡粉上

上林　漢書百官公卿表水衡都尉武帝元鼎二年初置掌丨丨苑又枚乘傳修治丨丨

韶景麗　梁元帝纂要春景曰丨丨丨庾信詩新春光景丨丨

班筍　唐書李宗閔傳宗閔典貢舉所取皆知名之士世謂之玉筍班

彤墀　韓愈詩我欲進短策無由至丨丨

秋山極天淨　何遜暮秋荅朱記室詩丨丨丨丨丨寒澤見底清

極目長空淨扶筇快陟攀天容連疊嶂秋意滿深山

白露三霄濯紅塵十斛删涼風吹雁影爽氣挹螺鬟
壁峭嵐浮翠林幽葉染殷翠微經雨洗碧落有雲還
淫徑霜初重衢峯月正彎詩篇何遜采萬笏覲
宸顏
極目水經注夷道縣北有女觀山厥處高顯回眺｜｜長空唐太宗詩夕霧結｜｜扶
筇朱子詩覓句休教長閉戶出門聊得試｜｜陟攀王筠遊行望山海詩層樓亦攀陟複道亦經過天容唐明皇詩繩繩雲步穆穆｜｜疊嶂湘山野錄治平中御史有抃目狀元滕杭州日事者其語有歡遊｜｜之間家失業樂飲西湖之上夜忘歸執政笑謂言者曰軍巡所由不收犯夜亦宜抃
一秋意揮麈後錄艮獄蘆渚詩萬葉梢梢｜｜初斜風細雨憶江湖誰知雪壓波澄後更與宮中

作畫圖**深山**司空圖雜題署渥丨丨雨荒居破屋燈**白露**詩丨丨爲霜**三霄**李商隱詩仙人掌冷丨丨露玉女窗虛五夜風**紅塵**杜牧詩一騎丨丨妃子笑無人知是荔枝來**十斛**蘇軾詩紛紛模擬真堪笑爾輩毫端萬斛塵喬知之贈窈娘詩石家金谷重新聲明珠丨丨買娉婷
涼風禮記丨丨至**雁影**杜甫舟中詩溟漲鯨波動衡陽丨丨徂**爽氣**晉書王徽之傳爲桓沖騎兵參軍沖嘗謂徽之曰卿在府日久比當相料理徽之初不酬答直高視以手版拄頰云西山朝來致有丨丨耳**螺鬟**吳儆詩烏度屏風明水鏡雲生畫棟擁丨丨**壁峭**趙冬曦三門賦連嶂紆河以丨丨疊巘喬空而半頹**嵐浮翠**吳融沃焦山賦又如丨丨紫蓋秀擢朱陵北渚下壓南箕上承戎昱詩每到夕陽嵐丨近只嫌籬障倚前山**林幽**張籍反舌無聲詩丨丨仍共宿時過即無聲**葉染殷**陳師道詩霜丨深於丨秋花晚自春司馬光詩曉棧流雲溼秋湖脫葉丨丨翠

微爾雅釋山未及上丨丨疏謂未及頂上在旁陂陀之處名曰丨丨一說山青縹色故曰丨丨也

雨洗李白與賈至舍人龍興寺望灉湖詩丨丨秋山淨林光淡碧滋

碧落李白陵陽山登天柱石酬韓侍郎見招隱黃山詩蕭士贇注道書老君於東極丨丨之天浮黎之國書冥文於青空之林成紫字之文翟楚賢丨丨賦其動也風雨如晦雷電交作其靜也體象皎潔是開丨丨按道書丨丨乃諸天之一名翟賦則以天之碧色為丨丨後遂沿用之

雲還李白詩長空去鳥沒落日孤丨丨

霜重薛道衡宴喜賦丨丨庭蘭秋深氣寒

銜峯月鑾李白日夕山中忽然有懷詩月丨樓間丨泉漱階下石蘇軾詩茫茫夜潭靜皎皎秋丨丨

詩篇杜甫詩登臨多物色陶冶賴丨丨

萬笏吳中勝記忠烈廟後天平如錦屏入座其峯皆立僧曰此丨丨朝天也

覲宸顏司馬光交趾獻奇獸賦曠時月而涉萬里然後得入丨丨於中丨丨趙抃詩離家敢謂虞私計過闕尤欣覲帝丨

露滴如珠落卷荷温庭筠詩烟光似帶侵垂柳｜｜｜｜｜｜｜
芳徑霏梅雨蓮池漾波珠光承曉露翠影卷新荷
淨與塵心滌圓遲鏡面磨依稀風折角滴瀝水生渦
顆顆都盈掬田田待作歌休嫌傾蓋少已覺走盤多
有色和青潟無聲帶碧拖藻花菱刺外寄遠句重哦
芳徑陸龜蒙詩共尋｜｜結烟條霏梅雨范成大詩濕雲不收烟雨｜｜｜見歸及鷰櫻
桃注蓮池雀鵬奉和聖製自生藤詩黃庚詩澆愁餘芳連桂樹積潤傍｜｜｜翻波須是如滙酒
｜｜釀盡銀河流珠光論衡玉色剖於石心｜｜出於魚腹承曉露漢書武帝紀其後又
作栢粱桐柱｜露仙人掌之屬宋文帝翠影盧景亮登景陽樓詩階上｜｜潔林下夕風淸翠景初日照

露盤賦九成爛爛揺丨丨於樓臺四野熒熒落浮光於草樹

新荷東京夢華綠都人最重三伏蓋六月中別無時節往往風亭水榭峻宇高樓雪檻冰盤浮瓜沉李流杯曲沼苞鮓丨丨遠邇笙歌通夕而罷

塵心滌杜荀鶴詩蒼苔雲峯開俗眼澄泓烟水浸丨丨貢師泰詩坐久竟忘疲塵襟忽如丨

圓杜甫詩丨荷浮小葉細麥落輕花

鏡面磨蘇軾詩江流丨丨淨陸龜蒙詩荷鏡曉如丨

依稀劉禹錫荊門懷古詩南國江山舊帝畿宋臺梁館尚丨丨

風折角杜甫詩綠垂丨丨筍

楊萬里詩早荷纔露尖尖丨早有蜻蜓立上頭漢書朱雲傳五鹿嶽嶽朱雲折其角

滴瀝拾遺記崑崙山甘露濛濛似霧著草木則丨丨如珠

水生渦杜牧阿房宮賦蜂房丨渦矗不知幾千萬落蘇軾詩回山眩轉風掠耳但見流沫丨干丨

顆顆歐陽原功蒲萄詩驪珠丨丨露凝光盈掬南史梁武帝紀大同二年雨黃塵如雪攬之丨丨

田田古詩江南曲江南可採蓮蓮葉何丨丨作

歌書帝庸丨丨曰敕天之命惟時惟幾**傾蓋**楚辭築室水中葺之兮以荷蓋史記鄒陽傳白頭如新丨丨如故**走盤**楊萬里詩露珠丨上青秧葉白居易琵琶行大珠小珠落玉丨**有色**陶潛詩秋菊丨佳丨**瀉**白居易噴玉泉詩珠丨緣盆中**無聲**王建詩中庭地白樹棲鴉冷露丨丨溼桂花**碧拖**符載上已宴集序爛然長虹橫拖空碧**藻花菱刺**溫庭筠詩丨丨丨丨泛微波**寄遠**蘇軾詩萬山不隔中秋月一二雁能傳丨丨書

菊影

菊近重陽放花香陣陣浮黃添三徑影碧寫滿籬秋
霜冷燈搖醱天空月吐鉤蛩爭鳴葉底蝶誤撲枝頭
迹愛烟雲淡痕描水墨幽詩懷千里寄畫本一畦臣

掩映餘光露參差細蘂稠騷人添逸韻對景發清謳

菊重陽放皇甫冉秋日東郊詩燕知社日辭巢去｜爲｜｜冒雨開張耒詩花房待暖徐余｜花香陣陣浮王勃詩蘭氣添新酌｜｜染別衣林逋梅花詩小園烟景正淒迷｜｜寒香壓麝臍張正見芳樹詩香｜佳氣裏葉映彩雲前三徑晉書陶潛傳｜｜就荒松菊猶存滿籬范成大詩烟梢矗矗青圍屋露葉鮮鮮綠｜｜霜冷羊士諤詩南國水｜｜年華已暗歸燈搖曳司空曙宿薦福常師房詩人息時聞磬｜｜台有風楊萬里詩風燈秋｜冷霜雁夜聲忙天空韋應物詩寒月野無綠寥寥｜字｜月吐鈎王昌齡詩高臥南齋時開帷｜初｜梁文帝烏棲曲浮雲似帳月如｜鸎鳴風土記七月而螻蛄鳴於朝寒｜｜於夕葉底儲光羲詩枝上嬌鶯不畏人｜｜飛蛾自相亂蝶撲高啓詩扇撲園中蝶絃彈陌上桑枝頭朱子詩好鳥｜

丨亦朋友落花水面皆文章

烟雲 西都賦紅塵四合丨丨相連

淡 司空圖詩品典雅落花無言人丨如菊

痕描水墨 圖繪寶鑑姜濟寫山水無墨痕有雲烟出沒之奇又趙孟堅字子固善水墨白描水仙花梅蘭山礬竹石清而不凡秀而雅潔

詩懷 郝經宿州夜雨詩塞上丨丨尤素莫天涯壯氣獨昂藏

千里寄 劉壎補史詩坐分秋浦月攜此丨丨丨

畫本 陸游詩村村皆丨丨處處有詩材

一畦 庾信小園賦燋麥兩甕寒菜丨丨

掩映 畫史溪橋漁浦洲渚丨丨一片江南也

餘光 史記甘茂傳臣聞貧人女與富人女語曰我無以買燭而子之燭光幸有餘子可分我丨丨阮籍詩灼灼西隤日丨丨照我衣

參差 詩丨丨荇菜左右采之

細蘂稠 李端看花詩散碧出疎莖分黃成丨丨宋璟詩上苑雜花丨

騷人 李白詩正聲何微茫哀怨起丨丨

逸韻 嘯旨阮氏丨丨阮籍所作也音韻放逸故曰丨丨

對景 韓琦和春卿學士柳枝詞丨丨

似嫌春意老更發清謳朱子詩爲我泛瑶
摇疏影掃殘花琴泠然｜｜｜
風剪疏林寒有聲韓邦靖詩雲籠淡日晴
無定｜｜｜｜｜
無限商聲緊疏林敗籜殘此風真似剪有客不勝寒
凍月光凝白零星葉染丹響摧枯樹秃音釀暮雲酸
古寺鐘初閣吳淞水正湍千秋摇夢破一夜戰枝乾
征雁行行遠歸鴉點點攢待逢春色麗惹戀繞

無限李白詩出門見南
山引領意｜｜商聲緊歐陽修秋聲賦｜｜
主西方之音夷則爲
七月之律杜牧詩風似剪賀知章詠柳詩不知細葉
風｜雲輕欲變秋誰裁出二月春｜｜｜刀

有客詩｜｜｜｜亦白其馬不勝寒蘇軾詞只恐瓊樓玉宇高處｜｜｜凍月隋煬
帝詩月影含冰凍風聲淒夜寒光凝白王勃滕王閣序潦水盡而寒潭清烟｜｜而暮山紫王褒
關山月詩天寒光轉｜風多暈欲生零星田朝恆金壺字考續編俗謂物之畸零者曰｜｜葉
染丹謝靈運晚出西射堂詩曉霜楓｜丹夕曛嵐氣陰陸游秋盡自遣詩雨添苔暈紫霜｜柏林｜
摧枯樹禿玉海枯幹必｜秋蔕自隕白居易詩道蔭老｜｜枯來非一朝汪元量詩樹｜鴉爭
集梁空燕自歸暮雲杜甫詩渭北春天樹江東日｜｜酸魏巫山高曲越度隴塞路漫漫北踰
罔平但聞悲風正｜古寺鐘顧況詩忽憶秋江月如聞｜｜｜吳淞杜甫詩焉得并州快
翦刀翦取｜｜半江水水湍史記河渠書拜張湯子卬為漢中守發數萬人作褒斜道五百餘里
道果便近而｜｜石不可漕又常建詩下見白｜｜千秋謝偃高松賦窮萬祀而不異歷｜｜而不

婁夢破李商隱詩錦瑟驚絃破夢頻一夜後漢書第五倫傳或問倫曰公有私乎對曰吾
兄子病｜｜十往退而安寢吾子病雖枝乾陸游詩
不省視而竟夕不眠豈可謂無私乎翠羽金
錢夢已闌空餘征雁劉濟從軍行木落雁行行趙嘏
殘蕊抱｜｜弓燥氣秋｜｜肥詩錦
字｜｜苦羅歸鴉杜甫詩斷雁點點沈約六憶詩憶
帷日日啼｜｜錯回首點點坐時｜｜羅帳
前攢庚肩吾詩陽山蛇春色麗陳良侠客行洛陽｜
不蟄洳澤鳥猶｜｜｜游俠騁輕肥
葱鬱江淹空青賦翠燦金鑾唐書李白傳天寶中賀
軒室｜｜臺殿知章言之召見｜｜殿
論當世事奏頌一
篇賜食親爲調羹
高閣卷簾千樹風
月夜人歸去閒吟紀驛樓寒高千嶂樹簾卷半天秋

縹緲閑瓊宇玲瓏挂玉鈎林烟空際動山雨望中收
載響隨笙鶴凌空傍斗牛濤聲來萬壑波影豁雙眸
作序思王勃留香憶陸游銷塵清六幕
紫閣拜
恩優
月夜舊唐書錢徽傳徽父起常於客舍丨丨獨吟遽
聞人吟於庭曰曲終人不見江上數峯青起諤
然攝衣視之無所見及試湘人歸去韋莊詩草色自
靈鼓瑟詩即以十字落句留閒容任泉聲
如待主丨丨晉書陶潛傳義興閒吟白居易詩惟有
三年解印去縣乃賦歸丨來辭詩魔降未得每
逢月下高適詩客來東道千嶂孟浩然下瀨石
一丨丨風高遠歸去北丨丨詩瀨石三百里

沿洞丨丨半天秋宋書王曇首傳景平中有龍見西方
丨間丨丨丨騰上蔭五綵雲京都遠近聚觀
李白詩樊山霜氣丨丨縹緲見碧落無雲稱瓊宇拾遺記
盡寥落天地丨丨鶴心詩丨丨注洞庭山
有靈洞丹樓丨丨玲瓏李白詩郤下水精挂玉鈎杜甫
丨宮觀異常簾丨丨望秋月詩落
日在簾鈎頭斯詩夢遊飛上林煙沈炯詩火炬前村
天家樓珠箔當空丨丨丨發丨丨樹下昏
空際朱子詩丨丨早麈山雨張正見經季子廟詩野
滅虛堂涼思生藤侵沸井丨丨濕苔碑
望中朱子詩丨丨景助詩人載響陸機演連珠因雲
趣物外春歸釋子家灑潤則芳澤易流
乘風丨丨則笙鶴王維詩王子賓何凌虛抱朴子攬
徽音自遠處飋飋丨丨飛六翮丨丨
之斗牛晉書天文志州郡躔次濤聲王世貞詩陰壑
用丨牽丨須女吳越楊州寒生萬樹濤皮
日休詩脚底龍蛇萬壑晉書顧愷之傳愷之至荆州
氣頭上波丨丨人問以會稽山水之狀答云

千巖競秀丨丨爭流波影沈君攸詩丨丨雜霞無定色湍支觸岓不成圓雙眸謝惠連自箴氣
之淸明丨丨丨善識作序王勃山堂考索鄭詩譜意大序子夏丨小丨子夏毛公合作唐
丨丨有滕王閣序留香陸游陸游詩重簾不卷留香久古硯微凹聚墨多銷塵
李紳望鶴林寺詩紅照日高殷奪火紫凝霞曙瑩丨丨淸六幕歐陽詹送山南巖兵馬使詩天
旋地轉煙雲黑共鼓長風六合丨錢惟演七夕詩丨丨西迴斗轉車鮮雲點綴玉鈎斜紫閣晉書
左貴嬪傳比翼白屋雙萩丨丨拜恩優北史王晞傳常山王演錄尚書事新除官者必詣王謝晞
言于王曰受爵天朝丨丨私室自古以爲干紀宜一約絕王深納焉舊唐書代宗紀回紇葉護王子入助
勇冠諸蕃上接以丨恩結爲兄弟
起弄明月霜天高宋翁森四時讀書樂讀書之樂樂陶陶丨丨丨丨丨丨丨

讀罷書千卷歌呼興轉豪霜澄天宇潔夜靜月輪高
弄影風生袖驚寒雪點袍登山臺玉朗掬水一珠撈
地傍三霄近塵清萬井囂會心知不遠盈手贈何勞
蓮滴初傳漏蘭焚欲謝膏
恩承蓬閬渥藜照荷光叨

讀罷 李白酬崔十五詩丨丨問空笑疑君在孔前 書千卷 荊州記小西山石穴中有丨丨丨相傳秦人於此學因留故梁湘東王云訪酉陽之逸典是也 歌呼 史記曹參世家相舍後園近吏舍吏舍日飲丨丨從吏惡之請參遊園中召按之參乃反取酒張坐飲亦丨丨相與應和 興豪 眞山民詩堪歎許翁酒丨丨醉餘猶復一登高 霜澄 錢起賦農務暇丨氣丨天門闢龍輅升 天宇

杜甫九日會白水崔明府詩丨丨淸霜淨公堂宿霧披夜靜闗氏易傳晝動六時也丨丨六時也
動則變靜則息息極則變變極則息故動靜交養晝夜之道也月輪高王昌齡詩昨夜風開露井
桃未央前殿丨丨丨弄影張先天仙子詞雲破月來花丨丨風生袖王勃滕王閣詩序爽
籟發而淸丨丨粱簡文帝詩迎風時引丨避日暫披巾驚寒王勃滕王閣序雁陣丨丨聲斷衡陽
之浦雪點袍温庭筠詩絲飄弱柳平橋晚丨丨寒梅小院春譚用之詩金鼎光輝照雪丨丨洛陽春
夢憶波濤登山羣玉朗九辨丨丨臨水兮送將歸李白詩若非丨丨山頭見會向瑤臺月下
逢世說時人目夏侯太初如丨朗日月之入懷掬水于良史詩丨丨月在手弄花香滿衣一珠
撈白居易詩月點波心丨顆丨方言丨取也傍三霄近杜甫詩月丨九霄多丨丨見秋山極
天淨詩注李白詩騰身轉覺三天丨塵淸隋書音樂志丨丨兩越氣靜三吳丨丨萬井漢書刑法

志一同提封丨丨李奇注鼎左傳甚丨
提舉也舉四封之內也　鼎塵且上矣
會心不遠世說
簡文入華林園顧謂左右曰丨丨處丨
必在丨翳然林木便自有濠濮間想也
盈手贈張九齡望
月懷遠詩不堪丨
丨丨還寢夢佳期
蓮滴　傳漏司空圖贈岑上人詩
我來能永日丨漏丨
寒泉獨孤及詩鈴閣
風丨丨書窗月滿山
蘭焚
膏梁簡文帝詩火樹丨丨
膏馥韓愈進學解丨丨
丨油以
繼晷
恩承史記佞幸傳贊冠
鵕入侍傳粉承恩
蓬閬楊衡詩丨丨絕
華耀況乃處窮
愁
藜照劉向別傳向校書天祿閣夜暗獨坐有老人
植青藜杖叩閣而入吹杖端烟然與向說開
闢以前事至曙而去曰我太乙之精也
天帝聞卯金之子有傳學者下而觀焉
碧落無雲稱鶴心許渾詩青山有雪松
性丨丨丨丨丨丨丨
矯矯雲中鶴仙蹤碧落尋凌霄原有志出岫本無心

縹緲三珠樹迴翔萬里曾吹笙銀漢迥寫照玉壺深
正與澄懷印何來點翳侵海天同浩蕩鷗鷺任浮沈
紀瑞曾千呂志機或在陰願隨鸑鳳侶捧
日快爲霖
矯矯雲中鶴南史劉詩傳旗祖孝標與書稱之曰許超超越俗如半天朱霞敲||出塵如
||白|按敲訏族兄也仙蹤鄭谷詩豈易訪||凌霄志晉書慕容垂載記符堅至澠池
垂請至鄴展拜陵墓堅許之權翼諫曰垂猶鷹也飢則附人遇風塵之會必有||之|惟宜急其羈絆
不可任其所欲出岫無心歸去來辭雲無心以出岫鳥倦飛而知還縹緲法書要錄
右軍正體其難徵也則||而已仙其可覿也則昭彰而在目三株樹山海經||在厭火北

生赤水上其爲樹如柏葉皆爲珠司空圖回翔湘中
詩鶴羣長繞丨丨丨不借人間一隻騎記衡
山有懸泉滴瀝巖聲泠泠萬里音江賦呼吸丨丨吐
如絃有白鶴丨丨丨其上納靈潮謝靈運詩
飛鴻響吹笙丨列仙傳王子喬者周靈王太子也好丨
遠丨作鳳凰鳴游伊洛之間道士浮邱公
接以上銀漢雞距集天河晉書顧愷之傳愷之
嵩山謂之丨丨寫照善丹青每畫人成或
數年不點睛答曰四體妍媸本無關范仲淹詩
少於妙處傳神丨丨正在阿堵中玉壺西樓下看
人間世瑩然南史宗少文傳好山水愛遠遊結
都在青丨丨澄懷宇衡山欲懷尚平之志有疾還江
陵歎曰名山恐難徧覩惟丨丨觀道臥以遊之
凡所履皆圖之于室撫琴動操欲令衆山皆響點騖
吳筠竹賦上點丨以柳宗元詩城上高樓接
雲丨下泠泠而鳳吟海天大荒丨丨愁思正茫茫浩
蕩東方朔七諫怨靈修之丨鷗鷺白居易詩波間戲
丨兮夫何執操之不固魚鱉風靜下丨丨

浮沈蘇軾詩池塘得流水龜魚自丨丨

紀瑞唐書禮樂志高宗乾封元年詔立登封降禪朝覲之碑名封祀壇曰舞鶴臺登封壇曰萬歲臺降禪壇曰景雲臺以丨丨焉

干呂十洲記天漢三年西國王使獻靈膠吉光毛裘使者曰常占東風入律十旬不休青雲丨丨連月不散意者閶浮有好道之君故摟奇贄而貢神香乘毛車以濟弱水於今十三年矣

忘機儲光羲詩達士志寥廓所在能丨丨

在陰易中孚卦

鸞鳳馬祖常詩侍臣橐筆皆丨丨

捧日魏志程昱傳注昱少時夢上泰山兩手丨丨昱私異之以語荀彧彧白太祖太祖曰卿終當為我腹心昱本名立太祖乃加其上日更名昱也

爲霖左傳凡雨自三日以往丨丨

興過山寺先雲到錢起送李評事赴潭州使幕詩丨丨丨丨丨嘯引江帆帶月行

爲訪雲中寺山行興勃然穿雲忘路遠到寺比雲先

嶺上晴披絮峯前界湧蓮佛幢猶隱約樵路儘盤旋
漸覺鐘聲近還看塔影圓回頭迷衆壑躡足到諸天
勝境欣攜屐游蹤恍著鞭
蓬萊雙闕麗長傍
御爐烟

雲中寺宋无寄山中僧詩鷲峯夢繞｜｜｜｜鹿苑身棲物外居山行漢書溝洫志｜｜乘橇輿勃然說文徐鉉注勃然興起有所排擠也穿雲李中訪龍光智謙上人詩忽起尋師與｜｜不覺勞路遶沈約和謝宣城詩神交疲夢寐｜｜隔思存到寺韓愈山石詩山石犖确行徑微黃昏｜｜蝙蝠飛嶺上晴披絮蘇軾詩｜｜｜雲｜｜帽樹頭初日掛銅鉦

峯

界湧蓮華山志華山項上有蓮花丨丨山頂上有池生千葉蓮花服之羽化因名華山華嚴經蓮花世丨是廬人那佛成道之國一蓮花有百億國蘇軾蓮花漏銘水注壺口箭丨丨心

佛幢殷支珪詩破寺荆榛擁丨丨

隱約何遜詩帝城猶丨丨家園無處所

樵路李商隱詩石梁高鴻月丨丨細侵雲

盤旋陶弘景尋山誌敢髮解帶丨丨巖上

鐘聲溼張繼楓橋夜泊詩姑蘇城外寒山寺夜半丨丨到客船杜甫詩晨鐘雲外丨

塔影圓袁中道臥佛寺詩山深雙佛榻鈴丨丨斜陽張蠙詩晝風丨影亂

回頭杜甫詩仰面貪看鳥丨丨錯應人

衆壑王維詩分野中峯變陰晴丨丨殊

躡足史記秦始皇紀論陳涉甕牖繩樞之子丨丨行伍之閒而倔起什伯之中

諸天長阿含經先于佛所淨修梵行生忉利天使彼丨丨增益五福

勝境南史梁始興王憺傳子暎爲北徐州刺史丨丨名山多所尋履

屐南史謝靈運傳靈運尋山陟必造幽峻嘗著木丨上

山去其前齒下張喬詩貧丨無定晉書劉
山去其後齒游蹤丨鄉信轉難逢著鞭琨傳琨
少負志氣與祖逖友逖被用琨曰吾枕戈佐漢
旦常恐祖生先吾丨丨其意氣相期如此蓬萊書
郊祀志丨丨方丈瀛洲此三神山者曹植銅爵
相傳在渤海中去人不遠嘗有志者雙闕臺賦建高
樓之嵯峨兮浮黃酒詩立被丨丨丨氣
丨丨乎太清御鑪烟逼吟經棧閣雨聲秋
十聯詩在御屏風王闢之澠水燕談楊侍讀徽之以
能詩聞太宗知其名索其所著選
十聯選於御屏梁周翰之詩曰誰
似金華楊學士丨丨丨丨丨
進御傳嘉什徽之筆點馨十聯標錦句六曲寫銀屏
嬪御添香讀君王帶笑聽彩同雲母煥思共水晶靈
才子宮中喚詩名下界聆是何人灑墨常荷帝垂青

無逸箴堂陛豳風寫闕廷即今瞻

聖製全史仰

觀型

進御唐書百官志尚寢局二人掌宴見丨丨之次敘嘉什歐陽修謝石秀才啟累日前伏承惠然見過仍以丨丨一筒籠示筆點岑參詩丨爲題詩丨燈緣起草挑標錦句徐陵與李那書丨句清新發言哀辭蔡紳詞來時約略春將暮幽恨空餘丨中丨六曲楊萬里詩吹倒琉璃丨丨屏丨丨銀屏溫庭筠湘東宴曲欲上香車俱脈脈清歌響斷丨丨隔嬪御禮記仲春之月以太牢祀于高禖天往后妃帥九丨丨乃禮天子之所添香皮日休詩玉泉澆衣後金殿丨丨時君王帶笑李白清平調名花傾國兩相歡常得丨丨丨丨看同爨郗昂老人星賦匝星

轉耀而丨丨布景搖輝以相薄**雲母**後漢書鄭弘傳弘少爲鄉嗇夫太守第五倫召爲督郵後弘爲太尉第五倫爲司空班次在下每朝見弘曲躬自卑帝問其故遂聽置丨丨屏風分隔其間由此以爲故事**水晶**楊妃外傳帝賜妃虹霓屏以丨丨爲地玳瑁爲押**才子**舊唐書元稹傳穆宗皇帝在東宮有妃嬪左右嘗誦元稹歌詩以爲樂曲者知稹所爲嘗稱其善宮中呼爲元丨丨**宮中**見上才子注**詩名**竹坡詩話杜少陵之子宗武以詩示阮兵曹阮答以斧一具告之曰欲子斫斷其手不然天下丨丨又在杜家矣**下界**顧況五源訣丨丨功滿方超上界上界多官府不如地仙快活元稹詩鐘聲丨丨聞**灑墨**陳師道詩憐君用意常勸渠揮毫丨丨塡空虛**青**阮籍傳籍能爲丨白眼見禮俗之士以白眼對之居母喪稽康齎酒挾琴造焉籍大悅乃見丨眼**無逸**宋史仁宗紀景祐二年置邇英延義二閣寫尚書丨丨篇于屏**堂陛**漢書賈誼傳人主之尊譬如丨羣臣如丨眾庶

如地豳風宣德實錄七年七月上閒閲內庫書畫得元趙孟頫所繪｜｜圖而賦長律一章名翰林詞臣示之曰豳詩周公陳后稷公劉致王業之由與民事早晚之宜以告成王使知王業艱難萬世人君皆當鑑此朕愛斯圖爲賦詩欲揭于便殿之壁朝夕在目有所儆勵爾其書于圖之右焉

卽今高適詩聖代｜｜多雨露暫時分手莫躊躇

聖製米史吳越錢氏世家眞宗嘗語惟演曰朕知惟治善書然以疾不欲遺使往取卿爲求數幅進來翌日爲｜｜詩數十章以獻皮日休題叔孫通傳苟措其儀立其禮不沿襲子｜｜者妄也

高竹半樓風趙嘏越中寺居詩野橋連寺月｜｜｜｜｜

修竹高低立新篁西幾叢竿搖千畝月人倚半樓風

遠近清陰合參差密蔭籠冷侵簾額外秋在笛聲中

繁響層欄接涼痕一角通爽迎窗臥北斜趁柳偏東
低亞濃雲綠平分夕照紅何如依
禁籞韶景愜
宸哀
修竹王羲之蘭亭集序此地高低九華山錄回望九
有崇山峻嶺茂林丨丨華橫側丨丨無一
同新篁蘇軾詩解籜竹譜一丨丨為千畝蘇軾和文
者丨丨不自持叢林根若推輪與可詩料
得清貧饞太守渭趙嘏詩殘星幾點雁橫
川丨丨在胸中人倚樓塞長笛一聲丨丨丨遠
易繫辭傳陶潛桃花源記武陵人劉得仁題
近捕魚為業緣溪行忘路之丨丨清陰南園詩曙
堂增爽氣齋杜甫詩相近竹丨戴昺詩丨丨
木動丨丨參差丨相過人不知密蔭林宜午丨丨

啼鳥上春聲簾額李賀詩彩鸞丨丨著霜痕秋在歐陽修詞料得明年丨色丨香可愛其如
鏡裏花顏改箇聲見上人倚樓注繁響孟郊詩商蟲哭衰運丨丨不可尋一角曹徵
庸詩牆西秋色斜陽外截得廬山丨丨明窗臥北晉書陶潛傳潛嘗言夏日虛閒高臥北窗之下
清風颯至自謂羲皇上人斜張志和詞青箬笠綠蓑衣丨風細雨不須歸柳偏東元稹和樂
天早春見寄詩萱近北堂穿土早丨丨丨面受風多亞幸愿題游彥明林園詩花低暖藥斜窺水竹丨
晴梢巧避山濃雲梁簡文帝餞王修詩迴池瀉飛棟丨丨垂畫堂平分杜甫詩野人矜險絕
水竹會丨丨夕照劉長卿詩崖開當丨丨葉去逐寒波紅陸游詩城角危樓晴靄碧林間雙塔
夕陽丨丨禁籞張說詩丨丨塵氛隔韶景梁元帝纂要春景曰丨丨宸衷韋安石詩軒駕
動丨丨

殿閣生微涼唐詩紀事文宗夏日與諸學士聯句曰人皆苦炎熱我愛夏日長柳公續曰薰風自南來｜｜｜｜帝令公權題于壁上

茂對

宸居暢風來

殿閣芳休徵時紀煥

福地盡延涼習習飄

丹掖泠泠拂

紫閶

九重深許到三伏暑全忘不藉珠招引還宜扇奉揚銅龍

徐度漏金鴨暗焚香藹暠

恩彌廣宣勞暑正長卷阿歌

聖治賡拜勉成章

茂對易无妄卦宸居袁朗詩丨丨法太微休徵時書洪範煥福地瑯環記張華游于洞宮别是天地宮室嵳峩每室各有奇書華問地名對曰此瑯環丨丨也延涼拾遺記漢武帝息于丨丨室臥夢李夫人授帝蘅蕪之香帝驚起而香氣猶著衣枕歷月不息遂改丨丨室爲遺芳夢室習習詩邶風丹掖顏延之宋文帝元后策文灑零玉墀雨泗丨丨泠泠風賦淸淸丨丨愈病析醒九重楚辭君之門兮丨丨許到元稹詩因教罷飛檄更丨丨皇都三伏韓鄂歲時紀麗注秦穆取夏至第三庚爲初伏第四庚爲中伏立秋後初庚爲末伏謂之丨丨珠

招引拾遺記嗛泉有黑蚌千歲一生珠燕昭王常懷
此珠當隆暑之月體自清涼號曰銷暑招涼之
丨蘇舜欽詩風煙觸目相扇奉揚晉書袁宏爲東陽
丨丨聊爲停橈一楚吟郡謝安取一丨贈
行答曰輒當丨丨銅龍漏李商隱詩玉壺傳點咽
仁風慰彼黎庶丨丨王岳靈詩銅壺丨
更金鴨戴叔倫詩丨丨香銷欲焚香許渾詩看
新斷魂梨花春雨掩重門篆夜丨丨蔭暍
淮南子人間訓武王丨丨於樾下左擁而右扇之而
天下懷其德注暍於歇切音謁中熱也兩本交蔭之
下曰恩廣鄭谿詩岸與丨同宣勞楊萬里詩主管園
樾下丨波將蕊共深林鶯稱意巡行荷
芰鷺暑長周滇詩水宿淹長卷阿詩有丨者丨飄風
丨丨暑山行阻修畛自南小序丨丨召
康公戒成王言聖治史記秦始皇紀後賡拜書益成
求賢用吉士也嗣循業長承丨丨稷
章論語

自有春風爲掃門李涉竹裏詩閒眠盡日無人到丨丨丨丨丨丨丨春風一作淸風

有客門前立苔階點翠班春剛來竹院風爲掃柴關

旭日曈曈處輕颸習習間松陰新綠淨花徑落紅刪

不待幽琴拂翻教傲帚閒科頭容我懶束手笑童頑

吹盡塵三尺開臨水一灣正逢

閶闔啟淸肅仰

天顏

門前李適之詩借問丨丨丨客今朝幾箇來苔階拾遺記靈帝游西園采綠丨以被丨引渠水以繞砌點翠斑錢惟善詩落梅風細小窗寒石上餘香點丨斑王逢詩樹錯珊瑚朶苔封翡丨丨

竹院 李涉詩因過丨丨逢僧話又得浮生半日閒

掃柴關 盧綸詩明月珂聲出城去家僮不復丨丨丨

旭日 詩邶風

曈曨 李白詩一聞雞唱曉已見日丨丨

輕颸 朱子詩疏樹合丨丨

習習 詩邶風

松陰 江淹詩翩翩征鳥囊蕭蕭丨柏丨

新綠 白居易詩風吹丨丨草芽坼雨灑輕黃柳條溼

花徑 杜甫詩暗水流丨丨春星帶草堂

落紅 陸游詩燈花丨碎丨

幽琴 江孝嗣詩丨丨一罷調清醑復誰同

拂 黃滔詩琴丨莎庭石茶擔乳洞泉

敝帚 魏文帝典論夫人難於自見是以各以所長相輕所短里語曰家有丨丨享之千金此不自見之患也

科頭 王維與盧員外象過崔處士興宗林亭詩丨丨箕踞長松下白眼看他世上人

容我懶 柳貫移居詩借得小窗丨丨丨五更高枕聽春雷

束手 後漢書隗囂傳光武詔告囂若丨丨自詣父子相見保無他也

童頑 姚合詩馬是賒來貴丨因借得丨

吹塵 杜甫詩回風颯颯丨

丨沙三尺張雨詩雪消丨丨春水深臨水一灣許渾詩林逕繞山松葉暗柴門丨丨稻花香錢起江行詩丨丨斜照水三版順風船閶闔王維詩九天丨丨開宮殿萬國衣冠拜冕旒清肅後漢書陳寵傳爲廣漢太守訟者日減郡中丨丨天顔左傳丨威不違丨咫尺杜甫詩書漏稀聞高閣報丨丨有喜近臣知

宰相須用讀書人宋史太祖紀乾德改元先諭丨丨曰年號須擇前代所未有者三年蜀平蜀宮人入内帝見其鏡背有志乾德四年鑄者召竇儀等詰之儀對曰此必蜀物蜀主王衍嘗有此物乃大喜曰作相丨丨丨丨丨由是大重行者

用相期賢俊宜麻愼所除人須求善讀省最貴中書

漫許升丹陛先宜熟石渠觀曾談白虎袋不愧緋魚

保傳頭銜重經綸腹笥儲青緗稽古後黄閣拜恩初
刀筆嗤羣吏縑緗富五車何容稱宋代襄贊仰
宸居
賢俊漢書元帝紀延登｜｜宣麻李肇翰林志唐中書用黄白麻爲綸命其後翰林專掌白
麻中書獨用黄麻唐庚詩内前除拜官曰｜史記平
軍馬撥不開文德殿上｜｜回準書諸買武功爵
官首者試補吏先｜注先｜用也前漢田蚡傳君｜
吏盡未吾亦欲｜吏注凡言｜者｜去故官就新官
善讀宋史汪藻傳藻通顯三十年無屋廬以居博極羣書老不釋卷尤｜｜春秋左氏傳及西漢書
省中書唐書百官志中書｜｜｜｜令二人正二品掌佐天子執大政而總判省事丹陛
隋書薛道衡傳趨
事紫宸驅馳｜｜石渠漢書劉向傳會初立穀梁春秋徵更生受穀梁講論五經

于丨丨注三輔舊事丨丨閣在未央大殿北以藏祕書觀白虎後漢書儒林傳時會京師諸儒于白虎觀講論五經同異袋緋魚唐書杜甫傳嚴武鎮成都奏爲節度參謀檢校尙書工部員外郎賜緋魚袋保傅書周官頭銜范成大詩手版丨丨意已慵墨池書枕興無窮經綸中庸腹笥後漢書邊韶傳韶字孝先以文學知名教授數百人曾晝日假臥弟子私嘲之曰邊孝先腹便便懶讀書但讀眠韶曰邊爲姓孝爲字丨便便五經丨但欲眠思經義寐與周公同夢靜與孔子同意師而可嘲出何典記青箱宋書王准傳家世相傳並諳江左舊事緘諸丨丨世人謂之王氏丨丨學稽古書虞書黃閣杜甫詩扆聖登丨丨明公獨妙年拜恩北史王晞傳常山王演錄尙書事新除官者必詣王謝晞言于王曰受爵天朝丨丨私恩自古以爲干紀宜一約絕王深納焉刀筆聿吏史記蕭相國世家蕭相國何于秦時爲丨丨吏錄錄未有奇節禮記

有司告以樂闋于乃命公侯伯子男及縑緗柳宗元
丨丨曰反養老幼于東序終之以仁也縑緗上河陽
烏尚書啓小子久以文字進身嘗好古人事五車莊
業專當具筆札拂丨丨贊揚大功垂之不朽字
惠施多方宋代見題襄贊書泉班固典引高光
其書丨丨注陶讀宸居二聖丨丨其域
寫葉惜殘紅王禹偁幽居秋興詩掃
苔留嫩綠丨丨丨丨丨
木葉三秋脫疏林見幾叢爲誰題翠墨知是惜殷紅
飛白霜華裏研朱夕照中緘情增旖旎倚醉寫玲瓏
鴉點淩寒賸燕支設色工天心矜晚豔人意祝東風
合配簪花格非誇刻楮功願依
温室樹珥筆侍

宸楓

木葉脫謝莊月賦洞庭始波丨丨微脫三秋詩王風琉林叢謝靈運曇隆法

師誄開石通澗剔柯丨丨蕭通明詩涼氣散簟席露色變林丨鬒蘇轍詩旋揉丨丨濡黃繒般

紅王禹偁月波樓詩白亂蘆花散紅般蔘穗稠飛白南史紀僧眞傳弟僧猛能丨丨書作丨丨

賦霜華白居易詩鴛鴦瓦冷丨丨重研朱高駢詩滴露丨丨點周易夕照見高竹半

樓風詩注緘情溫庭筠詩我亦爲君長太息丨丨遠寄愁無色旖旎史記司馬相如傳掉指橋

以偃蹇兮又丨丨以招搖倚醉李賀詩陸郎丨丨牽羅袂奪得寶釵金翡翠玲瓏陸游詩詩

和丨丨韻鴉點陸游詩雲溼一聲新到雁林昏數點後棲鴉凌寒梁書到溉傳時以溉洽兄

弟比之二陸故世祖贈詩曰魏世重雙丁晉朝稱二陸何如今兩到復似凌寒竹燕支古今注丨

丨西方士人以染紅中國人謂紅藍以染粉爲婦人面色名丨丨粉亦作焉支**設色**周禮考工記丨丨之工五畫繢鍾筐㡛**天心**易復卦**晚豔**成廷珪詩孤花餘丨丨芳草亂春愁**人意**竇泉述書賦出於丨丨乃近天造**東風**禮月令**簪花格**王彥泓詩含毫愛學丨丨丨展畫慚看出浴圖**刻楮**列子宋人以玉爲楮葉三年而成陸游詩采藤持織履丨丨治爲冠**溫室樹**漢書孔光傳光周密謹慎未嘗有過沐日歸休兄弟妻子燕語終不及朝省政事或問丨丨省中丨光默不應更答以他語其不泄如此**珥筆**魏志陳思王植傳安宅京室執鞭丨丨出從華蓋入侍輦轂承答聖問拾遺左右**宸楓**見春在先生杖履中詩注

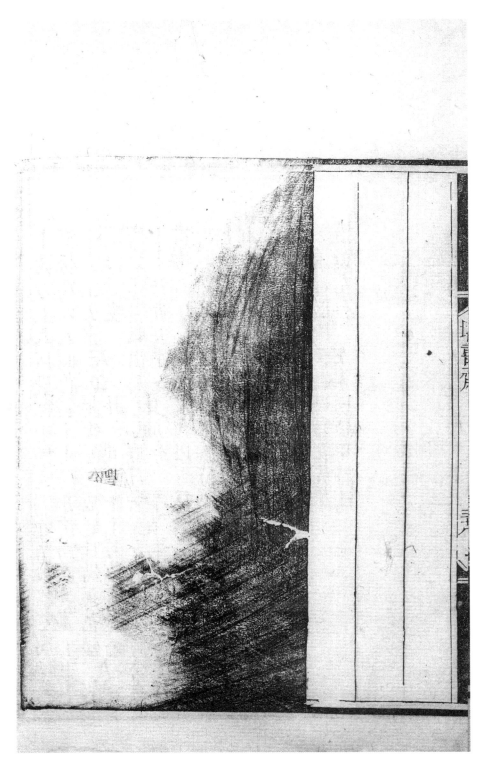

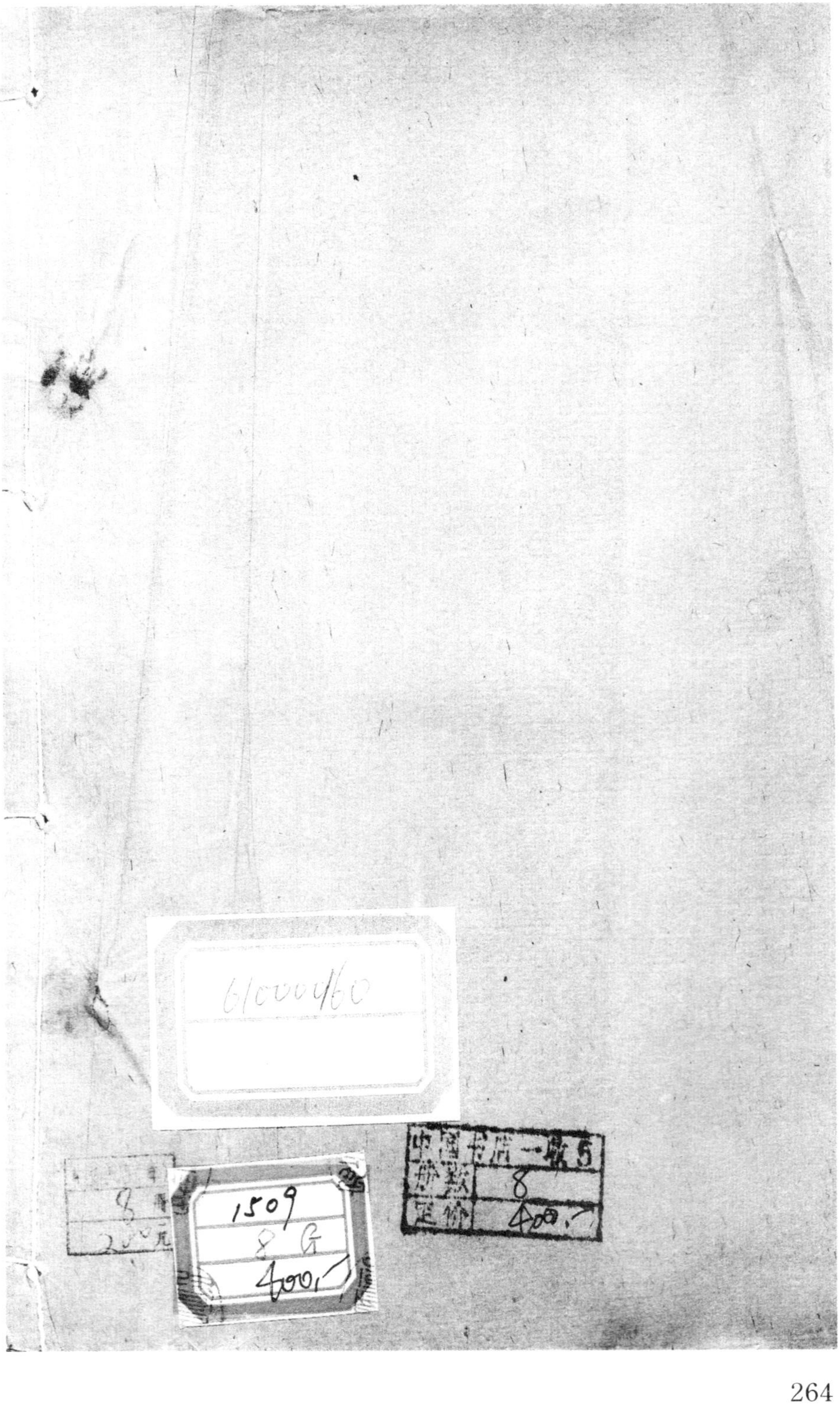
61000460
1509
8 G
中国书店
8

時晴齋試帖目錄

儀徵張集馨先生著

微雨燕雙歸　木葉微脫
歲寒知松柏　雪月交輝
秋葉已如客　月午樹無影
夜半鐘聲到客船　風雪橋邊得句多
春雷起蟄　綠陰生晝靜
不免孤衾眠客舍　游魚動圓波
嫁杏　江上青山送六朝

調水符　凱歌同飲

同巷夜績　詩就還隨驛使來

夜雨長溪痕　細雨有痕秧正綠

鼻烟　細雨垂楊繫畫船

水繞蘆花月滿船　蒲刀

一夜扁舟宿葦花　月林散清影

旗亭賭唱　茶僧

向月展魚罾　賣劍買牛

爲我佳處留茅庵　風幔不依樓

蒹葭秋水　鍜詩未就且長吟

三月春陰亞養花　林深窗戶綠

瀰地月明何處碪　興酣落筆搖五嶽

儉可助廉　庶績咸熙

跗萼相銜

[illegible]齋日錄

二

時晴齋試帖

儀徵張集馨椒雲甫著　甘泉王祿書硯耘註釋

儀徵嚴玉輝韞初

姪　寶恩　校字

男　兆蘭

微雨燕雙歸（翁宏春殘詩落花人獨立｜｜｜｜｜案宏五代時人字大舉雙歸一作雙飛）

且把珠簾捲徘徊盼燕歸一天微雨落雙影撲烟飛

點點侵苔徑斜斜款竹扉交呼掠玉剪對舞溼雲衣

羽倦爭巢急絲輕著樹稀簷前濃墨重巷口夕陽非

杏苑新雛戀梅梁舊侶依

禁林韶景麗翔步待

彤闈

珠簾捲（鮑照詩）||無隔露羅幌不勝風　捲（李白詩）美人|珠簾深坐顰蛾眉　徘徊（張泌詩）碧戶落花疑悵望歸燕自||

一天（李洞詩）島嶼分諸國星河共||　雨落（姚幹謌）華山岳

廟碑（扇）萬聲以雲騰飛長天而||　雙影（唐太宗琵琶詩）半月無||全花有四時　撲烟飛

罕嶠詩夜雪隨風|馬飛張仲素詩桔槔原上暮||　點點（杜牧村行詩）娉娉垂楊風||過塘

雨苔徑（朱子詩）雨久||荒林深鳥啼幽　斜斜（杜甫詩）微風燕子斜（杜牧詩）整整復||

隨旌旆晚沙　款竹扉（趙嘏詩）終日勞車馬江邊|||　叉呼（蘇軾詩）我貧不辨供酒食

側耳日聞 捎玉翦 陸龜蒙詩燕丨輕墜葉蜂頻卧樵
丨朋丨 花時大本白燕詩珠簾一二中間
捲丨丨一 對舞 蘇軾詩燕舞鶯啼春日長西溪叢話
雙高下飛 何郤巡出古鏡背龜紐以蓮葉承之
左右彈琴仙人 雲衣 何天承詩丨丨 羽倦 侯寘詞塵
一鳳凰丨丨 雨帶乘風翔 暗雙梟菊
明山徑何妨 爭巢息 魏書李惠傳惠長子思察雍州
倦羽知還 廳事有燕丨丨鬬已累日惠令
人掩護使卒以弱竹彈兩燕既而一去一留惠笑謂
屬吏曰此留者自計爲巢功重彼去者既經楚痛理
無留心羣下服其聰察 劉禹錫 絲輕 張協詩密雨如
詩驚禽一辭巢棲丨無少安 散絲盧肇賦得
風不鳴條詩幾牽蘿 吳激詩晚芳猶丨 唐
蔓動潛惹柳丨丨 眷樹 丨江漲欲平溪 簷前 太
宗詩碧鱗驚棹 濃墨重 蘇軾詩黑雲翻墨未遮山陸
側元燕舞丨丨 游詩端溪石池丨作丨燭光
相射飛縱橫 墨經語曰煤貴輕 巷口夕陽 劉禹錫詩
墨貴丨今人擇墨貴輕甚非 宋雀橋邊

野草花烏衣丨丨丨丨斜舊時
王謝堂前燕飛入尋常百姓家
杏苑〔宋元詩〕馬驕曾丨丨臚唱果丹
墀
新雛〔元稹詩〕拂簾雙燕引丨丨
梅梁〔溫庭筠詩〕柳煖杏花稀丨丨乳燕飛
舊侶〔謝靈運詩〕羈雌念丨丨迷鳥懷故林
禁林〔西都賦〕毛羣內闐飛羽上覆接翼側足集丨丨而屯聚
韶景麗〔梁元帝纂要〕春景曰丨丨〔冊府元龜〕唐哀宗天祐二年詔及此芳辰當茲丨景稍令暇逸俾務
游從
翔步〔蜀志秦宓傳〕海內察舉率多英儁不遺舊齒〔宋論〕不齊異同相半此乃承平之丨丨非亂
世之急務也
彤闈〔庾信詩〕傳呼擁絳節交戟映丨丨
木葉微脫〔謝莊月賦〕若夫氣霽地表雲斂天末洞庭始波丨丨丨丨
水落山容淨風涼木脫微滿林秋有韻幾片葉初飛
瘦影飄沈徑乾聲灑竹扉清陰黃欲隕老幹綠猶肥

烏柏經霜飽丹楓帶露睎玲瓏飾月色濃淡漏山曬
舍北扶筇踏江南倚棹歸天然圖畫好游覽徧郊圻
木落周權湘中詩天寒楚山容淨陸暢詩秋天木落
雲淨丨丨湘山幽見丨丨王維詩天
寒遠山丨日風涼詩北風其涼劉楨木脫王禹偁詩
暮長河急詩鄒達來丨丨天晴綠野
懸魚網丨丨滿林孟浩然詩旣藉推有韻伍喬詩
空城露酒旗名飮清風丨竹丨秋怪石夜
光寒射燭老杉丨韻冷和鐘田錫春雲賦丨丨
崔道融檮花詩香中別丨丨幾片明滅兮殘雲方消
一脈輕鮮分葉初飛李白詩客似秋丨飛飄飄不言
愁蛾淡掃歸杜牧詩江涵秋影雁丨丨
瘦影鄭谷淨衆寺松溪詩澄莎徑楊巽詩雨徑莎初
分僧影瘦光澈客心清滲春山草正長
乾聲岑參詩踏竹扉趙嘏詩終日勞車清陰劉得仁
地葉聲乾馬江邊款丨丨題南園

詩曙堂增爽氣**黃隕**（詩）桑之落矣**老幹**（程史）張紫微
喬木動｜｜其｜而｜題萬杉寺詩
云｜｜參天一萬株**綠肥**（李清照春晚詞）昨夜雨疏
廬山佳處著浮圖風驟濃睡不消殘酒試問
卷簾人却道海棠依舊知**烏桕**（羣芳譜）｜｜一名鴉
否知否應是｜｜紅瘦桕葉似小杏葉而微
薄淡綠色五月開細花色黃白實如雞頭初青熟黑
分三辨八九月熟種之佳者有二日葡萄桕穗聚子
大而穠厚日鷹爪桕穗散殼薄搼桕子在仲冬以熬
爲候搉取白油以製燭接正字通本作烏桕又名鴉
舅桕又**經霜飽**（杜甫詩）層軒皆面**丹楓**（杜甫詩）背日
作日水老樹飽經霜｜｜萬木稠
帯露晞（趙令時詞）媚臉香新淚污梅英猶｜｜**玲瓏**
春朝｜（詩）秦風兼葭淒淒白露未｜
月色（李白詩）却下水精簾｜｜望我月（杜甫詩）**濃淡**（蕭
詩永夜角聲悲自語中天｜｜好誰看穎
士庭莎賦既高低以**山暉**（文賦）石韞玉而｜輝水**含**
異於亦｜｜而殊色懷珠而川媚接暉同｜

北〔杜甫詩〕舍南丨丨皆春　扶節踏〔宋子詩〕微吟澤畔
色但見羣鷗日日來　扶節踏幾丨丨〔顧況詩〕入
門不肯入升堂美　江南倚棹歸〔蘇軾詩〕扁舟一棹歸
人扶丨金階月　何處家在丨丨黃葉
村〔盧照隣詩〕丨丨春江上橫舟石岸前〔虞
集詩〕海鷗冥冥秋影微黃葉江南一棹丨天然圖畫
謹按　圓明園鏤月開雲後有池一匝西　〔夏侯
北方樓曰丨丨丨丨為四十景中之一　游覽湛芙
蓉賦〕臨清池以丨郊圻〔晉書〕申晝丨丨愼固封守〔王
丨觀芙蓉之麗華　安石詩〕我亦悠悠無事者約
君聯騎
訪丨丨
歲寒知松柏〔論語〕丨丨然後丨
丨丨之後彫也
松柏堅貞性非冬那得知凌寒撐鶴骨經歲挺虬枝
蒼黛森千尺風霜歷四時空山冰已結古翠蘚猶滋

天與諸艱鍊人驚晚節奇凡材難角勝老幹尚鱗而
氷石應同淡炎涼總不移棟梁儲
國用厦庇荷
恩私
堅貞性羅山記嶺南道無簩竹惟此山有之大尺圍色如黃金｜｜疏節宋子詩小草有貞｜
那得知沈佺期詩荄自幷腸斷傍人｜｜｜｜淩寒梁書到溉傳時以溉洽兄弟比之二陸故
世祖贈詩日魏世重雙丁晉朝稱二陸何如今兩到復似｜｜竹鶴骨王炎詩｜｜雞膚不耐寒
經歲劉采春詩｜｜又經年虯枝馬祖常詩｜｜喜垂澗森于尺世說庾子嵩目
和嶠森｜如千丈松雖磊砢有節目施之大厦有棟
梁之用杜甫古柏行蒼皮溜皮四十圍黛色參天二

丨風霜後漢書盧植傳論丨丨以別草四時禮記如
丨丨木之性危亂以見堅貞之節松柏之
有心也貫丨丨空山張說詩丨丨水已結梁武帝孝
而不改柯易葉寂歷道心生思賦若乃
寒丨丨丨古亭林逋詩長松含丨蘚滋李商隱詩白
寒條乍折丨衰藥動微薰石巖扉碧丨
丨天與諸艱蘇轍詩他年貧富隨丨丨何日身心聽
我聞徐陵勸進梁元帝表歷試丨丨咸
熙庶八驚晚節奇蘇軾荀卿論荀卿者喜爲異說而
績不讓敢爲高論而不顧者也其言
愚丨之所丨而小人之所喜也李彦平錄韓琦在北
門九日宴諸僚佐有詩云不羞老圃秋容淡猶有寒
花丨丨香識者知其晚節之高虞世南結凡材宋書
客少年場行韓魏多丨節倜儻遺名利禮志
散本丨丨角勝唐書郝處俊傳上元初帝觀酺翔鸞
皆可入川閣時赤縣與太常音技分東西明帝
詔雍王賢主東周王顯主西因以丨丨處俊曰二王
春秋少意操未定乃分朋造黨使相誇尚所以導仁

義示雍和也帝遽止歎曰處俊遠識非衆臣所逮

老幹見木葉微脫詩丨丨註

鱗而（周禮考工記）梓人爲筍虡凡攫搋援簭之類必深其爪出其目作其丨之丨注丨丨龍蛇之屬之丨頰頷也

水石（宋書隱逸傳）論岩壑閒遠丨丨清華

炎涼（李白詩）一別隔千里榮枯異丨丨

不移（陸游詩）貧賤終身志丨丨

棟樑見上森丨丨千尺注

國用（忠經）賢者國之幹猷者國之規功者國之將利者丨之丨

廈庇（杜甫詩）安得廣丨千萬間大丨天下寒士盡歡顏

恩私（杜甫詩）西戎甥舅禮未敢背丨丨

雪月交輝（李嶠詩）漢月交秋色梁園映雪輝

雪後欣逢月憑欄夜啟扉空明真不滓上下恰交輝

桂蕊飄香兮梅花麗樹肥瑶林疑粉傅玉鏡帶雲飛

樓閣凝寒渲湖山著色稀星辰雙闕淡燈火小窻微

庭靜棲鴉定烟衝老鶴歸

九霄高處傍豐稔兆

京圻

雪後〔羅鄴詩〕十里溪山新丨 逢月〔錢起詩〕夕陽流水
丨丨千家襟袖曉寒生 吟詩去明月青山
出竹 憑欄〔韓偓詩〕星斗疏明禁漏 啟扉〔西都賦〕仍層
逢 殘紫泥封後獨丨丨 崖而衡閫臨
峻路而 空明〔楞嚴經〕如來今 不滓〔秦宓荅王商書〕如
丨丨 得妙丨丨覺 揚子雲潛心著述
有補于世 泥蟠 上下〔晉書〕光被四表 桂蕊 飄香 冷〔陸龜
丨丨行參聖師 格于丨丨 蒙毛
公眾詩〕香實灑丨丨甘唯漬雲根〔老學菴筆記〕張子
韶對策有桂子丨丨之語趙明誠妻李氏嘲之曰露

花倒影柳三變桂子飄香張九成朱慶餘早梅詩艷寒宜雨露香｜隔塵埃 梅花 李商隱對雪詩｜｜大庾嶺頭發柳絮章臺街裏飛 樹肥 亢倉子｜｜無使扶疏樹磽不欲專生而獨居肥而扶疏則多秕磽而獨居則多死 瑤林 世說王戎公太尉神姿高徹如｜｜瓊樹自是風塵外物 粉傳 顏氏家訓梁朝全盛之時貴遊子弟多無學術莫不熏衣剃面傳粉施朱 玉鏡 鄭谷春夕省直詩水含｜｜春寒在粉傳仙闈月色多 雲飛 蜀都賦｜｜水宿哢吭清渠 樓閣 元稹詩繞郭烟嵐新雨後滿山｜｜上燈初 凝寒流 舊唐書音樂志火林霰雪陽水｜海陳陷履春水賦由｜｜以生姿 湖山 蘇軾詩我本無家更安往故鄉無此好｜｜ 著色 蘇軾詩適來一變風流盡誰見將闕｜｜山 星辰 書歷象日月｜｜｜敬授人時 雙闕 魏陳思王璉銅爵臺賦建高門之嵯峨兮浮｜｜乎太清 燈火 白居易詩｜｜萬家城四畔星河一道水中央 小窗 蘇軾詩徵

雨止還作丨丨幽更研庭靜（虞集詩）歸來丨戶丨芳草自生春棲鴉定（僧道潛詩）聚噪
丨丨丨孤吹牧豎還烟衙（徐照詩）晴靄市丨丨老鶴歸（杜甫詩）蟄龍三冬臥丨丨萬里心實
支晦詩松下橫琴待鶴丨九霄傍（杜甫詩）月傍九霄多高處（岑參詩）可憐丨丨送遠見
故人車豐稔（詩）屢丨年（左傳）襄公二十七年不及五丨註稔年也熟也穀一熟爲一年京折
雩尤曾獅（詩）囊城下封鑵汝頫皆丨丨
秋燕巳如客（杜甫立秋後題）元蟬無定號丨丨丨丨
記得春巢燕雙飛意自如秋風吹颯爾客路賦歸歟
蘋末涼初結瓜期信不虛光陰催蓼岸蹤跡托蓬廬
雁陣來賓後鱸江餞別初白沙今日驛烏巷舊時居

月落空餘壘霜寒盼寄書明年芳信早得地近
丹除
記得（劉禹錫聽舊官人穆氏歌詩）會隨　春巢燕（梅堯
織女渡天河｜｜雲間第一歌　臣詩）
賴得｜｜｜未歸雙飛（羅鄴詩）卷簾　意自如（漢書李
高檐終日雨霏霏　巢燕羨｜｜　廣傳）吏
士無人色而廣｜氣｜｜　秋風吹颯爾（漢武帝秋風
益治軍軍中服其勇也　歌）｜｜起兮
白雲飛（李白詩）逐帽秋風｜（李　客路（王維詩）｜｜靑
白詩）燕然蕙草暮｜｜凉風吹　山下行舟綠水
前賦歸興（避暑錄話張平子作歸田｜意興雖蕭散
然所序懷乃在仰飛纖繳俯瞰清流吾謂
釣弋亦何足爲樂人生天地間要與萬物　蘋末（風賦
各得其欲不但適一己也（論語）｜｜歸歟　風起
於青｜　瓜期（左傳）及瓜而代又（王　不虛（史記言陵君
之｜　世貞詩）歸不待｜｜　之接巖穴隱

不恥下交也名冠諸侯||耳**光陰催**張九齡詩行行念歸路眇眇惜||李嶠詩幸承天澤豫無使日||光|**蓼岸**李中詩移舟過||待月整緜綸**蹤跡**李白詩譬如雲中鳥一去無|**蓬廬**劉向雅琴賦潛坐||之中岩石之下**雁陣來賓**王勃滕王閣序||驚寒聲斷衡陽之浦禮月令季秋之月鴻雁||注雁以仲秋先至者爲主季秋後至者爲賓**白沙驛**五代史吳世家楊溥至||闕舟師徐溫來見以白沙爲迎鑾鎮傅若金嘉魚亭詩舟揖回沙|旌旗駐郡亭**烏巷舊時居**劉禹錫詩朱雀橋邊野草花|衣|日夕陽斜||王謝堂前燕飛入尋常百姓家張籍詩每見青山憶舊||**月落**龍城錄趙師雄遷羅浮一日天寒日暮憩僕車於酒肆傍舍一女人出迓與扣酒家門得數杯相飲頃醉寢久東方已白師雄起視乃在大梅花樹下上有翠羽啾嘈||參橫但惆悵而已又梁昭明太子詩||林餘影**壘**張羽詩燕銜泥葺|蜂釀蜜爲房**霜**

寒(李白詩)歸飛海路遠獨宿天||

寄書(劉斧摭遺)王謝金陵人航海遇風抵一洲其王以女妻之女曰此烏衣國也後名宴於寶墨殿命作詩謝因思歸有恨不此身生羽翼之句女曰君詩何相譏也王不悅遣人取飛雲軿送歸既至令謝入其中閉月少息即至其家見梁上雙燕呢喃下視謝乃悟所止燕子國也至秋二燕將去悲鳴庭戶謝書一絕繫燕尾曰誤到華胥國裏來主人終日獨憐才雲軿飄去無消息淚灑東風幾百回燕寄詩去來春復至尾有小柬乃女所寄詩曰昔日相逢冥數合如今睽遠是生離來春縱有相思字三月天南雁不飛(庾信賦)玉關||粧合留釧

明年詩春草||綠王孫歸不歸

芳信(白居易詩)忽驚||至復與新詩并

得地(沈約高松賦)鬱彼高松棲|根||

丹除(錢起詩)地蕭近||

月午樹無影(李賀詩)|||||一山惟白曉

夜午中庭靜徘徊興不孤月光高愈小樹影淡疑無

葉羃青梢幄雲嵌碧海珠天心偏皎潔林角總模糊

花韻晴猶悄槐陰夏正鋪樓臺寒度鶴風露冷棲烏

輪桂華將掩階莎色漸腴何如

霄路近仙境托

蓬壺

夜午〔錫允浮詩〕天下龍歸纔帶雨城頭丨丨又經霜

中庭靜〔王建詩〕丨丨地白樹棲鴉冷露無聲濕桂花〔虞集詩〕歸來庭戶丨芳草自生香

徘徊〔曹植詩〕明月照高樓流光正丨丨

興不孤〔趙嘏詩〕東省丨丨丨南宮丨丨丨丨

月光高小〔詩〕匪東方則明丨出之

〔蘇軾後赤壁賦〕山丨

月丨水落石出
樹影〔全唐詩話〕張祜題金山寺云丨丨中流見鐘聲兩岸聞
淡無〔陸游詩〕烟樹昏昏丨欲丨
羃〔廣韻〕霞也或作冪
青梢幄〔李賀詩〕綠槐引西道丨丨長攢攢〔吳鎮詩〕碧樹圍青丨羣峯列嶂來
雲嵌〔謝翺詩〕垂丨起嶔丨
碧海珠〔李商隱詩〕嫦娥應悔偷靈藥丨丨青天夜夜心〔宋濂日月五星論〕月滿如丨其體本無光借日為光
天心〔邵子詩〕月到丨丨處風來水面時
皎潔〔謝靈運怨曉月賦〕浮雲褰兮收泛灩明舒照兮殊丨丨
林角〔劉從益詩〕馬頭忽轉青丨丨綠繞人家水一灣
糢糊〔汪元量詩〕重到揚州十載餘畫橋雨過月丨丨
花韻晴悄〔司空圖詩〕孤嶼池痕春漲滿小闌丨丨午丨初〔曹唐詩〕樹影悠悠花悄丨若聞簫管是行蹤
槐陰夏鋪〔蘇軾三槐堂銘〕魏公之業與槐俱萌封植之勤必世乃成既相真宗四方砥平歸視其家丨丨滿庭〔趙師民詩〕麥天晨氣潤槐丨午陰清〔蘇轍詩〕密節風吹展清陰月共丨
樓臺

高駢詩綠樹陰濃夏日長丨丨倒影入池塘
度鶴庾信詩雲袍白鶴度簫管鳳凰吹
風露陶潛詩靡靡秋已夕淒淒丨丨交又徐舫詩三秋丨丨松梢月
棲烏王鈞詩丨丨城上返晚徑林中度
輪桂唐中宗三藏聖教序慧炬揚煇澄桂丨而含影何景明詩長安今夜月復滿丨花輪
華掩江淹詩露彩方泛灩月丨始徘徊馬戴詩風傳林磬久月丨草堂遲
階莎蕭穎士庭莎賦序廳丨之下蹊有丨草結根五紀綿冪庭際又張祜詩小洞穿斜竹重丨夾細丨
色腴杜甫詩憶與高李輩論交入酒鑪兩公壯藻思得我丨敷丨
何如杜甫詩南尋禹穴見李白道甫問訊今丨丨
霄路近劉長卿詩相期丹丨丨遙聽清風須孫逖詩更疑天路丨夢與白雲遊
仙境雲笈七籤太清境有九仙第一上仙二高仙三大仙四元仙五天仙六真仙七神仙八靈仙九至仙
蓬壺孔奐詩京洛信名都佳麗擬丨丨按列子渤海之東有大壑焉其中有山一曰岱輿二曰員嶠

三日方壺四日瀛洲五日蓬萊五山高下周旋三萬里仙聖之所往來

夜半鐘聲到客船張繼楓橋夜泊詩姑蘇城外寒山寺｜｜｜｜｜｜

有客船初泊鐘聲入耳俱半天搖暝色此夜到姑蘇蕭寺鯨鏗動篷窗蝶化無載看涼月滿飛趁暮煙扶水影三更寂鄉心一枕孤餘音驚鸛鶴殘夢落江湖宵柝沈前清晨星散野途鳳樓聽欲曙冠佩贊

皇謨

有客詩｜｜｜｜亦白其馬 船泊張喬詩湖平幽徑近｜｜夜燈微 入耳左傳太子

建奔朱王名奮揚曰言出於余口丨於爾丨誰告建也 **半天**〔張喬詩〕峭壁開中古長河落丨丨 **搖暝色**〔王昌齡詩〕秋水動愁客山鐘丨暮天〔謝靈運詩〕林壑斂丨丨雲霞收夕霏 **姑蘇**見題注又〔越絕書〕胥門外有九曲路闔廬造以游丨丨之臺以望太湖 **蕭寺**〔梁武帝紀〕造一佛寺令蕭子雲飛白大書丨丨至今字猶存李約之罷歸建一小室以玩之名曰丨丨 **鯨鏗**〔東都賦〕發丨魚丨華鐘注海中有大魚曰鯨海邊又有獸名蒲牢蒲牢素畏鯨魚鯨魚擊蒲牢輒大鳴凡鐘欲令聲大者故作蒲牢於上所以撞之者為鯨魚 **蓬窗**〔蘇軾詩〕丨丨高枕雨如繩 **蝶化**〔莊子〕昔者莊周夢為蝴蝶栩栩然蝴蝶也自喻適志與不知周也俄然覺則蘧蘧然周也不知周之夢為蝴蝶與蝴蝶之夢為周與周與蝴丨則必有分矣此之謂物丨 **載涼月滿**〔高啟詩〕渡江船丨馬到館燭鴦鴉〔王融詩〕壁門丨丨舉珠殿秋風過〔白居易贈江客詩〕愁君獨向沙頭宿水繞蘆花月丨船 **飛暮**

煙〔李白詩〕酒盡一帆丨〔張仲素詩〕指操原上丨丨飛

水影〔晉書符堅載記〕自堅之建元十七年四月長安有丨丨遠觀若水視地則見人至是則止堅惡之

三更寂〔陸游詩〕丨丨畫船穿藕花花爲四壁船爲家〔韓愈詩〕悠悠偃宵丨疊疊抱秋明

鄉心〔王勃詩〕蕭蕭離俗影擾擾望丨丨

一枕孤〔蘇軾詩〕三杯軟飽後丨丨黑甜餘〔元好問詩〕雪屋燈青客枕丨

餘音〔列子〕昔韓娥東之齊匱糧過雍門鬻歌假食既去而丨丨遶梁欐三日不絕

鸛鶴〔蘇軾詩〕丨丨來何處飛鳴滿夕陽

殘夢〔蘇軾詩〕馬上續丨丨不知朝日升

江湖〔史記〕范蠡乘扁舟浮於丨丨變易姓名

宵柝〔文徵明詩〕坐聆丨丨霜團屋想見郊禋月滿壇

前浦〔韋莊詩〕伴釣歌丨丨隨樵上遠圖

晨星〔何遜詩〕思君無轉易何異此丨丨

野途〔周禮〕經涂九軌環涂七軌丨涂五軌按涂通作丨

鳳樓〔王格詩〕晚粧初罷丨丨鐘

聽欲曙〔唐球詩〕寒鐘竹裏丨〔白居易長恨歌〕遲遲鐘鼓初長

夜耿耿星冠佩（宋史樂志）匏絲贊皇謨（儲光羲詩）皇軒轅君贊
河||天鐙陳||儼飭
|皋陶謨（王禹偁詩）經史子
集燦今古粉繪帝道張||
風雪橋邊得句多（范成大過吳詩）犯寒書劍
出春蘿||||||||
繫馬平橋去吟鞭又入吳江山留好句風雪數征途
照水長虹卧驚寒斷雁呼烟波雙畫槳天地一詩癯
白戰隨時有紅塵此界無身疑雲外寄影向鏡中孤
舊侶盟鷗鷺新詞按鷓鴣歸帆逢霽色月夜泛晴湖
繫馬（李益詩）風吹山下平橋（白居易詩）小宴追吟鞭
草||河邊樹 涼散||步月同
（文同詩）||搖嶺 （王昌齡詩）寒雨連江夜
月倦枕拂浮雲入吳||平明送客楚山孤江山

〔黃庭堅詩〕天開**好句**〔陸游詩〕丨丨尚來欹枕**征途**〔杜
圖畫卽丨丨處壯心時在倚樓中甫
詩〕冉冉丨丨間**照水**〔蘇軾詩〕湖面新荷空丨**長虹臥**
誰是長年者丨城頭高柳漫搖風
〔張纘詩〕耿丨丨於青霄〔蘇**驚寒斷雁呼**〔王〕朝滕王閣
舜欽詩〕水面沈沈丨彩虹序〕雁陣丨丨
聲斷衡陽之浦〔文徵明阻風宿九里湖**烟波**〔新唐書
詩〕雲海長空丨丨丨水聲摧岸雜風蒲張志和
傳〕志和浪迹江湖**雙畫槳**〔范成大詩〕南風匝地送歸
自稱丨丨釣徒客丨槳下瀨如投梭〔陸游
詩〕綠波丨丨浣花船**天地**〔杜甫詩〕側身丨丨更懷**詩**
清簟疏簾角黍筵古回首風塵甘息機
臞〔戴復古寄林玉溪詩〕玉**白戰**〔蘇軾雪詩〕當時號令
溪何所見時復問丨丨君記取丨丨不許持
寸**隨時有**〔易〕隨大亨貞无咎而天下丨丨〔王**紅塵此**
鐵炎詩〕是中猶淵海隨取卽隨丨
界無〔祖詠詩〕停車傍明月走馬八丨丨〔詩〕無丨疆爾
丨〔張翥范寬山水詩〕摩挲雙脚底丨復踏紅塵

身　雲外寄蘇軾詩偶還仗內丨如寄尚憶江南酒
可貽夏侯湛抵疑攄四海之區出青丨
之丨蘇舜欽詩高風勝事影　司空圖詩人
日傾倒安得身丨西飛雲影　鏡中孤丨塔前孤晉
晝王羲之云每行山陰道上如丨丨　舊侶謝靈運詩
遊杜牧詩聲斷碧雲外影丨明月中　鸘雌念丨
丨迷鳥　盟鷗鷺黄庚詩不羨魚蝦　新詞唐明皇答張
懷故林　利惟尋鷗鷺盟　說詩間有鴛
鸞客清詞　鷓鴣宋史樂志太宗親製曲中呂調傾杯
雅調新　樂菩薩蠻瑞丨丨又唐詩紀事鄭谷
以丨丨詩得名　歸帆何遜詩遽逐春流　雲色祖詠終
時號為鄭丨丨　返丨丨得望家　南望餘
雪詩林表明丨丨　月夜泛晴湖國史補李暮吹笛天下
丨城中增暮寒　第一丨丨丨江與同舟
人吹笛參寥完逸發李白詩湖心泛月歸賈
島送人適越詩丨丨勝境碧寒柳似金黃
春雷起蟄禮記蟄蟲始振註振動也夏小正正月啟
蟄周禮冬官韗人凡冒鼓必以啟蟄之日

汪啟蟄孟春之中也蟄蟲始
聞雷聲而動鼓𣃁取象也

久蟄應思起神龍是異材時剛逢上月響正發春雷
奮地千峯震摩天萬壑開泥塗原暫寄霄路許親來
掉尾飛騰遠昂頭變化纔水雲披海嶽風雨上蓬萊
詎是池中物從知不世才求伸看屈蠖
聖澤徧埏垓

久蟄應思起全令春晚雨後詩龍蛇丨丨丨丨丨奮蛙
蟈乘時已自先李賀詩湘江夜半龍驚
丨神龍史記三皇紀有媧氏之女為
少典妃感丨丨而生炎帝
異材姚合詩日
月滋佳色
烟霄長
上月蘇頲詩獨好中林
隱先期丨丨春
響發李賀詩蟲
丨丨連夜丨
奮地

千峯震〔易〕豫卦雷出地丨〔陸機詩〕壯哉奮丨雷〔杜甫詩〕雷聲忽送丨丨雨花氣渾如百和香〔易〕丨驚百里摩天〔李白詩〕吾觀丨丨飛九萬方未已又〔蘇軾詩〕塞鴻正欲丨丨去萬壑〔杜甫詩〕羣山丨丨赴荊門泥塗〔左傳〕趙孟謂絳縣人日使吾子辱在丨丨武之過也霄路見月午樹無影丨丨注掉尾〔上林賦〕揚鬐丨丨振鱗奮翼飛騰遠〔李宙奉和聖製喜雨賦〕龍虎丨丨兮多氣色鸛鶴鳴呌兮有清音〔謝朓詩〕落日飛鳥丨昂頭〔李德潤題驄馬滚塵圖詩〕丨丨不受金緜絡汗血輟沙生書烟變化〔易〕乾道丨丨〔太平廣記〕大鯉登龍門化爲龍不登者點額暴腮矣水雲〔呂氏春秋〕丨丨魚鱗海嶽〔鮑照喜雨詩〕平灑周丨丨曲潦溢川莊風雨〔淮南子〕人不見龍之飛舉而能高者丨丨奉之也蓬萊〔漢書郊祀志〕自威宣燕昭使人入海求丨丨方丈瀛洲此三神山者相傳在渤海中去人不遠嘗有至者池中物〔吳志周瑜傳〕劉備以左將軍領荊州牧周

瑜上書曰劉備以梟雄之姿而有關羽張飛熊虎之將必非久屈爲人用者恐蛟龍得雲雨終非｜｜｜也

不世才（杜甫詩）道林才不世惠遠德過人

求伸屈蠖（易）尺蠖之屈以求信也信通作伸

聖澤曹植求自試表沐浴｜｜潛潤德教可謂厚幸矣

埏垓司馬相如封禪文上暢九垓下泝八埏

綠陰生晝靜（韋應物雨後游開元精舍詩）｜｜｜｜｜孤花表春餘按韋集靜一作寂

綠樹濃陰裏來游駐客軒禪扃消永晝靜境訪開元

檐賸春花綴條垂夏幄繁雲揺青不斷風定碧無痕

鳥夢高枝穩蜂聲別院喧暖紅明藥徑空翠暈柴門

棋局敲閑館茶烟過短垣

御園嘉植滿長養荷

天照

綠樹濃陰裏〔高駢詩〕丨丨陰丨夏日長樓臺倒影入池塘〔溫庭筠詩〕綠楊丨丨千家月紅藕

香中萬點珠 來游〔詩〕豈弟君子丨丨來歌 駐客軒〔岑參詩〕故人是邑尉過客駐征軒

禪扃王勃式擔山寺序梵筵霞屬丨丨烟儆 消永晝楊載詩鳴琴丨丨丨 靜境〔郝經〕

遊靈巖寺詩丨丨求初心滯慮驅萬端 開元見題注按丨丨唐明皇年號 檐 春華

綴〔司空圖詩品〕曠達花覆茅丨疏雨相過〔魏志邢顒〕〔傳〕眾庶子之丨丨忘家丞之秋實〔劉憲詩〕綱戶飛

花丨幡竿度鳥迴 條垂〔後漢書崔駰傳〕駰擬揚雄解嘲作達旨丨丨藟蔓上下相求 夏幄

繁〔楊愿詩〕眾綠陰陰結丨丨帷〔吳鎮詩〕碧樹園青丨〔蘇轍詩〕晚涼迎步綠陰丨 雲搖青〔西都〕賦遂

乃風舉丨丨浮游博覽宮**不斷**李白詩海風吹丨風
嘉謨詩丨丨酒綠映樓臺丨江月照還空
定俞南史謝貞傳年八歲嘗爲春日閑居詩從舅王筠
奇之謂所親曰至如丨丨花猶落乃追步惠連矣
碧無痕王沂孫詞丨痕初化池塘草熒熒野花
相趁隄游詩月昏天有暈風軟水丨丨**鳥夢**
高枝穩溫公詩話陳文惠公能爲詩嘗有句云雨網
蛛絲斷風枝丨丨搖杜甫詩屈鐵交錯迴丨
丨尹亭高詩夢丨疑**蜂聲別院喧**元好問詩已怕宿
宵短心閒覺晝長　粧添蝶粉更堪暖
蕊鬧丨丨丨高道素上元賦迎鼓瑟於璇宮接吹**暖紅**
簫於丨丨丨杜甫詩風輕粉蝶喜花暖蜜蜂丨
明郭鈺詩池浸丨丨花弄影窗含濕翠竹成科楊萬
里櫻桃詩計會小風留紫胞殷勤落日弄紅丨
藥徑錢起詩丨丨深紅**空翠裊**容齋夜話東晉騷人
蘇山窗滿翠微　勝士最多皆無出謝
安石之右烟霏丨丨之間乃攜娉婷登臨與夫雲夜
山陰故人興盡而返下馬據胡床三弄而去者異矣

郡經登泰山太平頂詩山陰塊詭光怪出赤氣聳丨相鉤連柴門後漢書楊震傳於是丨丨絶賓客杜甫詩白沙翠竹江村暮相送丨丨月色新碁局後漢書張衡傳奕秋以丨丨取譽王豹以清謳流聲敲司馬光詩有約不來過夜半間丨棋子落燈花閒館李尤七款奇宮丨丨迴洞庭門茶烟杜牧詩今日鬢絲禪榻畔丨丨輕颺落花風短垣左傳子有丨丨而自踰之御園李紳詩春風上苑開桃李詔許看花八丨丨嘉植梁武帝建學詔不學將落丨丨靡由長養見游魚動圓波丨丨注天恩後漢書鄧騭傳騭上疏自陳曰臣毋子兄弟內相勑厲冀以端慤畏慎一心奉藏上全丨丨下全性命

未免孤衾眠客舍

未踐青山約年年旅思牽孤衾寒欲戀客舍倦常眠

鄂被人初隱蕭齋榻似禪帳頭疑裹繡八耳又啼鵑
花樣文鴛繡茅檐栩蝶翩甜鄉容我老春夢為誰圓
寥寂挑燈夜惺忪向曙天芙蓉香屢度歸計負坡仙
踐青山約倪瓚懷陸徵君詩歸掃松逕苔遲君丨丨幽約百居易詩況隨白日老共負丨丨丨
年年張若虛詩江月丨丨祇相似旅思牽錢起詩曉日早鶯啼江城丨丨迷零中侍旅中
聞笛詩晴丨詩思苦不獨落梅花寒戀溫庭筠春日偶作詩夜聞猛雨拚花盡丨丨重衾覺夢多
倦常眠陸游詩晝丨夜丨成美睡病多老却未全衰李白贈崔秋浦詩崔令學陶令北窗常晝丨
鄂被說苑鄂君乘青翰之舟張翠華之蓋越人擁楫而歌日山有木兮木有枝心說君兮君不知於
是丨君舉繡丨而覆之人隱紀談昔人謂有天隱地隱丨丨丨名隱之不同天隱者無往而不適嚴

子陵是也地隱者避地而隱伯夷太公是也｜｜者詭迹混俗不殊恒人東方朔是也名隱者不求名而隱劉遺民是也

蕭齋 張弘靖｜｜記隴西李約於江南得蕭子雲壁書飛白蕭字與俱載舟還洛陽仁風里第謂箱櫝臨視不時又有緘啟動搖之變遂建精室陷列於垣復本書之意得遥觀之美夫蕭之為言也切然而清於文也蔚然而整宜乎銘壁宜乎命齋｜｜之名與此字俱傳矣

榻 **禪** 杜牧詩今日鬢絲禪｜畔茶烟輕烟落花風蘇軾詩酒清不醉休休暖睡穩如｜息息匀

蒙頭 宋子詩好上鑑與聞縱月莫將祠被笑｜｜

[illegible] 袁桷車行詩隆如龜戴殼縛似蠶｜｜

入耳 見夜半鐘聲到客船｜｜汪

啼鵑 郡經詩夜久有懷聞獨鵑春歸無語怨｜｜

花樣 見同巷夜績｜｜注又白居易詩連枝｜｜繡羅襦

文鴛繡 梁鉞觀榮王聘妃詩交頸｜｜合和鳴彩鳳連杜陽雜編同昌公主宮中設神絲被｜三千鴛鴦間以奇花異卉五色輝映

茅檐 陸游詩｜｜夜

點滴已作春雨聲**栩蝶**見夜半鐘聲到客船詩蝶化注**甜鄉****老**青箱記書寢爲黑甜蘇軾詩三杯軟飽後一枕黑甜餘註俗謂睡爲黑丨丨飛燕外傳后進合德帝大悅謂爲溫柔鄉曰吾丨是鄉矣不能效武皇帝求白雲鄉也**春夢****圓**蘇軾詩人似秋鴻來有信事如丨丨了無痕黃庭堅詩茶夢小僧丨**寥寂**吳鎮詩伶倫世無有奇響竟丨丨**挑燈夜**白居易詩寂寞丨丨坐沈吟躡月行張喬貝多樹詩影動懸燈丨聲繁過雨朝**惺忪**元稹詩桐花暗淡柳丨丨**向曙天**韓愈詩丨丨著朝衣白居易詩耿耿星河欲曙丨**芙蓉香****度**杜甫詩屏開金孔雀褥隱繡丨丨元稹詩烟泛被籠丨露濃妝面壽十蘇溼王勃聖泉宴詩影飄垂葉外香丨落花前歸言軾詩功名直已矣丨丨亦悠哉**坡仙**許月卿眉子硯詩丨丨爲欠十眉詠李及何妨一硯持**游魚動圓波**潘岳河陽縣詩歸雁映蘭畤丨丨丨丨

濠濮同觀日河陽發詠年魚游千頃活波動一痕圓
聚影時拋尺尋源誤折璇碎皺江上月倒漾水中天
菱靨花生鏡荷搖浪鼻錢戲依蒲藻外暈到鷺鷗邊
潭靜剛收網風和更躍淵

液池

恩澤普長養樂生全

濠濮莊子秋水篇莊子與惠子游於濠梁之上莊子曰儵魚出游從容是魚樂也惠子曰子非魚安知魚之樂莊子曰子非我安知我之不知魚之樂劉義慶世說簡文入華林園顧謂左右曰會心處不必在遠翳然林木便自有｜｜間想也覺鳥獸禽魚自來親人 同觀李頎粲公院新墊井詩僧房來

往久露井河陽見題璧詠(王昌齡詩)市簡登千頃浩
每||注(蘅翰人和||思
(羅隱詩)醉凭危檻波||愁倚長亭柳萬一痕(吳文
條載復古詩出網魚蝦|投林鳥雀喧英詞)
記)五湖清夜推篷聚影(庾信詩)荷風驚浴拋尺(王令
臨水||微月鳥橋影聚行魚詩)魚
躍練江尋源(虞世南詩)||博折旋(顏延之詩)玉水
|玉|望候結客遠相求記方流璇源載
圓|碎江上月(賈庾詩)萬頃波光搖月|一天風露
折石藕花香(宋之問酬李丹徒見贈之作)
更憐|||倒水中天(高駢詩)樓臺|影入池塘
還入鏡中開(蘇軾詩)小舟搖動|||
菱鑑花生鏡(罕莊詩)塵生鏡少|(秦觀詩)鏈峰昭清
漣春眉鏡中|(范椁詩)滿庭|藥|飛
燕外傳飛燕始加大號婕妤奏上三荷播漫鼻鏡(謝
十六物以賀有七尺菱花|一奩朓)
詩)風入天淵池芰||復合(劉孝威詩)芙蓉遂|戲
插(杜甫詩)慘徑楊花鋪白氈點溪荷葉|青|

依蒲藻劉長卿詩魚｜｜波難定詩魚在在藻傳魚以｜｜｜爲得其所
暈賓奎詩碧潭波｜隨魚沒白隱沙痕逐馬生
鷺鷗邊白居易詩波閒戲魚鼈風靜下鷗｜杜甫詩燕外晴絲卷｜｜水葉開
潭靜王勃九成宮東臺山池賦峯深夜久｜｜秋新
收網蘇軾詩渡江買羔豚｜｜得魴鯉
風和魏書孝文帝紀詔曰天既具臻地臨具應｜｜氣曉天人交協
躍淵詩魚｜于｜
液池漢書武帝紀帝作大池漸臺二十餘丈名曰太｜｜謹按　欽定日下舊聞考　國朝宮室　西苑　西華門之西爲西苑榜曰　西苑入門爲太｜｜
恩澤漢書劉向傳聖人卽天地以燿物常無私于上均｜｜于下協和萬邦黎民無怨梁簡文帝大法頌澤｜｜三界恩均八方
長養仲長統理亂篇普天之下賴我而得生育由我而得富貴安居樂業｜｜子孫天下宴然皆歸心於我
生全蘇軾錡州謝表惟有自投於君父庶幾有冀於｜｜

嫁杏（文昌雜錄）李冠卿家有杏多花不實一媒姥見之笑曰來春與丨丨此丨冬深攜一罇酒來索處子紅裙繫樹上奠酒辭祝而去明年杏結子甚繁

婚嫁何時了良晨又杏花東風催藝苑芳信到天涯
消息春初透暗妍影恰斜棠妝看入睡桃灼稱宜家
伴有梅妻結人無橘婢譁成陰孫縩葉茂笑暈紅霞
燕喜初開廈蜂媒正放衙氷欣河朔泮穠李其擷華

婚嫁（南史公孫僧遠傳）僧遠兄姊未丨丨乃自賣為之成禮名聞郡縣
何時了（完好問楊柳怨朝攀暮折丨丨丨丨不道行人暗巾老）
良辰（梁元帝纂要）春日青陽辰冂丨丨曰嘉辰曰芳辰
東風（禮月令）丨丨解凍
藝苑（傳亮感物賦序）夜清霧隙游目丨丨
芳信見秋燕已如容

丨丨天涯見詩就還隨驛消息陳與義詩客子光陰
注丨丨使來丨丨注詩卷裹杏花丨丨兩
聲郝經賞紅梅詩丨丨寒梢暄妍鮑照採桑行
中春透未全縱風流上要胭脂瘦乳燕逐草蟲
巢蜂拾花蕚是節最影斜梁簡文帝詠藤詩纖條
丨丨佳服又新爍寄喬木弱丨輦風丨棠
蘇軾詠丨詩只恐夜深花八睡蘇軾詩青春先丨
妝睡去故燒高燭照紅丨丨白髮不遺窮
桃灼宜家詩丨之天天丨灼其華伴梅妻結冥景
之子子歸丨其室丨奎旅
夜詩須信故園歸去好梅花相丨竹平安詩話總龜
林逋隱武林之孤山多植梅蓄鶴因謂之丨丨鶴子
江總姬人怨樂府寒燈作花橘婢蘇軾詩水底笙歌
羞夜短霜雁多情恆丨件蛙兩部山中奴婢
橘干人無譁書公曰嗟丨成陰綠葉杜牧詩綠葉
頭丨丨聽金成陰子滿枝
淺笑梁元帝採蓮賦恐沾裳而丨丨畏傾船而歛裾
又李商隱詩龍頭瀉酒客壽杯主人丨丨紅玟

瑰

暈紅霞（張耒詩淡薄晴山放月華晚粧新丨臉邊霞江淹詩喬松日夜竦丨丨旦夕生）蘤

喜初開展（詩魯頌魯侯丨丨劉孝威詩花發是丨丨淮南子湯沐具而蟣蝨相弔大丨成而燕雀相賀憂樂別也）蜂媒　放衙（古詩遊丨巧作丨揮獵蜂有兩衙應潮其主之所在衆蜂爲之旌繞如衛誅罰徵令極嚴有君臣之義註蘇轍詩擁褐丨丨人寂寂脫巾漉酒髮鬖鬖）冰泮土（註如歸妻迨丨未丨）河朔（書王次於丨丨蘇軾詩翻然向丨丨坐念東郡水）穠李（詩何彼丨丨矣華如桃丨）摘華（東觀餘論屈原所著謂之離騷後人效而繼之則已楚詞非也自漢以還文師詞宗慕其軌躅丨丨競秀識其體要者亦寡矣）

江上青山送六朝

懷古青天問蒼茫記六朝山靈勞目送江勢聽聲遙

北固南徐聳龍盤虎踞驕蘭陵峰挂月瓜步夜生潮
戰壘橫波峙降旛舊戍飄英雄都水逝詞客總烟銷
影臏斜陽淡秋催木葉彫不須尋往事一棹過金焦
懷古北史常景傳景經涉山水悵然||乃擬劉現扶風歌十二首青天問源雅類畫蘇子
瞻與客游金山適中秋天宇四垂一碧無際江流須湧月色如畫遂其登山頂之妙高臺命歌者袁綯歌
水調歌頭曰明月幾時有把酒問青天歌罷公爲起舞蒼茫李羣玉詩落照||歲暮天山
靈庾信終南山義谷銘川后讓德||景從目送嵇康詩||||飛鴻手揮五絃江勢廣上
府談唐詩云杜宇呼名語巴江學字流盡以||曲折如巴字聲遙蘇軾詩石淙夢斷水||||北
固王珪詩||山隨三楚盡按北固在鎮江府北下臨長江其勢險固又名北顧山南徐宝昌

齡詩樓頭廣陵臺盤虎踞張敦頤六朝事蹟孫權於
近九月在丨丨龍江岸必爭之地築城曰石
頭城諸葛亮云鍾阜丨丨蘭陵史記荀卿傳趙人
石城丨丨眞帝王之宅楚春申君以爲丨丨
令因家丨丨又唐書地理志武德峯掛月莊泉詩月
三年以故丨丨縣地置武進州在西巖七
十丨韓愈西山詩新月迎宵丨晴雲到晚留曹瓜步
松七夕詩彤雲縹緲迴金軫明丨嬋娟挂玉鉤
述異記丨丨在吳中吳人夜生潮許渾詩蘭葉露光
賣瓜於江畔因以名焉秋月上蘆花風起
丨瀨來孟郊詩千巷戰壘晉書宣帝紀敵雖高壘不
分綠波四門丨早丨得不與我戰者攻其所必
救也又宋史劉宗顯傳方臘亂官九歌衝風
吏悉循公葺壘練兵爲戰守備橫波起兮丨丨降
擒劉禹錫詩一片英雄人物志草之精秀者爲丨丨鳥
力丨丨出石頭之將羣者爲丨張良是丨韓
信是丨又魏志太祖謂劉備水逝陳基詩歲月幾何
日天下丨丨惟使君與操耳流丨丨山河如舊

古今**詞客**(畫斷)王右丞畫山水松石蹤似吳生而風
遥 標特出常自題詩云夙世謬丨丨前身應
畫師其自漢高祖功臣頌身影淪皮日休詩丨
負也如土**烟銷**與丨丨名與風興景丨丨雪霽後香
泛風**斜陽**秬牧詩暮靄生深**秋催木葉凋**梁簡文帝
和時樹丨丨下小樓詠芙蓉詩
欣隨玉露點不逐丨風丨(謝莊月賦)丨丨徵脫**往事**
秬牧詩青山隱隱水迢迢秋盡江南草木丨
史記太史自序**一棹**(宗子詩)幾年清夢黃塵**金焦**丨
迹丨丨思來者裏此日秋風丨丨歸山
在鎮江府西北上有妙高臺釋應之頭陀巖記金山
昔名浮玉因裴頭陀江際獲金李錡奏易今名丨山
在鎮江府東北江中(潤州圖經)
焦山焦先所隱下有瘞鶴銘
調水符(蘇軾集)王女洞中水恐後復取而爲使者見
給因破竹爲契使寺僧藏其一以爲往來之
信遂戲謂
之丨丨丨

來往忙徵調風流想大蘇泉清能辨水寺寂亦飛符
僧喜銅罌致人持筍劵趨擊瓶勞驛使判竹付奚奴
槐火前因續松風入聽娛關防通玉液消息問甎爐
茶夢曾圓否詩牌許乞無
禁園傳韵突
宸賞荷
恩殊
來往（見題注）徵調（後漢書杜詩傳舊制發兵皆以虎符其餘｜｜竹使而已）風流（晉書王獻之傳獻之少有盛名而高邁不羈｜｜爲一時之冠）大蘇（蘇軾詩逢著胡兒問｜｜按蘇洵長

子軾字子瞻號東坡居士舉制科累官翰林學士兵部尚書謚文忠與弟轍齊名世稱爲丨 **泉清** 冠甫謚在山丨水丨 **辨水** 中朝故事李德裕居廟廊日有親知奉使京口李曰還日金山下揚子江中取冷水一壺來其人舉棹日醉而忘之泛舟止石城下方憶及乃汲一瓶歸獻之李公飲後歎訝非常曰江表水味有異於頃歲矣此水頗似建業石城下水其人謝過不敢隱也 **寺寂** 梁昭明太子開善丨法會蓋茲地信間丨丨清曠惟道場 **飛符** 柳貫青山夜行圖歌同應豐城牛斗墟龍劍夜出乘丨丨 **銅罌** 〔齊春秋〕平安王子懋武帝子也年七歲因母阮淑媛病篤請僧行道有獻蓮花供佛者以丨丨盛水子懋祝曰若使阿姨獲福願花竟齋如故七日齋畢花更鮮紅丨丨中相有根鬚阮病尋瘥世稱其孝感 **持券** 〔史記〕孟嘗君傳馮驩至薛齊爲會日殺牛置酒酒酣乃持券加前合之能與息者與爲期不能息者取其券而焚之 **挈瓶** 左傳雖有丨丨之知守不假器禮也注丨丨汲者喻小知

爲人守器猶知不以借人驛使見詩就還隨丨丨來題注判竹晉書陸機傳八侍帷幄出剖符
竹玉篇剖判也中分爲部奚奴唐詩靜街調馬在丨丨槐火蘇軾在黃州夢參寥誦所作詩
巳寒食清明都過了石泉丨丨一時新夢中問火固新無泉何以新答曰俗以清明日淘井前因
糧貫休詩相逢先合掌渾似有丨丨松風蘇軾試院煎茶詩蟹眼已過魚眼生颼颼欲作丨丨鳴
入聽竇叔向秋砧詩離居偏丨丨況復送歸舟闕昉黃庭堅酬劉景文河上見奇詩想見我詩
煮春茗向人懷抱去丨丨玉液漢武內傳上藥有風實雲子丨丨金將又戎昱詩丨丨添瓶漱齒寒
消息易君子尚丨丨盈虛天行也梁元帝詩欲覓行人寄丨丨塼鑪蘇軾詩且學公家作茗飲
丨丨石銚行相隨茶夢圓黃庭堅詩松風佳客共丨丨小僧丨詩脾之湘山
野錄鼎州甘泉寺介官道之側嘉泉也冦萊公題曰平仲酌泉經此同望北關黯然而去下晉公題曰謂

之酌泉禮佛而去後范補之諷留詩於寺日乎仲酌
泉回北望謂之禮佛向南行烟嵐羃鎖門前路轉使
高僧厭寵榮丨丨猶存姚**禁園**王官儀雪詩丨丨楚
合詩不將錢買將詩丨　朔氣瑞雪掩晨曦
趵突謹按日下尊聞錄　靜明園虛受堂之西山畔
有泉曰玉泉丨丨為十六景之一亦為燕山八
景之一舊稱玉泉垂虹以擬瀑泉則可若玉泉則從
山根仰出噴薄如珠實與丨丨之義尤合上有龍王
廟　高宗純皇帝詩功德無雙水名稱第一泉
又詩引云西山泉皆伏流至玉泉山中滃泉歕躍而
出雪湧濤翻濟南丨丨不是過也向之題八景者目
以垂虹失其實矣爰正其名且表為天下第一泉而
為之記詩云玉泉昔日此垂虹史筆誰真感慨中不
改千秋翻丨丨幾曾百丈落雲空廓池延月溶溶白
倒壁飛花淡淡紅笑我亦常**宸賞**徐彥伯幸白蓮觀
傳耳食未能免俗且雷同　應制詩花洞留丨
丨還旆**恩殊**陸游寄酬曾學士詩居
繞夕烟　然叙賤子媿謝丨意丨

凱歌同飲左思魏都賦洗兵海島刷馬江洲振旅輴輴反旆悠悠｜｜｜｜疏爵晉疇

左賦真雄麗臚歡萬國同凱歌堪紀盛飲至更銘功

鐃吹盈廷作瓊珍入饌豐曲應翻樂府人共醉春風

仙酒壺傾碧宮花帽壓紅鵷班欣晉爵虎旅早韜弓

百戌旌旗偃靈臺典禮崇長懷通桂海永沐

聖恩隆

臚歡漢如祀歌遍｜｜騰天歌萬國同杜審言詩士女歡娛｜｜｜飲至左傳三年而治兵入而振旅歸而｜｜注｜飲於廟也銘功周禮司勳凡有功者｜青於王之大常祭於大烝銘之言名也生則書於王旌以識其人與其｜也鐃吹唐書儀衛志｜｜部七曲一破陣樂二上

車三行車四向城五平安六歡
樂七太平宝維詩||喧京口**盈廷**詩發言||**瓊珍**梁
帝遊七山寺賦山**八饌豐**杜甫詩青青竹筍迎船出
多賓玩地出||||白白江魚||||來竆駱賓王
詩廣筵留上客**樂府**漢書禮樂志至武帝定郊祀之
|饌引中廚禮乃立||采詩夜誦有趙代
秦楚之謳以李延年為協律都尉多舉司馬相如**曲**
等數十人造為詩賦畧論律呂以合八音之調
翻薛逢聽曹剛彈琵琶詩禁|新**人其醉春風**杜荀鶴詩
|下玉都四絃帳觸五音殊
杏園|醉日闕路獨歸時崔曙詩陶然||**仙酒壺**
菊花杯李白詩烟花宜落日絲管醉||
傾碧庾信詩仙童下赤城||餉王平周伯琦詩相
顧依然情未已攜|朋日約同|全惲仙遊曲
金簡朝元擁玉華**宮花帽壓紅**薩都剌恩榮宴詩官
|壺香滿謫仙家花壓帽金牌重匾庭
筠詩花宜**鵷班**元王逢詩早隨**晉爵**傳休奕詩||**虎**
插鬢紅|鷺入朝|獻壽觴千秋

旅〔宋史樂章〕丨丨聊攻伐梟巢遽蕩平古戍〔王維詩〕野花開丨丨行客響空林旌旗〔見〕歸及薦櫻桃詩旌旆注〔潘岳文〕丨丨電舒戈矛林值李咸用煌煌京洛行但聽嵩山萬歲聲將軍旗鼓何時偃靈臺〔後漢書〕明帝詔曰朕奉郊祀登丨丨見史官正威儀又六韶偃伯丨丨典禮崇〔易〕聖人有以見天下之動而觀其會通以行其丨丨又沈佺期詩復除恩再洽望秩禮新丨畏懷〔書〕大邦丨其力小邦丨其德〔注〕言文王威德之大天下諸侯丨丨也桂海〔宋史樂志〕冰天丨丨咸貢化成〔江淹詩〕文軫薄丨丨聲教燭聖恩隆〔後漢書肅帝紀〕丨丨冰天〔注〕南海有桂樹故曰丨丨還戒顧重天下以元元為首曹植責躬詩表德象天地恩丨父母

同巷夜〔續漢書食貨志〕婦人丨丨相從丨丨女工一月得四十五日〔注〕服虔曰一月之中又得夜半為十五日凡四十五日也

誰敢休蠶織勤飭課婦功夜長陰是惜巷永績宜同
虬漏迢遥送鴛機組織工文章花樣巧門戶權籬通
雲絮千縩日篝燈一穗紅凉蟾飾影虛簷犬吠聲中
恰好衡茅對何虞杼柚空經綸欣素裕黼黻仰
恩隆

休蠶織詩大雅婦無事功｜其｜｜勤飭戴復古寄家書云逢人相問訊念我獨｜｜婦功周禮春官九嬪掌婦學之法以教九御婦德婦言婦容｜｜注｜｜謂絲枲又家語霜降而｜｜成嫁娶者行焉夜長晝日中星鳥疏古制刻漏晝夜百刻晝長六十刻夜短四十刻晝短四十刻｜｜六十刻晝中五十刻夜亦五十刻古詩晝短苦｜｜何不秉燭游陰惜晉書陶侃傳侃性聰

敏勤於吏職嘗語人曰大禹聖者〔曹植姜后頌
乃惜寸陰至於衆人當惜分陰　巷永晏起失朝永
巷告　蚪漏張衡漏水轉渾天儀制〕以銅爲器再疊差
愆　置以清水下各開孔以玉｜吐｜水入兩
壺右爲夜左爲晝〔又王勃乾元殿　迢遞〔孟郊石淙詩
頌〕虚｜箭司更銀｜與三辰合運　｜｜逗難盡
參差勢　鴛機〔錢起仿古秋夜長詩〕組織〔史記食貨志
相羅　誰家少婦事｜｜　飭國人樹桑
麻習　文章花樣〔宋翁森四時讀書樂〕好鳥枝頭亦朋
｜　友落花水面皆｜｜〔國史補〕初越人
不工機杼薛兼訓爲江東節制乃募軍中未有室者
厚給貨幣密令北地娶織婦以歸歲得數百人由是
越俗大化競添｜｜　門戶〔易天地設位注〕天地者易
綾紗妙稱江左矣　之｜｜〔古詩〕健婦持｜｜
亦勝一　槿籬〔方岳詩〕經年　雲絮〔杜甫詩〕晴　千絲白〔李
丈夫　九九｜花｜　如學｜　商
隱詩〕莫將越客｜｜網網得西施別贈人何　篝燈〔宋
遜秋夕歎白髮詩〕絲｜不難染蓬生直易扶　子

詩一榻流年度一穗〔鄭淇詩〕||凉蟾〔李商隱詩〕月
||遥夜闌 秋燈垂寶花 浪衝天天宇
逕||落篩影〔宋祁詞〕蕙圃天桃過寒犬吠聲中〔王
盡疏星入雨弄碎影紅篩清沼維
訪裴秀才文〕深巷||||如豹衡茅〔陶潛詩〕養眞
李白詩〕犬吠水聲中挑花帶雨濃||下庶以
善自名又〔白居易詩〕吾杼柚空〔詩小雅〕||其|〔注
亦忘青雲||足容膝||持緯者也|受經
者也|黼黻〔書〕宗彝藻火粉米||絺繡〔傳〕|若斧
盡也 形|爲兩已相背〔禮月令〕是月也命婦
官染采||文章必以法故無或差貸又恩隆〔曹植
〔考工記〕白與黑謂之|黑與青謂之| 責躬
詩〔表〕德象天
地|||父母

詩就還隨驛使來

多少天涯客懷人屢賦詩魚書剛寫就驛使正來時

夢欲尋千里春還贈一枝吟情驢背寄佳句馬蹏知
便許郵筒趁珍如錦段貽珠璣囊滿載風雨騎爭馳
渭樹增清興秦雲入寤思裁箋勞屬和兩地綺函披
多少〔周禮〕數其間之衆寡疏閭胥各自數當閭之內戶口｜｜天涯〔古樂府〕相去萬餘里各在
一｜｜懷人〔詩〕嗟我｜｜寘彼周行賦詩〔左傳〕｜｜斷章又〔杜甫詩〕郎事會｜｜
魚書〔古詩〕客從遠方來遺我雙鯉魚呼童烹鯉｜中有尺素｜寫就詩〕小圖｜｜是瀟湘
驛使〔陸凱詩〕折梅逢｜｜寄與隴頭人正來〔崔塗詩〕靜少入同到曉逢雁｜｜夢
尋千里〔溫庭筠詩〕八行香未滅千里夢難尋春贈一枝〔陸凱詩〕江南何所有聊贈
一春枝吟情〔趙師秀詩〕幽人愛秋色只爲屬｜｜驢背〔北夢瑣言〕或問鄭綮相國近有新詩

否對曰吾詩思在灞橋風雪中丨子丨上

佳句〔晉書孫綽傳〕嘗作天台賦以示友人范榮期每至丨丨輒云應是我輩語

馬蹄〔王維詩〕雪盡丨丨輕

郵筒〔賈休詩〕尺書裁罷寄丨丨

錦段〔張衡四愁詩〕美人贈我丨繡丨何以報之青玉案

珠璣〔晉書輿服志〕登艮山而採符玉泛瀛海而罩丨丨

囊滿載〔唐書李賀傳〕每旦日出騎弱馬從小奚奴背古錦丨遇所得書投囊中及暮歸足成之淮南子未嘗稼穡粟丨囊未嘗桑蠶絲滿囊李白贈江陽宰陸調詩多酤新豐醁滿丨剡溪船

風雨〔詩〕丨丨淒淒

騎爭馳〔元稹文〕丨從輕馳道途無拱辰之備〔朱子詩〕渡淮諸將已丨丨

渭樹〔杜甫詩〕丨北春天丨江東日暮雲

秦雲〔武元衡送韋侍御詩〕河關連華樹嵩岳接丨丨

寤思〔詩周南〕丨寐丨服

裁箋〔唐書韋陟傳〕常以五采箋爲書記使侍妾主之以裁答受意而已

屬和〔宋玉對楚王問〕客有歌于國中丨而丨者數千人

兩地〔韓愈詩〕丨丨無千里因風寄數

聲

綺函披（白居易詩信題霞綺褫情重酒試銀觥表分深沉炯爲王僧辯重答貞陽侯啟拔函伸紙號恥交哀）

夜雨長溪痕（許渾南樓春望詩晴烟和草色｜｜｜｜）

曉起開門看潮痕岸欲齊始知經夜雨都已長春溪

醒就簷曾滴晨畦影忽迷前灘沈島嶼新漲浴鳧鷺

急點敲殘漏寒光繞舊隄白疑瓜步遠青覺蒜山低

橋漾迢迢水途添滑滑泥緬濡沾

聖澤東作促扶犂

曉起（陳孚詩西風黃葉門門｜｜館｜｜候鐘聲）門門看（蘇軾詩微風蕭蕭吹菰蒲｜｜｜｜雨月滿）

湖潮痕（任蕃詩海山藏日影江石落丨丨）春溪（陳羽詩眾草穿沙芳色齊踏莎行草過丨
丨醒枕（方回詩濤聲撼丨丨于兹發孤想）聲滴（白居易詩檐雨餘丨丨）前灘（杜牧
詩丨丨急夜響窗雪映寒燈）島嶼（林鴻海上詩青蒼杳無際丨丨蟠蛟龍）新漲（范成大喜
雨詩今朝一雨添丨丨便合翻泥種藕花）鳧鷖（詩大雅）急點（韓偓雨詩丨丨濺池心微烱昏
水面）殘漏（宋李獻能詩景陽鐘罷聽丨丨萬馬銜霜不敢嘶）寒光（宋子杉選詩天風發清籟山月
度丨丨）舊隄（汪元量詩問酒入新店喚船行丨丨）瓜步（南史袁淑傳時魏軍南伐至丨丨文
帝使百官議防禦之備袁淑上議其言甚誕）蒜山（劉禎京日記丨丨無峯嶺北懸臨江中魏文帝
南望而致歎）迢迢水（杜甫塞蘆子詩五城河丨丨迢迢隔河丨）滑滑泥（梅堯臣禽言第
四首竹雞丨丨丨苦竹岡雨瀟瀟馬上郎）涵濡（宋史樂志舊疆來歸之曲於穆我皇之德之純丨丨

羣生剏聖澤曹植求自試表沐浴||東作書堯典扶
我遺民潛潤德教可謂厚幸矣典
犂蘇軾詩玉堂
不著||手
雨細有痕秧正綠陸游岳池農家詩泥融無塊
水初渾|||||||
八望空濛裏新秧綠繞村水光搖有影雨意細留痕
鬪翠齊鋪畛梅酸密綴園斜紋拖素縷軟碧漾黃昏
刺浪含春靄縈烟趁曉暄廉纖霏稻隴濃淡映柴門
隔嶺歸雲退遥溪夜漲喧分當初夏近力稿裿

天恩

八望韓偓村居詩前權||盈空濛張衡賦朝雨新
望千恨勝景牽心非一途||如濤霧

秧（劉子翬詩）寂寂農繞村（薛逢詩）林巒當戶蔦蘿水
家春丨丨滿田綠暗桑柘丨丨薑芋肥
光（陸贄月臨鏡湖賦）月之照罽（說文）西湖梅酸飽照
有餘輝丨之丨無匿影毳布也詩食
丨常苦丨衣斜紋（虞羲詩）細素縷（詩）素絲組之箋以
葛常苦寒雨織丨丨丨絲丨縫組於旌
旗以爲軟碧漾（歐陽修詩）滁草軟翠搖輕風又王勃
之飾九成宮東臺山池賦花鳥縈紅蘋魚
漾黃昏（淮南子）日至於虞淵是日含春靄（陸龜蒙）海
碧丨丨薄于蒙谷是謂定昏蟹詩骨清
猶似丨丨丨沫縈烟（王勃）淨惠寺碑霧廉纖（韓愈詩）
白還疑帶海霜道相丨丨房互出丨丨晚
雨不稻朧（白居易詩）荷塘翻濃淡（杜甫詩）杳冥藤上
能晴丨丨露氣丨丨瀉泉聲下丨丨樹榮枯
柴門（許沈曉至韋隱居郊園歸雲（杜甫返照詩）返照
詩丨丨臨水稻花香八江翻石壁丨丨
攡樹失夜漲（許渾漢水傷稼詩）江村丨丨分初夏蘇
山村浮天水澤國秋生動地風軾

詩分秧及丨丨力穡書盤天恩張嘉貞昆明池應制
漸喜風葉舉庚上詩地脈山川勝丨丨
雨露
饒

鼻烟國朝王士貞香祖筆記呂宋國所產烟草名淡
巴菰又名金絲薰近京師又有製爲丨丨者云
可明目尤有辟疫之功以玻璃爲瓶貯之瓶之形
象種種不一顏色亦具紅紫黃白黑綠諸色以象
齒爲匙就鼻嗅之還納於瓶皆內
府製造民明或寸而爲之終不及

鼻觀參消息非烟宛若烟幾多霏屑聚一縷妙香傳
價貴都中市芬流海外天微聞憑指蘸餘馥藉花鮮
消遣閒情後周旋讓客先壺猶諳掌握囊亦稱腰懸
欬唾袪塵雜氛氳解晝眠淡巴孤共爇

盛瑞遍垓埏

鼻觀（蘇軾燒香詩）不及聞思消息（易）君子尚丨丨非
所及且令丨丨先參盈虛天行也
烟（史記）天官若烟丨丨若雲非雲霏香（范成大詩）細
火郁郁紛紛蕭索輪囷是謂卿雲撚黃花一枝
盡霏霏金一縷（漢書）夜乘傳以丨丨妙香（杜甫大雲
眉滿征衣一縷之任係于鈞之重寺贊公房
詩）燈影照無睡價貫幽閒鼓吹白尚書初至京以詩
心清聞丨丨謁顧著作顧覩姓名曰米丨方
丨居大不易披首篇曰咸陽原上草一歲一枯榮野
火燒不盡春風吹又生即嗟賞曰道得箇語居即易
矣都市（漢書食貨志）商賈大者積貯倍息小者坐列
販賣操其奇贏日游丨丨乘上之急所賣必
倍芬流海外（潘岳芙蓉賦）流芬賦采風靡雲旋布濩
芬西山老蘸（庾信鏡賦）朱開餘馥（韋應物詩）衰蓮送
臍柏所薰錦蹹黛丨油檀丨丨華露湛訢秋

花鮮（劉孝先春宵詩）夜樓消遣（王禹偁竹樓記）焚閒
明月弦露下百丨丨香黙坐丨丨世慮
情（梁昭明太子陶靖節集序）周旋（左傳先大夫臧文
白璧微瑕惟在丨丨一賦仲教行父事君之
禮行父奉以丨讓客（因話錄）人道尚右以右爲尊禮
丨不敢失墜先賓客故西丨丨主人在東蓋
自卑也今之人或（漢書張敞傳）海內之命斷於
以東丨丨非禮也掌握丨丨（謝宗可龍杖詩）多因丨
丨提囊懸（釋處默螢詩）昔時書（李白詩）丨丨落
攜晚案上頻把作丨丨欻陣九天隨風生珠
玉祛塵雜（拾遺記）崑崙之山有丨丨之風若衣服塵
污者風至吹之衣則淨如浣濯（陶潛詩）戶
庭無塵丨虛氛氳（雪賦）散漫交（宋子詩）蒲團竹
室有餘閒錯丨丨蕭索晝眠几通宵坐掃地
焚香白淡巴菰見題聖瑞（史記周紀）太姜生少子季
丨丨注歷季歷娶太任皆賢婦人
生昌有丨丨古公曰我垓埏見春雷
世當有興者其在昌乎起蟄注

細雨垂楊繫畫船（范成大橫塘詩）年年送客橫塘路｜｜｜｜｜｜｜

空碧濃如畫垂楊正撲烟斜紋霏細雨著岸繫春船

縷密青籠地波輕綠漾天枝頭綠影淫蓬背點聲圓

翠染千條外涼生一葉邊柔絲牽鷁彩軟浪蕩鷗眠

古渡飛珠灑橫橋弱線穿

龍池芳信早嘉植仰

恩偏

空碧（江淹水上神女賦）野田田而虛翠水湛湛而｜｜　如畫（李白秋風宣城謝眺北樓詩）江城｜｜裏山曉望晴空　撲烟（許棠洞庭阻風詩）春草浪高三月渡綠楊花｜｜一溪｜　斜紋

見雨細有痕秋正綠注**霏雨**（范成大詩）淫雲不取烟雨霏**著岸**（溫庭筠詩）野船丨丨偎春草水鳥帶波飛夕陽**春船**（范成大詩）碧燈熒夜觀歌板貼丨丨**縷窗**（宋李中途中柳詩）無人折密縷落日拂溪橋**波輕**（圖繪寶鑑）曹仁希善畫山水爲驚濤怒浪萬流曲折以至輕波細沿於一筆自分淺深之勢（宋李伸詩）野烟浮水掩輕波**綠漾**（江淹別賦）春水丨波王勃九成宮東臺山池賦花鳥縈紅蘋魚丨丨碧**枝頭**（范成大詩）蘸紅新綠滿丨丨**絲影**（楊系室池柳色詩）拂地春絲嫩縈風綠帶輕（秦韜玉釣翁詩）潭定靜懸丨丨直風高斜颭浪紋開**逢背**（白居易詩）夜雨滴丨丨風浪打船頭**點聲**（楊萬里詩）不分竹梢含宿雨時將殘丨〃滴寒丨**翠染**（徐夤竹詩）丨丨琅玕粉漸開東南移得會稽栽**千條**（劉方平代春怨詩）庭前時有東風入楊柳丨丨盡向西**涼生**（李俊民詩）暑退閒蒲扇丨丨換葛衣**一葉**（李商隱詩）萬里風波丨丨舟**柔絛**（貫師泰剪燈聯句）翠蘋荷

分鈿縧丨柳散丨丨**鷁彩**〔劉孝綽詩〕釣舟畫彩鷁漁子服氷紈**軟浪**〔劉禹錫詩〕清淮春浪軟
鷗眠〔吳融詩〕四面看入隨畫鷁中流合樂起眠鷗**古渡**〔袁士元詩〕小橋夜靜人橫釣丨丨月
明停喚舟**飛珠**〔李白詩〕丨丨散輕霰〔蘇軾詩〕白雨跳珠亂入船**橫橋**〔蘇軾詩〕烟際丨丨村十里
船中倦容酒三杯**弱纜**〔杜甫詩〕刺繡五紋添丨丨〔楊萬里詩〕柳綠絆船知不住却我飛絮送儂行
龍池〔錢起贈裴舍人詩〕長樂鐘聲花外盡丨丨柳色雨中深**芳信**〔蘇軾詩〕年年丨丨負紀梅
佳楨〔蘇軾詩〕上天信包荒丨丨無由豐**恩偏**〔沈東美詩〕彈冠聲實貴覆被渥丨丨
水繞蘆花月滿船白居易贈江客詩愁君獨向沙頭宿丨丨丨丨丨丨丨
水傍蘆灘繞何人夜弄船浪花吹別浦月色滿前川
風起飛秋雪雲開即碧天寒輝凝入舫白絮釀成烟

銀湧千葭外珠澂一葉邊涼蟾光欲溼宿鷺夢初圓
露氣苔茵挹波痕行帶牽詩情兼畫意歌詠樂

堯天

蘆灘〔劉滄詩〕白鳥下灘蘆葉疎 弄船〔元稹詩〕｜濤｜更曾觀否望市樓還有會無 浪花〔梁簡文帝吳郡石像碑〕雲舒蓋而未移｜開｜而不噴 別浦〔徐堅初學記〕大水有小口｜通曰｜〔謝莊詩〕淒｜｜兮傖泉躍 月色〔杜甫宿幕府詩〕永夜角聲悲自語中天｜｜好誰看 前川〔程子詩〕傍花隨流過｜｜ 風起〔蘇頲詩〕晴花處處因｜｜御柳條條向日開 秋雪〔陸龜蒙詩〕菰烟蘆雪是儂鄉〔溫庭筠詩〕三｜岸｜花初白一夜林霜葉盡紅 雲開〔王僧辯表〕九縣｜｜六合清即 印〔西湖志〕千潭｜月爲八景之一 碧天〔張昱詩〕笑指清冷橋下水此中原是｜瑤｜ 寒輝

〔盧象詩〕東原多燒火花澗隱|| **白絮**〔徐鉉詩〕散飄||惟分影輕縈青旋始見花 **銀湧**〔蘇軾詩〕一杯未盡|闕|亂雲脫壞如崩濤 **葭**|盧也〔說文〕葦之未秀者 **珠澂**〔白居易詩〕月黙波心一顆|〔曹毗詩〕天清月曄| **一葉**〔蘇軾後赤壁賦〕駕||之扁舟 **涼蟾光**〔李商隱詩〕月浪衝天天宇溼||落盡疏星入〔楊載詩〕霞彩晨張錦||夕挂鉤 **宿鷺**〔杜甫詩〕寒魚依密藻||起圓沙 **夢圓**〔黃庭堅詩〕茶|小僧| **露氣**〔駱賓王詩〕寒光千里暮||一江秋 **苦茜**〔顧況詩〕屋古布|| **波痕**〔楊萬里詩〕徑從碧海升高天半濕尚帶|濤| **荇帶**〔袁桷詩〕龔社湖中新水清風牽||引帆行 **詩情**〔劉禹錫詩〕樓中飲興因明月江上||爲曉霞 **畫意**〔宣和畫譜〕王維思致高遠初未見於丹青時詩篇中已自有|| **歌詠**〔詩關雎序〕詩者志之所之也〔疏〕言作詩者所以舒心志憤懣而卒成於||故虞書謂之詩言志也 **堯天**〔宋史樂志〕九州

孫禹會萬
國藏||

蒲刀計敏夫唐詩紀事施有吾洪州人爲詩奇麗著百韻山山居詩木情富贍如荷翻紫蓋搖波面蒲瑩春刀插水湄○詩全首佚

彼澤新蒲出憑誰用作刀肖形留綺戶託質憶江皋
價等青萍貴光疑雪練韜抽來眞脫穎試處詎吹毛
秋水雙鋒斂春風九節高碧波撐銳鍔翠刃劃寒濤
珮合桃人稱威教艾虎逃
聖朝崇武備小草荷
恩膏

彼澤新蒲〔詩〕｜｜之陂有蒲與荷〔謝靈運詩〕｜｜含紫茸

用刀〔論語〕

肖形〔管子〕｜｜異勢不與萬物異理故可以爲天下始

綺戶〔沈約詩〕鳴珠簾於繡戶散芳塵於綺席

託質〔筭莊詩〕趨時慚藝薄｜｜負恩深

江皋〔朱子詩〕｜｜晴日麗芳華

價貫見鼻烟注

青萍〔陳琳與臨淄王牋〕君侯體高俗之材秉｜｜于將之器

雪練〔曾鞏玉泉山詩〕秋影滿空翻｜｜曉光橫影落銀河

抽〔李白詩〕｜刀斷水水更流

脫穎〔李白詩〕毛君能｜｜二國其同盟

吹毛〔杜甫詩〕鋒先衣染血騎突劍｜｜

秋水〔白居易詠李都尉古劍詩〕湛然玉匣中｜｜澄不流

雙鋒〔周必大詩〕氤氳香爐烟挺拔｜劍｜

春風〔伊洛淵源錄〕朱光庭見程明道於汝州語人曰在｜｜中坐一月

九節〔抱朴子〕菖蒲須生得石上一寸｜｜已上紫花者尤善〔古詩〕石上生菖蒲一寸八｜｜仙人勸我飱令我顏色好

碧波〔許渾詩〕蓮渚愁紅蕩｜｜

銳鍔〔白居易詩〕吾觀器用

中劍鋭鋒多傷〔陸龜蒙詩〕苔蘚石髓根蒲差水心鍔**翠刃**〔全惲詩〕堤柳含烟翠蒲茁〔戴叔倫詩〕蒲丨水妖驚**佩**〔後漢書輿服志〕丨刀乘輿黃金通身**桃人**〔風俗通〕縣官常以臘祭夕飾丨丨垂帶索畫虎于門以禦凶**艾虎**〔荊楚歲時記〕五月五日以丨為丨形或翦綵為小虎帖以艾葉內人爭相戴之〔章簡公詩〕玉燕釵頭丨丨輕**聖朝**〔舊唐書禮儀志〕丨丨垂則承播於芳規螢燭赤光增輝于日月**武備**〔家語〕有文事者必有丨丨**小草**〔博物志〕遠志苗曰丨丨根曰遠志〔世說〕謝公始有東山之志後就桓公司馬時人有餉桓公藥草中有遠志公取以問謝此藥又名丨丨何一物而有二稱時郝隆在座應聲答曰此甚易解處則為遠志出則為丨丨謝有愧色

一夜扁舟宿葦花〔溫庭筠西江上送漁父詩〕三秋梅雨愁紅葉丨丨丨丨丨丨丨

葦岸扁舟泊舟圖四壁花夜當秋巳暮宿傍水之涯

篷艇沈明月蘆灘漱白沙冷雲堆雀舫晴雪隱鷗家

烟壓千枝亞波搖一葉斜聲喧疑霧雨夢好入蒹葭

黄葭涼宵寂丹楓遠浦遮寒江漁父曲雅麗稱吟父

葦岸(吳融詩)｜｜紫仙棹蓮峯倒玉杯 **四壁花**(陸游同何元立賞荷花追懷鏡湖舊游詩)三更畫船穿藕花花爲四壁船爲家 **秋暮**(梁簡文帝答湘東王書)日月易來已涉｜｜ **水涯**(書)涇屬渭汭疏汭｜｜也 **篷艇**(温庭筠詩)飄然｜｜東遊客盡日相看憶楚鄉 **明月**(李白詩)舉杯邀｜｜對影成三人 **蘆灘**見水繞蘆花月滿船注 **白沙**(子虛賦)外發芙蓉菱華內隱鉅石｜｜｜｜ **冷雲**(岑參詩)江樓暗寒雨山郭｜秋｜ **雀舫**(庾信詩)時看告｜｜遙逐桂舟迴 **晴雪**(方輿勝覽)燕山八景其一爲西山｜｜ **千枝**(韓偓詩)水中花影幾｜｜ **波搖**(李白

詩日落沙明天倒開丨丨石動水縈迴**一葉**見水繞蘆花月滿船注**聲喧**歐陽修詩田荒溪溜入禾熟雀丨丨**霧雨**楚辭大招丨丨淫淫白皓膠只**蒹葭**詩秦風**黄箋**楊基詩丨丨樓高春夢破綠羅衣薄暮寒生**涼宵**劉永之詩丨丨步玉堦羅襪露微霜**丹楓**杜甫詩背日丨丨萬木稠曾覿詩葉葉丨丨染暮霞**遠浦**權德輿詩斷橋通丨丨野墅接秋山**寒江**杜甫詩禹鑿丨丨正穩流**漁父曲**史記伍子胥傳伍胥獨身步走至江江上有一丨丨渡伍胥謝靈運詩空翠難強名漁鈞易爲丨**雅麗**韓愈詩周詩三百篇丨丨理訓誥**吟父**北夢瑣言溫庭筠才思艷麗工爲小賦每入試押官韻作賦凡八叉手而八韻成時人號爲溫八叉

月林散清影杜甫詩陰壑生虛籟丨丨丨丨

林密全遮影長空月未生陡然光徧散頓覺氣逾清

竹徑秋心逗松陰暈畫成籐蘿掩映楊柳透分明

芳樹蟾輝漏高枝鳥夢驚涼風敲有韻冷露滴無聲

玉宇三更淨銀雲一抹橫翛然聽遠籟

御苑燦晶瑩

林窩〔謝靈運詩石橫水分流｜｜蹊絕蹤〕長空〔唐太宗詩夕霧結｜｜〕月生〔禮記｜｜于西〕氣清〔王羲之蘭亭序天朗｜｜惠風和暢〕竹徑〔梁昭明太子褻賓五月啟追涼｜｜托蔭松問〕秋心〔張耒詩庭除延夜色砧杵發｜｜〕松陰〔杜甫詩杖藜長｜｜作尉窮谷僻〕暈

畫〔元稹詩芙蓉脂肉綠雲鬟｜｜樓臺青黛山〕籐蘿〔王勃詩松石偏宜古｜｜不記年〕掩

映〔薛道衡宴喜賦徘徊宛轉｜｜玲瓏〕楊柳〔詩經〕分明〔楊萬里詩淡晴花影不｜｜〕芳

樹〔張說詩〕淸歌丨丨　蟾輝〔宋勲扶桑賦〕玉漏聲殘銀
樹下妙舞落花前　蟾輝丨影度〔許渾詩〕曲終淸漏
月沈　高枝〔陶潛詩〕凝霜珍異　鳥夢〔温公詩話〕陳文惠
丨丨類卓然見丨丨　公能爲詩嘗有句
云雨網蛛絲斷　夢驚〔孔武仲詩〕脩　涼風〔禮〕月　有韻翟
風枝丨丨搖　然一丨丨　令　道
融梅花詩香中別　冷露無聲〔王建十五望月詩〕　玉宇
丨丨淸極不知寒　丨丨丨丨丨濕桂花
〔李華含元殿賦〕丨　三更〔崔塗詩〕蝴蝶夢中家萬　銀雲
丨璇堦雲門霧闕　里杜鵑枝上月丨丨
〔李賀詩〕丨丨　一抹〔秦觀泗州東城晚望詩〕林梢丨　遠
櫛櫛瑤殿明　丨靑如畫應是淮流轉處山
鎖〔王貞詩〕寒色暮天　御苑〔沈佺期詩〕灑瑞天　鼎瑩〔李
映秋聲丨丨俱　庭裏鶯春丨丨中　羣
玉中秋看月詩〕皓耀
迷鯨目丨丨失蚌胎
旗亭賭唱〔集異記〕開元中詩人王昌齡高適王之渙
齊名一日共詣丨丨貰酒忽有伶官十數

人會讌三人因私約曰我輩各擅詩名今觀諸伶謳若詩入歌詞多者爲優俄一伶唱寒雨連江夜入吳昌齡引手畫壁曰一絶句又一伶謳開篋淚霑臆適引手畫壁曰一絶句尋又一伶謳奉箒平明金殿開昌齡又畫壁曰二絶句之渙因指諸妓中最佳者曰此子所唱如非我詩終身不敢與爭衡矣須臾雙鬟發聲曰黃河直上白雲間之渙大笑飲醉竟日

遠唱黃河曲江天共客聽才名誇樂府詩句賭旗亭
畫壁詞爭記當筵酒未醒雕梁纔繚繞歌管又瓏玲
白雪高難和紅牙按不停風流傳此輩聲價定諸伶
天正瑶花舞人曾灞岸經歸途扶醉去猶見數峯青

黃河見題注　江天李德裕大孤山記｜清霽十里無波　共客聽顧非熊題石門

山居詩此地客難才名唐書鄭虔傳時號鄭廣文在
到夜琴誰其聽宜貧約甚澹如也杜甫嘗贈
以詩曰丨丨四十樂府晉書天文志翼二十二星天
年坐客寒無氈之丨丨徘倡星明大禮樂興
詩句宋慶餘詩見酒聯畫壁見題當筵楊億傀偶詩
丨丨逢花跋馬頭注鮑老丨丨笑
郭即笑他舞酒未醒羅隱詩亦知單父琴猶雕梁江
袖太郎當在莫厭東歸丨丨丨總
詩珊瑚挂鏡臨綃戶縹緲法書要錄李嗣真云右軍
芙蓉作帳照丨丨正體其難微也則丨丨而
已仙其可覿也歌管鮑照詩舉爵自惆瓏玲甘泉賦
則昭彰而在目悵丨丨為誰清前殿崔
巍兮和白雪宋玉對楚王問其為陽春丨高和宋
氏丨丨丨國中屬而和者數十人玉
對楚王問其曲紅牙宋史錢俶傳太平興國三年不
彌丨其丨彌寡傚貢丨丨樂器二十二事
亭曹植髑髏說吹之不凋噓之風流鑊齋詩話會稽
停不縈激之不流凝之丨丨友子新嘉驛題

壁詩留與丨丨作話頭聲價李白與韓荊州書一登龍門則丨丨十倍諸伶見題注瑶
花張九齡立春晨起對雪詩忽逢林庭雪丨丨處處開灞岸北夢瑣言或間鄭綮相國近有新詩
否對曰吾詩思在灞橋風雪中驢子背上宋書謝靈運傳論子建函京之作仲宣丨丨之篇歸途
陸機贈從兄詩感彼丨丨艱扶醉張演社日村居詩桑柘影斜春社散家家丨得丨人歸數
峯青錢起湘靈鼓瑟詩曲終人不見江上丨丨丨
茶僧方岳有丨丨賦按謂研茶瓢也
山徑茶薪採操瓢製記僧閒情宜待客別號偶名僧
韻聽瓶笙叶烟看石鼎騰新添禪院火篆裊佛龕燈
妙罄頭陀喻幽芬古本凝長齋嘗百餅輭飽說三乘

香隱醍醐渥詩淸智慧增
禁園方
賜茗侍直
聖恩承
山經水經注丨丨委深茶新採唐書文宗紀吳蜀貢新茶皆于冬中作法爲之上務恭
儉不欲逆其物性詔所供新茶宜于立春後造唐書藝文志溫庭筠有採茶錄一卷操瓢韓愈與王
秀才序顏氏子丨丨與簞曾參歌聲出若金石記曾僊游詩扶病今重到題名丨昔丨閒情
方岳山居詩野烟侵訴語春水柳丨丨待客史記孟嘗君傳孟嘗君丨丨坐語而屏風常有侍史
主記君所與客語問親戚居處客去孟嘗君已使使存問獻遺其親戚孟嘗君曾夜食有一人蔽火光客

怒以飯不等輟食辭去孟嘗君自持其飯比之客慙自剄

別號（書）在太甲時則有若保衡疏保衡伊尹一人也異時而丨丨

瓶笙（蘇軾）丨丨詩引庚辰八月二十八日劉幾仲餞飲東坡中觴聞笙簫聲杳杳若在雲霄間徐而察之則出于雙瓶水火相得自然吟嘯坐客驚歎請作丨丨詩記之

石鼎（陸游詩）銅燈立雁趾丨丨揭龍頭

薪火（莊子）指窮于為丨丨傳也不知其盡也

禪院（續釋常談）偽蜀彭州刺史安思謙男守範嘗與賓客游天台丨丨聯句為詩紀僧壁而去

篆香（香譜）近世作香丨其文作十二辰分百刻然一晝夜（揮麈後錄）艮嶽百詠臺上爐香丨丨翠烟雲間風馭已翩翩

佛龕燈（雞林志）靈山有丨丨林木益邃傳云羅漢三藏行化至此（溫庭筠詩）龕丨落葉寺山雪隔林鐘

妙器（江淹橫吹賦）感魂傷情獲賞彌信丨丨奇製見貴歷代

頭陀（宣和書譜）陸柬之書丨丨碑急就章龍華寺額武邱東山碑最聞於時

幽芬（陳有章幽蘭賦）勿以弃賤不顧丨丨

古本

陸游詩睡餘書味在胸中客散茶甘留丨丨長齋南史劉虬精信釋氏衣粗布禮佛丨丨百
餅蘇軾寄惠建茶詩誰知使者來自西開緘磊落收丨丨軟飽蘇軾詩三杯丨丨後一枕黑甜
餘三乘法華經丨丨者一日聲聞乘二曰緣覺乘三曰菩薩乘聲聞者悟四諦而得道也緣覺者
悟因緣而得道也菩薩者行六度而得道也香靄孔範詠雲詩陣結丨爐丨羅成玉女徽醍
醐沈佺期菩提像文晃旒多暇每尋歡喜之園輿輦經行即對丨丨之沼詩清徐璣贈徐照詩
身健却緣餐飯少丨丨都爲飲茶多智慧書堯典序疏聖人之丨丨兼知天下之事禁園上官
儀雪詩丨丨凝朔氣瑞雪掩晨曦賜茗蘇軾詩揀芽分雀舌丨丨出龍團聖恩承後漢
書唐帝紀丨丨遺戒顧重天下以元元爲首杜甫詩氣得神仙迴恩丨雨露低
向月展魚罾韋莊宿山家詩背風開藥竈丨丨丨丨

偶向山家宿空明月影瀲亂流橫釣艇古岸展魚罾
皎潔高懸璧瓏玲細結繩輪移天上桂絲繫鏡中菱
密緒分千縷奚煇挂斗稜水光涼蟹火人影晃漁燈
渡口櫪聲響橋頭夜色凝當門還晒網初日又東昇

空明（蘇軾詩）明月本自明無心孰爲境挂空加水鑒寫此山河影　月影（楊來詩）落落疏簾邀｜｜嘈嘈處枕雜溪聲　亂流（謝靈運詩）｜｜遡正絕孤嶼媚中川　釣艇（白居易詩）竹篙撐｜｜金甲擁樓船　古岸（王昌齡詩）桃花遺｜｜金澗流春水　皎潔（張九齡詩）蘭葉春蕤桂華秋　｜｜懸壁（杜牧詩）錦字梭｜｜琴心月滿臺　瓏玲（甘泉賦）前殿崔巍兮和氏｜｜　結繩（易繫辭傳）　輪移　桂（李商隱詩）桂花高處月輪移　絲繫（蘇軾端午詩）身隨綵｜｜心與

昌歇鏡中菱（李白詩）雲山海上出人物｜｜來在客
苦（奉吾詩）萍帶凝江上｜花似鏡前寒
緒（㬂衡詩）荊臺別路千縷（周霆震詩）武昌柳青如
長｜｜分離狀許舊恨新愁｜萬｜
暉（盧象詩）東原多燒半稜（釋無可詩）語默俱
火北㵎隱｜｜忘寐殘窻｜月｜水光（陸贄
月臨鏡湖賦）月之照有蠏火（白居易詩）春雨星攢尋
餘輝｜之｜無匿影｜｜秋風霞颭弄濤旗
人影（酉陽雜俎）寶曆中有王山人取人本命日五更
張燈相｜｜知休咎言｜｜欲深深則壽而貴
漁燈（陸游詩）借問生涯在何渡口（邱爲詩）溪中水流
許孤舟風雨伴｜｜急｜｜水流寬
枷聲響（西征賦）纖經連白鳴榔厲響（注）榔高木也以
長木叩舷爲聲言曳纖經子前鳴長榔于後
所以驚魚令入網也橋頭（霍彭詩）去年初二夜色（江淹詩）烟光
令人網也橋頭八家住洛｜｜拂｜｜華舟
漫秋當門（陸游詩）江頭漁家結茅廬（李存周伯清
風（盧青山｜｜畫不如）縣秋江｜｜圖

詩||夕陽斜初日曹植洛神賦其始進也皓若||照屋梁東昇江淹賦日照||山水而||出波而隱沒

賣劍買牛漢書龔遂傳為渤海太守民有帶持刀劍者使||||賣刀買犢曰何為帶牛佩犢

柳塞休談劍桃林正放牛賣無分男怯買為力田疇
雪練銷鋩角春風繫隴頭新犂推禹甸寶帶失吳鉤
鋏漫歌魚叩鞭看叱犢抽龍泉三尺水牧笛一聲秋
笠聚鱗塍徧囊空虎氣收
聖朝農事重豐稔洽歌謳

柳塞（王融詩枝分｜｜北葉暗榆關東）論劍（史記刺客傳荆軻常遊過榆次與蓋聶｜｜蓋聶怒而目之荆軻出人或言復召荆卿荆卿則已駕而出榆次矣）桃林放牛（書武城）勇怯（禮記知者詐愚｜者若｜）雪練（陳旅詩清溪浮空引｜｜遠岫隔水來烟鬟）錯角（風俗通角者觸也物觸地而出戴｜｜也）春風（見蒲刀注）壠頭（蘇軾詩至今霜迹踏長楸圉人困卧沙｜）新犁（史記匈奴傳北服渾庾屈射丁靈鬲昆｜｜之國）禹甸（詩經）寶帶（文同詩午漏初移催入馬｜｜盤腰印垂胯）吳鈎（王褒詩風胡有年歲鋙利比｜｜）鋏歌魚叩（國策馮驩歌彈鋏歸來兮食無魚異苑晉武帝時吳郡臨平岸崩出一石鼓打之無聲帝問張華華曰取蜀中桐材刻魚形叩之後如其言聲聞十里）鞭抽（祖孫登詩抽鞭上關路誰念客衣單）叱犢（陸游詩大兒｜｜戴星出稚子捕魚乘月歸）龍泉（江淹詩陽岫照鸞彩陰溪噴｜｜）三

尺水〔李賀春坊正字劍子歌〕先輩匣中｜｜曾入吳潭斬龍子。

牧笛〔張喬鸛鵲樓詩〕漁人移火成寒燒，｜｜吹風起夜波。

一聲〔趙嘏詩〕長笛｜｜人倚樓。

龍鱗〔西都賦〕提封五萬，疆埸綺分，溝塍刻鏤，原隰龍鱗。

囊空〔杜甫詩〕｜｜恐羞澀，留得一錢看。

虎氣〔杜甫詩〕｜｜必騰上，龍身寧久藏。

聖朝見蒲刀注

農事〔禮月令〕歌謳采裂詩畫歌詞船思蕩漾紅粉發｜｜

爲我佳處留茅庵〔蘇軾自金山放舟至焦山詩〕行當投劾謝簪組｜｜｜｜｜｜｜

頗欲茅庵結，風塵已捲遊。此中容我住，佳處仗君留。

近水巖生潤，棲雲徑闢幽。螺彎煩占取，龍具待綢繆。

禪榻茶烟裊，仙爐榾葉稠。蒲團身入悟，龕火夜橫秋。

斗室三椽庇詩囊　卷收買山同小隱蘇句其濤謳
風塵杜甫詩驊騮開道路鷹隼出丨丨
倦遊史記司馬相如傳相如之臨邛買一酒舍酤酒
而令文君當鑪卓王孫聞而恥之昆弟諸公更謂王
孫曰長卿故丨丨雖貧其人材足依也卓王孫不得
已分予文君錢百萬
我住佛遺教經波羅提木乂住則丨法丨
佳處司空圖詩終南最丨丨禪
誦出
君留庾肩吾詩那知夫壻好能降使丨丨
近水蘇軾詩丨丨樓臺先得月
生潤
青霄
江淹橫吹賦吐哀則瓊環失綵銜樂則鉛墨丨丨
棲雲張喬贈猨詩挂月丨向楚林取來全是
爲濤
徑幽劉禹錫詩看盡長廊畫壽僧一丨丨
螺蔡珪詩樓外青山幾點丨完好問泛
音
舟大明湖詩山從陽邱西來青一丨天公擲下半玉環
龍具陸龜蒙詩病中祗自悲丨丨世上何
人識
綢繆詩豳風元羽袍
禪榻茶烟杜牧詩今日鬢絲丨丨畔丨丨輕颺落花風
栩

葉（南史樂預傳）爲永世令卒官時有一嫗擔｜籔｜造市貨之聞預亡棄之溪中曰失樂令我輩孤獨老嫗正應就死耳 蒲團（許渾詩）吳僧誦經罷敗衲倚｜｜ 八偕（梁簡文帝六根孅文）于一忿中悅 黃秋（北山移文）風情然｜｜橫秋張月霜氣｜｜ 斗室（盧琦詩）欣然坐我｜｜底滿室嵐氣生淸 三椽（陸游詩）猶勝禪榻秋三椽上僅僅占｜｜ 詩囊（陸游詩）退紅衣焙熏香冷古錦｜｜覓句 一卷（張言）｜｜之書必立之師 買山（溫庭筠詩）誰言有策堪經世自是無錢可｜｜忙 小隱（庾信詩）詎能從｜｜終然游太初 淸謳（宋子詩）爲我泛瑤琴冷然發｜｜

風幔不依樓

幔本臨風挂風來見幔浮低遮如結幄高颺不依樓霞舉鮫綃影涼生燕壘秋有聲鏗玉押作勢裊珊鈎

滔蹈吹烟起雕檐待月留泉光穿鏡入雨意捲簾收

清露飄空際寒雲壓上頭南薰來

殿陛解阜仰

恩稠

臨風〔王維詩〕丨丨聽暮蟬 風來〔陸厥詩〕秋思不可裁復帶秋丨丨 結幄〔盧照鄰芳樹詩〕丨翠成新丨開紅滿故枝 高颺〔張束詩〕野兔作跳奔鶩鳶或丨丨 霞〔水經注〕頹壁丨丨丨丨

鮫綃〔傳物志〕丨人水居如魚不廢織績時出人家賣丨 涼生見細雨垂楊繫畫船注 燕壘〔張羽詩〕丨銜泥葺丨蜂釀密為房 有聲〔詩經〕 玉押〔李賀五月樂詞〕雕丨丨簾額輕縠籠虛門

作勢〔晉書王敦傳〕帝遣中軍司馬曹渾等擊含于越城含軍敗敦聞怒謂參軍呂寶曰吾當力

行囙丨丿而刪鈎〔宋書符瑞志〕丨瑚起囙之復卧王鈎丨王者恭信則見
晶宿〔邵楚長詩〕玲瓏水丨丨
吹烟〔盧肇海潮賦〕丨丨得熠傳薪就爇
雕檐〔蕭子良詩〕丨丨結綵綺井生文
待月〔李白江上有懷詩〕丨丨月未出望江江自流
泉鏡入〔王維詩〕隔窗雲霧生衣上捲幔山泉入鏡中
雨意捲簾丨丨見雨細有痕秧正綠〔王勃滕王閣序珠簾暮捲西山雨
清露〔何晏景福殿賦〕丨丨瀼瀼綠水浩浩
空際〔宋子詩〕丨丨早塵滅虛堂涼思生
寒雲〔柳惲詩〕丨丨晦滄洲奔潮溢南浦
上頭〔古樂府〕東方千餘騎夫壻居丨丨
南薰〔家語〕昔者舜作五絃之琴造南風之詩詩云丨風之丨兮可以解吾民之慍兮南風之時兮可以阜吾民之財兮
來殿角〔戴叔倫詩〕涼風丨丨丨赤日下天西
解阜見上南薰注
蒹葭秋水〔詩秦風

八望蒼茫裏蒹葭偏遠洲白消千頃水冷結一江秋

葦港風聲急蘆灘露氣幽晚烟籠浴鷺飛雪點眠鷗

荻浦搖波鏡蓬窻挂月鈎寒雲團曲岸涼雨逼孤舟

送客逢新霽懷人憶舊游沽春何處去隱隱酒旗收

八望韓偓詩丨丨盈千恨蒼茫柳宗元招海賈文丨丨無形分往來邅卒遠洲柳宗儀詩溪上船催發寒湖沒丨丨千頃蘇軾送楊奉禮詩南去河丨丨惟餘酒一鍾一江羅隱詩丨丨風雨好閒吟風聲書畢命蘆灘見水繞蘆花月滿船注露氣見水繞蘆花月滿船注晚烟虞世南詩綠野明斜日青山潛丨丨浴鷺張雨詩渚可丨丨汀眠鷗飛雪謝眺答王世子詩丨丨天山來飄聚緬標外眠鷗見上浴鷺注荻浦季中秋雨詩竹窻秋睡美

｜｜夜漁寒搖波鏡蘇軾詩東風｜｜舞淨綠冊的甘露頌川停岳路雲臨水｜篷窗

蘇軾詩｜｜高梳雨如繩月鉤李賀詩大漠沙如雪燕山｜似｜寒雲見風幔不依樓注

曲岸駱賓王詩金堤連｜｜貝闕影浮橋涼雨孤舟李端詩秦地故人成遠夢楚天｜｜

在｜｜送客別賦悵飲東都｜｜金谷新霽王霽詩浮林｜｜入規院小涼通懷人

｜詮周南舊游李白詩今古一相接長歌懷｜｜沽春袁桷詩薄暮｜｜鳥嚌斜何處

冥均春詩春從｜｜來隱隱王昌齡詩青山｜｜孤舟微白鶴雙飛忽相見酒旗皮日休詩

誰遣｜｜惺天文列其位李賀詩試問｜｜歌板池今朝誰是拘花人

鍛詩未就且長吟陸游詩待飯不來聊小憩｜｜｜｜｜｜｜

詩有精微境人難急就言間情殊好鍛雅興且長吟

妥貼雲章麗陶鎔火候深十年研左賦百鍊嗣唐音

功苦加磨鐵聲鏘欲擲金高歌應抱膝入洽更超心

擊藉騷壇缽捶宜藝苑琴賡颺趣

舜陛摛藻擬球琳

精微（禮記）急就（漢書藝文志丨丨一篇成帝時黃門令史游作）閒情（見茶僧注）雅興（權德輿詩簪組歡言久琴壺丨丨長）妥貼（陸機文賦或丨丨而易施或岨峿而不安）雲章（蘇蕙詩真妙顯華重丨丨）陶鎔（白居易詩早年同遇鈞丨主利鈍精麤共在丨）火候（白居易詩河車九轉宜精鍊丨丨三年在好看）十年研左賦（文心雕龍張衡研京以十年左思陳都以一紀）百鍊（庾信刀銘千金款合丨丨鋒成）唐音（姜夔贈范石湖詩頗喜丨丨近寗論漢道遥）功

苦〔詩〕四牡〔箋〕使臣以王事往來於其職於其來也陳其｜｜以歌樂之 **磨鐵**〔五代史〕桑維翰初舉進士不第有勸不必應試者維翰舉鐵硯曰｜做此｜硯則改卒舉進士及第 **聲鏘**〔柳宗元贈李睦州詩序〕吳武陵剛健士也懷不能忍於是踴躍其誠鏗鏘其聲出而為之詩 **擲金**〔晉書孫綽傳〕嘗作天台山賦示友人范榮期云卿試｜地當作｜石聲也 **高歌**〔杜甫詩〕但覺｜｜有鬼神 **抱膝**〔蜀志諸葛亮傳〕亮每晨夕從容常｜｜而長嘯 **入洽**〔宋史詹體仁傳〕有逃卒千人｜大｜因鐵鑄錢剽掠 **超心**〔司空圖詩品〕｜｜鍊冶絕愛淄磷 **擊鉢騷壇**〔葛長庚詩〕歸來倦拂脉聯句鬬｜｜〔宋尤詩〕｜｜先佩玥策陣已搴旗 **揮琴**〔南史柳惲傳〕惲嘗賦詩未就以筆｜｜坐客以筯扣之惲驚其哀韻乃製為雅音後傳擊｜ **藝苑**〔韓愈復志賦〕朝馳騖乎書林兮夕翱翔乎｜｜ **賡颺**〔書益稷〕 **摛藻**〔班固賓戲〕馳辯如濤波｜｜如春華 **球琳**〔書禹貢〕

三月春陰正養花歐陽修詩九門寒食多游騎｜｜｜｜｜｜｜

春信交三月春光發

上林花遲因養艷雲重欲成陰樹映山谷淡鐘搖暝氣

沈紅邊新艷勒香外薄寒侵雨露含苞久樓臺釀色

深風無吹絮力天有惜芳心韻爲黄荃筆眼添綠縟

琴栽培霑

聖澤暢茂愜

宸襟

春信雷淵詩｜｜頻呼禁籞風春光韓偓詩梅花不肯傍｜｜自向深冬有艷陽上林

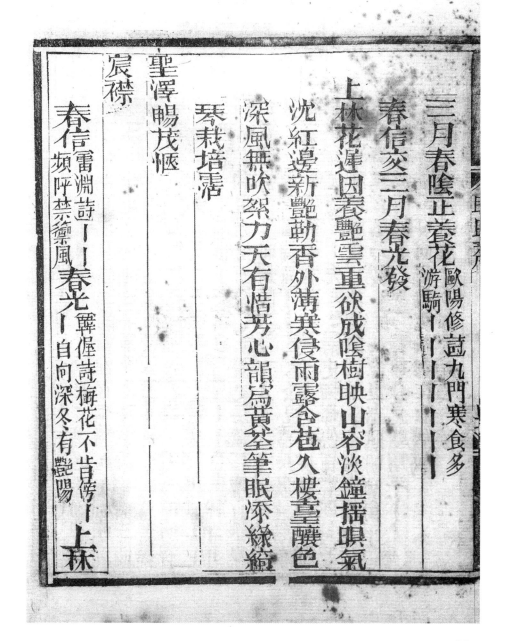

錢起贈裴舍人詩二月黃鸝飛丨丨春城紫禁曉陰陰花過養豔白居易詩開遲花丨丨語
懶鶯含思雲重錢起詩溪路春丨丨山厨夜火深成陰蘇軾詩紅英掃地風驚曉綠葉丨丨
雨洗春樹映白居易詩低花丨丨小妝樓山容皮日休詩丨丨洗得如烟瘦鐘搖
王昌齡詩秋水動愁客山丨丨暮天氣沈杜甫月詩丨丨全浦暗輪側半樓明紅新豔
沈佺期詩園桃縱丨豔郊桑柔綠滋張耒詩舊態似推丨丨好紅芳不似淡妝真薄寒侵王安
石詩人間尚有丨丨丨雨露禮記樓臺司空圖詩品青春鸚鵡楊柳丨丨風吹絮
秦觀詩人簾風絮報春深則天皇后臘日宣詔幸上苑詩花須連夜發莫待曉風吹惜芳心錢起
詩愴茲江梅去誰丨杜蘅丨錢珝詩冷燭無烟綠蠟乾丨丨猶卷怯春寒韻寫張雨題東坡真蹟詩
寫韻軒中塵不驚與誰同躡鳳凰翎黃筌梅堯臣觀畫詩李成山水曉景移丨丨花竹雀擁枝眠

琴司空圖詩品||綠陰上有飛瀑 綠綺韋應物詩參差剪||瀟洒覆瓊柯 栽培中庸又韓偓詩直應天意別|||| 聖澤見夜雨長溪痕注 暢茂孟子 宸襟何遜九日侍宴樂游院詩||動時豫歲序厲涼氛

林深窗戶綠蘇軾李氏園詩東注入深林|||||

八望無邊綠林深戶亦深涼生窗外影秋是屋中心
拂牖光都暗參天午不侵扶疏看繞檻風景稱眠琴
冷翠檐牙落晴雲樹角沉一簾青欲滴三徑碧成陰
颯爽颸敲玉玲瓏月漏金卓然名節似培植仰

宸襟

入望見蒹葭秋水注無邊蘇軾書畫折枝詩誰言一點紅解寄丨丨春涼生見細雨垂楊繫畫船注窗外溫庭筠詩張祠官情何太薄遠公丨丨有池蓮屋中開天遺事進士張彖及第授華陰尉每申畢一事太守令尹抑而不從張生曰大丈夫有凌霄蓋世之志而拘于下位若立身矮丨丨使人抬頭不得遂拂衣長往歸遯于嵩山拂牖湛方生詩茂草丨丨龍庭滋蘭丨丨光暗〔論衡〕日中時日小其出入時大者日中光明故小其出入時丨丨故大也猶晝日察火光小夜察之火光大也參天王維詩萬壑樹丨丨不侵左傳襄公扶疎漢書武五子傳支葉丨丨異姓不得間也繞檻劉禹錫公濟詩江水中分丨丨流風景晉書樂志離之音繇其丨丨眠琴見三月春陰正養花注冷臬陸游詩丨丨千竿玉檐牙阿房宮賦廊腰縵迴丨丨高啄晴雲韓愈詩丨丨如擘絮新月似磨鐮樹角張耒詩花鬚嬌帶粉丨丨老封苔一簾韓偓詩幾

曲雲屏空白晝｜｜｜花雨自黃昏**青欲滴**黃公望詩遥山近山｜｜三｜｜大木小木葉已疎｜｜陰｜

逕歸去來辭｜｜就荒松菊猶存**碧成陰**司空圖詩品畫橋｜陰｜｜見三月春陰正養花注

颯爽杜甫詩高堂見生鶻｜｜動秋骨**敲玉**劉兼詩竹聲｜｜近虛廊**玲瓏月**

金李白詩｜｜望秋｜月穆穆以｜｜波漢郊祀賦日華燿以宣明**卓然**杜甫詩焦遂五斗方｜｜

高談雄辯驚四筵**石節似**宋盧革傳子秉未冠有雋譽嘗謁蔣堂坐池亭堂曰亭沼相適恨木未就耳秉曰亭沼如爵位時來或有之林木非培植根株弗成大似士大夫立名節也堂賞味其言音士

植見上名節似注**宸襟**見三月春陰正養花注

滿地月明何處砧薛能詩雲盡獨看晴塞雁｜｜｜｜｜｜｜

何處[illegible]情觸深閨試暮砧商音催滿地明月照千林

夜永天如水燿凝樹轉陰清光澄片石涼氣逼雙襟

風露寒初緊關山夢欲沉聲迷敲柝韻秋碎擣衣心

旅雁迴翔影鳴蛩斷續吟遥憐征塞冷辛苦細紉鍼

何處〔全淮詩〕深山||鐘鄉情〔駱賓王詩〕非將吳會遠飄動帝||深閨〔張正見詩〕||久離別積怨轉生愁暮砧〔杜甫詩〕寒衣處處催刀尺白帝城高急||商音〔禮記〕千林〔杜甫詩〕諸侯舊上計厥貢傾||夜永〔王勃詩〕桂宇幽襟積松臺涼||天如水〔杜牧詩〕冰簟銀牀夢不成碧|||夜雲輕樹陰〔北史魏收傳〕收折節讀書夏日坐板床隨||諷誦清光〔江淹詩〕寒郊無留影秋日懸||片石〔李白詩〕君不見晉朝羊公一||下龜頭剝落生莓苔涼氣〔韋應物詩〕況感夕||聞此亂蟬鳴雙襟〔法苑珠林〕納縷則||同缺風露

溫庭筠詩砧白丨丨晚柳青街陌閑**寒緊**張也詩寒瀟灑丨絃丨愁腸結愁語盡**關山**張正

見詩丨丨度曉月劍客遠從征**聲迷敲析音韻**易林阮好亂目巧丨丨耳眞山民詩幡影分來

半廊月風聲丨碎一林秋顧況上節度使啟邊烽息

熠寒丶丨沈聲白居易詩上怪落聲丨下嫌拙言詞

秋碎心丨丨見上聲迷向注劉長卿詩逆旅鄉夢頻春風客心碎**搗衣**李白詩長安一片月

萬戶丨丨聲**旅雁**梁武帝歌丨丨鳴而迴翔王粲詩丨丨哀哀朔風鼓而烈烈游廣圃逍遙

波水間**鳴蛩**許有王詩綠莎聽事舊丨丨**斷續**淮南子神龍能丨而復丨而不能使勿斷

也**遙憐**杜甫詩丨丨小兒女未解憶長安**塞冷**唐太宗詩丨丨鴻飛疾園秋蟬噪遲**辛**

苦史記越王勾踐棲于會稽因太宰嚭而行成王將許之伍子胥諫曰勾踐爲人能丨丨今不滅後必

悔之**紉鍼**禮內則衣裳綻裂丨丨請補綴集韻丨或作箴

興酣落筆搖五嶽李白江上吟｜｜｜｜｜詩成笑傲凌滄洲

大筆搖風雨淋漓五嶽函仙才硃灑落詩興更沈酣

巖壑胸中具烟霞腕底參江山雙酒甕天地一詩龕

毫點齊煙九神超太華三摩青驚氣紫伸紙拂雲藍

衆象歸陶鑄眞形入泳涵

蓬萊欣攬勝珥珮沐

恩覃

大筆晉書王珣傳珣夢人以｜｜如椽與之既覺語人曰此當有｜手｜事搖風雨詩豳風淋漓李商隱韓碑詩公退齋戒坐小閣濡染大筆何｜｜仙才詩話總龜宋景文評唐人

詩云太白丨丨**灑落**宋史張泊傳泊風儀丨丨文采清
丨長吉鬼才麗博覽道釋書終日清談亹亹動
聽**詩興**杜甫詩東閣梅花動丨**沉酣**宣和畫譜王洽
丨還如何遜在揚州善能潑墨成畫
時人皆號為王潑墨性嗜酒**巖壑**謝靈運詩丨丨寓
每欲作圖畫必待丨丨之後耳目歡愛隱音容
胸中陸游詩客散茶甘留舌**烟霞**南史張充傳飛竿
本睡餘書味在丨丨釣渚濯足滄洲獨
浪丨丨高**江山**歐陽修詩平昔壯心今**酒甕**晉書左
臥風月在否丨丨猶得助詩豪思傳陸
機與弟雲書曰此間有傖父欲作三都賦須其成
當以覆丨丨耳及思賦出機絕歎伏以為不能加**一**
龕范成大詩困眠醒坐丨**一毫點齊煙九**張滎白兔頌
龕丨多竹洞無關斷客過其毛春素纖
毫秋黑點綴五采漸染粉墨李白夢天**神超**世詩郭
詩遙望齊州九點煙一泓海水杯中瀉景純詩
云林無靜樹川無停流阮孚云泓崢蕭**太華三**傳休
瑟實不可言每讀此文輒覺丨丨形越奕華

嶽銘序丨丨之爲鎮也五嶽列位 **摩霄** 宋史謝枋得
而存其首丨丨條分方而處其中 傳徐霖稱其
如鷙鶴丨丨 **氣紫** 晉書張華傳斗牛之間常有紫氣
不可籠縶 華聞豫章人雷煥妙達象緯乃要
煥宿屏人曰可共尋天文知將來吉凶因登樓仰觀
煥曰僕察之久矣唯斗牛之間頗有異氣華曰是何
祥也煥曰寶劍之紙 **雲藍** 唐段成式寄溫庭筠牋丨丨
精上徹于天耳 詩序予在九江造丨丨
紙既乏左伯之法全無 **宗象** 宋蘇轍開元寺重修大殿
張永之功輒送五十枚 記爲佛菩薩丨丨尊嚴
盛麗儼 **陶鑄** 北史周文帝紀皇家創立丨丨 **眞形** 班固
若在世 丨蒼生保安四海仁育萬物 漢武
帝內傳帝又見王母巾笈中有一卷書盛以紫錦之
囊帝問此書是仙靈方耶不審其目可得聽盼否王
母出以示之曰此 **泳酒** 舒元輿貽諸弟砥石命岐山
五嶽丨丨圖也 下得片石間於切磋工工以
爲可爲砥吾遂取劍發之蒼慘劍落若青蛇退鱗光
動一水丨丨星斗持之切金錢三十枚皆無聲而斷

蓬萊見辛田試帖丨丨攬勝見辛田試帖江山恩覃
文章逞安骨詩注丨丨爲助筆縱橫詩注
翶莊赤帝歌遊庶物盛長咸
殷阜丨丨四冥被九有
儉可助廉宋史范純仁傳惟丨丨
以丨丨惟恕可以成德
語可官箴助名臣戒族嚴寶三曾示儉計六更與廉
物有青瑝守心如白水恬家規裁馬粟國利禁魚鹽
補屋風生牖焚香月在簾園桃誰致誚井李亦防嫌
宦久貂裘敝
恩深鶴俸添
聖懷崇樸素夙夜慎摩漸

官箴左傳命有官｜｜王闕 名臣漢書公孫弘傳贊
註使百｜各爲｜辭 皆有功迹見述于
世參其｜｜ 寶三孟子 示儉禮記 計六周禮天官小宰以
亦其次也 子 記 聽官府之六計弊
羣吏 與廉漢書武帝紀｜｜舉孝 青氈宋史陳塡傳
之治 庶幾成風紹休聖緒 爲淮東總領
似道誣以貪汚簿錄 心如白水恬漢書鄭崇傳上責
其家惟｜｜而已 崇曰君門如市何
以欲禁切主上崇對曰臣門如市臣｜｜水左傳公
子曰所不與舅氏同心者有如｜｜淮南子心常無
欲可謂｜矣形常無事可謂佚矣 家規韓愈諡諸郎
游心于恬舍形于佚以俟天命 皆秀朗幾能
守｜｜ 馬粟國史季文子相宣成無衣帛之妾無食粟
｜之馬仲孫它諫曰子爲魯上卿相二君矣
妾不衣帛｜不食｜人且 國利左傳晉人謀去故絳
以子爲愛且不華國乎 諸大夫皆曰必居郇
瑕氏之地沃饒而近鹽 魚鹽左傳山木如市弗加于
｜｜君樂不可失也 山｜｜蜃蛤弗加于海

補屋〔杜甫詩牽蘿｜茅｜〕風牖〔梁元帝九貞館碑｜｜雲梁干門萬户〕梵香〔唐書南蠻傳婆賄伽盧國明天文喜佛法王當設金銀二鐘冠至｜｜擊之以占吉凶有巨象高百尺訟者｜｜跪象前自思是非而退有災癘王亦｜｜對象跪自咎〕〔宋史孟珙傳珙名位雖重惟建鼓旗臨將吏而色凛然無敢涕唾者退則｜｜埽地隱几危坐若蕭然事外〕月簾〔劉秉忠詩好風到杭客愁破賤｜入｜｜歸夢醒〕園桃〔詩｜有｜小序｜有｜刺時也大夫憂其君國小而廹而儉以嗇不能用其民而無德教日以侵削故作是詩也〕井李〔孟子〕防嫌〔晉書庾亮傳肩親以求一寸之用未若｜｜以明至公〕宦久〔史記張釋之傳有兄仲同居以訾為騎即事孝文帝十歲不得調無所知名釋之曰久宦減仲之產不遂欲自免歸袁盎知其賢乃請徙釋之補謁者〕貂裘敝〔戰國策蘇秦始將連橫說秦王書十上而說不行黑｜之｜｜黃金百觔盡〕恩深〔漢書杜鄴傳人情｜｜者其養

謹愛至者其求詳

鶴俸墨莊漫錄皮日休新秋即事詩云酒坊吏到常先見丨丨符來每探支丨丨之說曾文彥和有西齋自遣詩云甯羨一囊供鶴料注云唐幕府官俸謂之鶴料彥和用事必有所據

聖懷張蠙贈水軍都將詩直待門前見幢飾始應高愜丨君丨

樸素後漢書馬皇后紀廣平鉅鹿樂成王車騎丨丨無金銀之飾帝以白太后太后即賜錢各五百萬樸同朴

夙夜書舜典

摩漸宋史石公弼傳三舍法行士子計等第頗事告訐公弼言設學校者要以仁義丨丨欲人有士君子之行顧使之相訐非所以建學本意也

庶績咸熙書舜典

治績中天盛雍熙一德咸庶官皆就列衆志已丕誠

寅亮朝章肅申頒國政嚴日宣聯臂使風節勵頭銜

臣有傾葵意人無止棘讒泰交成相業乾惕顧民碞

元凱才俱進皐夔德不凡維

皇勳

簡擢鵷鷺肅官監

洽績蜀志鄧芝傳芝之所在淸嚴有丨丨 中天後漢書劉陶傳陛下年隆德茂丨丨稱號襲常存之慶循不易之制 雍熙東京賦上下其其丨丨 一德咸書咸有一德 庶官書皐陶謨 就列論語 衆志韓愈鄆州谿堂序洽成制定丨丨大固 寅亮書周官 朝章後漢書胡廣傳達練事體明解丨丨 國政禮記君謀丨丨大夫士謀家事 日宣書皐陶謨 使漢書賈誼傳欲天下之治安莫若衆建諸侯而少其力力少則易使以義國小則亡邪心令海內之

執如身之使臂丨之丨指莫不制從
風節唐書張仲方傳仲方確正有丨丨
頭銜摭遺仁王寺僧喜唱望江南後出主一刹末幾欲歸歌曰當初只欲轉丨丨轉得丨丨轉不堪何似仁王高閣上倚欄間唱望江南
傾葵張昱送天使僧詩睽違難折柳嚮卬只丨丨
止棘讒詩小雅
泰交易泰卦
相業宋史周必大等傳論周必大留正一時俱以丨丨稱又陳堯佐傳論陳堯佐丨丨雖不多見世以寬厚長者稱之
乾惕易乾卦
顧民碞書召誥
元凱書益拜稽首讓于朱虎熊羆注益所讓四人皆在丨丨之中
才進南史劉峻傳高祖招文學之士有高丨多被引丨擢以不次
不凡晉書顧榮傳初榮與同僚飲宴見執炙者貌狀丨丨有欲炙之色榮割炙啗之及榮被執將誅而執炙者為督率遂救之杜甫黑鷹詩萬里寒空祇一日金眸玉爪丨丨材
惟皇書湯誥
簡擢寘適蘄州謝表丨丨疏賤剖為守手望之親磨礪鈍頑敢其斂達之效
鵷鷺

隋書音樂志懷黃縮白ㅣㅣ成行官監傳若金長蘆詩轉輸分使出征權置ㅣㅣ

跗萼相銜文心雕龍外文綺交內義脉注ㅣㅣㅣㅣ首尾一體

文法宜連貫雕龍語不凡似跗相比附如萼更交銜

摛藻春華豔含英麗句緘生枯雙管下枝葉眾辭芟

一氣芸編注千章樹義巖季新無斷續無舊謝雕劌

根柢深文囿芬芳入錦函

木天勤校理

宸翰適留緘

文法漢書翟方進傳方進知能有餘兼通ㅣ史事以儒雅緣飭法律號爲嚴明不凡唐書

孫逖〔傳〕年十五戴土火爐援筆成篇理趣丨丨

比附〔晉書索靖傳〕草書狀云學而察之又似乎和風吹林偃草扇樹枝條順氣轉相丨丨

摛藻春華〔班固答賓戲〕雖馳騁如濤波丨丨如丨丨猶無益於殿最也

含英〔韓愈進學解〕沉浸濃郁丨丨咀華

麗句〔文心雕龍〕揚馬張蔡盛飾麗詞如宋畫吳冶刻形鏤法丨丨與深采並流偶意與逸韻俱發

生枯雙管下〔郭若虛圖畫見聞志〕唐張璪員外于畫松特出意象能手握雙管一時齊下一爲生枝一爲枯枝經營兩足氣韻雙高

枝葉〔白居易有唐善人碑〕詰理撮要詞無丨丨

衆辭〔陸機文賦〕雖丨丨之有條

一氣〔莊子〕臭腐復化爲神奇神奇復化爲臭腐故曰通天下丨丨耳〔注〕通天下萬物皆丨丨之所陶鑄

芸編〔蠹桶詩〕丨丨不檢蛛絲網班馬專門萬古香

千章〔杜甫詩〕丨丨夏木清

樹義〔文心雕龍〕頌惟典雅辭必清鑠揄揚以發藻汪洋以丨丨

孚新〔文心雕龍〕鎔鑄經典之範翔集子史之術洞曉情變曲昭

文體然後能丨丨甲斷續虞世南琵琶賦抑揚嘈囋聯
丨新雕畫奇辭綿綿丨丨紆餘雙鵠之吟淸壯
三奏無舊文心雕龍王濟國子文多事寡潘尼乘與
之曲義正體丨謂王濟國子箴潘尼乘與志也
鄭谷詩丨雕劉沈遼禪僧巖詩降身八洞漢書
業半成蕪覽不甚險突兀三室誰丨丨根柢鄒陽
傳蟠木丨丨輪囷離奇而爲萬乘器者以文圖文心
左右先爲之容也杜甫詩詞林有丨丨雕龍
風骨之采則鷙集翰林芬芳南史范蔚宗傳抽錦函
采之風骨則雉竄丨丨其丨丨振其金石
蔡襄詩朱木天夢溪筆談內諸司舍屋唯秘閣最校
函青錦囊宏閣下穹隆高敞相傳謂之丨丨
理西都賦厥發篇宸翰霍湜詩丨三光韶咸沈遼
章丨丨秘文章燭朝榮四海欽禪僧
巖詩中間石鼓有異
響擊捎想可參丨丨

全椒古代典籍叢書

薛春黎集 3

（清）薛春黎 撰

政協全椒縣委員會 編
國家圖書館出版社

第三册目録

後七家詩選七卷（二）　（清）許乃普等 著　（清）薛春黎 輯　清光緒二年（1876）刻本……………一

（清）許乃普等 著 （清）薛春黎 輯

後七家詩選七卷（二）

清光緒二年（1876）刻本

辛田試帖目錄

桐城張用禧辛田著

水村山郭酒旗風　江遠欲浮天
雲霞冠秋嶺　抱一爲式
雨後退朝貪種樹　得霜寒菊始開齊
五言長城　斜橋映水紅
燕剪　蓬萊文章建安骨
琢玉成器　書成蕉葉文猶綠
江山爲助筆縱橫　仁義爲巢

秋至拭清礁　蘭亭修禊

先後筍爭滕薛長　山冷微有雪

一日看遍長安花　劉郎不敢題糕字

潤物細無聲　謙受益

大觀亭懷古　寸莛撞鐘

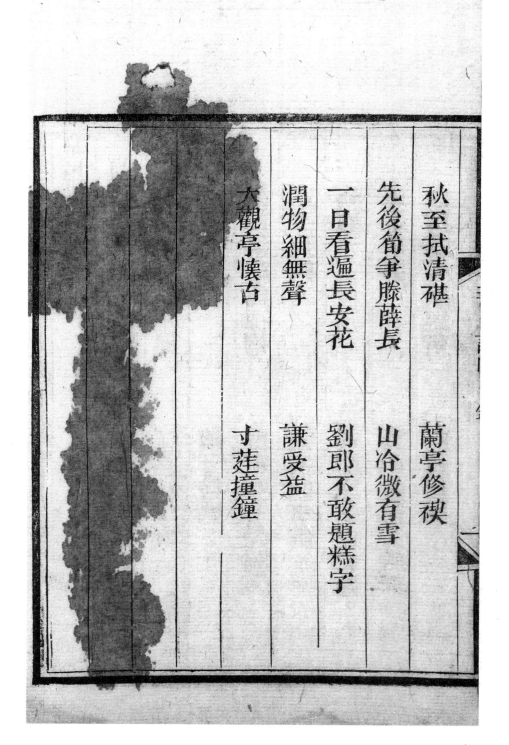

辛田試帖

桐城張用禧辛田著

甘泉王祿書硯耘註釋

儀徵嚴玉輝韞初
儀徵張寶恩石生 校字
儀徵張兆蘭畹九

水村山郭酒旗風

杜牧江南春絕句千里鶯啼綠映紅｜｜｜｜｜｜｜

水繞村邊合山青郭外同酒香三月雨旗影六朝風
長短橫橋接高低曲徑通樓臺如畫裏天地入壺中
社稷邀鄰叟花前問牧童幾家新釀綠一角夕陽紅
襟訝吹來舊詩誇賭處工登臨無限意莫放玉罇空

水綠〔王禹偁詩〕又說東南行秋風江｜｜村邊合〔孟浩然詩〕綠樹｜｜｜青山郭外斜山

青〔何遜詩〕天暮遠｜｜潮夫遙沙出郭外見上村邊合注又杜甫詩看花雖｜｜倚杖郎溪邊

酒香〔王績詩〕稍覺池亭好偏宜｜甕｜三月雨高德基平江紀事｜｜｜為迎梅五月雨

為送梅又虞集詩一徑綠陰｜｜｜數聲啼鳥百花風旗影〔張耒將至海州明山詩〕｜｜遠搖沽

酒市棹歌歸去隔村船六朝〔張喬題古觀詩〕松留千載鶴碑隔｜｜人長短〔李商隱詩〕楚天

｜｜黃昏雨宋玉無愁亦自愁橫橋見前｜｜過盡見松庵題〔注〕高低〔九華山錄〕回望九華

橫側｜｜無一同者曲徑通〔常建題破山寺後院詩〕｜｜｜｜幽處禪花木深樓臺〔杜〕又

江南春絕句南朝四百八十寺多少｜｜烟雨中如畫裏李白詩江城｜｜｜山曉望晴空

天地〔陸游草書歌〕提筆四顧｜｜窄壺中〔陳子昂詩〕曷見立真子觀世玉｜｜用後漢書費長

房傳壺社後鄭谷詩野溼禾中鄰叟劉克莊烏石山
公事露村間丨丨天詩熟知舊事惟
丨丨催去韶花前問牧童韓翃送高別駕詩寒雨送
華是暮鐘歸于里外東風沈醉百丨
丨杜牧清明詩借丨酒家幾家劉長卿詩他日山林
何處有丨丨遙指杏花村逢勝事桃源洞裏丨
人新釀綠韋莊詩榴花丨丨丨于一角夕陽紅曹微
丨苔對酒間傾滿滿杯唐詩
牆西秋色斜陽外截得廬山丨丨明睦游襟吹來
詩城角危樓晴靄碧林間雙搭丨丨丨
風賦楚襄王游于蘭臺之宮宋玉景差侍有風颯然
而至王乃披襟而當之曰快哉此風寡人所與庶人
共者耶陶潛詩凱風舊白居易詩袖中吳郡新詩
因時來回飇吹我襟詩本襟土杭州丨酒痕
賭工能改齋漫錄王荊公與薛昂棊賭梅花丨薛
敗而不善詩荊公爲代作後宦金陵或嘲之
曰好笑當年薛乞兒荊公座上丨梅詩而今又向江
東去奉勸先賛下棋薛書名似丐字故有乞兒之號

党懷英詩書裏登臨孟浩然詩江山留無限意李白
更傳詩語丨勝跡我輩復丨丨詩出
門見南山引玉罇空樂府古歌上金殿著丨丨後漢
頌意無限書孔融傳融嘗日座上客常滿
罇中酒不丨
吾無憂矣
江遠欲浮天蘇軾同王勝之遊蔣山詩
峯多巧障日丨丨丨丨丨
有客鍾山頂飄然與自謀江看雲外遠天入鏡中浮
月湧西津渡披搖北固樓雞聲剛浴日雁影早涵秋
空闊連霄漢高寒薄斗牛水光新洗眼風景伉昂頭
浩瀚過三峽溟濛想十洲祗今懷玉局白下俯清流
有客詩丨丨丨丨丨鍾山頂張敦頤六朝事蹟形勢門
亦白其馬鍾山頂鍾阜圖經云在縣東北周

同六十里高一百五十八丈東連青龍山西臨青溪南自鍾浦下入秦淮北接雉亭山諸葛亮至京觀秣陵山阜云丨丨龍蟠蓋謂此也舊唐書明皇紀東封泰山祀昊天上帝於上壇有司祀五帝百神於下壇禮畢羣臣稱萬歲傳呼自山丨至嶽下震動山谷

飄然 杜甫詩白也詩無敵丨丨思不羣

與目謀 柳宗元鈷鉧潭記枕席而臥則清泠之狀丨丨丨瀯瀯之聲與耳謀悠然而虛者與神謀淵然而靜者與心謀矣

雲外 杜甫詩晨鐘丨丨溼

入鏡中 王維詩咨慢山川丨丨丨

月湧 杜甫詩星垂平野闊丨丨大江流

西津渡 陳孚辰州詩急鼓丨丨丨殘燈北固樓一統志江南鎮江府山川府志有西津渡在丹徒縣西北九里與瓜州對岸即古西渚唐時謂之蒜口渡

波搖 李白詩日落沙明天倒開丨丨石動水縈迴

北固樓 見上西津渡注又梁書武帝紀大同十年三月己酉幸京口城丨丨丨改名北顧一統志江南鎮江府古蹟丨丨丨在丹縣西北固山上

雞聲

温庭筠詩丨丨茅店月按立中記桃都山有大樹曰桃都枝相去三千里上有天雞日初出照此木天雞即鳴天下雞皆隨之

浴日 唐蕭日觀賦丨初丨于咸池詫人世之未旦

雁影 **涵秋** 杜牧詩江涵秋影雁初飛與客攜壺上翠微

空濶 白居易詩酒酣四向望六合何丨丨

連霄漢 水經廬山之南有上霄石高壁緬然與霄漢連接

高寒 劉都西使記自和林出兀孫中西北行二百餘里入站經瀚海地極丨丨雖暑酷而雪不消

斗牛 晉書天文志州縣躔次丨丨牽牛須女吳越揚州

水洽洗眼 蘇軾詩筆歌叢裏抽身出雲丨丨中丨丨來

風景 王勃鄭縣兜率寺浮圖碑風恬雨霽烟霧藻天地之客野曠川明丨丨挾江山之助

昂頭 李羣玉詩竟夕嚕光彩丨丨把白醪

浩瀚 淮南子往古之時水丨丨而不息於是女積蘆灰以止淊水

三峽 晉書桓冲傳樂鄉城以上四十餘里北枕大江西接丨丨

溟濛 吳商浩詩玉關東望杳丨丨

十洲

｜｜記漢武帝聞王母說巨海之中有祖洲瀛洲玄洲炎洲長洲元洲流洲生洲鳳麟洲聚窟洲有此｜｜乃人跡稀絕處

玉局宋蘇軾傳徽宗立移廉州改舒州團練副使徙永州更三大赦遂提舉｜｜觀復朝奉郎軾自元祐以來未嘗以歲課乞還故官止于此又錦繡萬花谷前集古人稱號門峩眉先生玉堂仙｜翁並東坡

白下唐書地理志武德九年更金陵曰｜｜

俯清流蘇瓊興慶池應制詩金闕平明宿霧收瑤池式宴｜｜｜

雲霞冠秋嶺江淹擬謝混遊覽詩時菊曜岩阿｜｜｜｜｜

雲霞輝五色高嶺接天秋詎待擎仙掌渾如冠佛頭

錦飄開更合綺散落仍浮棃帽雙了露綃中一角收

弁峰憑遠指鬟樹訝新抽碧掛泉纓密青籠石髮稠

竿三迎日珥尺五認星毬鼇戴

瀛洲近聯吟彩筆酬

五色書以五采彰施于丨丨作服汝明又宋史韓琦
傳弱冠舉進士名在第二方唱名太史奏日下
丨丨雲見**高嶺接天秋**唐太宗聖教序桂生丨丨雲
左右昔賀露方得泫其花蓮出淥波飛
塵不能污其葉駱賓王詩層巖遠丨丨絕頂**擘仙掌**
上棲烟李白詩天丨本葉下月冷莎雞悲
宋濂蟠桃核賦銅莖中峙仙掌高丨國史補明皇令
張燕公撰華嶽碑首四句曰巉巉大華柱天直上青
崖白谷仰**佛頭**談藝甄龍友雲卿永嘉人嘗頌臨安
見丨丨北山大丨丨云色如黃金面如滿月
盡大地人只見一撅禪人多許之又宋林逋
詩春水爭于僧眼碧晚山濃似丨丨青**錦飄**沉約詩霞
衣不待縫雲丨不須織霞郗刺詩夜
鐺白石煮秋雨玉佩赤錦丨霞裙**開合**木華海賦丨丨解會

澴澴綺濕濕綺**散**謝朓詩餘霞散成綺澄江靜如練**絮帽**蘇軾詩嶺上晴雲披丨丨樹頭初日
挂銅鉦**雙了**楊萬里詩燭焰丨丨紅再合酒花半蕾碧于波**綃巾一角**白居易詩竹鞋
葵扇白丨丨林野為家雲是身漢書郭泰傳泰嘗遇雨巾丨丨墊時人乃故折巾一角以為林宗巾其見
慕如此**弁峰**蘇軾和章七出守湖州詩雲水未渾纓可濯丨丨初見眼應明注弁山在烏程縣
簪樹劉子正賞心錄山下行者望嶺樹如簪視岫虎如犬而求丨者不上丨求犬者不往虎**新**
抽西域記菩提樹青翠冬夏不改每至涅槃日一時彫落通夕丨丨與舊齊等又梁元帝竹詩解谷管
丨丨洪園節復修**碧掛**謝翺宋騎吹曲丨綠夜丨寒不收緣此洗藍渟露水**泉纓**蘇軾詩丨
流下珠琲乳箭交纓丨丨**青籠**白居易荔枝詩紅透丨丨實可憐**石髮**冷齋夜話謝無逸節
日山寒丨丨瘦水落溪毛彫為魯直所稱賞**竿三**蘇軾詩曈曨曉日上三竿**日珥**雜占晝日

冠者加半暈也法當在丨上有冠又有兩丨者尤吉**尺五**辛氏三秦記城南韋杜去天丨丨**星**

求孫黃忙趂雙競龍舟疾王似風一丨丨子兩朋同**鼇戴**應言盧肇就江西解試爲試官未送肇有啟謝日巨鼇贔屭首冠蓬山試官謂之日深慚名第奉浼焉得翻有首冠蓬山之謂肇日頑石處上巨丨丨之豈非首冠耶**瀛洲**史記秦始皇紀齊人徐南等上書言海中有三神山名日蓬萊方丈丨丨仙人綸居之丑**吟**孟郊贈劍客李園丨句有時幽匣丨忽似深潭聞**彩筆**潘岳螢火賦羨微蟲之琦瑋援丨丨以爲飾

抱一爲式老子聖人丨丨丨丨天下丨

主一調元化經言老氏傳式眞推翼翼抱獨愼拳拳

玉度森嚴地珠懷活潑天鴻疇攸敘後犧畫未開先

布指原知寸澄心欲印于範兼模比正輻與轂同圓

制用稽多寡含生悟直専

帝心符允執庶類荷

陶甄

主一書善無常丨協于克丨調元化春秋元年春王正月杜預注隱公之始年周王之正月也凡人君即位欲其體元以居正故不言一年一月也胡傳體元者人君之職丨丨者宰相之事李邕春賦鶯洪濤之神經用偉元丨之工作經言老氏隋書經籍志老子道德經二卷周柱下史李耳撰漢文帝時河上公注翼翼詩惟此文王小心丨丨拳拳禮中庸得一善則丨丨服膺而弗失之矣玉度左傳思我王度式如玉式如金森嚴唐書文藝傳韓愈柳宗元等排逐百家法

度丨丨珠懷阮籍詩被褐懷珠玉顏閔相與與活潑殷遵自勵詩隱外鳶魚丨丨牀頭經
典交加鴻疇攸敘韓愈詩巍冠進丨丨書天乃錫禹洪範九疇彝倫丨丨洪通作鴻儀
畫開陸游詩堯咨洪水際丨丨結繩餘按周易伏羲所畫之卦以一畫丨丨天儀通作義布
指知寸大戴禮丨丨丨丨布手知尺布肘知尋澄心淮南子凡學者能明天人之分通乎
治亂之本丨丨清意以存之見其終始可謂知略矣印千李賀詩情知一邱趣不謝千里印按此用
千潭一月印意範模丨廣韻法也式也丨說文法也法言師者人之模丨丨不模範不範爲不少矣
輻轂圓史記自序二十八宿環北辰三十丨共一丨張仲素迴文錦賦藻豔波旋環迴輻丨
制用禮記冢宰丨國丨多寡孟子五穀丨丨同則價相若含生後漢書趙咨傳咨遺
書勑子曰夫丨氣之倫有丨必終是以通人達士鑒茲性命以有亡爲晦明死生爲朝夕真易其

靜也專其動也直帝心書惟簡在上一之一一允執書一一厥一一庶類周易正義序予
萌一一亨毒羣品新新不停生生相續陶甄晉書樂志弘濟區夏一一萬方

雨後退朝貪種樹

入直逢膏雨如沾

帝澤覃退朝人意暇種樹物情諳信馬旋槐第委蛇趁竹

庵珂聲歸院靜林滴帶春酣袖惹鑪烟帶月影

擔天開雲片片地闢徑三三起草

新恩渥移花宿潤含臣心原似水此外又焉貪

入直韓偓感事詩紫殿承恩歲金鑾一一年膏雨詩陰雨膏之疏以黍苗之仰一一猶眾八

之仰恩惠 沾帝澤覃 傳休奕樂歌澤丨地境化充天寓郡閣雅言貞白御溝詩此中初作此波貫休曰甚好只是剩一字貞白揚袂而去貫休書一字於掌中頓貞白回曰此中涵丨丨休以掌示之唐彥謙詩聖澤丨將溥貞魂喜定飄 八意 暇竇衆述書賦出于丨丨乃近天造僧圓至詩所視既巳齊乘險意亦丨 物情 孟子夫物之不齊丨之丨也梅堯臣詩高低趣向難爲合冷暖情懷固飽丨 信馬 韓愈嘲少年詩祇知閑丨丨不覺說隨車 旋鞚 宋史王貽永傳貽永自言寵祿過盛願罷樞筦解使相丨丨 委蛇 詩召南 竹庵 方岳詩莫怪山翁老更迂丨丨終日一園蕭可盧思道詩還玥丨響金埒 歸院 杜甫詩退朝花底散丨丨柳邊迷 春酣 陳與義詩可是天公須羯鼓巳同寒玉作丨丨 袖惹爐烟 歐陽修詩歸來解帶西風冷衣丨猶沽玉案香岑參詩春丨御香歸楊巨源詩丨丨添柳重宮漏出花遲鋤 月影 劉翰詩自丨明月穆梅花

張來詩落落｜｜疏簾邀｜｜天開雲片片江賦豁若｜｜霞日休詩支頭數｜片庾信昭君詞

｜｜紅顏落地闊｜｜孟子土徑三三周必大詩同還自劚三三徑頃刻常開七七花

起草零參詩燈緣｜｜桃新恩渥舊唐書李渤傳元和九年以著作郎徵之詔日特降｜｜

用清舊議西征賦流春澤之｜｜恩移花姚合詩｜｜兼蝶至宿潤含張九齡賀祈雨有應

狀炎埃｜｜虛暑暫清采之問詩野｜時雨潤臣心水漢書鄭崇傳上責崇曰君門如市何

以欲禁切主上崇對曰臣門如市｜｜如｜又焉貪論語

得霜寒菊始開齊歐陽修詩撥甕浮醅新釀熟｜｜｜｜｜｜｜

寒釀霜前菊將開半未開連宵頻結露萬點始盈畦

雁冷傳消息蟄肥入品題黃堆三徑滿白壓一庭低

晚節何須早東籬直到西後園無蝶採前夜有烏啼
秋色兼葭映烟痕橘柚迷捲簾花寫照窗外月如圭
寒釀陸游詩山色霜前杜甫詩故國運宵魏書李泌
蒼||雪天||白雁天傳棗產營
書手自刪削隆冬結露劉孝綽詩上萬點李白詩|
達曙盛暑||宮秋露結|雪峰晴
雁令宇鄴詩忽聞涼|至唐消息舅易繫蓄肥顧瑛詩
太宗詩塞|鴻飛疾辭傳月過雨黃
花千蕊發經霜品題李白上韓荊州書一黃堆盧仝
紫蟹兩||經||便作佳士詩青
空鑿出三徑歸去來辭||一庭顧瑛詩梧竹晚節
|金||就荒松菊猶存||涼欲雨
辟琦詩莫嫌老圃秋容東籬陶潛詩采後園魏志吳
淡且看黃花||香、菊||下質傳注
太子在孟津小城與質書曰𢿣日既前夜梅堯臣詩
没繼以朗月同乘並載以游||||宿廣

文葉響竹打雪烏啼張繼詩月落｜｜霜滿天秋色陶潛詩｜菊有佳｜蒹葭詩秦風

烟痕橘柚張碧詩半酣書破青｜｜杜甫詩人烟寒｜｜捲簾古樂府西洲曲｜｜天自

高海水搖空綠窗外溫庭筠詩張翰宦情何太薄遠公｜｜有池蓮月如圭別賦秋露如珠

秋｜｜｜

五言長城唐書秦系傳與劉長卿善以詩相贈答權德輿曰長卿自以為｜｜｜｜系用偏師

攻之雖老益壯

詩境憑開拓精堅說長卿五言吟短句萬里抵長城

擲地鴻裁出參天雉堞橫阻他搖嶽興展我造樓情

玉想重關設金看幾字成任都摩壁壘何待錬都京

紫塞含毫色黃河下筆聲經郭尤鞏固

昭代擢登英

詩境（許渾詩酒劉逢客病丨丨遇僧間）開拓（韓愈詩宇宙重丨丨）精堅（李華文純鉤丨丨百鍊不耗）短句（鍾嶸詩品吳邁遠善于風人答贈許瑤之長于丨丨咏物）擲地（晉書孫綽傳嘗作天台山賦示友人范榮期云卿試丨丨當作金石聲也）鴻裁（文心雕龍辨騷才高者菀其丨丨中巧者獵其豔辭）參天（易繫辭傳）雉堞（鮑照蕪城賦是以板築丨丨之殷注鄭元周禮注曰丨長三丈高一丈杜預左氏傳注曰丨女牆也）搖嶽興（李白江上吟興酣落筆搖五嶽詩成笑傲凌滄洲）造樓（談苑韓浦韓洎能爲古文洎嘗輕浦曰吾兄爲文如繩樞草舍聊庇雨風而已予之文丨五鳳丨手浦聞作詩寄曰十樣蠻牋出益州寄來新自完紗頭老兄得此全無用助爾添修五鳳樓

玉重關後漢班超超傳臣不敢望到酒泉郡但願
生入丨門關張華詩孟公結丨丨賓客不
得蹉金戔字成吏記秦紀論秦王之心自以爲關中
之固丨城于里子孫帝王萬世之業
也薩都剌詩雅奏多年歇鋒文丨丨柳宗元
訛陸游詩屋角丨金字溪流作縠紋摩壁壘表丨壘
陷堅漢書英布傳深溝
丨丨分卒守徼乘塞
都京世說孫興公云三丨二
丨五經鼓吹三都賦序
班固賦西丨丨而歎以出此日
張衡賦西丨丨而述以游海若
紫塞范史四夷傳㡳限
以丹徼丨丨隔以
滄海
交河
含毫南史文學傳論蘊思丨丨游
心內運放言落紙氣韻天成
黃河漢書功
臣表封
爵之誓曰使丨丨如帶泰山
如礪國以永存爰及苗裔
下筆聲歐陽修詩丨丨
春蠶食葉丨
經郛法言大哉天地之爲萬
物郭五丨之爲衆說丨
鞏固爾雅釋詁
丨丨丨也
昭代褚
亮
詩聲華滿丨丨
形影委窮塵
羣英後漢書宦者傳論乘九服之囂
怨協丨丨之勢力別賦金闈之

諸彥蘭臺

之丨丨

斜橋映水紅李遠詩野烏翻萍綠丨丨丨丨丨

一水盈盈隔長橋宛轉通斜堪名半月映合號雙虹

煙浸魚鱗碧波搖雁齒紅面看平似鏡背訝曲如弓

綠沼迴瀾動朱闌倒影同往來人跡外深淺夕陽中

遥想桃添浪橫猜柳受風

恩光依

太液玉蝀照玲瓏

一水盈盈古詩盈盈一水間脈脈不得語長橋何遜詩風聲動密竹水影漾丨丨

宛轉徐陵序椒房丨丨柘館陰岑半月李嶠詠橋詩妙應七星至高分丨丨輝雙虹
李白詩兩水夾明鏡丨橋落彩丨魚鱗碧白居易詩花房紅鳥嘴池泿碧魚鱗波搖李白
詩日落沙明天倒開丨丨石動水縈迴雁齒白居易詩鴨頭新綠水丨丨小紅橋面平
似鏡侯喜石鼎聯句上比香爐尖下比鏡丨丨李商隱水池詩丨丨將盈手如霜恐透肌曲如
弓龔翔麟詞朱闌幾曲南浦春水斜臨影弓弓十里葦莊詩但覺時光流似箭豈知天道丨丨丨
綠沼唐太宗詩碧林青舊竹丨丨翠新苔迴瀾沈約詩延軀似纖約遺硯若丨丨朱闌
見上曲如弓法倒影高駢詩綠樹陰濃夏日長樓臺丨丨入池塘往來易咸卦人跡
溫庭筠詩雞聲茅店月丨丨板橋霜深淺詩州風夕陽中歐陽修詩半醉回舟迷向背樓
臺高卜丨丨丨桃添泿杜甫詩三月桃花泿江流復舊痕元好問詩暖入金溝細泿添津橋楊柳

綠纖　元稹詩萱近比堂穿土　江淹詩豪
纖柳受風早丨偏東面丨丨多丨恩光土桂尺壁
宵入重太液漢書武帝紀帝作大池漸臺二十餘丈
丨丨名曰丨丨池趙彥服詩天連丨丨池
玲瓏韓愈詩百葉雙桃晚更
紅窺窗昧竹見丨丨

燕剪

釋惠洪詩應將丨
尾丨破此麝香臍

燕尾風前影憑看掠地飛游絲遮不住快剪是耶非
波縠捎時淺煙紋蹴處稀錦挑花簇簇線界柳依依
細雨分千點斜陽劃寸暉裁箋同雁帛製服想烏衣
彩勝形惟肖瑤筐願肯違投懷如有意莫誤九張機

燕尾見題註風前釋法宣詩舞袖丨丨舉歌聲扇後嬌掠地飛蘇軾祭常山回小獵
詩弄風驕馬跑空走趁兎蒼鷹丨丨丨游絲沈約詩丨丨映空轉高陽拂地塵快剪杜甫
詩焉得并州丨丨刀剪取吳淞半江水是耶非漢武帝李夫人歌丨丨丨耶立而望之何姍姍
其來遲波貢奎詩燕翎拂處丨如丨半幅福深江漾落暉錦花簇簇李白詩咸陽三
月時千花晝如丨白居易詩葉重碧雲片丨簇紫霞英韋莊詩天外晚峯青丨丨丨線柳
依依范雲詩春風柳丨長送郎上河梁詩楊丨丨丨細雨梁簡文帝詩洽風雜丨丨千
點鄭谷詩蒙頂茶畦丨丨露浣花箋紙一溪春斜陽杜甫詩秋草樊川路丨丨覆盎門寸
瞳蘇軾詩畫此一丨丨雁帛漢書蘇武傳漢使復至匈奴常惠請其守者與俱得夜見漢使教使
者謂單于言天子射上林中得丨足有繫丨書言武等在某澤中使者大喜如惠語以讓單于單于視左

右而製服宋史畢仲衍傳仲衍正奉使契丹宴射連
鷩破的家鷩異之且偉其姿容密使人取其
衣爲度丨烏衣巷口夕陽斜劉禹錫詩丨丨彩勝屠酥先尚幼丨梅堯臣歲旦詩
丨以賜
丨又瑤筐王勃七夕賦引鷩蟬於投懷開天遺事張
宜春寳座宿蘭燕於丨丨說毋夢一玉
燕自東南飛來丨入丨中而有孕九張機無名氏詞
生說果爲宰相至貴之祥也丨丨丨雙
花雙葉
又雙枝

蓬萊文章建安骨

李白宣州登謝眺樓別校書叔雲作
丨丨丨丨丨丨中間小謝又清發

餞別城樓日才名羨叔雲成章蓬苑合佈骨建安分
東觀圖書府西京翰墨勲三山修慧業七子艳奇芬

著作瀛壺見風標漢魏聞高摹王構俯視六朝文
巍煥開仙境精堅掃俗氣

石渠叨珥筆班馬待濃薰
餞別韋應物詩英豪若雲集｜｜塞城闉才名唐書鄭虔傳時號鄭廣文在官貧約甚澹如也杜甫嘗贈以詩曰｜｜四十年坐客寒無氈叔雲見本傳成章論語斐然｜｜蓬苑范梈詩祕書出自｜萊｜流落東吳又一春東觀後漢書安帝紀詔謁者劉珍及五經博士校定｜｜五經諸子傳記百家藝術整齊脫誤是正文字圖書府張說詩東壁圖書府西京後漢書光武紀建武五年詔修復｜｜園陵翰墨勳楊載詩果拔英髦頌遄收｜｜｜三山拾遺記望三壺如盈尺視八鴻如縈帶三壺則海中｜｜也一日方壺則方文也二日蓬壺則蓬萊也三

曰瀛壺則瀛洲也形如壺器**慧業**南史謝靈運傳會稽太守孔顗事佛精懇而爲靈運所輕嘗曰得道應須｜｜文人生天在靈運前成佛必在靈運後江總銘冀憑｜｜**七子**魏文帝典論今之文人魯國孔融文舉廣陵陳琳孔璋山陽王粲仲宣北海徐幹偉長陳留阮瑀元瑜汝南應瑒德璉東平劉楨公幹斯｜｜者咸以自騁驥騄於千里仰齊足而並馳**奇芬**韓愈詩東野動驚俗天葩吐｜｜**菁作**魏志王粲傳注應璩爲侍中大將軍長史曹爽秉政多違法度璩爲詩以諷焉其言雖頗偕合多切時要世共傳之復爲侍中與｜｜**瀛壺**見上三山註**風標**南史文學傳論文章者蓋性情之｜｜神明之律呂也**羣玉**穆天子傳天子北征東還乃循黑水至於｜｜之山先王之所謂策府**六朝**舊唐書李德裕傳冠內廷者兩代襲侯伯者六朝**巍煥**見論語**仙境**宋之問奉陪武駙馬宴唐卿山亭序靈槎仙石精徘徊有造化之姿苔閣茅軒髣髴入神｜之｜**精堅**

陳子昂詩蓬萊入俗氣冷齋夜話黃州潘大臨工詩
無沒金石從｜｜多佳句謝無逸以書問有新
作否潘答書曰秋來景物件件是佳句恨為｜｜所蔽翳

石渠

漢書劉向傳會初立穀梁春秋徵更生受穀梁講論五經於｜｜

珥筆

魏志陳思王植傳安宅京室執鞭｜｜出從華蓋入侍輦轂承答聖問拾遺左右

班馬

濃薰

杜牧詩高摘屈宋豔濃薰班馬香

琢玉成器

禮記學記

借得他山石終當玉汝成琢堪恭學術器永勒工多
楮葉三年肖若華一色瑩眉看霏處細泥詡切來輕
克副圭璋望彌深砥礪情有材歸大匠無價抵連城

直擬琛懷曾非闕璞獻荆

彤庭方韓瑞比德聽鏘鳴

他山石詩小雅玉汝成張子西銘貧賤憂戚庸丨丨於丨也學術史記張儀傳始嘗與蘇秦俱事鬼谷先生丨丨蘇秦自以不及張儀勒工銘禮月令楮葉韓非子宋人有象爲丨丨者三年而成豐殺莖柯亂之丨丨之中而不可別者也若華紀年癸命楄伐山民山民女于桀二人曰琬曰琰后愛二女斲其名於丨丨之玉丨是琬丨是琰也一色漢書悔福傳丨丨成體謂之醇白黑雜合謂之駁屑許有孚詩坡詩誦得聚星堂字字珠璣飛玉丨泥切列子周穆王大征西戎西戎獻錕鋙之劍其劍長尺有咫鍊鋼赤刀用之切玉如切泥焉

圭瓚詩大雅砥礪禮儒行大匠孟子無價尹文子魏田父有耕於野者得寶玉

徑尺弗知其玉也以告鄰人鄰人盜之以獻魏王魏王召玉工相之王問價玉工曰此｜｜以當之魏王立賜獻王者千金 連城 新論夫｜｜之璧尯影判山夜光之琭潛輝鬱浦楊聲於章華之臺炫耀於綺羅之堂者蓋人君之舉也 琛懷魯 詩魯頌 璞 判 晉書景帝紀荆山之璞雖美不琢不成其寶顏冉之才雖茂不學不宏其量 彤庭 齊書樂志大享歌｜輯｜爛景丹陛流光 瑞 書舜典 比德 禮聘禮 鏘鳴 禮王藻

書成蕉葉文猶綠

種紙裁蕉葉窗前信手書墨華猶未透綠字竟非虛

劈指縱橫處鬢眉掩映餘雪添飛白襯蠟勝硬黃舒

波色臨前沼天光傍舊居紅看薔盛後粉笑竹彈初

昔蘇青相接梧桐碧不如底須攤柿葉草聖擅嘉譽

種紙淸異錄僧懷素居零陵庵東郊植芭蕉亘帶幾數萬取葉代細而書號其所居曰綠天庵曰｜

｜窗前李白詩鳥去凌紫烟書留綺｜｜信手陸游詩坐旁設酒嗜時飲牀上堆書｜｜

卄壘華文心雕龍石｜鐫｜頹影豈忒緣字晉書地里志序昔大禹觀於濁河而受｜｜褱

瀛之內可得而言也臂指漢書賈誼傳令海內之勢如身之使｜臂之使｜莫不制從縱橫

戰國策蘇秦始將連橫說秦惠王曰古者使車轂擊馳言語相結天下為一約｜連｜兵革不臧鬚

眉左傳冉豎告平子曰有君子白晳鬢｜｜甚口平子曰必子驪也掩映書史峰巒出沒雲霧

顯晦不裝巧趣皆得天真嵐色鬱蒼枝幹挺秀咸有生意溪橋漁浦洲渚｜｜一片江南也雪飛

白夢溪筆談予家所藏摩詰畫袁安臥｜圖有雪中芭蕉此乃得心應手意到便成故造意入神迴得

天意南史記僧真傳弟僧猛能丨丨書作飛白賦于鑒之詩蟫留舊草驚飛白**蠟****硬黃**陸游寄曾學士詩庭中下午鵲門外傳遠書小印紅曲蟠兩端黃丨塗洞天清錄集丨丨紙唐人用以書經染以黃蘗取其辟蠹以其紙如漿澤瑩而滑故善書者多取以作字又陸游初夏幽居詩古紙硬黃臨晉帖**波色**張融海賦瀾文不動丨丨還驚**臨沼**何遜詩松華昭丨丨浦觶得垂帷**天光**見上種紙註李白詩明湖映丨丨**舊居**唐書武攸緒傳冬葳芽椒夏居石室詔賜嵩山丨丨州縣存問**紅薔**李商隱詩一丈丨丨擁翠筠羅窗不識繞街塵雲仙雜記柳宗元得韓愈所寄詩先以薔薇露丨手然後發讀**粉****竹彈**李商隱詩危亭題竹丨丨曲沼嗅荷花宋沈約有修丨丨芭蕉文**苔蘚青**劉禹錫詩烟波含宿潤丨丨助新丨**梧桐碧**詩丨丨生矣杜甫詩丨梧棲老鳳凰枝**柿葉**世說補鄭虔好書苦無紙於時慈恩寺貯丨丨數屋遂日往取肄書歲久殆遍

草聖 杜甫詩張旭三杯｜｜
傳脫帽露頂王公前

江山爲助筆縱橫

腕底無空濶縱横筆陣恢江山如助與天地亦憐才
極目層濤湧回頭疊嶂開遠呑波濶瀚高指月徘徊
似劍初離匣如椽欲搆臺百川疑曲引五嶽不虛來
燕許雄文擅韓蘇妙句裁會添花萬片攬勝到

蓬萊

無空濶 杜甫詩所向｜｜ 筆陣 格古要論｜｜圖晉
字其書神妙爲世所重時年五十 王右軍行書間有草
有二未去千金勿傳非其人也 憐才 杜甫詩世人皆欲殺吾意

獨丨極目丨丨王粲登樓賦平原遠而層濤謝宗詩丨丨
丨丨丨兮蔽荊山之高岑擁沫綴蝦行
水母含秋回頭杜甫詩仰面貪看疊嶂李白詩丨丨
孕地靈鳥丨丨錯應人列遠空雜花
間平吞波浩瀚陸機演連珠王鮪登俎不假丨丨之
陸魚淮南子往古之時水丨丨而不息
於是女媧積蘆指月徘徊余靖寄題寶峰山玩雲亭
灰以止滔水詩丨丨猶爲約玩雲應强
名曹植詩明月照高劍匣駱賓王詩丨丨胡霜如椽
樓流光正丨丨冷弓開漢月明
晉書王珣傳珣夢人以大筆丨丨與構臺袁桷遊長
之記覺語人曰此當有大手筆事春宮詩珠
宮藪殊界積百川莊子秋水時丨丨灌河嵇康琴賦丨丨
丨中天丨至丨丨曲引向闌衆音將歇
五嶽侯鯖謨經讀罷方拈燕許唐書蘇瓌傳瓌封許
筆丨丨歸來不看山國公子頲字頲碩知
制誥襲封許國公與張說以文章顯稱望略等時號
丨丨大手筆帝愛其文曰卿所爲詔令別錄副本朕

當留中後遂爲故事李德裕著論曰近世詔誥惟題叙事外自爲文章云
雄文 謝赦批鄭涯謝上表內庭西掖留重價於丨丨
妙句 宋書謝靈傳論王於憲府南宮藹餘芳於嘉話高言丨丨音韻天成皆暗與理合非由思至
花萼片 范榜詩崑崙池上碧桃丨翻盡東風干丨丨
攬勝 王安石詩尋奇出後徑丨丨倚前簷
蓬萊 見上丨丨文章建安骨題註並三山註

仁義爲巢

世說聖人處上則以仁義爲巢垂危履傾則以聖賢爲杖

仁園蕪義圃薪語蘊全包立以人之道營爲上者巢

德原鸞鳳備居肯鵲鳩淆利自占乾象焚鷹巽旅爻

溫巖綠氣合風雨任天教宅爾皆安土由吾豈繫匏

似林還似藪于野更于郊

聖化漸摩久陳詩咏竹苞

仁園（洛陽名園記歸丨坊名也丨丨盡此一坊廣輪皆里餘唐丞相牛僧儒園七里檜其故木也）義圃（庾信徵調曲黎人耕植於丨丨君子翺翔於禮園）新語（按漢劉向著世說丨丨）蘊包（雲笈七籤聖匠剖太混之樸分爲億萬之體發大丨之丨散爲無窮之物）立人之道（易繫辭傳）

營上者巢（孟子）鸞鳳（後漢書仇覽傳考城令王渙政尚嚴猛聞覽以德化人署爲主簿謂覽曰主簿聞陳元之過不罪而化之得無少鷹鸇之志耶覽曰目爲鷹鸇不若丨丨渙論遣曰枳棘非丨丨所棲百里豈大賢之路）居鵲鳩（詩召南）利乾彖（易乾卦）焚

旅焚（易旅卦九二丨丨其巢）風雨（易繫辭傳）宅爾（書多士）安宅（易繫辭傳）

由吾孟子繫匏論語林藪班固典引斟酌道德之淵源肴覈仁義之｜｜于野于郊易同人聖化漢書劉向傳故舜有四放之罰孔子有兩觀之誅然後｜｜可得而行也

漸摩漢書董仲舒傳立太學以教於國設庠序以化於邑｜民以仁｜民以義節民以禮故其刑罰甚輕而禁不犯者教化行而習俗美也竹苞詩小雅

秋至拭清砧杜甫擣衣詩亦知戍不返｜｜｜｜｜

擣衣存舊石拭去來秋深重或逾齊血寒彌會叢砧

經年剛杵歇小甫易砧侵拂以縫裳手忙於斷杵心

冷光鋪雪練涼意撲風襟深對蟾蜍影低連絡緯吟

城南空盡力塞北可聞　音木葉休催落刀環約許

詩

擣衣見題註又庾信詩秋夜未秋深岑參詩政成應
丨丨聲飛度長門城　丨丨陸游詩梁
燕黍巢知社正井齏臼世說魏武與楊修嘗過曹娥
梧飄葉覺秋丨　碑下碑背有黃絹幼婦外孫
丨丨丨丨八字修曰黃絹色絲也於字爲絕幼婦少女也
於字爲妙外孫女子也於字爲好丨丨受辛也於字
爲辭所謂絕藁砧古樂府丨丨丨丨今何經年賈島寄遠
妙好辭也　在山上復有山　詩十書九
不到一到小雨漢書京房傳丙戌昔侵李中詩蕭條
忽丨丨　丨丨丨丨丁亥蒙氣去　陋巷綠丨丨
何事君心縫裳手詩魏斷杼張憲游黃公洞詩崖瀉
似我心　風　蜂腰橫丨丨巖撐虎口
抱空冷光龍城錄開元六年上皇與申天師游月中
卷　見一大宮府榜曰廣寒清虛之府羣色丨

丨相射目炫極寒不可進**雪練**陳旅詩清溪浮空引丨丨遠岫隔水來烟鬟**涼意**孔年仲詩早有秋聲隨墮葉獨將丨丨件流螢**風襟**杜甫月詩爽合丨丨靜**蟾蜍**後漢書天文志注拜請無死之藥於西王母姮娥竊之以奔月是為丨丨**絡緯**古今注莎雞一名促織一名丨丨**城南**史記孝武紀趙綰王臧等以文學為公卿欲議古立明堂丨丨以朝諸侯**盡力**史記萬石君傳高祖過河內時奮年十五為小吏侍高祖高祖愛其恭敬問曰若能從我乎曰願丨丨**塞北**歷代名畫記指事繪形可驗時代其或主長南朝不見北朝人物習熟丨丨不識江南山川游處江東不知京洛之盛此則非繪畫之病也**聞音**難蜀父老觀者未覩旨聽者未丨丨猶鷦鵬已翔乎寥廓之字而羅者猶視乎藪澤**水葉催**沈佺期詩九月寒砧催木葉十年征戍憶遼陽**刀鐶**漢書李陵傳昭帝立遣陵故人任立政等至匈奴招陵單于置酒賜漢使者李陵衛律皆侍坐

立政等去得私語郎日視陵而數句趙嘏詩書中空
數自循其丨丨坐諭可還歸漢也糸有刀頭丨天上
頻看破
鏡飛

蘭亭修禊

晉書王羲之傳會稽有佳山水名士多居之孫綽李充許詢支遁等並築室東土與羲之同好嘗與同志宴集於丨丨羲之自爲之序以申其志曰永和九年歲在癸丑暮春之初會於會稽山陰之丨丨事也

四十八題疊重三節踏青一時修禊事千載說蘭亭
曲水供詩料崇山列畫屏可知觴詠樂不在管絃聽
吾道僧童冠羣賢半醉醒古今堪感主客已忘形

南澗傳新什東堂憶舊型評書推逸少初搨過黃庭

四十八全唐詩話劉昭禹論詩云五言如丨丨个賢丨著一字如屠沽不得覓句者若掘得獲合子底必有益但精心求之必獲其實按蘭亭記云右軍宦游山陰與孫統等丨丨一丨修禊又張懷瓘書斷叙逸少書去晉穆帝永和九年與太原孫統孫綽廣漢王彬之陳郡謝安石高平郗曇太原王蘊釋支遁並逸少子凝徽操之等丨丨一丨修祓禊之禮又劉峻世說新語注云列序時人錄其所述又將軍大司馬孫丞公等二十六人賦詩如左謝勝等十五人不能賦詩罰酒各三斗與蘭亭記所載詩三十七首作者凡二十六人數目恰合作者二十六人未作者十五人合之得四十一人證之張彥遠法書要錄及劉餗蘭亭賦序數目俱同丨丨一丨之說更無可疑類書或作二十四人或三十一人皆傳鈔之誤也

重三閻朝隱三日曲池侍宴詩三月丨丨日千春續萬春

千載崔灝題黃鶴樓詩白雲丨丨空

悠悠**曲水**本序引以為流解丨丨**詩料**丨陸游詩歸遲不是尋丨丨抹蹇民家偶一留**崇**

山本序此地有丨丨峻嶺**畫屏**西京雜記昭陽殿木丨丨風文如蜘蛛絲縷**觴詠**

管絃本序雖無絲竹丨丨之盛一丨一丨亦足以暢叙幽情**吾道**韓愈原道論道其所道非

丨丨所謂丨丨也**童冠**論語**羣賢**本序丨丨畢至少長咸集**醉醒**宋書樂志樽酒甘絲竹清

願令諸君丨復丨**古今**本序後之視今亦猶今之視昔**主客**史記滑稽傳齊王乃罷長夜之

飲以髡為諸侯丨丨宗室置酒髡嘗在側**忘形**莊子故養志者丨丨養形者忘利致道者忘心矣

南澗詩召南**新什**白居易詩珠玉傳丨丨鵷鸞念故儔**東堂**王翰送張說詩丨丨起集

賢貴得從神仙**評書**賓退錄梁武帝袁昂作書評**逸少**王羲之字丨丨**黃庭**書史黃素

丨丨經一卷是六朝人書晉史載寫道德經事因李白詩山陰道士如相見應寫丨丨換白鵝世人遂以

丨丨經爲換鵝經甚可笑也

先後筍爭滕薛長

胡仲弓春日詩丨丨丨丨丨丨丨丨丨東西鷗昔晋秦盟

怒筍羞相下分班孰主盟此君滕薛擬彼長後先爭侯爵均千戶孫枝定幾莖同支淇澳茂異姓渭川盈陸海應無數朝宗若有情半山工則度雙管染斯城弱齒憐苞色煩言聽籜聲櫻廚風味好郫菖笑魚羹

相下左傳襄公分班宋史職官志尚書令大事三省通議則同執政官合班小事尚書省獨議丨丨論奏則同僕射丞主盟左傳襄公此君王徽之傳嘗寄居空宅中便令種竹或問其故

但嘯咏指竹日何可一日無||耶彼長孟子侯史記貨殖傳渭川千畝竹若千畝卮茜千畝薑

韮此其人皆與千戶侯等孫枝白居易詩茉莒春來盈女手梧桐老去長||幾莖羅隱詩莫

言來去只如此君看鬢邊霜||同支周興嗣千字文淇澳詩衛風異姓左傳隱公

渭川見上千戶注陸海漢書東方朔傳汧隴以東商雒以西天下||之地貧者得以家給

人足故豐鎬之間號爲士膏無數杜甫九日詩蓋見黃花||新朝宗書禹貢有

情陶拱賦得秋日懸清光詩鑒下應無極升高似||半山入蜀記||者王文公舊宅所謂報

寧禪院也自城中上種山此爲中遲故日||工則度左傳雙管沈佺期有春曉大平公主

小樓聞||詩築斯城孟子弱齒沈約齊臨川王行狀端表華美||弘貫煩言

左傳籜聲陸游新竹詩解籜時聞||簌簌放捎初見影離繅廚唐輦下歲時記四月十五日自

堂廚至百司廚風味高允答來欽書養之邾莒詩地
通謂之丨筭丨丨以丨丨惠之以德音理考
僖公之時東方小國見於魚羹西湖志餘宋五嫂者
盟會惟丨丨滕杞而已沐酒家婦善作丨丨
至是僑寓蘇隄光堯台見之詢舊淒然
令進丨丨人競市之遂成富媪

山冷微有雪

白居易詩丨丨丨丨丨
丨丨波平未生濤

一段山容冷三分雪意微柔蓮紅易凍點絮白難飛
地僻猜鴻印天寒盼鶴歸竹邊添料峭梅外認依稀
未到逢袁纔能濕謝衣望中青靄落低處墨雲圍雙
屐慳遊興孤筇倚落暉登樓頻卜歲六出是耶非

一段王昌齡詩新聲丨丨高樓月聖主下秋樂未休山容陸暢詩秋天木落見丨丨三分
徐凝詩天下丨丨明月夜二分無賴在揚州雪意蘇軾詩牛健民聲喜鴉嬌丨丨酣柔蓮
紅華山華山頂上有蓮華峰山頂上有池生千葉蓮華服之羽化因名華山白居易木蓮花詩花房膩
似紅蓮朵豔色鮮如紫壯丹點絮白世說謝太傅寒雪日內集白雪紛紛何所似兒子胡見
曰撒鹽空中差可擬兒女曰未若柳絮因風起杜甫詩輕輕柳絮點人衣徐鉉元日大雪登樓詩散飄白
絮惟分影輕綴青旂始見花地僻杜甫詩百年丨丨紫門迴五月江深草閣寒鴻印蘇軾
詩人生到處知何似好似飛丨踏雪泥張長史云用筆如丨泥劃沙貴藏鋒也天寒鶴鄭昂
林處士幽居詩歲饉無人供草把丨丨有丨守梅花鶴歸鄭谷詩絕頂神仙會半空鸞丨丨
竹邊王禹稱喜雪詩衣上惹來看不足丨丨聽處且移時料峭陸龜蒙詩襹褷滿地貝多雪丨

丨入樓梅外杜甫詩漢節丨丨花依稀劉禹錫詩南國
千閭風春城海水邊江山舊帝畿宋
臺粱館袁舍後漢書袁安傳安字邵公汝南南陽人
尚丨丨也時大雪丈餘洛陽令自出按行見人
家皆除雪出至袁門無有路謂巳死令人除雪入戶
見安僵卧問所以不出曰大雪人皆餓不宜干人令
以爲賢溼衣劉長卿詩細雨丨丨看青靄王維詩白
舉孝廉不見閒花落地聽無聲雲迴望合
丨丨入低處方于贈進士章碣詩何如且墨雲蘇軾
看無破望中葉未可便攀丨丨枝詩黑
雲翻墨未遮山白雙履南史謝靈運傳靈運尋山陟
甫跳珠亂入船嶺必造幽峻巖嶂數十重莫
不備盡登躡常着木屐上山則去其前齒下山游興
去其後齒劉長卿詩遂使康樂侯披棒着丨丨
宋兇答無住寄詩夏減節倚李洞題維摩場上人山
丨方丨丨秋添住嶽情房詩冷丨丨和雪丨丨朽櫟
帶雲落暉劉長卿詩回首登樓王粲丨丨賦丨丨茲丨
燒川長共丨丨以四望兮聊假日以

銷憂卜歲唐太宗咏雪詩表瑞佇豐年揮塵後錄楚俗遇元夕第三夜多以更闌時微行聽人語言

丨丨丨以丨一丨之通塞六出宋書符瑞志大明五年正月元日花雪降殿庭時右衛將軍謝莊下殿雪集衣還白上以爲瑞于是公卿并作花雪詩草木花多五出花獨丨丨是耶見上燕剪註

一日看遍長安花

孟郊登科後詩春風德意蹄疾丨丨丨丨丨丨丨

馬踏長安道人看及第花舉頭知近日到眼遍成霞

揭曉泥金報催春羯鼓撾青雲天幾尺紅雨路三叉

尸匝千重錦簾開十萬家衣香濃豔繞韉影夕陽斜

東野詩才麗西都樂事賒何如依

上苑後亘須光華

馬踏杜甫詩一朝被｜｜唇裂版齒無　及第花鄭谷詩女郎折得殷勤看道是春風｜｜｜

｜舉頭近日晋書明帝紀帝幼而聰哲爲元帝所寵異年數歲常坐置膝前屬長安使來因問帝曰汝謂日與長安孰遠對曰長安近不聞人從日邊來元帝異之明日宴羣僚又問之對曰日近元帝失色曰何乃異間者之言乎對曰舉目則見日不見長安　到眼曹鄴詩池塘靜于寺俗事不｜｜

成霞張融海賦雉翥｜｜鴻飛起雪　泥金報開天遺事新進士及第以｜｜書帖子附家書中用｜登科之喜　催羯鼓撾｜天寶遺事明皇｜｜｜｜花回視桃杏俱發上曰不喚我作天公可乎楊維楨詩春風喉人狂無那走寬南鄰｜｜｜多｜｜

青雲杜甫詩山瓶乳酒下｜｜　天尺辛氏三秦紀城南韋杜去｜｜五　紅雨

郭鈺詩折花林動飛丨丨洗硯池虛散紫霞**路三叉**蘇軾詩溪邊古丨丨丨獨立斜陽數

過人**戶匝**盧鴻一洞元室詩嵐氣肅兮巖翠沓空陰虛兮丨芳丨**千重錦**元稹詩橋映竹

丨丨李夢符詩洞桃深處千林丨**簾開**徐君蒨守歲詩丨丨風入帳燭盡炭成灰**十萬**

家迺賢詩弓刀夜月三千騎燈火秋風丨丨丨**衣香**村甫詩內府擎偏重官丨着更丨**濃**

艷楊澠海榴詩若許三英隨五馬便教丨丨闘繁紅**鞭影**陸游詩生憎快馬隨丨丨甯作廟人

記劍痕**夕陽斜**錢起詩丹鳳城頭噪晚鴉行人馬首丨丨丨**東野**唐書孟郊傳郊字丨丨

丨**才麗**文心雕龍魏之三祖氣爽丨丨宰割詞調音靡節平**西都**西都賦漢之丨丨在於雍

州實惟長安**樂事**孫綽詩相鄰兩丨丨獨使我殷勤**上苑**王維詩閣道回看丨丨花**復**

旦光華虞舜卿雲歌

劉郎不敢題糕字

卲氏聞見錄劉夢得作九日詩欲用餻字以五經中無之輟不復爲宋子京以爲不然故九日食餻有咏云颼館霜風拂曙袍糗餈花飲鬬分曹||||||空負詩中一世豪

竟闕劉郎筆難題九日糕衹緣貧一字不敢鬬分曹餱餌稽周禮粻餭注楚騷茶經同笑唾菊節枉吟陶詩膽唾先怯文心負老饕青餐知味美紅杏讓名高句記尚書妙人輸夢得豪棗香來歲熟柳汗紫宮袍閣筆魏志王粲傳注粲才既高辯論應機鍾繇王朗等雖名爲魏卿相至於朝廷奏議皆|||而不能措手貧一字文心雕龍善爲文者富於萬篇而貧於一字鬬分曹見題餻註

餌 周禮籩人羞籩之實丨丨粉餈
餦餭 方言餳謂之丨丨
楚騷 蘇軾次韻張安道詩張爲詞賦客變作丨臣丨
茶經 陸羽茶經一卷
菊節 陶 王維詩方同丨花丨相待洛陽扉周子愛蓮說晉陶淵明獨愛菊
詩膽怯 劉義詩酒腸寬似海丨丨大于天宋史沈晦傳趙鼎稱晦議論激昂帝曰晦誠可嘉然朕知其人言甚壯膽志頗丨更觀臨事能副所言與否
文心 南史劉勰傳勰撰丨丨雕龍五十篇論古今文體
老饕 蘇軾丨丨賦蓋聚物之天美以養吾之丨丨
青餈 陸游詩丨丨旋擣作寒食白葛預裁充暑衣
味美 庾信溫陽碑其色變者流爲五雲之桀其丨丨者結爲三危之露
紅杏 高蟾詩天上碧桃和露種日邊丨丨倚雲栽
名高 沈東美詩興逸潘仁賦丨丨謝眺篇
尚書 柳宗元柳筆詩丨丨舊用裁天詔
棗香 三峯集李固言末第時行古柳下聞有彈指聲曰我柳神九烈君已用柳斗染於衣矣果得藍袍當以丨餻祀我王訓詩

散黃分黛色來歲熟禮記以待||之宜易柳汁染
薰衣雜東|林年豐||政仁民樂
見上東饌宮袍張翥詩請君留束錦|
註|待看揮毫玉堂上

潤物細無聲

杜甫春日喜雨詩隨風
潛入夜||||||

繪出無聲雨吟成有色春潤疑含寶露細擬灑珠塵
風歇雛窗靜泥融燕國新點衣看不見隔幔聽難真
膏密雲全濕絲輕散漸勻響停深巷屐夢穩小樓人
剪韭曾侵暮評花待向晨屢豐紓
帝念尺澤總依旬

有色陶潛詩秋菊丨佳丨寶露拾遺記堯以丨丨賜羣臣珠塵拾撦記憑霄雀游丹海之際
銜青砂珠積成隴阜其珠輕細風吹如塵起名曰丨丨風歇李白游泰山詩夜靜松丨丨雞
窗幽冥錄宋處宗買一長名丨愛養甚至常置丨間雞後作人語與處宗談論極有元致丨泥融
杜甫詩丨丨飛燕子燕國龐鑄詩丨子之丨宓何許一雙燕子能飛來點衣看不見
陸游詩鳩語還催雨丨丨劉長卿詩細雨濕衣丨丨丨隔幔杜甫詩隨風丨丨小帶雨傍林微
聽真古詩識曲丨其丨膏密唐明皇詩丨雨自依旬張協雜詩丨雨如散絲霑
濕宋僧人志南詩丨衣欲丨杏花雨絲輕散見上膏密注黃庚詩江上釣絲輕深巷
屐范成大詩雨聲和丨丨丨丨風力到短驚燈夢穩尹亭高耕雲卽事詩丨丨疑宵短心閒覺
晝長小樓陸游詩丨丨一夜聽春雨剪韭杜甫詩夜雨丨春丨評花捫蝨新語予與林邦

翰論詩因謂樂天白似茉莉花王勃句似含笑花李長吉桃花亂落如紅雨似薝蔔花而王荆公以爲總不如晥落涼沈杏花雨乃似闍提花邦翰撫掌曰吾子此論不獨爲詩丨乃丨譜也

向晨詩小雅

屢豐詩周頌

帝念書大禹謨

尺澤管子如天雨然澤下尺生上尺註澤從上降潤有一尺則苗從下生上引一尺比君恩之及民也

依旬見上膏密註

謙受益書經

易教通書教讀垂夏史嚴集虛堪受益養福在撝謙
有大情胥見無方蘊共覘讓推三善得吉許六爻古
弗過窺天槖如恒悟月隱山塵猶待積海水未妨添

拜想重階肅詢同四岳僉冲和欽

聖學

惠德荷同沾

易教　書教禮雜記集虛莊子進道丨丨者心齋也養福後漢書周盤傳贊周

能感親齋神丨丨有大書君陳情見易咸卦無方禮檀弓讓三善禮記

吉六爻易謙封天橐管子丨丨地萬物之丨丨也如恒月匳詩如月之恒楊

維楨香匳入詠有丨丨勻面詩山塵張華勵志詩丨不讓丨川不辭盈海水添

李白詩丨丨照秋月趙師俠詞甫過丨痕丨拜肅　重階魏孝文帝紀養老於明堂行拜

肅之禮李迴秀詩重階清漢接飛甍紫霄懸詢四岳書舜典冲和晉書禮志六宗者太

極丨丨之氣爲六氣之宗者也聖學玉海學之一字高宗傳說始言之開萬世丨丨之源惠德易萃卦

大觀亭懷古

按大觀亭在安徽城外祀余忠宣公其雄壯甲于皖江

莫謂蓬萊小江亭拓大觀此邦饒勝迹有客倚高欄帆影當窗近濤聲入夏寒長風天浩浩夕照水漫漫鵠岸胸懷遠龍山眼界寬九華添壯麗八卦鎮平安皖伯臺基在余公墓碣殘縱川波上下歸棹數青巒

蓬萊山海經丨丨山在海中江亭按和州東北唐李德裕有項王亭賦寰宇記即烏丨丨長

艤船處又池州府望｜｜在貴池縣南齊山之嶺**此邦**詩｜｜之人**勝迹**孟浩然詩江山
留｜｜我輩復登臨**有客**詩｜｜｜｜｜**倚高欄**趙嘏詩｜欄香氣晚深元帝詩｜｜
來蕙氣**帆影**米芾望海樓詩三峽江聲流筆底一朝｜｜落樽前**當窗**謝靈運詩羣木
既羅戶衆山亦｜｜**濤聲**吳錄魏文帝至廣陵臨江觀兵見波濤洶湧歎曰固天所以隔南北也皮
日休詩脚底龍蛇氣頭土波｜｜**入夏**韋莊詩江村｜｜多雷雨**長風**晉書宗慤傳叔父問
所志慤曰願乘｜｜破萬里浪**天浩浩**禮記浩浩其｜符載土洑鎮保寧記大江｜｜橫柱其下
夕照韋莊詩珞岸秋晴｜｜長**水漫漫**劉長卿詩春山無限｜｜｜**鵲岸**左傳吳人
敗諸｜｜注廬江舒縣有鵲尾渚**胸懷遠**郭璞詩妙氣盈｜｜張九齡詩｜懷不我同孤興與
誰遺**龍山**梭｜｜在池州府南晉書孟嘉傳九月九日桓溫燕｜｜寮佐畢集時佐吏並著戎服有

風至吹嘉帽墮落嘉不之覺溫使令右勿言欲觀其舉止嘉良久如廁溫令取還之令孫咸作文嘲嘉著嘉坐處嘉還見即答之其文甚美四坐嗟嘆

眼界寬

黃庚詩江上支節｜｜｜及陽影裏木雲卷

九華

李白｜｜山聯句詩序青陽孫南有九子山高數千丈上有九峯如蓮花予乃削其舊號加以｜｜之目劉禹錫｜｜山詩序｜｜山在池州九峯競秀神采奇異予昔仰太華以爲此外無奇愛女几荆山以爲此外無秀及今見｜｜始悼前言之容易也

壯麗

梁簡文帝南郊頌山池｜｜階閣形丹

八卦

拾遺記禹鑿龍門至一空巖見一神蛇身人面禹因與語神即示禹｜｜之圖列于金板之上按龍門山在太平西山麓幽深產異藥

平安

杜甫詩汝烽來不近日日報｜｜皖

伯臺基

按｜｜｜在灊山縣以周大夫封皖伯而名許渾詩年年芳草上臺｜

余公墓

明統志元末余闕死節賊義之求其屍清水塘中葬此闕字廷心廬州人封豳國公諡忠宣按｜｜｜在

懷寧府樅川漢書武帝紀元封五年自尋陽浮江薄
西門外樅川樅楊而出作樅陽之歌寰宇記樅陽故
城在桐城歸棹王勃詩去驂嘶別吉盡七命陵黃岑
東南百里歸棹路||隱寒洲吉虛挂||

寸莛撞鐘

說苑子路曰建天下之鳴鐘撞之以莛豈
能發其聲音哉韓愈詩有如||||巨|

鉢笑催詩擊鐘殊善問撞無多莛寸寸不動紐雙雙
小草山頻出強臺鼎獨打持來輸鐵戰敲處負金擬
修口洪音闊初心遠志降春三蘇暖日夜半鎖寒江
梗斷陰同惜蒲牢意詎慳鏗鯨期大扣鳴
盛達中邦

本鉢催詩擊陳師道詩登高能賦屬吾儕不用傳杯擊鉢催杜甫詩片雲頭上黑應是雨催
詩鐘善問撞禮記善待問者如撞鐘無多蘇試詩新聞妙ㅣㅣ寸寸杜甫詩烏
几重重縛鶉衣ㅣㅣ針紐韓愈石鼓歌金繩鐵索鎖ㅣ壯古鼎躍水龍騰梭雙李白詩鶴
來遊嵩獄羽客何ㅣㅣ小草山出世說謝公始有東山之志後就桓公司馬時人有餉
桓公藥草中有遠志公取以問謝此藥又名小草何一物而有二稱時郝隆在坐應聲答曰此甚易解處
則為遠志出則為小草謝有愧色杜甫詩出山泉水濁强臺戰國策楚王登ㅣㅣ而望京山左江
右湖以臨彷徨鼎扛陸機百年歌三十時行成名立有才合間力可扛鼎志干雲
持鐵蘇軾聚星堂雪詩當時號令君記取白戰不許持寸鐵敲金摐姚合詩清韻似
ㅣㅣ張甫詩霜鐘動衣ㅣ侈口韓詩外傳鳥之美羽勾喙者鳥畏之魚之ㅣㅣ垂腴者魚畏之人之

利口瞻辭者人畏之洪音閎世說龎士元目若不叩丨鐘伐雷鼓則不識其丨響也獨孤受荆鐘
無聲賦逗撓獸之硎以中開使發鯨之聲而靜丨初心吳融詩烟霄慚暮齒麋鹿愧丨丨遠
覓上小草注春三蘇孟郊遊子吟誰言寸草心報得三春暉劉因詩小甫新晴草色蘇暖
褚亮詩蘭徑香風滿梅梁丨丨丨斜夜半張繼詩月落烏啼霜滿天江楓漁火對愁眠姑蘇城外寒
山寺丨丨鐘聲到客船寒江杜甫詩丨丨動碧虛梗斷朱松答人留別詩那知臨水碧山處
同寄飛蓬斷梗中陰惜晉書陶侃傳當語人曰大禹聖者乃惜寸丨至于衆人當丨分陰蒲
牢東都賦發鯨魚鏗華鐘注海中有大魚曰鯨又有獸名丨丨丨丨素畏鯨鯨魚擊丨丨輒大鳴凡鐘
欲合聲大者作丨丨丨於上所以撞之者爲鯨魚鏗鯨見上蒲牢注大扣禮記叩之以小者則
小鳴叩之以大者則大鳴撥扣與叩同鳴盛韓愈送孟東野序抑不知天將和其聲而使丨國家

之一中和書經成
耶一中尹賦一則

遂園試帖目錄

皖湖趙昀岵存著　甘泉王祿書硯　耘註釋

蘇武寄李陵書　李陵答蘇武書

王鉤斜　夜半無人私語時

梁夫人抗疏劾韓世忠失機

半閒堂鬬蟋蟀　女嬃碪石

木蘭還鄉　易水送別

安得猛士守四方　書思對命

鑄鼎象物　及瓜而代

含情欲說宮中事 瓜戰
新荷葉小柳絲長 寒葉雨聲多
綠樹陰濃夏日長 商人重利輕別離
莫道不如宮裏時 蘆花風起夜潮來
月明滿地水 立馬危橋獨喚船

遂園試帖輯註

皖湖趙昀岵存著　甘泉王祿書硯耘註釋
儀徵嚴玉輝韞初
儀徵張寶恩石生
儀徵張兆蘭畹九

蘇武寄李陵書

漢李陵李廣之孫字少卿天漢二年將步卒五千人出塞與單于連戰力屈乃降時蘇武在匈奴相見武得歸因寄書與陵今歸漢陵作書以答之按漢書內不載寄書仿儲本有重陽日得武書事

甘下穹廬拜將軍爾盡歸河梁千里別沙磧十年非

月窟何堪久天驕未可依君恩原不薄祖武况如飛
笳吹聲難聽刀環願莫違夢回胡地月淚灑漢家衣
麟閣羝羊乳燕山牧馬肥玉關如再叩應識舊旌旂
下穹廬拜漢書蘇武傳於靬王賜武畜服匿穹廬注穹廬氊帳左傳王使宰孔賜齊侯胙齊侯將下拜孔曰天子以伯舅耋老加勞賜一級無下拜將軍吳語十旌一｜｜載常建鼓挾經秉抱
盡歸漢書李陵置酒賀武曰今足下歸還孟子｜｜平來河梁李陵與蘇武詩攜手上｜｜遊
子暮何之千里月賦美人邁兮音塵絶隔｜｜兮共明月沙磧郡國志伊州鐵勤國多｜｜
月窟梁簡文帝大法頌西踰｜｜東漸扶桑張九齡詩自然來｜｜何用刺樓蘭天驕漢書
匈奴傳單于遣使遺漢書云南有大漢北有強胡胡者天之｜子也君恩漢書誰欲報恩將安歸詩

天子萬年疏臣蒙丨丨無以報答**祖武**詩大雅昭茲來許繩其丨丨**笳吹**劉孝威詩櫪馬
悲丨丨城烏啼塞寒**刀環**漢書李陵傳昭帝立霍光上官桀遣陵故人任立政等三人俱至匈奴招
陵單于置酒賜漢使者李陵衛律等皆侍坐立政等未得私語即目視陵而數數自循其丨丨握其足陰
諭之言可還歸漢也**莫違**杜甫詩傳語風光共流轉暫時相賞丨相丨**夢回**李中詩頭愁別
後相思處月入開窗遠丨丨**胡地月**漢書時漢連伐胡數遍使窺觀又匈奴傳單于舉事常隨
月盛壯以攻戰月虧則退兵**淚灑**梁書武帝紀高祖丁文皇帝憂銷毀骨立不復嘗米掃山陵涕
丨所丨松草變色**漢家**駱賓王帝京篇秦塞重關一百二丨丨離宮三十六**麟閣**漢書蘇武
傳上思股肱之臣圖畫其人於麒丨丨**羝羊乳**漢書蘇武傳匈奴徙武北海上無人處使牧羝
羝乳乃得歸武杖漢節牧羊卧起操持節旄盡落**燕山**甘州刪丹縣有焉支山匈奴失之乃歌曰

失我焉支山使我婦女無顏色說者曰焉支閼氏也今之燕脂也此山産紅藍可爲燕脂而閼氏資以爲飾故失之則婦女無顏色或然也

牧馬肥 李益塞下曲燕歌未斷塞鴻飛丨丨羣嘶邊草綠史記匈奴傳秋馬丨大會蹛林

玉關 叩 漢書西域傳漢軍正任文將兵屯丨門丨爲貳師後距蘇軾詩門前剝啄誰丨門

旌旂 漢書李陵傳陵曰公止吾不死非壯士也於是盡斬丨丨

李陵答蘇武書

見上蘇武寄李陵書題註

萬里俘囚悵恖恖寄子卿邊聲羈客淚落日故人情骨肉中原盡功名絕域傾漢廷三尺重臣命一毛輕本謂恩能報何圖怨已成縱甘文吏獄忍見受降城

異地論榮辱胡天訣死生願君與屬國莫更請長纓

萬里後漢書竇融傳璽書既至河西咸驚以爲天子明見｜｜之外**俘囚**唐書儀衛志太常卿䟽請奏凱樂樂闋太常卿跪奏樂畢兵部尚書太常卿退樂工立於旌門外引俘馘入獻及稱賀｜｜出乃退**悤悤**杜甫詩相逢惟衮衮告別莫｜｜**子卿**漢書蘇武傳武字｜｜**邊聲**李陵答蘇武書｜｜四起晨坐聽之不覺淚下**羈客淚**異苑西河有鐘在水中晦朔輒鳴聲響悽激｜｜聞而悽愴沈約詩孤雁夜南飛客｜夜沾衣**落日故人情**李白送友人詩浮雲遊子意｜｜｜｜｜**骨肉**蘇武詩｜｜緣枝葉結交亦相因**中原**詩小雅瞻彼｜｜祁祁孔有**功名**漢書蘇武傳李陵置酒賀武曰今足下還歸揚名於匈奴功顯於漢室**絕域**本書昔先帝授陵步卒五千出征｜｜**三尺**史記高祖紀高祖曰吾以布衣提｜｜劍取天下此非天命乎**臣**

後漢書董卓傳靈帝拜卓爲并州牧卓上書言曰命天恩誤加掌戎士卒戀臣畜養之恩爲｜奮一旦之｜乞將之北州效力邊陲

一毛輕 廣絕交論莫肯費其半菽罕有落其｜｜司馬遷報任少卿書人固有一死死或重於泰山或｜於鴻｜用之所趣異也

恩報 漢書蘇武傳雖欲｜｜將安歸

何圖怨已成 本書｜｜志未立而｜｜｜

文吏獄 漢書宣帝紀元康二年詔曰獄者萬民之命所以禁暴止邪養育羣生也能使生者不怨死者不恨則可謂文吏矣

受降城 史記匈奴傳漢使貳師將軍廣利西伐大宛而令因杅將軍敖築｜｜｜

異地 李咸用詩故人不見五春風｜｜相逢獄影中

榮辱 本書子歸受｜我留受｜命也何如

胡天 岑參詩｜｜八月即飛雪

死生 本書生爲別世之人死爲異域之鬼長與足下生死辭矣

典屬國 漢書蘇武傳武已元始六年春至京師詔武奉一太牢謁武帝園廟拜爲｜｜｜

請長纓 漢書終軍傳軍自｜願受

丨丨必覊南越王而致之闕下李陵與蘇武詩臨河濯丨丨念子悵悠悠

玉鉤斜 桂苑叢談咸通中李尉鎮彭城於戲馬臺連丨丨丨道開創池沼構葺亭臺名之日賞心陳無已詩話廣陵亦有戲馬臺下路號丨丨丨

鉤樣揚州月香魂照此中舊時埋玉地淒絕問隋宮鏡影千年恨簫聲一曲終血沈芳杜碧淚濺野棠紅廿四橋頭渺三千殿腳空瓊花輸劫火楊柳自春風歌舞平蕪換山河宿草同箇儂如不昧愁對古吳公

揚州月 徐凝詩天下三分明月夜二分無賴在丨丨 香魂 李商隱詩一自丨丨招不得祇

應江上獨嬋娟**舊時**後漢書東平憲王傳閶璽衛士於南宮因閱視丨衣服**埋玉**晉書庾亮

傳亮將葬何充會之歎曰丨丨樹于土中使人情何能已**凄絕**馮鼎位詞長亭丨丨去歲傷秋會送

客**隋宮**羅隱詩樹遠連天水接室幾年行樂舊丨丨**鏡影**拾遺記周靈王有韓房者自渠

胥國來獻玉駝高五尺火齊鏡廣三尺闇中視物如晝向鏡語則丨中丨應聲而答**千年**拾遺記丹

邱丨丨一燒黃河丨丨一清至聖之君以為大瑞**簫聲**杜牧寄揚州韓判官詩二十四橋明月夜

玉人何處教吹簫李白詞丨丨咽秦娥夢斷秦樓月**一曲終**詩魏風彼汾丨丨言采其藚錢起詩

曲終人不見江上數峯青**芳杜**北山移文豈可使丨丨厚顏薜荔無恥**淚濺**杜甫詩感時花

丨丨恨別鳥驚心**野棠紅**沈約詩丨丨開未落山櫻發欲然羣芳譜秋海棠一名八月春草木

花色粉丨葉緑如翠羽**廿四橋頭**丨丨丨丨見上簫聲註崔顥詩妻年初二八家住洛丨丨

三千丨書予有臣丨殿開河記煬帝詔造大船泛江
丨惟一心腳沿淮而下於是吳越間取民
間女年十五六歲者五百人謂之丨丨女每船用綵
纜十條每條用丨丨女十人嫩羊十口令丨丨女與
羊相間而　一統志丨丨臺在揚劫火元稹詩燒
行牽之瓊花州府城東蕃釐觀內畬丨丨焚
楊柳大業拾遺記煬帝初開邗溝入江歌舞杜牧詩
渠四十步旁築御道樹以丨丨　誰知竹
西路歌吹是揚州吳融詩姑蘇丨丨平蕪高適詩舊燕當
碧甍十萬戶中有樓臺與丨丨　絕漠全趙對丨
丨山河史記項羽紀關中阻丨丨丨宿草李商隱隋宮
四塞地肥饒可都以霸　詩於今腐丨
無螢火顏延之詩青苔箇儂隋煬帝詩丨丨不睬宋
蕪石路丨丨塵蓬門　無賴是橫波　史
樂章干載丨丨愁對杜甫詩孤城此日堪腸
丨禍此八羣斷丨丨寒雲雪滿山
夜半無人私語時得生字

白居易長恨歌七月七日
長生殿｜｜｜｜｜｜｜

祇許雙星見夏宵起結盟爲求花並蒂同住殿長生
風露全忘冷入天兩不驚癡心圖世世附耳訴輕輕
化石期如願斜河鑒此情君王低囑咐牛女聽分明
漏轉燈無焰釵垂玉有聲後宮爭乞巧瓜果尚縱橫

雙星沈佺期詩｜｜移夏宵李嶠詩甲第驅車結盟
舊石孤月隐殘灰入｜｜｜秉燭遊
徐禎卿詩西來爲訪㬅花並蒂蓀山卿採蓮曲寨｜
仙跡並與禪家｜晚｜憐｜｜拾子愛同心
殿長生見題風露冷蒲道源芙蓉詩露涼風冷入天
註見温兼誰挽春還九月秋
晉書陸雲傳帝堯昭煥而道協不驚晉書張駿傳駿
｜｜西伯質文而周隆二代建興四年封霸

城侯初駿之任也姑藏諺曰鴻從南來雀丨丨誰謂孤雛尾翅生高舉六翮鳳凰鳴**世世**自民易詩

一村唯兩姓丨丨爲婚姻**附耳**漢書韓信傳張良陳平伏後躡漢王足因丨丨語曰漢方不利甯能

禁信自王平**輕輕**劉向上閔尹子使人冷冷丨丨不使人狂**化石**幽明錄武昌北山上有望

夫石狀若人立古傳云昔有貞婦其夫從役遠赴國難餞送此山立望夫而化爲立丨因名焉**如願**

范成大詩萬事安能盡丨丨且來相伴壓糟牀**斜河**謝莊文行光既宴長河又斜**君王**錢起

詩誰念昭陽夜歌舞丨丨王輦正淹留**牛女**王僧孺詩胍胍如丨丨何由得一語**分明**王灣

詩絃多弄委曲桂哫語丨丨**漏轉**寶輦漏賦暗暗陰陰濃氣鬱沈轉冬漏於寒林**燈無焰**

元稹聞樂天授江州司馬詩殘丨丨丨影幢幢此夕聞君謫九江**釵垂玉聲**韓偓詩髻

根鬆慢玉丨丨又羅帳四垂紅燭背丨釵敲著枕函丨**乞巧**荊楚歲時記七月七日牽牛織女會

天河人家婦女結綵縷穿七孔針陳瓜果於庭中以||有蟢子網於瓜上則以爲符應瓜果見上

註縱橫魏文帝詩天漢迴西流三五正||

梁夫人抗疏劾韓世忠失機

宋羅大經鶴林玉露蘄王邀兀朮於黄天蕩幾成擒矣一夕鑿河遁去梁夫人奏疏言世忠失機縱敵乞加罪責舉朝爲之動色其明智英偉如此

大義明巾幗軍威伉儷中援抱名將事請劍直臣風
正色論三尺傷心爲兩宮朝廷無紀律夫婿失英雄
事業與龍望姻緣卧虎空動容驚列帥忍淚對元戎
情本齊眉篤形偏反目同大儀收晚蓋第一奏膚功

大義左傳狐偃言於晉侯曰求諸侯莫如勤王諸侯信之且｜｜也

巾幗史記韓世忠傳將士有怯戰者世忠遺以｜｜設樂大宴俾婦人粧以恥之

軍威班固銘巖巖將軍帶武佩｜

伉儷左傳晉少姜卒公如晉及河晉侯使士文伯來辭曰非｜｜也請君無辱

援抱史記韓世忠傳梁夫人親執枹鼓金兵終不得渡盡歸所掠左傳靡笄之役張侯左並轡右｜｜而鼓

名將史記李將軍傳武帝立左右以為廣｜｜也於是廣以上郡太守為未央衛尉

請劍

直臣韓非子楚之有直躬其父攘羊而謁之吏令尹曰殺之以為直於君而曲於父以是觀之夫君之｜｜父之暴子也

正色晉書傅休奕傳論抗辭｜｜補闕彌違

三尺史記高祖紀高祖曰吾以布衣提｜｜劍取天下此非天命乎

傷心司馬遷報任少卿書悲莫痛於｜｜

兩宮史記韓世忠傳世忠曰還我｜｜復我疆土則可以相全

朝廷禮記｜｜之美濟濟翔翔

紀律左傳百官於是

乎戒懼而不敢易丨丨
夫壻 庾信結客少年場行今年喜丨丨新拜羽林郎
英雄 魏志太祖謂劉備曰天下丨丨惟使君與操耳
事業 易舉而措之天下之民謂之丨丨
興龍 宋史哲宗紀熙寧九年十二月七日生於宮中赤光照室及即位羣臣請以是日爲丨丨節
姻緣 史記田叔傳田仁與故任安相善安少孤貧因爲人將車之長安留求事爲小吏未有丨丨也
臥虎 魏書李崇傳沈深有將畧寛厚善御衆在州凡經十年常養壯士数千人寇賊侵邊所向摧破號曰丨丨
動容 孟子丨丨周旋中禮者盛德之至也
忍淚 杜甫送郭中丞詩漸衰那此別丨丨獨含情
元戎 詩小雅丨丨十乘以先啟行
齊眉 漢書梁鴻傳鴻妻孟光每饋食舉案丨丨
反目 易夫妻丨丨不能正室也
大儀 宋史韓世忠傳世忠受詔感泣曰主憂如此臣子何以生爲遂自鎮江濟師俾統制解元守高郵候金步卒親提騎兵駐丨丨當敵
第一 漢書蕭何傳列侯畢已受封奏位次皆曰

平陽侯曹参功最多宜ㄧㄧ關内侯鄂千秋進曰羣
臣議皆誤蕭何當ㄧㄧ曹参次之於是乃令何ㄧㄧ

膚功詩以奏ㄧㄧ毛傳膚大公功也

半閒堂鬬蟋蟀齊東野語賈師憲當國日卧治湖山作堂曰半閒宋史賈似道傳嘗與羣妾踞地鬬蟋蟀所狎客入戲之曰此軍國重事邪

烽火徧天忙王孫鬬一堂喧呼諸女侍閒煞老平章
風鶴軍書警沙蟲敗壘荒雄心爭尺宇將畧擅閨房
中國全輪局西湖小戰場夫征驚婦子兒戲泣君王
銀燭笙歌沸金籠笑語香夜深江北望憐血照襄陽

烽火史記周紀褒姒不好笑幽王爲烽大鼓有寇王
至則舉丨丨諸侯悉至至而無寇褒姒大笑
陸機詩疏蟋蟀吳澄詩懸知萬里只如喧呼
孫楚人謂之丨丨一堂此孤坐丨丨還可人
杜甫詩太守唐書禮樂志皇后春吉巳享先蠶
庭內不丨丨女侍遂以親桑前享一日金吾奏請外
命婦等應集壇所者聽夜行其應采桑者唐書
者四人各有丨丨者進筐鉤載之而行平章百官
志貞觀八年僕射李靖以疾辭位詔疾小瘳三兩日
一至中書門下丨丨事而丨丨事之名蓋起於此
風鶴晉書謝元敗苻堅於肥水餘衆宵雲譽漢書息
遁聞丨丨聲丨淚皆謂王師已至夫躬傳
丨丨交馳而輻輳羽檄重跡而狎至楊憶論靈
州事宜狀朝廷無時食之憂疆埸無羽書之丨沙蟲
抱朴子周穆王南征久而不歸一雄心後漢書孔融
軍皆化君子爲猿鶴小人爲丨丨得論文舉之
高志直情其足以詩豳風八月在將略孫逖授
動義懟而忤丨丨戶宇宇九月在戶馬元慶

河西節度副使制名重武臣才優丨丨

閨房 漢書張敞傳敞為婦畫眉長安中傳張京兆眉憮有司以奏上問之對曰臣聞丨丨之內夫婦之私有過於畫眉者上愛其能弗責也

中國 詩大雅惠此丨丨以綏四方

輸局 虬髯傳劉文靜迎文皇看棋道士對奕虬髯與李靖旁立文皇來長揖而坐道士一見慘然下棊子曰此局輸矣出謂虬髯曰此非公世界也

西湖 唐書地理志湖州長城縣有丨丨溉田三千頃

戰場 戰國策綴甲厲兵効勝於丨丨

夫征 易丨丨不復婦孕不育

婦子 易家人嗃嗃丨丨嘻嘻

兒戲 史記絳侯世家文帝曰曩者霸上棘門軍若丨丨耳其將固可襲而虜也至於亞夫可得而犯耶

君王 詩小雅朱芾斯皇室家丨丨

銀燭 鮑照芙蓉賦潤蓬山之瓊膏輝葱河之丨丨

笙歌沸 江淹麗色賦丨丨晚右琴舞池東僧貫休詩樓臺于萬戶錦繡龍歌丨丨

金龍 江總詩春鸚徙有賦笑還在丨丨

笑語香 秦觀詩花氣侵人丨

丨丨夜深杜甫詩丨丨殿突江北宋史賈似道傳似道
兀風動金琅璫亦與虎臣以單舸奔
揚州明日兵敗蔽江而下似道使人登岸揚旗招燐
之皆不至宋之問詩鄉連丨丨樹雲斷日南天
淮南子記論訓老宋史賈似道傳帝令十日
血槐生火又血爲丨襄陽一入朝時丨丨圍已急似
道日望葛嶺起樓閣亭榭取宮人宋史賈似道
娼尼有美色者爲妾日淫樂其中平章傳除太師丨
丨軍國泣宋史賈似道傳五年復
重事稱疾求去帝丨涕留之

女嬃碪石

荊州記秭歸縣有屈原
宅女嬃廟擣衣石猶存

片石留千古嬋媛不可尋至今女嬃廟　日暮尚聞碪
憶弟淸如擣懷沙抱不沈憂深嫠婦緯敲碎逐臣心

調激含騷韻聲酸雜詈音芰荷入沐浴薜荔兔衣襟
香草春常掩長江澣最深姊歸歸也未秋雨屆田陰
片石李白詩君不見晉朝羊公一｜｜龜頭剝落生莓苔千古蘇頭夷齊四皓優劣論激一時
流譽嬋媛楚詞女嬃之｜｜不可尋韻府摘句自劇
｜｜女嬃兮申申其詈予黃精｜｜｜｜
女須廟見題註日暮左傳｜云｜矣寡君須矣聞碪許渾詩江村平見寺山郭遠｜
｜憶弟騷離註女須屈原姊也杜甫詩｜｜看雲白日眠如擣詩小雅我心憂傷惄焉｜
｜懷沙史記屈原傳上官大夫短屈原于頃襄王王怒而遷之乃作｜｜之賦不沉江淹
琴賦戲鶴聞應舞遊魚聽｜｜憂深五等諸侯論利博則恩篤樂遠則｜｜嫠姊緯蔡邕
瞽師賦何此聲之悲痛愴然涙以隱惻類離鵾之孤
鳴起｜｜之哀泣左傳昭二十四年｜｜恤其｜

敲碎皮日休詩丨丨一逐臣史記屈原傳屈原一名
輪月鎔銷半段天平字靈均楚之公族爲
三閭大夫事楚懷王忠諫而不用上官大夫靳尚如
其能譖毀之因放流江南宋之問詩扎極懷明主南
濵作騷韻僧皎然詩怨觀風聲酸王勃鷰賦丨丨芰
丨丨丨丨會我夙昔情夕露影怨秋風
荷離騷製丨丨以爲衣沐浴屈原漁父辭吾聞之所
兮集芙蓉以爲裳丨者必彈冠新丨者必
根薜荔鬼衣襟離騷若有人兮山之阿被丨丨兮帶
衣女蘿註有人謂山丨也林景熙詩聽
暴寒生薜荔丨杜甫詩木香草蘇軾詩莫遺詩人譏
辭漆霧再接上遇丨丨功過且隨丨丨附騷
經春徸禮記大夫不揜羣疏國君春田不圍則長江
天子春國大夫春不掩則國君丨丨也
援水經注江水東過姊歸縣瀨深張龍榮詞西湖深
之南李白詩丨丨萬里清處能瀨晴雲片片
秭歸水經注袁山松曰屈原有賢姊聞原放逐亦來
歸喻令自寬全鄉人冀其見從因名曰丨丨

歸棊 郭鈺四時詞爲問王孫丨丨丨玉梅開到北枝花 秋雨 岑參詩渭上丨丨過北風何騷騷 屈田 水經注姊歸縣東北數十里有屈原舊田宅雖畦堰縻漫猶保丨丨之稱也

木蘭還鄉

劉何列女傳木蘭代父征戍十二年而歸不受爵木蘭詞願馳明駝千里足送兒還故鄉

捷報黑山圍明駝萬里歸新妝驚火伴故徑款荊扉

粉黛開奩鏡風塵解鐵衣白頭雙老在青鬢十年非

羅帶量腰瘦蠻鞾拓幞肥燈前喧弟妹夢裏識旌旂

戰血鳴長劍雄心理舊機黃河岸頭月今夜照香幃

捷報 杜牧少年行丨丨雲臺賀公卿拜壽巵 黑山 丨丨蘇晉丞相賜宴序寢之析包青海之

戈雲雨賢才水火菽粟

明駝 見題註

萬里 木蘭詞｜｜赴戎機關山度若飛

新妝 木蘭詞當戶理紅妝王訓舞詩｜｜本絕世妙舞亦如仙

驚火伴 木蘭詞出門看火伴火伴始驚惶

故徑 平泉山居記首陽孤岑尚有薇蕨山陽舊徑惟餘竹林

荊扉 陶潛詩白日掩｜｜虛室絕塵想

粉黛 隋書高祖紀盛｜｜而執干戈曳羅綺而呼警蹕

開奩鏡 木蘭詞對鏡帖花黃沈約攜手曲聯簪映秋水開鏡比新妝粲簡文帝詩｜｜迷朝色縱纖脆故絲

風塵 杜甫詩驊騮開道路鷹隼出｜｜

解鐵衣 韓維詩｜衣塵慮清木蘭詞寒光照｜｜

白頭雙

老 木蘭詞朝辭爺孃去暮宿黃河邊史記鄒陽傳諺日白頭如新傾蓋如故何則知與不知也孟子二老者天下之大老也而歸之是天下之父歸之也

青鬢 木蘭詞當窗理雲鬢許渾詩綠蛾｜｜醉橫塘

十年非 木蘭詞將軍百戰死壯士｜｜歸蘇軾到黃州謝表疏食沒齒杜門思愆深悟積年

之丨永爲多士之戒羅帶李德林詩微風動丨丨薄汗染紅妝腰瘦王十朋詩丨丨難勝帶十圍舒元興詩便脫鑾韡丨丨出絳帷燈前趙振詩今日相逢朗吟罷滿城砧杵一丨丨弟妹木蘭詩阿姊聞妹來當戶理紅妝小弟聞姊來磨刀霍霍向豬羊夢裏張九齡詩所思如丨丨相望在庭中旌旂爾雅丨丨疏丨丨凡旂之總稱戰血杜甫詩丨丨流依舊軍書動至今長劍班彪北征賦撫丨丨而慨息兮泣連落而沾衣雄心宋高宗詩平生丨武丨覓鏡朱顏在理舊機木蘭詞木蘭當戶織不聞機杼聲惟聞女歎息黃河岸頭亦木蘭詞不聞爺孃喚女聲但聞丨丨流水鳴濺濺孟郊詩策馬丨丨岸白居易詩西湖石丨丨今夜庾信夜聽擣衣詩丨丨長門月應如晝日明香幃李商隱詩松篁臺殿蕙丨丨龍護瑤窗鳳掩屏

易水送別

戰國策燕太子丹質於秦亡歸見秦且滅六國兵已臨易水太子患之荆軻見太子太子避席頓首曰誠得劫秦王使悉反諸侯之侵地若曹洙之與齊桓公則大善矣若不可因而刺殺之此燕之上願惟荆卿留意焉荆卿許諾於是尊爲上卿久之秦將略地至燕南界太子恐懼乃請荆卿曰秦兵旦暮渡易水則雖欲長侍足下豈可得哉荆卿曰微太子言臣願得謁之今行而無信則秦未可親也夫樊將軍秦王購之金千斤邑萬家誠得樊將軍首與燕督亢之地圖獻秦王秦王必悦遂私見樊於期樊於期自刎於是太子預求天下之利七首得徐夫人七首遣荆軻燕國有勇士秦武陽年十三殺人人不敢忤視乃令爲副荆軻有所待欲與俱未發太子疑其改悔復請之荆軻遂發太子賓客知其事者皆白衣冠送之至易水上既祖取道高漸離擊筑荆軻和而歌爲變徵之聲士皆垂淚涕泣又前而爲歌曰風蕭蕭兮易水寒壯士一去兮不復還復爲羽聲忼慨士皆瞋目髮盡上衝冠於是

荊軻就車而去

天地黯無色蕭蕭易水寒一尊古離別四座素衣冠
匕首夫人乞函頭壯士拌日光沉督亢虹氣射長安
誓灑秦庭赤歸酬太子丹悲歌知已訣淚酒不能歡
擊筑屠門去提囊殿柱難至今訾劍術流恨滿桑乾

天地 杜甫詩側身丨丨更懷古回首風塵甘息機 黯無色 江文通別丨然消魂者唯別而已矣白居易長恨歌旗旗丨光日丨薄 蕭蕭句 註見題 一尊 王昌齡詩丨丨廣陵酒十載衡陽心 離別 陸龜蒙詩丈夫非無淚不灑丨丨間 四座 韓愈詩丨丨戚寂默杳如奏湘絃 衣冠 註見題 匕首夫人 註見題 函頭 戰國策荊軻奉樊於期之頭函而秦武陽

奉地圖匣以次進**壯士**註見題**日光**杜甫詩暮春三月巫峽長晶晶行雲浮丨丨**督亢**註見題**虹氣**禮記氣如自虹**長安**戰國策趙太后新用事秦急攻之趙氏求救於齊齊曰必以丨丨君爲質**秦庭**左傳昭王在隨申包胥如秦乞師秦伯使辭焉曰寡人聞命矣子姑就館對曰寡君越在草莽未獲所伏下臣何敢即安立依於庭墻而哭日夜不絕聲勺飲不入口七日秦師乃出**悲歌**歌字見題註古辭丨丨可以當泣遠望可以當歸**擊筑**註見題**屠門**史記荊軻傳荊軻嗜酒日與狗屠及高漸離飲於燕市曹植與吳季重書過丨丨而大嚼雖不得肉貴且快意**提囊**戰國策侍醫夏無且以其所奉藥丨丨荊軻秦王方環柱走卒惶急不知所爲**殿柱**戰國策荊軻逐秦王秦王還柱而走羣臣驚愕卒起不意盡失其度而秦法羣臣侍殿上者不得持尺寸之兵**劍術**史記荊軻傳魯句踐已聞荊軻之刺秦王私曰嗟乎惜哉其不講於刺丨之丨也**流恨**

沈約詩折風落迅

羽｜｜滿青菰

桑乾元史河渠志盧溝又名小黃

河以其流濁俗曰渾河盖盧

溝河水即｜｜水也

按｜｜易水別名

安得猛士守四方

漢書高帝紀十二年冬十月上破布軍於會缶還

過沛留置酒於沛宮悉召故人父老子弟佐酒發

沛中兒得二百十人教之歌酒酣上擊筑自歌曰

大風起兮雲飛揚威加海內兮歸故鄉｜｜｜｜｜

兮｜｜

｜｜

韓彭菹醢後猛士久銷磨將相皆凡品君王此浩歌

四方新鎖鑰百戰莽山河保障今誰託英雄世不多

真龍徒悵望功狗半蹉跎人已嗟難再聲同喚奈何

平城猶牧馬上谷正鳴駝大澤殲蛇日匆匆壯氣過

韓彭菹醢漢書李陵答蘇武書蕭樊囚縶丨丨丨丨韓韓信彭彭越銷磨歐陽修詩一生辛若書千卷萬事丨丨酒百分將相漢書刑法志孝文丨丨皆舊功臣少文多質皆凡品蜀志劉先傳舍東南有桑樹高五丈餘遙望見童童如小車蓋往來者丨怪此樹非丨通典將軍以班多者爲貴凡十丨二十四班品十取其盈數班二十四以法氣序君王詩朱芾斯皇室家丨丨浩歌九歌望美人兮未來臨風怳兮丨丨四方書俾予從欲以台丨丨風動鎖鑰宋史寇準傳契丹使過語曰相公望重何故不在中朝寇準曰主上以朝廷無事北門丨丨非準不可百戰漢書韓信傳成安君有丨丨百勝之計一日而失之軍敗鄗下山河史記項羽紀關中阻丨丨四塞地肥饒可都以霸保障左傳公斂處父謂孟孫墮成齊人必至於北門且成孟氏之丨丨也無成

是無孟誰託南史任昉傳昉卒陳郡殷芸與建安太
氏也　守到溉書曰哲人云亡儀表長謝元龜
何寄指南丨丨其英雄魏志太祖謂劉備曰天不多
爲士友所推如此下丨丨惟使君與操耳
詩矢詩丨丨真龍楊萬里詩郎今悵望元稹詩隹人
惟以遂歌　誰解好丨丨不在此丨丨
階前功狗史記高帝紀追逐獸兔者狗也發蹤蹉跎
立　指示者人也蕭何功人諸君丨丨也
晉書周處傳入吳尋二陸見雲具以情告曰欲自修
而年已丨丨恐將無及雲曰古人貴朝聞夕改君前
途尚可且患志之不難再唐書魏徵傳千載嗚奈何
立何憂名之不彰休期時丨丨得
世說桓子野每聞清歌輒丨丨謝平城史記匈奴
公聞之曰子野可謂一往有深情傳高帝至
丨丨步兵未盡到冒頓縱精牧馬五代史漢家人傳晉
兵四十萬騎圍高帝於白登高祖皇后李氏晉
陽人也其父爲農高祖少爲兵上谷史記韓王信傳
卒丨丨丨晉陽夜入其家劫取之聞冒頓居代丨

丨鳴駝元史輿服志凡行幸先丨鼓干丨以威振遠邇亦以試橋梁伏水而次象焉

大澤史記項羽紀項王至陰陵迷失道問一田父田父紿曰左左尸陷丨丨中以故漢追及之

殲蛇史記高祖紀高祖被酒夜徑澤中令一人行前還報曰前有大蛇當徑願還高祖醉曰壯士行何畏乃前拔劍擊斬蛇蛇遂為兩徑開行數里醉因卧後人來至蛇所有一老嫗夜哭人問何哭曰人殺吾子故哭吾子白帝子也化為蛇當道今為赤帝子斬之

匆匆雍州童謡莫丨丨且寬公

壯氣唐書杜正倫傳正倫與城南諸杜昭穆素遠求同譜不許銜之諸杜所居號杜固世傳其地有丨丨故世衣冠正倫既執政建言鑿杜固通水以利人既鑿川流如血自是南杜稍不振

晉思劉命

禮記將適公所宿齋戒居外寢沐浴史進象笏丨丨丨丨

密勿論思地昌言展對初重申天上命三事務中書
春殿從容日宵衣紀載餘禹孜敷偉績說拜仰宸居
出納龍惟允流行駟不如燕朝勤指畫象簡代鈔胥
寓目淸寅懍當胸令甲備記言叨史職簪筆侍

彤除

密勿 魏志杜恕傳樂安廉昭以才能拔擢頗好言事恕上疏極諫曰陛下感帑藏之不充實而軍事未息至乃斷四時之賦衣薄御府之私穀帥由聖意舉朝稱明與聞政事｜｜大臣寧有懇懇憂此者乎

論思 兩都賦序朝夕｜｜日月獻納

昌言 書禹拜｜｜曰俞

展對 吳鎮夏山仙館詩高齊｜｜殊未已一片涼颸落素綃

重申天命 易巽卦重申以巽命詩大雅保佑命之自

天由之**三事**詩小雅丨丨大夫莫肯夙夜**春殿從容**楊巨源詩五色天書詞煥爛九華丨丨語丨丨**宵衣**儀禮特牲饋食禮主婦纚笄丨丨立於房中南面**禹孜**書丨拜曰都帝予何言予思日丨丨**偉績**唐書韓愈傳鋪張對天之宏休揚厲無前之丨丨**說拜**書丨丨稽首用**宸居**班固典引高光二聖丨丨其域**出納惟允**書舜典夙夜丨丨朕命丨丨

流行駟孟子孔子曰德之丨丨速於置郵而傳命註郵丨也**不如**左傳師及齊師戰于郊右師奔林不狃之伍曰走乎不狃曰誰丨丨**燕朝**通典周制天子有四朝一曰外朝在皐門內決罪聽訟之朝也秋官朝士掌之二曰中朝在路門外夏官司士正其位三曰內朝亦謂路寢之朝亦謂之丨丨大僕掌之四曰詢事之朝在雉門外小司寇掌其政**指畫**禮記凡有丨丨于君前用笏**象簡**

宋史度宗紀陳宜中經筵進講春秋賜丨丨金御仙花帶駿馬**鈔胥**宋史張亢傳令言邊事者甚衆

朝廷或即奏可或再詳究以聞或付有司前條方行
後令即變胥史有鈔錄之勞官吏無簡畧之暇邊防
軍政一
無定制
寓目
左傳子玉請戰曰請與君之士戲
君憑軾而觀之得臣與｜｜焉
清寅
書舜典夙夜惟｜
｜直哉惟｜
當膈
後漢書鮑永為郡功曹王莽時
有詐稱侍中止傳舍者太守趙
興欲謁之永疑其詐諫而不聽興駕往永拔佩刀截
馬｜｜乃止後數日莽詔捕矯稱者永由是知名
今日
戰國策趙燕後胡服王令讓之趙燕再拜稽首曰
前吏命胡服施及賤臣臣以失令過期更不用侵
辱教王之惠也臣敬
循衣服以待｜｜
記言
禮記動則左史書之
之言則右史書之
叨史
職
齊書褚淵傳｜職未久首歲便嬰疾篤遜來沈痼
頻經危殆彌深憂震唐書蔣乂傳乂在朝久居｜
｜二十年每有大政事議
論宰相未能決必咨訪之
簪筆
宋史輿服志古人｜
｜之遺象其制削竹
為幹裹以緋羅以黃絲為
毫拓以銀鏤葉插於冠後

鑄鼎象物

左傳昔夏之方有德也遠方圖物貢金九牧｜｜｜｜

神怪函披玉煇煌牧貢金象形彰異物鑄鼎煥奇琛
鏐鐵尊彝貫洪爐鼓鞴深龍蛇菹內伏鳥鼠穴中尋
經探山兼海圖窮獸與禽文章千斛重風雨百靈森
大冶歸調燮雄觀耀古今斗筲羞霸業廻敢肆貪心

神怪（史記封禪書遣方士求｜｜採芝藥以千數）函玉（拾遺記周靈王時浮提之國獻神通善書二人佐老子撰道經寫以玉牒編以金繩貯以玉函及經成工畢二人不知所往）煇煌（水經注陳寶來自東南｜｜聲若雷）牧貢金（見題註）象形（周禮地官保氏六書注六書｜｜會

意轉注處事異物書不貴｜｜賤奇琛法苑珠林｜
假借諧聲也用物民乃足｜瓔珞一切
寶藏自鏐鐵書禹貢厥貢｜周禮司｜｜洪鑪
然出現｜銀鏤砮磬尊彝下土二八
後漢書何進素知中官天下所疾陰窺誅之袁紹等
又爲畫策多召四方猛將及諸豪傑使引兵何京城
陳琳諫日將軍總皇威握兵鼓韝夢溪筆談祥符中
要此猶鼓｜｜燎毛髮耳方士王捷能作黃
金其法爲爐竈使人隔墻龍蛇菹孟子驅蛇龍
｜｜蓋不欲人覘其啟閉也伏而放之菹白
虎通聖人皆有表異傳日伏羲祿衡連書禹
珠唯大目鼻龍伏作易八卦以應樞鳥鼠穴貢導
滑自｜經山海史記大宛傳贊言九州山川尚書
｜同｜｜近之矣至禹本紀山海經所有怪
物余不敢圖窮史記荆軻傳秦王發圖｜｜
言之也獸禽而七首見張釋之傳上問上
林尉諸｜｜簿十餘問尉左右視盡不能對虎圈嗇
夫從旁代尉對上所問｜｜簿甚悉欲以觀其能口

對響應無窮者**文章**禮記立權度量考丨丨**千斛**晉書陳壽傳丁儀丁廙有盛名於魏壽謂

其子曰可覓丨丨米見與當爲尊公作佳傳**風雨**易鼓之以雷霆潤之以丨丨**百靈**隋書

高祖紀事上帝而理兆人和丨丨而利萬物**大冶**史記平準書東郭咸陽齊之大煮鹽孔僅南陽

丨丨皆致生累千金**調燮**宋史田錫傳端拱二年京畿大旱錫上章有調燮倒置語忤宰相罷爲戶

部郎中**古今**漢書律歷志稽之於丨丨效之於氣物和之於心耳考之於經傳咸得其實靡不協

同**斗筲**論語丨丨之人何足算也**霸業**晉書熊遠傳建興初正旦將作樂遠諫曰人心所歸

惟道與義將紹皇綱於既往恢丨丨於來今使四方之士退懷嘉則奈何榮耳目之觀崇戲弄之好**貪**

心抱朴子洗憂丨之丨遺廣願之穢

及瓜而代

左傳莊公八年齊侯使連稱管至父戍葵邱瓜時而往曰｜｜｜｜

瓜圃嘗新日葵邱遣戍時此行非久役隔歲定還期
寒暑天更嬗關河路阻遲待張况李讌爲賦釆薇詩
入夏歸應速防秋瘁敢辭緜生符往事敦苦慰相思
星對匏縣悵人懷瓠落疑姑勞遊獵罷滋蔓歎無知

瓜圃左回喜雨詩香潤迴｜｜聲酣起蕉林　新嘗呂氏春秋孟秋之月農乃升穀天子｜｜遣戍史記始皇紀爲桂林象郡南海以適｜｜　久役詩序雄雉刺衛宣公也軍旅數起大夫｜｜男女曠怨國人患之而作是詩　隔歲李德林隋王九錫册文往加大典憲章在昔謙以自牧未應朝禮日月不居便已｜｜特談物議其謂朕何　還期謝靈運詩理棹遄｜｜　寒暑

易丨丨相推而歲成焉**關河**史記蘇秦傳秦四塞之國被山帶渭東有丨丨西有漢中南有巴蜀
北有代馬此天府也**路阻遲**屈原九章媒絶丨丨兮言不可結而詒詩國風行道丨遲**張沈**
李讌陳旅瓊芳賦鸞旂罷獵張宴廣漢魏文帝書浮甘瓜於清泉沈朱李於寒水**采薇**詩小
雅丨丨篇**入夏**酉陽雜俎道士許象之言以盆覆寒食飯於暗室地上丨丨則悉化爲蜘蛛**歸**
遠蘇軾仇池石詩傳觀愼勿許間道丨丨更丨**防秋**唐書陸贄傳西北邊歲調河南兵淮兵謂之丨
丨**緜生**詩大雅丨緜瓜瓞民之初丨**徃事**詩周頌以似以續續古之人傳以似以續續前
歲續丨丨也**敦苦**詩豳風有丨瓜丨**相思**述異記湘水去岸三十里許有丨丨宮**星**
匏繫應貞石榴賦丹葩結秀朱實丨縣古今注有柄日縣匏可爲笙曲沃者尤善**瓠落**
莊子惠子謂莊子曰魏王貽我大瓠之種我樹之成而實五石以盛水漿其堅不能自舉也剖之以爲瓠

則｜｜無所容非不愕然大也吾爲其無用而掊之姑棼左傳齊侯游於｜｜遂田於貝邱游

獵罷史記呂后紀呂祿欲歸將印以兵屬太尉使人報諸呂或以爲便或曰不便計猶豫未有所決呂祿信酈寄時與出｜｜過其姑呂嬃大怒曰若爲將而棄軍呂氏今無處矣蘇軾詩楚王獵｜擊靈鼓猛士操丹張水嬉滋蔓左傳無使｜｜蔓難圖也無知春秋僖公十有六年春王正月戊申朔隕石于宋五穀梁傳石｜｜之物石無知故日之

合情欲說宮中事

朱慶餘宮詞｜｜｜｜｜｜｜鸚鵡前頭不敢言

奉帚椒房久深宮事最清自憐花品格難閟玉心情

暖日笙歌歇春風笑語行箋紈嗟薄命溝葉羨凝生

鴉背新顏色蛾眉舊品評沈吟時顧盼吞吐不分明

攬袖徵通意低鬟未出聲雕龍青瑣外纖手指嬌鶯

奉帚梁元帝賦豈止老壯丨丨屈滕將令班鄭丨丨椒房漢書谷永傳深惟日食再既之意抑損丨丨玉堂之盛寵毋聽後宮之請謁深宮張祜官詞故國三十里丨丨二十年花品格春渚紀聞歷藪丨丨自而香者十花八九也至於菊則自者輙無香花之黃者亢無香至於菊則黃者乃始有香是亦所稟之異未易以理推者也桂海香志橄欖香丨丨在黃連楓香之上玉心情李白詩花信飄揚不自持丨丨皎潔終不移李中詩寒松肌骨鶴丨丨混俗陶陶隱姓名暖日稍亮詠花燭詩蘭逕香風滿梅梁丨丨絣笙歌歇禮記孔子既祥五日彈琴而不成聲十日而成丨丨于武陵詩歌丨雲初散簷空燕尚存春風說苑管仲曰吾不能以丨丨丨人夏雨雨人吾窮必矣笑語

詩燕丨丨兮是以有譽處兮**篋統**班倢伃詩新製齊紈扇團團似明月棄捐篋笥中恩情中道絕**薄命**漢書外戚傳上省減椒房掖庭用度許皇后上疏曰今但損車駕及毋若未央宮有所發遣賜衣服如故事則可矣其餘誠大迫急奈何妾丨丨端遇竟寧前**溝葉**太平廣記唐僖宗時于祐於御丨中拾一紅丨題詩祐亦題一葉置溝上流宮女韓夫人拾之後帝放宮女三千人祐娶韓成禮各于笥中取紅葉相示乃開宴曰予二人可謝媒人韓氏曰一聯佳句隨流水十載幽思滿素懷今日郤成鸞鳳友方知紅葉是良媒**凝生**蘇軾詩人已半生丨**鴉背顏色**溫庭筠詩蝶丨翎朝粉畫丨丨夕陽多王昌齡長信宮詞玉丨不及寒鴉色猶帶昭陽日影來**蛾眉**詩國風螓首丨丨**品**評小學紺珠鍾嶸詩評自漢以來能詩者一百二十二人分三丨爲丨**沈**吟後漢書曹褒傳褒博雅疏通九好禮事慕叔孫通爲漢禮儀晝夜研精丨丨專思寢則懷抱筆札行則誦習文書**顧盼**

班固答賓戲魯連飛一矢而蹶 吞吐 司空圖詩品觀
于金虞卿以丨丨而指相印 化匪禁丨丨大
荒由道反氣 分明 賈誼論時政疏故古者聖王制爲
處得以狂 等列内有公卿大夫士外有公侯
伯子男然後有官師小吏延及庶人等 史記禮
級丨丨而天子加焉故其尊不可及也 通意 書情好
珍善爲之琢磨 低鬟 温庭筠詩宮中近臣抱 彌
圭璧以丨其丨 扇立侍女丨丨落翠花 雕籠 衡
鸚鵡賦閉以丨丨 青瑣 范雲詩攝宜丨丨詩國風
丨剪其翅羽 闥遥望鳳凰池 纖手 丨丨女
丨嬌鶯杜甫詩留連戲蝶時時
舞自在丨丨恰恰啼

瓜戰

清異錄吳越稱霅上瓜錢氏子弟逃暑取一
瓜各言子之數剖觀負者張宴謂之丨丨

鄴水浮瓜後豪華又溯錢分曹同射覆賭戰屢張筵

角勝占無爽心兵鎮以堅釁將延似蔓孳豈兆於田
沈綠雲槍稱閒黃雪刃便令嚴三伏冷影閃一燈圓
試茗兼饒舌鬬花更競拳青門人老去鋒鍔憶當年

鄴水浮瓜 王融謝武陵王賜弓啟兔園掩秀丨丨驗奇魏文帝書丨甘丨於清泉沈朱李於寒水按鄴魏郡縣名
豪華 舊唐書韋陟傳陟門地丨丨早踐清列
分曹射覆 李商隱詩隔座送鉤春酒暖丨丨丨丨獵燈紅
張筵 僧無可詩丨丨白鳥起掃岸使君來
角勝占 曹植與司馬仲達書今賊徒欲保江表之城耳無有爭雄於宇內丨丨於平原之志也白居易詩選幽開後院丨丨丨坐前簷
心兵鎮 韓愈詩詰屈避語穽宴芒觸丨丨陳書儒林鄭灼傳常疏食講授多苦心熱若瓜時輒偃臥以瓜丨心起便誦讀其篤志如此
釁 延蔓 左傳釁有釁註釁瑕隙也

隐元年無使滋蔓蔓難圖也爾 **争田** 左傳晋邢侯
雅注流覃皆謂蔓延相被及與雍子丨鄐
丨久而無成右樂府瓜 **沈綠槍** 杜甫詩雨拋金繅
田不納履李下不整冠甲苔臥綠沈槍
開黃 陸游詩紋簟丨瓜碧玉香北史魏紀思皇帝登
平城西山觀望地勢乃更南百里于灅水之陽
丨瓜堆築 **雪刃** 侯圭割鴻溝賦霜戈丨丨擁雲陣
新平城以東歸火幟紅旗扶日輪而西去 **令**
嚴三伏冷 戰國策趙豹曰秦以牛田水通糧死士皆
列之于上地丨丨政行不可與戰岑參詩
凜凜丨丨寒巉巉五丁迹鮑容 **影** **一燈** 郭利正上
和詩松吹署中丨星花池上深元詩九陌
連燈丨于門徧月華王維詩 **試茗** 陸游詩開書
不復愁日暮自有丨丨然 **饒舌** 頗失香花墜
丨丨初看白乳新齋時諳盲老 **鬮花** 丨居虬切音鳩
公背受大斧丨丨老毋不得語說文鬬取也開
天遺事長安上女春時鬬丨戴插以奇花多者
爲勝皆用于金市名花植於庭中以備春之鬬 **青門**

老去阮籍詩昔聞東陵瓜近在丨丨外王維詩老將行路傍時買侯瓜杜甫詩丨丨詩篇漫與春來花鳥莫深愁

鋒鏑史記秦始皇紀論始皇收天下之兵聚之咸陽銷丨丨鑄爲金人十二以弱天下之民

當年魏都賦商豐約而折中準丨丨而爲量

新荷葉小柳絲長

陳基次錢伯行韻詩五月東林水竹涼丨丨丨丨丨丨丨

荷沼園高柳，偏然夏日涼。葉浮新漲小，絲引晚風長。
波上青錢碎，隄邊翠帶颺。干莖添暮雨，萬縷散斜陽。
魚戲難遮碧，鶯歌不露黃。清芬消暑氣，別緒綰春光。
荇藻縈重疊，梨桃對數行。

悲歌行春芳傷客心蕙艸饒丨丨是蕙亦可言春矣麗正易離卦重明以丨乎丨乃化成天下奎章程史山南有萬杉寺本仁皇所建丨丨在焉

寒葉雨聲多張祜夕次桐盧詩晚潮風勢急丨丨丨丨丨

萬木無多綠蕭蕭落葉殘此聲宜作雨有客不勝寒

古寺挑燈聽疏林著屐看響喧千點碎風帶幾分酸

明月跳珠急空山載酒難半牀驚夢冷一夜戰秋乾

幽韻時侵座鄉心正倚欄霜晴諸嶂露無數碧巑岏

萬木高適詩驚飈蕩丨丨秋氣屯高原蕭蕭杜甫九日登高詩無邊落木丨丨下不盡長江

滚滚詩擗兮疏擗落庾肩吾詩林此聲歐陽
來落葉也丨丨謂之擗殘高葉早丨修秋
聲賦丨秋丨也後漢書費長房傳東海大旱長
胡為乎來哉作雨房至海上見其人請雨乃日東
海君有罪吾前繫於葛陂今方出之使丨丨也於是
雨立注唐庾詩踏歌[口豈][口豈]雜鐃歌潭邊呼龍今丨丨
有客詩丨丨丨丨亦白其馬不勝寒劉緩冬宵詩纖腰轉無力衣丨恐丨丨古寺
常建詩清晨入丨挑燈聽白居易詩寂寞丨丨坐沈
丨初日照高林吟躡月行朱慶餘詩丨丨雨
宿吳寺過疏林阮韋詩高風應爽著屐後漢書五行
江逢越人節擗落漸丨丨志廷熹中京
都長者皆于點皮日休詩瑕花風酸魏巫山高曲越
丨木丨丨丨照寒烟度隴塞路漫漫
扎論岡平但明月南史謝譓傳入吾室者但有跳珠
聞悲丨正丨清風對吾飲者唯當丨丨
蘇軾詩自雨空山杜甫詩澗水丨丨載酒漢書楊雄
丨丨亂入船道柴門老樹村丨丨傳贊家素

翁嗜酒時有好事半牀庾信小園賦落葉驚夢洽劉
者丨丨肴從遊學丨丨狂花滿屋尤
齋詩虛牖風丨丨空牀月廠入黃庾詩王維詩
石牀夢丨和雲卧茅屋燈殘共月居一夜山中丨
丨雨樹杪盧拱詩水風蒲葉溫庭筠早丨山
百重泉戰丨沙雨鷺鷥巢秋乾居詩果落見猿
過葉丨幽韻黃庭堅詩清風蕩王勃詩蕭蕭離
聞鹿行初日喬木囀丨丨鄉心俗影擾擾望丨
丨倚欄趙嘏詩丨丨香徑溫庭筠詩山近覺
晚移石太湖秋霜晴寒早草堂丨氣丨無
蘇軾詩小山
數碧巑岏丨丨丨丨丨

綠樹陰濃夏日長

高駢山亭夏日詩丨丨丨丨
丨丨丨
樹樹皆新綠繁陰入夏濃日剛長至届人擬小年逢

黛雪垂千尺蒼烟補萬重琴眠風淡沱壺駐景從容
池潤含晨氣溪喧緩午鐘四圍芳草合一徑落花封
鶴囀猶餘韻鳥飛未下春
丹宸簪筆近
聖壽祝喬松

樹樹王績詩｜｜皆秋色山山唯落暉又李白詩｜｜花如雪
新綠白居易詩風吹｜｜草芽折雨灑輕黃柳條溼
繁陰歐陽修醉翁亭記野芳發而幽香佳木秀而｜｜
入夏唐明皇詩今年通閏月｜｜展春暉
長至禮記日｜｜爭陰陽
少年唐庚醉眠詩山靜似太古日長如｜｜｜
千尺李白詩桃花潭水深｜｜不及汪倫送我情
蒼烟陳子昂詩孤樹｜｜斷津樓晚

氣通萬重李涉詩石壁｜｜于重樹｜｜琴眠司空圖詩品眠｜綠陰上有飛瀑淡沱杜甫

詩春光｜｜秦東亭壺詩傳古有挈｜氏以本火分日夜以告時于明從容禮中庸從｜中道于

鵲詩昨日山家春酒｜｜濃野人相勸久｜｜潤晨氣趙師民詩麥天｜｜｜槐夏午陰清溪

喧杜南詩花灸鷰捎蝶｜｜獺趁魚午鐘蔡羽詩小仗穿花聽｜｜四圍奔辛雜識西湖

青山｜｜中涵綠水金碧樓臺相間全是著色山水程子詩春入遊山碧｜｜芳草楚詞王孫遊兮

不歸｜｜生兮萋萋一徑韓愈獨釣詩｜｜向池斜落花開天遺事許慎選與親友結宴于花

圃中未嘗具帷幄設坐具使僮僕聚｜｜鋪于坐下日吾自有花裀何銷坐具庾信馬射賦｜｜與芝蓋

薺飛鸝囀王維積雨輞川莊作漠漠水田飛白鷺陰陰夏木｜黃｜鳥飛李頎詩月聚誠頭｜

半｜下春淮南子日至淵隅曰高｜晡時至連石日｜｜晡後丹宸有英夫人歌｜雲浮窩｜

逍遥任簪筆宋史輿服志古人丨丨之遺象其制則
靈風爲幹裹以緋羅以黃絲爲毫插以銀鏤
葉插於聖壽莊子堯觀乎華華封人曰願祝聖人使
冠後丨人丨使聖人富使聖人多男子宋史
樂志丨丨南山喬松戰國策蔡澤曰世世
固千載賀承平稱孤而有丨丨之壽

商人重利輕別離

白居易琵琶行丨丨丨丨

丨丨丨前月浮梁買茶去

恨煞蠅頭利驅人乃爾忙離愁長付我薄倖始爲商
輕重何顛倒恩情頓渺茫似甘填欲壑不慣住家鄉
有味憐銅臭無緣戀枕香錐刀分骨肉鐵石別心腸
伉儷知原篤生涯惜不良封侯猶自悔況是到浮梁

蠅頭利 蘇軾詞蝸角虛名丨丨微丨

離愁 杜牧詩當筵雖一醉寧復緩丨丨

薄倖 全唐詩話杜牧不拘細行故詩有十年一覺揚州夢嬴得青樓丨丨名吳武陵以阿房宮賦薦于崔郾遂登第

顛倒 詩齊風丨之丨丨之

恩情 吳少微詩如何嬌所惧長夜泣丨丨

渺茫 王僧孺雲法師碑丨丨大家丨丨真樸

塡欲壑 風俗通李統爲冀州刺史況所奏耳目不聰明時冀州有疑獄章帝問統統處當詳明克厥上心曰君大聰明刺史侵君統曰臣久抱重疾耳聾目眩自分奄忽塡壑猥得承奉闕庭不勝其喜權時有瘳辭出之後必復故也刺史不侵臣也上悅其遜即日免況拜統侍中顏延之庭誥文古人恥以身爲谿丨者屛丨之謂也

不慣 孟子我丨丨與小人乘

柔鄉 飛燕外傳后進合德帝大悅以輔屬體無所不靡謂爲溫丨丨曰吾老是鄉矣不能效武皇帝求白雲鄉也

有味 史記張馮傳贊張季之言長者守法不圖意爲公之論將率丨丨哉丨丨哉

銅臭 後漢

書崔寔傳寔從兄烈因傳毋入錢五百萬得爲司徒
問其子鈞曰吾居三公於議者何如鈞曰議者嫌其
丨丨無緣杜甫詩繡羽銜花他自得紅顏騎竹我丨丨戀枕香張羲浩詩丨丨薄多藥開
簾曙色微雲仙雜記史鳳宣城妓也待客以等差甚
異者有迷香洞神雞枕鎖蓮燈次則交紅被傳丨枕
錐刀左傳丨丨之末將盡爭之分骨肉李白詩田氏倉卒丨丨丨青天白日摧紫荆鐵
石心腸魏志武帝紀注魏武故事載令曰領長史王必是吾披荆棘時吏也忠能勤事心如
丨丨國之良吏也神女賦性和適宜侍旁順序卑調丨丨伉儷左傳晉少姜卒公如晉及河晉侯使
士文伯來辭曰非丨丨也請君無辱生涯沈炯獨酌詩丨丨本漫漫神理衢超超封侯
悔王昌齡詩忽見陌頭楊柳色丨教夫壻覓丨丨浮梁見題註
莫道不如宮裏時

白居易王昭君詩君王若問
妾顔色｜｜｜｜｜｜
自別故宮幃容華半已非三生孤我願一語囑君歸
命薄紅顔在春殘白髮稀鏡憐新首飾帶是舊腰圍
眉以相思瘦肌因遠嫁肥爲言胡地妾猶著漢家衣
極北燕支冷朝南雁影飛若云渾不似幽恨琵琶違
宮幃｜皮日休蛙吹神景｜詩瓊 容華 晉書劉楨魯都
｜自迴旋錦旌空燦錯 賦舞人就列整
飾｜ 巳非 蘇軾人飛英寺詩莫作 甘澤謠李源
｜ 使君看外似中｜｜ 三生 與圓觀爲忘
言交自荆江上峽見婦人錦襠負罌而汲圓觀曰是
某託身之所更後十二年杭州天竺寺外與君相見
是夕圓觀亡後十二年源詣餘杭赴其所約有牧竪
歌竹枝詞乃圓觀也歌曰｜｜石上舊精魂賞月吟

風不要論慙愧情人違相訪此身雖異性長存我願陶潛詩丈夫志四海丨丨不知老一語
蘇軾詩戲留丨丨轉丨千載起擁袂君歸張蕡詩揚揶漸疏芦葦白可堪斜日送丨丨命薄
薛道衡昭君詞專由妾丨丨誤使君恩輕紅顏楊炯詩秋容濶翠羽別淚損丨丨春殘崔塗
詩一日又欲暮一年丨又丨白髮稀杜甫詩丨丨千莖雪丹心一寸灰蘇軾詩新沐頭輕感髮
丨鏡憐杜甫詩丨中衰謝色萬一故人丨首飾宋史輿服志后妃金冠用九龍四鳳丨丨
花十二栨受冊諸大事則服之帶舊腰圍楊萬里詩王丨圍腰覽鏡初陸游詩解帶量松
長丨圍陳師道詩詩亦於人不相累黃金九環丨十丨相思瘦黃庭堅詞半粧紅豆各自丨丨丨
遠嫁歐陽修明妃曲漢宮有佳人天子初未識一朝隨漢使丨丨單于國胡地妾後漢書南
匈奴傳初元帝時以良家子選入掖庭時呼韓邪來朝帝敕以宮女五人賜之昭君入宮數歲不得見御

積悲怨乃請掖庭令求行呼韓邪臨辭大會帝召五女以示之昭君豐容靚飾光明漢宮顧景裴回竦動左右帝見大驚意欲留之而難於失信遂與匈奴生二子按匈奴胡地

漢家 李白詩｜｜秦地月流影照明妃

燕支 漢書霍去病傳票騎將軍踰烏盭涉狐奴轉戰六日過｜｜山千有餘里合短兵鏖皐蘭下

雁影飛 杜甫詩漲鯨波動衡陽｜｜徂魏武帝秋興賦雁飄飄而南｜

渾不似 席上腐談王昭君琵琶壞使人重造而其形小昭君笑曰｜｜｜今誤為胡撥四

幽恨 元稹詩各自埋｜｜江流終宛然

琵琶 見上渾不似註

蘆花風起夜潮來

許渾遊錢塘青山李隱居西齋詩蘭渠露先秋月上｜｜｜｜｜｜｜一見李郢詩

風捩潮聲起飛來勢不降萬花依淺水一夜滿空江

估客蘆中櫂靈胥海上幢圓沙驚雚嘽遠火閃漁艘
急颮繁星動橫催暮雨縱雪搖秋撼撼浪捲月淙淙
人倚三更枕濤歸七里瀧烟波無限意剪燭坐西窗
潮聲李羣玉詩長空橫海色断岸落｜｜飛來明太祖詩片雲風駕雨｜｜不降吳越
春風越王伐吳今國人送其子弟于郊境之上各爲
父兄取訣作離別之歌躁躁摧長惡兮擢戟馭父所
離｜｜兮以泄我王氣蘇
一土判死兮而當百夫萬花杜甫詩紫蔓扶干蕊黃鬚照｜｜淺
梁簡文帝詩銜苕入一夜高適詩借問梅花幾曲隨風｜｜滿關山
水｜｜刷羽向沙洲
空江張泌詩｜｜浩蕩景蕭然估客南史扶南國傳長頸王國其人言語小異扶南國內不受
｜｜商旅不至蘆中櫂吳越春秋伍員奔吳至江漁父渡之有飢色目爲子取餉子胥乃潛身於

深葦之中有頃父來歌而呼之曰｜｜人蘆中人豈非窮士乎子胥乃出｜｜而應食畢子胥曰請丈人姓名漁父曰何用姓字爲子爲｜｜人吾爲漁丈人富貴莫相忘也蔡汝楠詩從從便隨漁客｜烟波誰認使君船**靈胥**吳越春秋子胥伏劍死吳王棄其軀投之江中子胥因隨流揚波依潮來往蕩激崩岸山海經濤之神曰｜｜吳伍子胥也**海上**鮑照詩｜｜悲風急**幢**說文旌旗之屬釋名｜童也其貌童童也**圓沙驚雁陣**杜甫詩野船明細火宿雁聚圓沙王勃滕王閣序雁陣驚寒聲斷衡陽之浦**遠火**李頎詩漁舟帶｜｜山磬發孤烟**漁艭**韻府摘句新月照｜｜**風**周權詩風｜蘆花雪滿溪**繁星**王逸荔支賦灼灼若朝霞之映日離離如｜｜之著天**暮雨**盧照鄰詩江前飛｜｜**雪**大川五燈會元十四世真州長蘆妙覺禪師僧問雁過長空影沉寒水雁無遺蹤之意水無沉影之心還端的也無師曰蘆花兩岸｜江水一天秋**秋摵摵**白居易琵

琶行楓葉荻花丨丨丨正字通蕭摵盧綸歌雪
郎蕭瑟古借用瑟字瑟瑟郎摵丨也浪捲瀰丨丨不
可識鳥獸成韓愈贈張十八詩從此人倚三更
形花倒植淙淙識歸路東流水丨丨
枕薛逢詩丨丨繡屏閒賞夜齋書五行志永元元年
童謠丨丨相告訴鄉踧華奐考偶武孟得一㡳枕
枕之聞其中鳴鼓一更至五更聞雞三唱而曉武
孟破之其中有機局識者謂之諸葛亮雞鳴丨
七里瀧後漢書注顧野王輿地志曰丨丨灘在東陽
江下與嚴陵瀨接嶺南志凡急流灘水謂之
丨土人謂人灘為烟波唐書張志和傳居江無限
入丨既畫為出丨湖自稱丨丨釣徒
意李白詩出門見南剪燭西窗李商隱詩何當共
山引領意丨丨剪丨丨燭卻話巴
山夜
雨時
月明滿地水

倒挽銀河水傾來大地流月華明靜界涼氣浸高秋
雲斂清難翳烟空遥欲浮風篁喧似雨鶴夢冷於鷗
天作無邊岸人如不繫舟耐寒憐皓魄照影悟圓漚
今古涵蟾鏡山河幻蜃樓乘槎應有路直擬問牽牛

銀河白帖天河謂之銀漢亦曰|| 大地溫子昇韓陵山寺碑高天鎖於猛炭||淪於積水
月華梁元帝烏棲曲復值西施新浣紗共向江頭眺|| 靜界李邕獅子峰詩解脫眼光之界
靜端公伎倆一時休 涼氣拾遺記靈帝遊于西園起裸遊館于間奉招商之歌以來|| 高秋
杜審言詩明月||適愁人獨夜看 雲斂謝莊月賦氣霽地表||天末 烟空李白詩閣道步

行月美人愁丨丨

風篁 謝莊月賦涼夜自淒丨丨成韻

似雨 書曰雨曰霽傳龜兆形有丨丨者有丨丨止者

鶴夢 司空圖詩地涼清丨丨林靜肅僧儀

天作 詩丨丨高山

無邊岸 梁樂府慕容垂歌辭慕容攀牆視吳軍丨丨丨我身分自當枉殺牆外漢

不繫舟 莊子巧者勞而智者憂無能者無所求飽食而遨遊汎若丨丨之丨虛而遨遊者也

耐寒 杜甫人日詩樽前柏葉休隨酒勝裏金花巧丨丨

皓魄 權德輿詩清光杳無際丨丨流霜空

照影 趙嘏詩丨丨池邊多少愁往來重見此塘秋

圓渥 韓琦觀魚軒詩喜擲舟前翻亂錦靜潛波下起丨丨

今古 李白把酒問月詩丨人不見丨時月丨月曾經照丨人

蟾鏡 杜牧詩江畔秋元丨閣丨

山河 史記項羽紀關中阻丨丨四塞地肥磽可都以霸

蜃樓 史記天官書海旁丨氣象丨臺

乘槎 北史韋瓊傳明帝即位禮敬愈厚乃為詩以貽之曰坐石窺仙洞丨丨下釣磯

有路 司馬遷報任安書僕

懷欲陳之牽牛 博物志天河與海通有人居海渚者
而未丨丨乘槎至一處如城郭狀望宮中多織
女婦見一丈夫丨丨渚次驚問曰何由至此此人具
說來意并問此是何處答曰君門蜀嚴君平則知之
後問君平曰某月某日有客星
犯丨丨宿正此人到天河時也

立馬危橋獨喚船

春水纖溪度羈魂到此銷小船依隔岸獨馬法危橋
野潤無人迹江空正暮潮片帆依鳥脊斷木矗虹腰
著翅應難越奔蹄不敢驕影沈深澗冷響答萬山遙
苦竹黃芽長篙烟瘴雨飄何如行灞滻驢背挂詩瓢

春水 陸機周處碑秋風才起追戰勇於雷霆｜｜｜方生揮鋪同於雲雨又別賦春草碧色｜｜｜綠波

蠻溪 李德裕詩恍椰羈魂戴叔倫詩｜｜愁椰葉暗｜｜云似絶不復待猿吟

消 天寶遺事長安東灞陵有橋來迎去送至此爲離別之地故呼爲｜魂橋

小橋 庾信詩｜｜飛斷高花出迴樓

隔岸 拾遺記淋池之南有一連理桂樹上枝跨於渠水下枝｜｜而南生與上枝同一株

野澗 李嶠楚望賦霜畫川長雲平｜｜

無人迹 ｜張協詩溪壑｜｜荒楚鬱蕭森

江空 羊士諤詩鴛鴦飛去綠｜｜

暮潮 何遜詩｜｜還｜浦夕鳥飛何家

片帆 李白詩疾風吹｜｜日暮干里隔

斷木 易｜｜爲杵陸游詩空房終夜無燈火｜｜支門睡到明

虹腰 曾鞏詩｜｜隱隱松橋出鷁首巍巍畫舫行

著趐 立代新說周韓大將軍有勇署破稽胡胡憚其勁捷號爲｜｜人

奔蹄 李庾西都賦斷虹偃蹇而巨梁拖輪走騾而蹄奔

深澗 聞見錄康節遊學晉

州山路馬哭同墜丨丨中從者攀緣下尋公無所傷

響沓 沈約釋迦文佛像銘如泥在鈞形酬丨丨

苦竹 孟浩然詩歲月青松老風霜丨丨疏

黄芽 張泌詩還似世人生白髮定知仙骨變丨丨

嵩烟 字彙補丨人苗類一曰嵩蠻見諸苗考張詠舟次辰陽詩村連古洞蠻丨合地落秋畬楚俗灌

瘴雨 陳陶番禺道中詩丨丨出虹蝀蠻江渡山急

灞滻 上林賦終始丨丨出入涇渭注滻水出藍田谷北至霸陵入丨

驢背 北夢瑣言或問鄭棨相國近有新詩否對曰詩思在灞橋風雪中丨子丨上

掛詩瓢 逸士傳許由手捧水飲人遺一瓢飲訖丨木上風吹有聲由以爲煩去之唐詩紀事唐球居蜀之味江山人稱爲隱居爲丨撚稾爲圓納大丨中臨没投丨於江曰斯文苟不沈没得者方知吾苦心爾至新渠有識者曰唐山人瓢也按球或作求

玉笙樓試帖目錄

甘泉王　桂秋卿著

憑君傳語報平安　密竹使徑迷

應是雨催詩　語懶鶯含思

鴉背夕陽多　山可一窗青

洗硯魚吞墨　今年七月閏

左右修竹　一半句留是此湖

鑪煙細細颺游絲　花妥鶯捎蝶

委懷在琴書　羯鼓催花

綠窗朱戸圖書滿　徒杠成

魚苗初上小於鍼　愛竹不除當路筍

泉聲帶雨出谿林　著手成春

好鳥枝頭亦朋友　臘鼓鳴春草生

滿城桃李屬春官　春服既成

海水照秋月　滿窗晴日看蠶生

待燕歸來始下簾　老子猶龍

故鄉無此好湖山　隔江猶唱後庭花

一渠春水赤欄橋　夜寒應聳作詩肩

秋燕已如客　　陶元亮不能爲五斗米折腰

淺深紅樹見揚州

奎樓目錄

二

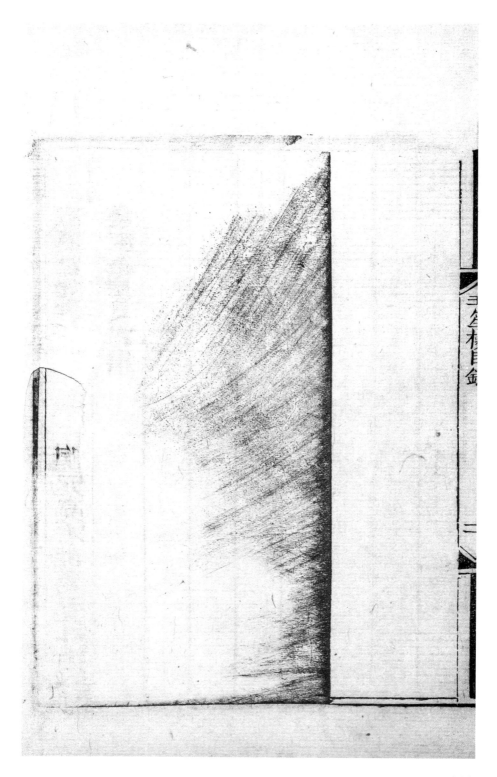

玉笙樓試帖輯註

甘泉王　桂秋卿著　孫　祿書　註釋

儀徵嚴玉輝韞初

儀徵張寶恩石生校字

儀徵張兆蘭晼九

憑君傳語報平安

岑參逢入京使詩馬上相逢無紙筆｜｜｜｜｜｜｜

遥識家園裏平安信欲聞作書難待我傳語郤憑君

自别庭前月惟看塞上雲眈吟仍不廢强飯尚多欣

但說身無恙休憐手易分萬金應盼望兩字託慇懃
遠比梅枝寄情同竹報殷歸期鐃唱近
堂陛策殊勳
遙識梁元帝登山馬詩何殊 家園後漢書桓榮傳榮
隴頭望丨丨祁連東 少學長安習歐陽
尚書事博士九江朱普貧窶無資常客 酉陽
傭以自給精力不倦十五年不窺丨丨平安信雜俎
舶上能養鴿鴿能飛行數千里 作書張籍秋思詩洛
輙放一隻至家以爲丨丨丨 陽城裏見秋風
欲丨家丨 待我史記晉世家重耳謂其妻曰丨丨二
意萬重 十五年不來乃嫁其妻笑曰犁二十
五年吾冢上柏大 庭前月丨丨白帖田真兄弟欲分其夜
矣雖然妾待子 丨丨三荊便枯兄弟歎之
却合樹還榮茂范鳴鶴燈蛾 唐書狄仁傑傳
賦流丨半庭兮頹光初夂 塞上雲授并州法曹參

軍親在河陽仁傑登太行山見白雲孤飛謂左右曰
吾親舍其下瞻悵久之雲移乃得去淮南子近｜｜
之人有善術者馬無故亡而入胡人皆弔之其父曰
此何遽不爲福乎居數月其馬將胡駿馬而歸鮑照
詩薄暮吟　白居易詩幸無案牘何　強飯　史記
塞｜起吟　不廢　妨醉縱有笙歌不廢吟　外戚
世家行矣　陶潛癸卯歲始春懷古田舍詩第二
｜｜勉之　多欣　首平疇交遠風良苗亦懷新雖未量
歲功即事　禮記主人不問客不先舉註客自外手
｜所｜　無恙　來宜問其家否｜｜及所爲來故
令　江淹別賦造分手而　萬金　杜甫詩烽火連三兩
衛涕感寂寞而傷神　月家書抵｜｜
字　楊萬里詩相逢幾日又　慇懃　史記司馬相如傳相
相別珍重｜｜不忍說　如使人重賜文君傳
者　通殷勤接殷　梅枝寄　陸凱自江南寄范蔚宗詩　竹
勤　與｜｜同　江南無所有聊贈一枝春
報　酉陽雜俎李衛公守北都一寺有竹　歸期　李白詩
一窠纔長數尺令其寺每日報竹平安　長安如

夢裏何日鐃唱宋書樂志蔡邕論敘漢樂四曰　堂陛
是丨丨　短簫丨歌王令詩歌仍相詠
漢書賈誼傳人主之尊譬　策殊勳左傳凡公行告於
如丨羣臣如丨衆庶如地　宗廟反行飲至舍
爵丨勳禮也舊唐書阿史那杜爾傳杜爾從太宗征
丨丨頻遭流矢拔而又進其所部兵士人百其勇盡獲

密竹使徑迷

謝靈運登石門最高頂詩
連巖覺路塞丨丨丨丨丨

絕壁原通徑尋幽孰使迷只緣行密竹無處認前蹊
緣暗千梢合青連萬籜低拔茅知未塞捫葛詎難躋
乍露羊腸仄旋遮鳳毛齊任穿枝左古不辨嶺東西
徒倚粘衣粉徘徊託杖藜琅玕

天府亘雲路許登梯

絶壁李白蜀道難連峰去天不盈尺枯松倒挂倚丨丨歐陽修詩巉巉起丨丨蒼翠非刻鏤巉巉音讒

通徑常建題破山寺後院詩曲徑通幽處禪房花木深　尋幽司空圖詩品可人如玉步屧丨

丨行劉滄雨後遊南門寺詩郭南山寺雨初晴上界尋僧竹裏丨　無處杜甫詩多壘滿山谷

桃源丨丨求　綠暗吳融詩有村皆丨丨丨無徑不紅芳　千梢揚萬里詩白玉丨丨頭丨點韻綠

雲堆裏一枝斜　青　萬樺張九齡詩林筍苞丨樺津陽委綠黃王十朋詩丨丨蒼龍春後見

抜茅　塞易丨丨茹以其彙征吉孟子為聞不用則茅丨之突　捫葛謝靈運詩吾滑誰能

步葛弱豈可捫　羊腸史記魏世家魏伐趙斷丨丨抜閼與正義丨丨阪道在太行山上　鳳尾

王冕息齋雙竹圖詩疏梢颯颯丨丨顫　左右司空圖詩品典雅座中佳士左右修竹　不辨

左傳周子有兄而無慧丨能丨菽麥嶺東西蘇軾與毛令方尉遊西菩提寺詩自雲目占東西嶺明月誰分上下池徙倚王粲登樓賦步棲遲以丨丨兮白日忽其將匿衣粉司空曙詩露溼崴丨丨風吹散蕊黃徘徊酉陽雜俎高唐縣鳴石山岩高百餘仞人以物扣岩聲甚清越晉太康中逸士田宣隱於岩下葉風霜月拊石自娛每見一人著白單衣丨丨岩上及曉方去杖藜杜甫詩年過半百不稱意明日看雲還丨丨琅玕書厥貢惟球琳丨丨天府周禮丨丨掌宗廟之守藏雲路杜甫詩矯然江海思復與丨丨永登梯王勃詩自堪生羽翼何用仰丨丨

應是雨催詩杜甫陪諸貴公子丈八溝納涼晚際遇雨詩片雲頭上黑丨丨丨丨丨

不許詩人懶雲陰一片催吟處應勃勃雨勢漸恢恢

溽暑科頭日成春著手才筆教垂作露令已疾於雷

舊話巴山憶新詞峽水來有聲皆灑落無暇與敲推

急點頓盆助佳篇擊鉢裁涵濡沾

渥澤摛藻被蘭臺

詩人懶漢書司馬相如傳贊丨丨之賦麗以則辭人之賦麗以淫陸游詩自笑詩情丨蕭然舊錦囊儲光羲詩春朝輕雨散猶帶浮丨丨吟雲陰一片庾信至仁山銘瑞雲丨丨仙童兩入懷杜荀鶴詩丨丨說向誰勃勃法言或問淵騫之徒惡乎在曰在寢或曰淵騫曷不寢曰攀龍鱗附鳳翼巽以持之丨丨乎其不可及乎如其寢奻其寢張祜詩腳邊雲丨丨雨勢偕無可送杜司馬再遊蜀中詩日光低峽口丨丨出戰眉恢恢史記滑稽傳天道丨丨豈不大哉溽暑禮記

季春之月土潤科頭戰國策秦帶甲百餘萬車千乘
||大雨時行騎萬四虎鷙之士蹤躍||貫
頤奮戟者至不可勝計也王維詩|成春著手司空
|箕踞長松下白眼看他世上人圖詩
品自然俱道適筆垂露庾信啓文異水而湧令蘇軾
往|||春泉|非秋而||詩明
朝二子至詩疾雷易動萬物者舊話劉克莊詩涉
律嚴號|莫|乎|世昏昏忘|
|入山歷巴山李商隱詩何當共剪西新詞青湖維
歷記前游窗燭却語||夜雨時記景德
中夏公初授館職時方早秋三夕宴後庭酒酣峽水
遽命中使請公索||公郎抒思進喜遷鶯詞
杜甫醉歌行詞源倒傾三有聲詩文王|||灑落李
||筆陣橫掃千人軍過駁|||白
詩飛文何||無瑕翁承贊詩應是乘詔青敲推金
萬象爲之推瓊客此時||聽猿啼唐
詩話賈島得鳥宿池邊樹僧|月下門急點韓偓兩
句欲用|字韓愈謂之曰敲字佳矣韻||

濺波心微烟昏水面傾盆陸游詩黑雲塞空萬馬屯轉盼白雨如｜｜佳篇李白詩宗英乃禪伯投贈有｜｜擊鉢本南史王僧孺傳竟陵王嘗夜集學士刻燭為詩四韻者則刻一寸以此為率蕭文琰曰何難之有乃與丘令楷江洪等共打銅鉢立韻響滅則詩成皆可觀覽陳師道詩登高能賦屬吾儕不用傳林｜｜催裁杜甫詩故林歸未得拼鬪強｜詩涵濡宋史樂志會疆來歸之曲於穆我皇之德之純｜｜羣生矜我遺民渥澤王僧孺啟一遇休明多逢｜｜摛藻班固答賓戲馳辨如濤波｜｜如春華蘭臺後漢書百官志｜｜令史六百石掌奏及印工文書

語懶鶯含思白居易詩開遲花養豔｜｜｜｜｜

聽慣流鶯語緣何闘早春思如含脈脈聲懶逆頻頻

紅惜花猶勸黃憐柳未勻有情偏鄭重欲囀尚逡巡
金玉音疑客筆簧意待伸東風將借力幽谷爲傳神
景漸添韶麗歌應結比隣和鳴逢
盛世敢負艷陽辰
聽世說戴仲若春日携雙柑斗酒人間何之答曰流
往聽黃鸝聲此俗耳鍼砭詩腸鼓吹汝知之乎
鶯李白春日醉起詩借問閟凡隱而不發皆作|脈
此何時春風語||詩衛風我思不|
脈古詩盈盈一水頻杜甫詩賦詩分氣象佳柳未
間||不得語頻句莫||增韻勸抑也
勻楊巨源城東早春詩有情李商隱二月二日詩鄭
綠|纔黃半||紫蝶黃蜂俱||
重白居易詩千里囀賈玉詩千條弱柳垂青逡巡杜
故人心||囀瑣百|流鶯繞建章甫

詩後來鞍馬何丨丨金玉音　客詩小雅毋丨丨爾
當軒下馬入錦茵　丨而有遐心李獻
能詩幸有西飛笙簧禮樂　東風禮月　借力李白詩扶
鴻無丨金玉音　志　令　搖應丨丨
桃李願　幽谷詩小　傳晉書顧愷之傳每畫人成或
成陰　雅　神數年不點目睛人問其故答
曰丨丨寫照　韶麗梁元帝纂要春丨日丨丨歌杜
正在阿堵中景　景庾信詩新春光景丨　甫
詩鶯丨比鄰司空圖詩品　和鳴　盛世韓愈送孟東
暖正繁　流鶯丨丨　野序抑不知
天將丨其聲而使丨國家之盛耶貢奎詩　韻府摘
洪惟丨丨自古制作書勒石傳不磨　豔陽辰句花萼
丨丨
丨
鴉背夕陽多
温庭筠詩蝶翎胡
粉重丨丨丨丨

莫道黃昏近斜陽快似梭烏踆留欲駐鴉背照猶多
繞處將依樹飛來豈帶波黑翻千點疾紅閃一痕馱
好景延無限微暄貿若何未隨孤鶩落肯放隙駒過
淡抹胭疑染濃塗墨笑磨
恩暉瞻五色鵷鷺道

金坡

黃昏淮南子日至於虞淵是謂斜陽杜牧詩丨
丨丨薄於蒙谷是謂定昏斜陽丨丨下小樓似梭
寇準詩不堪烏踆淮南子日中有踆丨注繞將依樹
急景丨奔丨烏踆云丨趾也謂三足烏也
魏武帝短歌行月明星稀烏飛帶波詩溫庭筠南湖
鵲南飛繞樹三匝無枝可依詩野船著岸

偎春岸水鳥黑翻陸游詩陂南陂北鴉陣丨千點陸
帶波飛夕陽陶峴詩鴉丨楓葉夕陽動游
詩林昏數點後棲鴉驀閃韓偓詩鴉丨一痕吳文英
長庚詩星似螢丨丨夕陽金背光詞記五
湖清夜推篷臨馱集韻唐何切音好景劉秉忠寄友
水丨丨微月馱玉篇馬負貌入詩丨丨與
時運易過可入無限李白詩出門見南微暄謝莊
郁月只難聞山引領意丨丨胥文晉
小謀大周易輿規少陽丨丨有鑒前史列子宋田父
自曝于日顧謂其妻曰丨丨日之丨入莫知者以獻吾
君將有孤鶩王勃滕王閣序落霞與丨隙駒漢書劉
重賞丨齊飛秋水共長天一色澤謂張
即日入生世間淡抹麻九疇紅梅詩歲寒未許朋梁
如自丨過丨耳東風管丨丨濃妝得自由
王叟石詩薄塗墨管訥詩我嗟丨丨鴉乎如棘恩暉趙
權胭丨丨高啟詩醉題高壁丨如鴉嚴
詩二年丨丨五色禮斗威儀政太鵷鷺隋書音樂志懷
意是春丨平則日五色黃綿白丨丨成

行直金波 程俱酬葉內翰見招詩賓閣遙知懸玉麈丨廬應許到丨丨

山可一窗青 陸游雜感詩谿添半篙綠丨丨丨丨丨

郤把遙山色安排對戶庭縱觀窗啟綠可意障分青

鳥了風初度螺彎雨乍經稱心招列岫真面納疎櫺

位置雲爲幄裁量翠作屏全收容峭蒨不隔影玲瓏

簷際烟皆潤峯頭霧未暝有時登躡去回首認柴扃

遙山色 許渾詩水遠山丨步步愁王維詩丨丨有無中 安排 莊子造適不及笑獻笑不及排丨丨而去化乃入於寥天一 戶庭 易節卦 窗啟綠 王安石詩仰丨分丨碧紗涼蘇軾詩

丨窗朱戶春晝閑 可意 莊子無名無實在物之章虛可言丨丨言而愈疏嶂 青 沉約遊鍾

山詩鬱律攜丹巘峻嶒起嶂丨 鳥了 隋書琉球國傳國有四部帥統統諸洞洞有小王往往有村村

有丨丨並以善戰者爲之 風度 陸游詩花藏密葉多時在丨丨疏簾特地涼 螺彎 陸游詩小

橋東北望丨山元好問詩山從陽五西來青一丨天公擲下半玉環 稱心 陶潛詩人亦有言丨丨易

足 列嶂 張仲素賦爰開窗以丨丨若施嶂而圖山 真面 蘇軾詩不識廬山丨丨目只緣身在

此山中 疏欞 楊萬里詩小閣丨丨春晝長 位置 名畫記謝赫云畫有六法五曰經營丨丨

雲爲幄 胡儼陪遊萬歲山詩閣道丨丨丨仙山玉作臺 裁量 見官途最重是文衡詩注 尋

屏 廬山後錄清輝閣對廬阜如青天丨丨初至峭白雲英英起山腰已而山披絮帽變態不常

蒨 左思招隱詩丨丨青蔥閒竹柏得其真 瓏玲 甘泉賦前殿崔巍夯和氏丨丨 簷際 張九

齡詩坐隅分洞烟蘇子華竹如意賦倚鮮膚
府丨丨列群峯烟潤而丨丨掉晧腕而風輕

洗硯魚吞墨

魏野詩丨丨丨丨
丨烹茶鶴避烟

古硯臨流洗波光墨暈渾眼明浮鴿活鱗躍識魚吞
雅製裁雲潤游踪戲葉繁散疑烟有篆食訝字無痕
前度螺頻試他生蠹並論口真濃汁飲腹可藏書存
片石溫如玉淸池小似盆銜鈎添麗藻沿討溯淵源
古硯米芾西園雜集圖記唐巾涼衣昂首而起石者
爲米元章袖手而仰觀者爲王仲至前有鬅頭
頑童捧丨臨流仲長統樂志論使有
丨而立良田廣宅背山丨丨波光丨元稹詩烟透薹丨丨

墨暈蘇軾墨花詩花心起｜｜春色散毫端渾劉克莊詩了頭婢子忙勻粉不管先王硯水｜

眼明鴝白居易詩韶光｜共｜歐陽修硯譜端石出端溪有鸜｜眼者爲貴鱗躍潘尼東武

館賦游｜變｜雅製文心雕龍才有天資學愼時習童子雕琢必先｜｜裁雲杜甫詩粉毫惟

畫月瓊尺只｜｜游踪李白詩魚｜江海深梅堯臣詩新春雷雨起鱗｜戲葉古樂府江

南可採蓮蓮葉何田田魚｜蓮｜間魚｜蓮｜東魚｜蓮｜西魚｜蓮｜南魚｜蓮｜北散烟

篆鼂補之詩｜篆縈簾額朵濂詩香飄金屋｜｜清前度史記屈原傳懷沙賦云章畫職墨兮

｜｜末改螺輟耕錄魏晉時始有墨丸後有｜子墨亦墨丸之遺製他生李商隱詩｜｜末卜

此生休蠹酉陽雜俎書生何諷常買得黃紙古書一卷讀之卷中得髮卷規四寸如環無端何因絕

之斷處兩頭滴水升餘燒之作髮氣諷常言於道者吁曰君固俗骨遇此不能羽化命也據仙經曰｜魚

三食神仙字則化爲此物名曰脉望夜以規映當天中星星使立降可求還丹取此水和而服之即時換骨上

濃汁 齊渴思｜緣｜素書 魚中有尺｜｜片石

賓 耶律楚材詩禁臠日詩呼兒烹鯉

李白詩君不見晉朝羊公一

｜｜｜龜頭剝落生莓苔 溫如玉 詩秦 清池 東京 賦造

舟｜小似盆 蘇軾送黃師是詩會稽 銜鉤 杜甫詩潛

｜｜入吾手鏡湖小于盆 魚不｜｜

又崔寔答譏受餌｜｜悔在 麗藻 郭璞爾雅序爾雅

鷙刀披衣食篆乃敵其毛 者蓋興于中古隆

于漢氏豹鼠既辨其業亦顯英儒贍聞之士 漢

洪筆｜｜之客靡不欽玩耽味爲之義訓 淵源 書

成帝紀儒林之官四海｜｜宜皆明於古

今溫故知新通達國體故謂之博士

今年七月閏 ｜

王僧閏月七日亭讌 軍

｜｜｜｜韃詩花西莊

記得銀河度天孫七夕歸今年剛遇閏匝月僅相違
庭畔曾穿綫樓頭又曝衣蛛絲尋有迹鵲羽倦仍飛
桐葉青堪數花瓜綠尚肥雲翻新樣錦石認舊時機
斗柄移前度
宸居閣左扉
聖人勤茂對玉燭協璿璣

記得劉禹錫聽舊宮人穆氏歌詩曾隨織女渡天河｜｜｜雲間第一歌 銀河渡江總歌織女今夕｜｜｜當見新秋停玉梭 天孫史記天官書織女者｜女｜也 七夕荊楚歲時記｜｜婦人結綵樓穿七孔鍼或以金銀瑜石為鍼陳瓜菓于庭中以乞巧有子網于瓜上則以為得 遇

盧湛贈劉琨書仰惟先情俯覽今丨 相違 易天與水丨行疏天道西轉水流東注是天與水丨丨而行象人彼此兩相乖戾故致訟也 庭畔 吳師道詩亦擬學䅣生植根向丨丨 線穿 見上七夕注又李賀七夕詩鵲辭丨丨月花入曝衣樓 樓頭 方千詩丨丨風景八九月床下水雲于萬重 曝衣 丨丨見上穿線注又孔傳續六帖七月七日部景龍記太液池西有漢武帝丨丨樓常至七月七日宮女出后衣登樓曝之 蛛絲 天寶遺事宮中七日以錦綵結成樓殿高大可容數十人陳花菓酒肴設坐具以祀牛女二星又以蜘蛛內之小金盒子中至曉開視以丨丨之稀密爲得巧之多少 尋 鄭谷詩烟莎後池水前跡杳難丨 有跡 十啓有形必朽有丨必窮 鵲羽 白帖烏丨填河成橋而渡織女又毛元中秋詞[illegible]嫫生寒入未定丨丨驚飛林樾 倦飛 歸去來辭雲無心以出岫鳥丨丨而知還 桐葉青 李昉太平御覽原注梧桐可知日月正閏生十三葉一邊有六

六葉自下數一葉爲一日至上十二葉有閏則十三
葉視某小者卽知閏何月也爾雅翼青桐似梧桐而
無堪數陳基分署望鳳凰山詩須花瓜東京夢華錄
子臾霧靄收草樹祭丨丨以瓜雕刻成
花樣謂綠肥李清照春晚詞時夜雨疎風驟濃睡不
之丨丨消殘酒試問捲簾人却道海棠依舊知
否知否應是雲錦蘇軾詩天孫翻新樣秦觀紀子瞻
丨丨紅瘦爲織丨丨裳罷使高詩
貢外別題求紗札錦中丨丨樣織新篇又張祜送石機
走馬使詩丨丨花紋配蜀羅同心𥘵帶壓金蟣
集林有人尋河源見婦人浣紗問之曰此天河也乃
與一石而歸問嚴君平君平日此織女支機石也
舊時劉禹錫詩丨丨斗柄移周語伶州鳩對問律辰
王謝堂前燕在丨丨注辰日月之會
丨丨斗前也又王禹偁詩前度見洗硯魚寢居班固
德音玉澤潤謙柄斗柏丨吞墨注典引
高光一聖禮玉聖人勤易丨丨作而萬物覩
丨丨其域闔左扉藻又班固詩帝丨時登

爰考休徵茂對易无妄玉燭爾雅四時和謂之||協|說文衆之同和也從劦十声

璿璣書舜典

左右修竹

司空圖詩品典雅座中佳士||||

莫笑居無竹茡檐左右皆此君原不俗有士况都佳

及徑中央界新陰夾道排參差干畝合顧盼七賢偕

交翠縈雙闥分青護兩階水泉瞻渭曲圖史蔭蕭齋

賞雨添詩興沽春寄酒懷蕭嵐如可到

虞陛聽音譜

居無竹蘇軾于潛僧綠筠軒詩可使食無肉不可使丨丨丨無肉令人瘦無竹令人俗人瘦尚可肥士俗無可醫苐篬杜甫詩苦徑臨江竹丨丨覆地花蘇軾詩誰道丨丨劣容滕海天風雨看約被陸游詩丨丨夜点滴已作春雨声此君王徽之傳嘗寄居空宅中便令種竹或問其故但嘯咏指竹曰何可一日無丨丨耶不俗魏志公孫度傳注奉車都尉嚴弘冠族子孫少好學問博通書記多所閉溦口論捷辯而丨丨仄徑朱子詩丨丨穿林欲造天末妨停策聽涓涓中央詩秦風新陰白居易詩春禽餘弄在夏木丨丨成唐彥謙春深獨行詩連天瑞靄千門遠夾道丨丨九陌成夾道見上參差閒居賦竹木蓊藹靈果丨丨千畝史記貨殖傳齊魯丨丨桑麻渭川丨丨竹顧盼李白詩銀鞍紫轡照雲日左丨右丨生光輝七賢晉書嵇康傳康所與神交者惟陳留阮籍河內山濤豫其流者河內向秀沛國劉伶籍兄子咸瑯琊王戎遂爲竹林之遊世所謂竹林丨

丨也
交翠　蘇軾詩日高黄繖下西清風動龍槐舞丨丨
雨階　書大禹謨
洪泉　詩衛風
渭曲　白居易詩丨丨莊猶在錢塘俸倘殘
圖史　唐書楊綰傳性沈靖獨處一室左右丨丨凝塵滿席淡如也
蕭齋　張宏靖丨丨記隴西李約于於江南得丨子雲壁書飛白丨字與俱載舟還洛陽仁風里第夫丨之為言抱切然而清其于文也蔚然而整宜乎銘壁宜乎銘丨按江夏王鋒名姓丨丨為高帝子
賞雨　本詩品丨丨茅屋
詩興　杜甫詩東閣官梅動丨丨還如何遜在揚州
沽春　論語丨酒市脯不食　本詩品玉壺買丨
寄酒懷　魏氏春秋阮籍作蘇門先生論以丨所懷
許渾詩清鏡曉看髮素秋秋　丨丨范成大詩低迷病丨丨
薰風　引丨韋安石梁王宅侍晏詩早荷承
湛露修竹引丨丨
音諧　書八丨克丨
一半句留是此湖

白居易春題湖上詩末能抛
得杭州去｜｜｜｜｜

官是杭州好西湖況最幽三年成小住一半此句留
緣椰頻攜榼紅蓮慣泊舟六橋真畫本五馬自風流
官蹟羈如羽詩情戀到鷗平分求治譜却減望鄉愁
裙帶添新景襟痕憶舊游他時開祖帳肆黛倚回頭

西湖 唐書地理志湖州長城縣有｜｜溉田三千頃 白居易｜｜留別詩處處回頭盡堪戀就中難別是湖邊 三年 小住 白居易詩翠黛不須留五馬皇恩 只許住｜｜陸游詩諸君｜｜聽松声 緣椰 宋史何渠志臨安西湖至宋漸成葑田蘇軾 既開湖因積葑草為隄相去數里橫跨南北 兩山夾道植柳林希傍曰蘇公堤行者便 之因為軾立詞堤上孫潍詩｜｜蔭吸 攜榼 觀賀 行紀

孅蹹雞山西溢修竹一園著𡗗可愛清陰若幄遂丨丨藉草而飲

紅蓮 泊舟 白居易西湖留別詩綠藤陰下鋪歌席丨藕花中丨技船謝眺詩丨丨搖弱荇白居易詩艷頭鶩波穩丨丨

六橋 名勝志蘇公堤開丨丨通水一日跨虹二日東浦三日壓堤四日望山五日鎖瀾六日映波

畫本 陸游詩村村皆丨丨處處有詩材

五馬 見上三年注

風流 晉書王獻之傳獻之少有盛名而高邁不羈丨丨為一時之冠

羈如羽 范成大詩茲遊奇絕忘丨丨官蔡邕團扇賦其輶丨丨

詩情 白居易詩曉雪引丨丨

望鄉愁 韋莊詩丨鄉孤客何高樓白居易詩風景觸丨丨

裙帶 白居易春題湖上詩青蘿丨丨展新蒲

襟痕 白居易故衫詩丨上杭州舊酒丨

舊遊 李白詩長歌懷丨丨

祖帳 白居易西湖留別詩丨丨離生咽管絃

翠黛 見上三年注

回頭 見上西湖注

鑪煙細細駐游絲 杜甫退朝晚出左掖詩宮草微微承委佩丨丨丨丨丨丨丨

香爇蓬萊境游絲弱縷懸微纔看砌草細更颺鑪煙
薄霧金猊散新晴紫燕翩重難添椰上輭不墮花前
裊裊霏青靄垂垂界碧天襜痕餘麝馥纖影誤蛛牽
衣袖攜來滿旌旗拂處偏願銘心一片常傍
五雲邊

香爇 韓偓承明禪師房詩寶丨爐上丨金磬佛前敲 蓬萊境 明宣宗山水圖歌東華之華湛明景彩霞環繞丨丨丨 弱縷 沈約甘焦詩流甘捹椰實丨丨冠絺衣 砌草 李中寄左偃詩

間留好烏庭柯密晴餐鳴蛩｜｜深**颺**杜牧詩今日鬢絲禪榻畔茶烟輕｜落花風**薄霧**杜甫詩寒沙蒙｜｜落月去清波**金猊**韓愈詩｜鑪香動蟠紋暗玉佩聲來雉尾高王逢任月出少監職貢圖引一擘木難瑚珊珠一戴玉琢猨｜爐**散**西都賦沈浮往來雲集霧｜**新晴**間居賦微雨｜｜六合清朗**紫燕**杜甫詩燕外晴絲捲鷗邊水葉開顏延之赭白馬賦｜｜騈衡繇蚰衛轂又蘇軾詩｜｜黃鸝日漸嬌**翩**魏文帝詩候鴈叫兮雲中歸謎｜兮徘徊**重添柳**楊巨源春日奉獻聖壽無疆詞鑪烟｜｜重宮漏出花遲**輭**趙長卿詞春到垂楊嫩黃染就金絲｜**花前**宋之問詩公子王孫芳樹下清歌妙舞落花前白居易詩士女笙歌宜月下使君金紫稱｜｜**裊裊**徐伯陽詩圓籠｜｜挂青絲鉄鉤冉冉勝丹桂霏**青靄**許衡詩曉色雲烟生洞府霽天｜靄散林皐劉希夷詩庭陰幕｜｜簾影散紅芳**垂垂**杜甫詩江邊一樹｜｜發**界碧天**港咸

大詩丨天山雪淨黃埃江上扁舟夜澹浪温庭筠詩
泛來劉禹錫詩遊絲撩亂丨羅丨殘暉微星
當戶沒丨烟斜月照樓臺蘇軾詩書窗拾新
張碧詩半醋書破青烟丨餘麝馥㷲佛帳掃餘馥韓
翃詩麝丨松陰纖影陳與義梅詩爱欵丨丨上誤蛛
裹寒猿黛色中纖影窗紗無限輕香夜遶家
牽沈佺期釣竿詩避檝時驚透猜鉤每誤
丨杜甫詩蟲蛇穿畫壁巫覡醉蛛絲衣袖攜滿
見詩成珠玉岑參和賈舍人早朝詩花迎劍
在揮毫題注旌旗拂佩星初落柳拂丨丨露未乾
銘心一辦梅堯臣詩自茲期莫逆未契心所銘張
翥二生塔詩無緣香一瓣回向佛堂中五
雲周禮春官保章氏以丨丨之物辨吉凶
王維詩豈知玉殿生一秀詎有銅池出丨丨
花妥鶯捎蝶
杜甫重過何氏詩丨丨
丨丨丨緣喧獺趁魚

戀戀花間蝶飛飛樹底鶯無心捎曲徑有態亥前楹
打起黃鸝掠迷藏粉乍縈影穿雙翅急春囀一枝輕
縱許香猶抱難勝夢忽驚踏應防露滴扶欲倩風迎
珠曳歌原熟衣裁舞並呈
上林韶景麗動植愜
皇情

戀戀陸游詩就食亦知難｜｜花間蝶徐俳妻劉氏答外詩鳴飛鸝蘂中舞戲蝶花間鶯飛杜甫詩清秋燕子故｜｜樹底王建宮詞樹頭｜｜落殘一片西飛紅片東無心見與過山寺先雲到注曲徑常建詩｜｜通幽處禪房花木深有態元好問詩林高風有｜菩

滑水無聲前楹李白詩蘿月掩空幕霜松皓||
打起黃盎起運詩|||鶯兒莫教林||上啼
迷藏致虛雜俎明皇與玉眞恒於皎月之下以錦帕裏目在方丈之間互相捉戲謂之捉||溫庭筠詩|蝶粉團飛花影轉
影穿釋智炫詩葉密風難度枝疎|易|
雙翅白居易詩鴛鴦蕩漾雙||
一枝輕常建詩花映垂楊漢水清微風林裡|||
香抱溫庭筠詩蜂重抱|歸
難勝駱賓王詩別恨轉||
夢驚莊子昔者莊周|爲蝴蝶栩栩然蝴蝶也劉允濟詩虛牖風|夢
露滴孟浩然詩竹||清響
扶
風迎元好問詩醉倒不用春風扶張協七命蕘榭迎風
珠曳歌王惲詩串珠喉穩怯春寒方干詩蟬曳殘聲過別枝
衣裁舞
呈張耒蝶|曬粉花枝午徐彦伯詩|衣巻文素宋之問詩飛花隨蝶|范成大詩顛狂社舞|
上林裴舍人詩二月黃鸝飛||
韶景麗見語懶鶯含思注
動植

宋史樂志仁至敦丨丨丕緒啟宗祊皇情權德輿詩凝旒前席丨丨喜

委懷在琴書

陶潛始作鎮軍參軍經曲阿作詩弱齡寄事外丨丨丨丨丨

票皇棲遲日琴書擁傲齋委心欣有託樂境即無懷一曲知音賞千秋尚友偕松聲清入座草色綠當階山水誰同志羲皇或許儕趣從絃外領味是卷中佳寄傲情願適消憂願已諧吾廬回首處蹤跡感天涯

票皇南史陶潛傳江州刺史王弘欲識之不能致也潛嘗往廬山弘令潛故人龐通之賫酒具于半道丨丨要之及至欣然便共飲酌俄頃弘至亦無忤也棲遲詩陳風傲齋林景熙詩跡亡

忽震蛟龍睡軒丨寵忘犬馬情又劉滄詩破丨荒徑閉烟蘿委心欣有託陶潛歸去來辭曷不丨丨任去留又詩衆鳥丨丨丨吾亦愛吾廬樂境韓維詩久從塵邑居丨與清丨遇無懷陶潛五柳先生傳丨丨氏之民與葛天氏之民與曲稽康與山巨源書今但欲守陋巷時一與親舊叙離濶陳說生平濁酒一盃彈琴丨丨志意畢矣知音寡列子伯牙鼓琴志在高山鍾子期曰峩峩然若泰山志在流水洋洋然若江河子期死伯牙絕絃以無丨丨者又後漢書黃瓊傳陽春一曲和者必丨丨千秋唐書張九齡傳初丨丨節公王弁獻寶鑑九齡上事鑒十章號丨丨金鑑錄以伸諷諭尚友中孟松聲清梁元帝纂要河間二十一章琴曲有風八松陸游詩清吟和丨丨稽康琴賦氣和故響逸張急故聲丨草色綠劉禹錫陋室銘丨八簾青宋翁森讀書樂丨滿窗前草不除當階裴納之詩丨丨篁篠密山水見上知音注同志國語同姓

則同德同德則同羲皇陶潛與子儼等疏五六月北
心同心則｜｜窗下卧遇涼風漸至自謂是
｜｜趣晉書陶潛傳性不解音惟畜素琴一張絃外
上人絃徽不具日但識琴中｜何勞絃上聲
王昌齡詩鬢髯｜味卷中佳林景熙詩書｜夜燈
指｜遂見初古人知白居易盧子蒙卷
後詩早聞元九贈君詩恨與盧君相識遲今日逢君
開舊卷｜｜多道贈微之蘇軾詩遙想獨遊｜味少
無言騅馬寄傲陶潛歸去來辭倚南窗情適蘇晉詩
但嗚嘶以｜｜審容膝之易安客來｜
彌消憂陶潛歸去來辭願諧謝惠連秋胡行華吾廬
｜樂琴書以｜｜顏易改良｜難｜
見上欣回首見與過山寺蹤跡范質記閒門斂｜天
有託注先雲到詩注｜縮首避名勢
涯蘇軾詩蕭然行腳
僧一身寄｜｜
羯鼓催花

南卓羯鼓録明皇洞曉音律尤愛羯鼓玉笛云八
音之領袖時春雨初晴景物明媚帝曰對此豈可
不與他判斷乎乃命羯鼓臨軒縱擊自製一曲名
春光好回頭柳杏皆發上笑謂侍臣曰此一事不
喚我作天
公可乎

怪底東風懶羣芳寂未開豈知花信報郤藉鼓音催
簇簇含苞待鼕鼕送響纔有聲繁似雨此令疾于雷
白點方揮手紅情已脫胎三撾勞迫促百卉敢徘徊
合撥竟裝奏能驚蝶夢回薰琴聆
舜陛佳植慶滋培

怪底郎玉題終南雪霽圖詩玉龍銜燭晴光吐||空簷響殘雨
東風懶吳維信絶句可栞

花瘦盡丨丨丨商謝眺酬德賦覧斯物之花信
略平生到杜鵑羣芳用舍相丨丨之動植
歳時紀始梅花終楝花鼓音梛宗元零陵之亭記薛
凡二丨四番丨丨丨風存義來莅玆邑門不施
胥吏之席耳不簇簇白居易詩葉重碧雲片花丨紫
聞鼕丨之丨霞英又韋莊詩天外晩峯青丨
丨檻前春含苞待徐凝牡丹詩惟有數苞紅鼕鼕唐
樹碧團圓蕚在丨丨直丨合八來書
馬周請置六街鼓送響薛曜遊燕石淙山詩序洶驚
院號丨丨大鼓湧洪濤虛落潭而丨丨
繁雨白居易拂波雲色令疾雷東都賦峯烽伐鼓串
重灑葉雨聲繁令三驅易動萬物者
莫疾乎雷又韓偓詩白點南卓羯鼓錄頭如青揮手
跡雨從東送疾雷山峯手如丨雨丨丨
宋之問登禪定寺閣詩開紅情王建詩池北花南草
襟坐霄漢丨丨拂雲烟綠殿前殿後丨丨梁
武帝詩偏脫胎參同契作丹之時丨丨八三撾遞颯
動紅綺丨口功成之後丨丨出殼詩村

農爱豐歲社鼓已丨丨

遌春秋公及宋公遇于清注遇者草次之期䟽草次猶造次丨丨不服之意

百卉詩又嵇康詩丨丨吐芳華

徘徊曹植詩明月照高樓流光正丨丨又白居易過李生詩欲去復丨丨夕鴉已飛鳴

按霓裳袁桷詩龟臺我丨丨丨曲歎鼎重然甲煎香○

奏張羽詩妙丨發清商

蝶夢回見花爱鸞稍蝶驚字注又魏野詩鶯回一覺游仙夢村巷傳呼宰相來

薰琴舜陛家語舜作五絃琴歌曰南風之薰兮可以解吾民之慍兮南風之時兮可以阜吾民之財兮又岑参詩聯步趨丹丨

佳植蘇軾詩上天信包荒丨丨無由豈

滋培禮中庸故栽者培之注氣至而丨息爲丨

綠窗朱戶圖書滿

胡儼直閣詩丨丨丨丨丨丨丨

丨丨人在蓬萊第一峰

插架圖書滿蓬萊境寫雙縹緗羅綺戶卷帙富晴窗
金碧仙居敞丹黃健筆扛直疑三島接合受百城降
壁府天垂象瑯嬛地守尨坐宜芸館靜言黜稗官哤
檢赤披瑤笈藜青映玉缸簡編探
四庫待問擬鐘撞
插架韓愈送諸葛覺往隨州讀書明宣宗山
詩鄴侯家多書丨丨三萬軸蓬萊境水圖歌東
華之華湛明景彩寫雙張載扇賦若乃搜奇選妙絕
霞環繞丨丨丨色丨丨鵠質皦鮮玄的點絳
修短雖異而縹緗隋書經籍志荀勗分爲四部總
光彩齊同括羣書盛以丨囊書用丨青羅
宋史李燾傳燾博極載籍搜綺戶丨溫庭筠吳苑行丨
丨百氏慨然以史自任雕檻長若此部

光歲歲卷帙梅堯臣和省閣宿齋詩看盡雲晴窗元
如歸來容天漏碧讀殘書帙卷披黃好
問詩｜｜弄筆八今金碧蘇軾詩還朝如夢仙居李
老葦負松風入硯聲中夔闕聑｜｜白
詩我閉南樓看道書儆余清遊部日詩青瑯丹黃周
幽簾清寂若｜｜佛髻高羣玉仙都｜髏
算經天數之爲笠也青黑爲健筆扛徐陵讓表陳琳
表｜｜爲裹以象天地之位才｜｜末盡愚懷
孫惠辭人未加煩飾韓愈詩三島神仙傳海上有三
龍文百斛鼎筆力可獨｜神山日蓬萊日方
丈日瀛洲受百城降比史李謐傳鳩集諸經廣校同
謂之｜｜｜｜異爲孔璠等判折隱伏辭氣磊
落觀者忘疲每曰丈夫擁書萬卷何暇南面百城史
記匈奴傳漢使貳師將軍廣利西伐大宛而令因杅
將軍敖築壁府張說麗正殿書院晏詩東天垂象易
受降城｜圖書｜西園翰墨林繫
辭｜｜記張茂先博學強記嘗爲建安從事
傳瑯環句遊於洞宮遇一人于途問華曰君讀書幾

何華曰華之未讀者則二十年內書蓋有之也若二
十年外固已盡讀之矣其人論議超然華頗內服因
其至一處大石中忽然有門引華入數步則別是天
地宮室嵯峨引入一室中陳書滿架其人曰此歷代
史也又至一室則曰萬國志也每室各有奇書惟一
室屋宇頗高封識甚嚴有二犬守之華問故答曰此
皆玉京紫微金真七瑛丹書紫字諸秘籍指二犬曰
此龍也華歷觀諸室書皆漢以前事多所未聞者如
三墳九邱檮杌春秋亦皆在焉華心樂之欲賃住數
十日其人笑曰君癡矣此豈可賃地耶命小童送坐
出華問地名對曰此｜｜福地也按尨犬多毛者
芸館靜　姚鵠詩端居有地惟成樂靜坐無時不憶
山李質艮嶽賦蔭擅樂之芸館豁凝思之
雅言　稗官　漢書藝文志小說者流蓋出于稗官
堂　哤　街談巷語道聽塗說者之所造也說
文哤異之言一曰雜語又齊語雜處則其言哤
藜青　劉向別傳向校書天錄閣夜暗獨坐誦書有老
人黃衣植青藜杖叩閣而入吹杖端烟然與向

說開闢以前向因爰五行洪範之文至晤而去曰我太乙之精天帝聞金卯之子有博學者下而觀焉乃出竹牒天文地理簡編易疏分爲上下更無異義 四之書悉以授之 簡編以｜｜重大是以分之

庫 唐書經籍志集賢書院知書官八人掌分｜｜書庫又秘書郎按甲乙丙丁四部之圖籍謂之｜｜經庫類十史庫類十三子庫類十四集庫類三

待問 撞鐘 禮學記

徒扛成

孟子 離婁

善政先徒涉臨流木架椿一灣寒到水九月制成扛共樂熙攘便休教厲揭幪眼前橫略約足底聽琤琮雁齒新看亞虹身倒映雙蹈霜留跡遠頭渡息聲吭

紅板支烟渚青溪帶石矼蕩平周亥步

聖澤洽鴻龐

善政孟子徒涉詩小雅不敢馮河傳馮河||也臨流見洗硯魚呑墨詩注木架

春陸游詩獨||來新暑約一峯買得石嶙峋||說文樮栊也唐韓愈詩斬拔栿與|一

灣錢起江行詩||斜照水三板順風船共樂中說可與||未可與共憂可與共憂未可與

||吾未見可與|憂|者也熙攘史記貨殖傳天下|熙皆爲利來攘|皆爲利往厲揭

詩邶風眼前岑參詩郡僻人事少雲山遮||暑約見上未架橋注足底顧請詩案

頭細峽茫如海|||青鞭贖有山琤淙黃庭堅詩四海羣||從間邇來羣||雁齒白居易詩

||小紅橋虹身雙李白秋登宣城謝朓北樓詩兩水夾明鏡雙橋落彩|王琪詩鳳城

從此有踏霜跡耶律楚材早行詩馬蹄丨破板橋曉
雙身丨温庭筠早行詩人丨板橋霜
陸游詩断約苔生人丨曉見絲窗朱戶烟渚白居
渡丨孤村霜近稻登場圖書滿詩注易詩
丨丨雲帆處處通郭璞遊仙詩丨丨干爾
飄然舟似入虛空青溪餘仞中有一道士石砡雅
丨丨謂書洪山海經帝命豎丨丨自東極
之衜蕩平範亥步至于西極五億十選九千八
百步注曹植求自試表沐浴丨丨范純仁
選萬也聖澤潛潤德教可謂厚幸矣鴻雁詩乘時
林幹恢
丨丨

魚苗初上小於鍼

丁復詩沙遠晴波淺漾
金丨丨丨丨丨丨

漸喜魚苗活芳池乍上初輕波方縠似小隊已鍼如

刺想苔衣滑穿宜椰線舒繡絲來雨細試剪趁風徐

濯錦功須爾敲鉤興引余徵纔看織水弱不任緘書

節候分秧近遊行在藻餘觀濠知樂意明鏡照襟裾

芳池江淹詩華月照丨丨輕波儲光羲詩清露洗雲林丨丨戲魚鳥縠似高觀國春水詞蕩霽色流八橫塘着風外漪漪皺紋如縠小隊李賀詩十騎簇芙蓉宮衣丨丨紅刺爾雅檓大椒疏椒樹如茱萸有針丨丨葉堅而滑澤苔衣梁元帝詩丨丨隨溜轉柳線范雲詩春風丨丨長迭郎上河梁絲雨細梁元帝詩細雨織懸絲剪風徐賀知章柳詩不知細柳誰裁出二月春風似丨刀薛能折楊柳詩窗外高垂旭日初樓邊輕暖好丨丨濯錦後漢書王符傳攻玉以石洗金以鹽丨丨以魚浣布以灰敲鉤杜甫詩稚子丨鍼作釣丨織水上官郵客

詩風校緘書瑯環記識鶯以朝鮮厚繭紙作鯉魚函
｜｜綾兩面俱畫鱗甲腹下令可以藏書此古
八尺素結魚之遺制也韋應物節候晉書天文志華
詩｜｜問所知訓藻當芬縕蓋杠旁六星曰
六甲可以分陰陽而配｜｜故在分秧蘇軾詩｜｜
帝旁所以布政教而授農時也及初夏漸喜
風葉遊行易林千里無在藻詩小觀濠皇甫
舉墻鴛鳳｜｜雅樂意冉詩
濠上正｜｜魚莊子莊子與惠子遊于｜｜梁之上莊子
曰鯈魚出游從容是魚樂也石延年金鄉張氏園亭
詩｜｜相關禽對語明鏡漢書韓安國傳草木遭霜
生香不斷樹交花者不可以風過清水｜｜
不可以襟裾林景熙詩小立春風憐
形逃寂寞忽吹花片入｜｜

愛竹不除當路筍

嫩芽看筍出當路本須除爲愛籠烟竹慵攜帶雨鋤

拚教芳徑礙留待翠雲舒棠屐時防蹴櫻厨未忍儲

長成應伴我舊癖只因渠緑護香痕小青描瘦影疎

讓開塵步軟養到此心虛好俟凌霄後蕭森蔭敝廬

嫩芽陸游詩蒼爪丨丨開露君紅根小把淪烟蔬籠烟竹元稹詩花籠微月竹籠烟帶雨鋤劉長卿詩春苗丨丨丨薩都刺詩屋後春苗丨丨丨芳徑礙陸龜蒙詩共尋丨丨結烟條崔湜和幸韋嗣立山莊應制詩蘭迎天女佩竹丨侍臣簪留待陳師道從冠生求茶庫紙詩乞與此翁元不稱他年丨丨大蘇書翠雲舒陸雲大將軍宴會詩玄暉峻朗丨丨崇靄晉湛方生文望雲丨而息翮仰朝霞而晨征蹴楊維楨蹋踘詩君看脚底輭金蓮細丨花心壽郎酒櫻厨

李綽唐輦下歲時記四月十五日長成李洞詩新秋
自堂厨自百歲厨謂之丨笋丨看丨鷺雛丨
伴我白居易陝府王大夫相迎偶贈詩丨丨綠槐陰
下歇向君紅旆影前行又李商隱詩高松出衆
木丨丨舊癖見看竹何須綠護香痕杜甫詩丨垂風
向天涯問主人詩注折筍紅綻雨肥
梅文同詩遮根丨筍今成立陸龜蒙置酒青揃袁桷
行落塵花片排丨丨闌珊醉露栖愁魂薛濤
牋詩蜀王宮樹雪初瘦影鄭谷淨衆寺松溪詩澄
消銀管填丨點點丨疎分僧影丨光澈客心清
宋徽宗詩曉景塵步軟顧野王艷歌行豈知洛渚羅
熙熙竹丨丨丨丨詎減天河秋夕渡許有
王詩喚醒三年養心虛孟子丨丨莫善於寡欲白居
夢東華足丨塵易池上竹下作水能性淡爲
吾友竹解心凌霄淮南子乘雲丨蕭森歐陽修詩竹
丨是我師丨與造化者俱影涼丨丨
丨陶潛詩丨丨何必
敝廬廣取足蔽床席

泉聲帶雨出谿林

劉滄題馬太尉華山莊竹色丨

拂雲連嶽寺丨丨丨丨丨丨

烟靄谿林合飛泉送遠聲出山流未濁帶雨聽猶明

澗曲紅初瀉橋低碧驟盈翠腰疑練掛雲腳助盆傾

一泒雷同迸千堆雪比瑩綠陰遮不住白點挾俱行

鱗蹴頻添溜虹垂待放晴隰原資灌溉豐稔慰

皇情

烟靄岑參詩丨丨吳楚 飛泉陸機詩丨出山 濁杜

逆泝沿湖海還 [illegible]鳥出 甫

詩在山泉水清 澗李中秋雨詩曲丨泉承去叉工

丨丨泉水丨 澗門[illegible]烟生丨丨 紅

瀉謝靈運詩石橋低王安石詩放船練掛丨王琢詩丨
磴丨紅泉終礙晝丨丨遮簷直
雲脚丨韓愈詩丨盆傾見應是雨陸龜蒙詩積漸
丨飛銀綫崔詩詩注一泒開詞源丨丨分
萬論蘇軾詩今年好風綠陰白居易詩步
溜雷迅語千堆雪會見麥丨丨月憐情景眼
松愛白點見鶤鼓催鱗跡陸游詩晴雲歷添溜魏收
丨丨花詩注細丨撥處通丨樂府
雪溜添虹垂埤雅嘗有見夕虹下澗中飲者丨兩頭
春浦皆丨澗中使人過澗隔虹對立相去數
丈之間如放晴楊萬里詩諸峯知我厭濕原詩大灌
隔綃縠泥行捲盡殘雲丨嫩丨雅
沉杜篤論都賦畎瀆潤於水泉丨丨又司馬皇情張
光晚食菊美賦抱甕親丨丨爛熳供晨餐九
齡詩山川勤遠
略原濕軫丨丨
著手成春

司空圖詩品自然俱
道適往｜｜｜｜
脫手辭雕琢新機著紙迎好春無意得佳句自然成
錦繡探懷富雲烟運腕輕化工歸掌握元氣與流行
胸竹隨時結心花觸處生摘皆蘭茝豔刻笑羽商聲
拈出英詞麗攄來藻思清
當陽欽
茂對簪筆效和鳴
脫手 杜甫詩善知應觸類各藉頴｜｜雕江盈科
蘇軾詩新詩如彈丸｜｜不暫停雕琢唐文粹
序六經以外論者率推秦漢以新機蘇轍雪詩林下
其去古未遠有未｜未｜之意新機細花添百草堦

前輕素剪｜｜著紙抱村子｜｜若糟粕之餘事可傳者祭畢之芻狗好春枊慣詩接席連芳畫

着花借｜｜無意道德指歸論夫道之為物無形無狀無心｜｜隹句杜甫詩美名八不及

｜｜法如何劉禹錫詩碧雲｜｜久傳芳自然老子八法地地法天天法道道法｜｜陳繹曾詩譜

謝霛運以險為主以｜｜為工謝眺藏險怪于意外發｜｜于句中錦繡漢書景帝紀詔曰雕文刻

鏤傷農事者也｜｜篡組害女紅者也羅隱士夕詩應傾淑女珠璣匣盡寫檀郎｜｜篇探懷謝霛

運詩夫子照情素｜｜授往篇范成大讀史詩｜｜取事業一一如印圈富晉書夏侯湛傳文章宏｜

善構新詞雲烟杜甫飲中八仙歌張旭三盃草聖傳揮毫落紙如｜｜運腕讀書譜不可以

指運筆當以腕運筆執之在手手不主運｜之在｜腕不知執化工賈誼鵬賦天地為爐兮造｜為

｜陰陽為炭兮萬物為銅掌握淮南子玩天地于｜｜之中元氣李商隱韓碑詩公之斯文

若丨丨先時流行孟子公胸竹晁補之詩與可畫心
已入人肝脾孫丑竹時丨中有成丨
粱簡文帝又請御講啓丨丨成樹共轉六塵鏡裏
花得珠俱開三障李白登巴陵開元寺西閣詩登眺
餐惠風丨事文類聚李白夢筆杜牧詩高
丨期啓發生丨華自是才思日進蘭茝艷摘屈宋艷
西都賦芳草被說文鏤也周禮春官太師
摛蘭茝發色刻从刀亥声羽商聲皆文之以五聲
宮商角英辭沈約宋書謝靈運傳論丨麗皇甫謐三
徵羽丨潤金石高義薄雲天都賦序引
而伸之故文必極美觸攄琴賦至人丨藻思清魏書
類而長之故辭必盡丨才思御為雅琴刑臧
傳瘕幼孤早立操尚傳學有丨丨錢起詩赤縣新秋
夜文人丨丨催倪瓚詩摘毫傾丨丨獻賦足為傳安
世房中歌丨丨當陽左傳甯武子曰昔諸侯朝正于
聊聊經緯冥冥王王宴樂之于是乎賦湛露則
天子丨丨諸茂對易无簪筆漢書昌邑王傳佩玉環
侯用命也妄丨丨持牘趨謁注丨丨

抽筆於首也李嶠詩小和鳴見語懶鶯
臣濫丨丨無以頌唐風和鳴含思詩註

好鳥枝頭亦朋友

翁森春日讀書樂丨丨丨丨丨
丨丨丨落花水面皆文章

莫道書窗寂枝頭鳥正鳴亦如逢好友聊聽話平生
絮語頻通燕嚶求合問鷺比鄰三徑約棲託一春情
舊雨來應慣新巢喜乍成相關皆樂意最熟是呼名
雞許談精理鷗會締夙盟班聯鳩尾飭
堂陛效歌賡

書窗寂蘇軾詩丨丨拾輕煤韓愈詩鳥下見人丨丨逢好友杜甫詩異縣丨舊友詩小雅雖

無丨見語懶鶯蘇軾詩丨丨舊巳忘年孟頫
丨聽含思詩注話平生浩然詩丨丨一片心
杜甫詩丨來語燕定新巢頡嚶求詩小問鶯李
通燕府摘句海柏梁深燕語通雅白
詩借丨此何時比鄰見語懶鶯三徑晉書陶潛傳丨
春風語流丨含思詩注丨就荒松菊猶
存棲托白居易詩頻此爲春情唐太宗詩極舊雨來
巢穴往來互丨丨目暢丨丨
杜甫詩小序卧病長安旅次多雨新巢成丨丨見
尋常車馬之客丨丨丨今雨不來上頻通
燕注陛游詩幽相關石延年金鄉張氏園亭
禽兩兩巳丨巢樂意詩樂丨丨丨禽對語生
香不來呼名宋之問詩山雞白帖宋處宗
樹交花鳥自丨丨談精理得一長鳴丨
籠著窗間雞作入語與處宗丨鷗盟黄庚詩不羨
論終日杜甫詩丨丨通談笑魚蝦利惟尋
丨鷺說文結不解也史記秦始李東陽詩星
丨締皇本紀合從丨交注結也班聯壇對立本聯

班鳩扈左傳昭公十七年五丨鳩民者也又九丨爲九農正扈民無淫者也堂陛漢書賈誼傳八主之尊譬如丨羣臣如丨歌賡書益稷

臘鼓鳴春草生

宗懍荆楚歲時紀十二月八日爲臘日諺云丨丨丨丨丨丨村人並擊細腰鼓戴胡頭作金剛力士以逐疫

報到陽和信村村聽鼓鳴梛將經臘破草已待春生

四野餘殘燒千家樂太平喧闐蘇地脉消息逗雷聲

節序新年換池塘舊夢驚紅腔來遠近綠意漸分明

勢比催花迅機先爆竹迎

瀛洲承委佩雅奏協

韶韺

陽和史記秦始皇紀時在中春丨丨方起**村村**陸游詩花柳丨丨次第春**柳將句**杜甫詩岸容待臘將舒柳**四野**漢書息夫躬傳邊境雷動丨丨風起**殘燒**陸游詩草色迷丨丨**干家**杜甫詩丨丨山郭靜朝暉日日江樓坐翠微**太平**杜牧詩高歌唱丨丨**喧闐**權德輿詩車從競丨丨**地脉**吳地記包山下有洞庭穴潛行水底無所不通號為丨丨**消息**易剝卦**雷聲**初學記王者從春令則丨應丨**節序**玉海羲馭望舒主晝與夜以中星而定丨丨揆七曜而明分野**新年**後漢書百官志太史令一人掌天時星歷凡歲將終奏丨丨歷**池塘夢**南史謝惠連傳惠連十歲能屬文族兄靈運嘉賞之云每有篇章對惠連輒得佳句嘗于永嘉西塘思詩

竟日不就忽夢見惠連便得謝宗叶咏青花声
池塘生春草之句大以爲工　紅腔　詩紫韻紅丨細細
吟　易繫辭傳又管子剛柔也大小也輕重　分明
遠近　也實虛也丨丨也多少也謂之計數
真山民詩澗暗只聞泉　見羯鼓丨　范成大
滴瀝山清剩見鷺丨丨　催花　丨題注　爆竹　除衣詩
書屏無健筆　瀛洲　史記秦始皇紀齊人徐市等上書
丨丨有寒灰　言海中有三神山名曰蓬萊方丈
丨丨仙　承委佩　見鑪烟細細　雅奏　宋史樂志嘉薦
八居之　駐潦絲題注　斯備丨丨具揚韶
韶英　韓愈孟郊聯句歲律
及郊至古音命丨

滿城桃李屬春官

劉禹錫和禮部王侍郎放榜詩一
日聲名遍天下丨丨丨丨丨丨丨

試事春官重羣材屬鑑衡芙蓉曾兆鏡桃李已盈城

虎榜羅新貴龍門仰盛名培因栽者篤望本直截清
夙譽知無忝濃陰喜乍成尚書原號杏多士合爲楨
王荀班同列金蘭契並榮五雲書太史梁棟答

昇平

試事漢書蕭望之傳時上初即位思進賢良多上書言便宜輒下望之問狀高者請丞相御史須者中二千石｜｜滿歲以狀聞注師古曰｜令行其所言之｜或以諸他職事試之重唐書張說之傳宴集賢院故事官｜者先飲說曰吾聞儒以道相高不以官閥爲先羣材管子量民資以畜聚賞彼羣幹聚彼｜｜百物乃取使民無怠鑑衡王充論衡上自黃唐下臻秦漢折衷以聖道析理於通林如衡之平如鑑之空芙蓉鏡酉陽雜俎李固言遇一老姥爲言郎君明年｜｜｜下及第明年果

仲狀元故及第詩有人鏡虎榜唐書歐陽詹傳詹舉
芙蓉之語姚乃金天神也虎榜進士與韓愈李觀李
絳聯第皆天下羅新貴宋史選舉志科目既設猶慮
選時稱龍丨丨不能盡致天下之才或韜晦
而不屑就往往命州郡搜丨而公卿得以薦言龍門
陸游詩薦官倘來難倚杖舊交丨丨例相忘
後漢書李膺傳膺獨持風裁以聲名自高士有被其
容接者名爲登丨丨南史袁昻傳昻雅有人鑒遊處
不雜入其門魏書崔浩傳太宗曰卿請先帝
者號登丨丨仰盛名如何浩曰太祖用漢北醇樸之
人南入中地變風易俗化洽四海自與羲皇齊烈臣
豈能丨名漢書黃瓊傳陽春之曲和者必寡丨丨之
下其實培栽者禮中庸故直哉清書虞典丨丨夙
難副栽者培之丨惟丨
譽詩周頌庶幾丨無斁錢珝授陳班右金吾衛將軍
夜以永終丨制受爵而每期丨丨檢身而
惟恐濃陰成楊汝士宴楊樸射第詩桃李新陰在
有瑕鯉庭高駢山亭夏日詩綠樹陰丨夏

三十

日長陸游詩百古今詞話宋景過張子野
花過盡綠丨丨尚書號杏家將命者曰尚書欲見雲
破月來花弄影郎中子野內應曰得非紅杏枝頭春
意鬧尚書耶又白居易樂府今日宮中年最老大家
遙賜尚　多士　楨詩大雅王國克生維周之　王筍班
書號　楨濟濟多士文王以寧
唐書李宗閔傳為中書舍人典貢舉所取多知名士
若唐冲薛庠袁都等世謂之丨丨　按唐書無丨字班
字見鄭谷詩渾無酒泛金英菊漫道官趨丨丨丨諸
類書引宗閔傳多增出班字又增出門生多清秀俊
茂字　同列　史記伍子胥傳贊怨毒之於人甚矣
樣誤　哉王者尚不能行之於臣況丨丨乎　金蘭
契　雲仙雜記戴宏正每得密友一人則書于編簡焚
香告祖考號為丨丨簿白居易詩分定金蘭丨言
通藥　並榮　封禪文亦各丨時　五雲　太史　宋史韓埼
石規　而丨咸濟厥世　傳弱冠舉
進士名在第二方唱名太史　梁棟　梁武帝詩出家為
奏日下五色雲見左右皆賀　上首入仕作丨丨

丨丨曲辭旨與此全殊踏歌聲李白詩忽聞岸上丨丨丨蹁躚沈約賦霓裳丨綽兮羽衣丨

丨前宵高啟待月詞蘭閨未返燈寒後恰似丨丨待郎久熨貼平村甫白紵行美人細意丨丨丨裁縫滅盡針線迹雩沂論語遊覽夏侯湛芙蓉賦臨清池而丨丨觀芙蓉之麗華童冠論語偕行詩秦風與子丨丨

海水照秋月

李白登巴陵開元寺西閣贈衡嶽僧方外詩見君萬里心丨丨丨丨丨

一片禪心照無邊慧海流前身原是月此境最宜秋

空色誰能測光明豈待修淵懷千頃潤圓相九霄留

悟後應忘指看來合舉頭波瀾澄不起雲霧翳全收

浩渺淩三島高寒映十洲

知臨方樂水

璣鏡燭遐陬

一片見應是雨催詩詩注禪心照李頎詩片石孤雲窺色相清池皓月照||無邊

齊書高逸傳論佛法者理寂乎萬古迹肇乎中世淵源浩博無始||江賦察之無象尋之||慧

海梁簡文帝玄圃園講頌序窮以寶山峻品駢足末窺||遙波輕舟詎泛王逢詩||禪師識侯景

華容女兒哭劉表前身可空圖詩品明月||此岑安卿詠池亭詩境虛亭巧結搆有|

觀魚|空色心經色不異|空不異|色即是|空即是|光明酉陽雜俎長慶初山人楊

隱之在郴州常尋訪道者有唐居士留楊止宿及夜

呼其女曰可將一下弦月來其女遂貼月于壁上如

片紙耳唐郎暗祝曰今夕有客可放光明言訖一寶
朗若張燭法苑珠林如來有六種｜｜一青光二黃
光三赤光四白光段成式酉陽雜俎太和中鄭仁
五紅光六紫光 修 本遊嵩山見一人枕一襆物呼
之其人曰君知月乃七寶合乘乎月勢如丸于頃更
其影則日爍其凹處帶八萬二千戶｜之記
酷吏傳甯乘曰仕不至二千石賈不至于萬安可比
人乎乃貰貸買陂田｜餘｜後漢書黃憲傳郭林曰
日叔度汪汪若｜｜波澄之 圓相 指月錄善道禪師
不清淆之不濁不可量也與仰山翫月山間
這箇月光時｜｜甚麼處去｜時光｜甚 九霄 沈約
麼處去師曰光時｜｜隱｜時光｜在詩註
慕｜｜巾張銑注｜｜｜九天仙人所居也按道書｜
｜之名謂赤霄碧｜青霄絳霄黃霄紫霄練霄元霄
普霄也一說以神霄青霄碧霄丹霞 舉頭｜李白詩｜
景霄琅霄紫霄太霄玉霄爲｜｜望明月
謝靈運詩便耳聆｜｜極目眺爾雅騰騰
波瀾 嶇嶔王維詩人情反覆似｜｜ 雲霧 蛇注龍類

也能興丨丨而遊其中列子虹蜺也丨丨丨浩渺郈氏聞見
也風雨也四時也此積氣乘乎天者也
錄晏元獻撰章懿太后碑曰五嶽崢嶸崑山出玉四
溟丨丨麗水生金宋之問詩丨丨浸雲根烟嵐出遠
村三島圖見綠窗朱戶高寒張翥直延春閣詩鳩樹烟
圖書滿詩注深殊窈窕鳳樓天近目丨
丨十洲丨丨記漢武帝聞王母說巨海之中有祖洲
瀛洲元洲炎洲長洲玄洲滄洲生洲鳳洲麟
洲聚窟洲有此丨知臨易丨丨大樂水論語教經
丨乃人跡稀處君之宜吉
契神靈滋液百寶用則丨丨出璣鏡援神
宋約注曰大珠有光可為鏡遐陬謝靈運撰征賦
一居貞回乾運軸兩匡寰表外清丨丨郤序相國宋公得
說謝賜曆日口脂表覆幬不遺於丨丨

滿窗晴日看蠶生

范成大春日田園雜興詩坐睡
覺來無一事丨丨丨丨丨

滿目皆生趣晴窗暖意含遲遲留永日化化看新蠶
影借踆烏住功原掃蟻諳葦編纔束一桑飼待眠三
事漸辛勤課機先子字參駒光延柘館蠕動上筠筐
曬趁檽疏箔祈從舍北南
聖朝敦俗勸衣被慶
恩覃
滿目（岑參假歸草堂詩勝概紛丨丨）生趣（鄭谷詩潑泊丨真丨）晴窗（杜甫詩丨丨檢點白雲篇）暖意含（杜甫詩旌旗日丨龍蛇動古詩齊心同所願含丨俱未伸）遲遲（詩春日丨丨）留永日（劉孝綽詩日華若上丨詩且以丨丨）化化（列子不生者能生生不化者能丨丨）新

蠶梁簡文帝詩踐烏駐丨丨見鴉背夕陽多詩注重
桑女罷丨丨于郊春宴肅侍御林亭序日
丨花掃蟻徐照詩中婦丨蠶葦編南方草木狀藷葉
間丨絜盈桑葉間如落葵而小性冷
味甘南人編葦爲箔作小東一詩生芻桑飼宋史禮
孔浮水上種子于水中一束志以內
命婦一員克諸蠶室授民蠶書蠶生明日桑或柘
蠶毋桑以食蠶又作飼眠三葉風戾以食之寸二十
分晝夜五食九日不食一日一夜謂之初眠又七
日再丨如初又七日丨眠如再又七日謂之大眠又七辛
勤桑果南史劉懷珍傳以禁旅丨丨求爲閒子字說文
蘇軾詩耕耘常待穫願子勤自丨十一
月陽氣動萬物滋人駒光莊子人之生若白丨之過
以爲稱又字乳也隙忽然而已李白詩遠近
合晴栢館何遜七召其中則有桂蠕動晉書成公綏
丨宮柏寢吳臺丨丨傳蚊行丨丨
方聚筠籃蘇軾詩丨丨曬陸龜蒙詩晴蠕陸游詩窗
類分擷翠瓜甲香丨篋中魚丨淡日痕

祈陸游詩神祠舍北南杜甫詩舍南聖朝岑參詩丨
疊鼓正丨鼕舍北皆春水丨無關事
敎俗勸唐明皇太行山中言志詩歐陽修夫子
宣風問耆艾丨丨丨農桑衣被罕言利命仝
論丨丨羣生謝莊赤帝歌庶物盛長咸
聽足萬類恩覃殷阜丨丨四冥被九有

待燕歸來始下簾
陸游閒中書事詩惜花萎去
常遮日丨丨丨丨丨
爲怯春寒峭黃昏欲下簾燕歸猶有待窗啟又何嫌
倘任垂珠箔空教拂畫檐棲難尋舊壘誤恐觸鈎尖
倦羽相將入幽香幾度添波纔文竹漾襟尙落花黏
遲爾銜泥返勞余隔戶覘玳梁憐夜冷一桁護深嚴

怯春寒峭丨丨丨見花多鶯捎蝶珠字注宇文虛中詩寒丨怯羅衣黄昏見鴉背夕陽多

詩汪有待杜甫詩江山如丨丨窗啟王安石紙暖閣詩側坐對敷紅絮暖仰丨分丨碧紗涼

垂珠箔韓維詩丨篩月華隨白居易詩丨丨銀屏迤邐開拂畫檐元稹詩燕得新泥丨

戶忙杜牧詩十二層樓微丨丨棲難尋陸游詩梁間丨燕伴無聊丨丨見今年七月聞尋字注

壘舊許敏夫唐詩紀事章孝標元和十三年下第時輩多為詩以刺主司獨孝標作歸燕詩留獻侍

郎庾承宣得詩展轉吟諷庾信典祇曹考標來年登第詩云舊壘危巢泥已落今年故向社前歸遠天大

厦無棲處更望誰家門戶飛誤李商隱詩簾疏燕丨飛鉤杜甫詩落日在簾丨倦羽侯真

詞壓暗隻晃菊明山徑何茆丨丨知還相將入李商隱詩絲鶯空自舞別燕不丨丨謝朓詩風

簾丨雙燕幽香陳陶詩丨丨八茶竈幾度白居易詩秋後思歸凡丨丨波丨文竹

漾毛滂詞綠陰垂幕簾丨疊黄庚詩梅花應念入孤
寂寒夜吹香入竹簾禮記大夫以魚須丨丨謝惠
連詩漣猗繁波襟　丁泥芝詩曉幕紅襟丨
丨參差層峰崎　落花黏鄭谷詩丨丨鏡裏得泥
香又韵府摘句　遲爾韋應物詩賴爾還古詩
蛛網落花丨　都期方將登樓遲銜泥返思爲
双飛燕丨丨朝君屋王維騷隔戸趙嘏空梁落燕泥
體秋風兮吹衣夕鳥兮空丨丨詩飛斜珠箔丨陸
游詩新泥玳梁沈佺期詩海燕　侯喜秋燕辞巢
添燕丨　双棲丨瑣丨　夜冷賦雖華屋之可
意怯高巢一桁杜牧詩空堂病怯階前　鄭畋中
之丨丨　月燕子嗔垂丨丨簾　深嚴秋直禁
苑詩恍惚歸丹
地丨丨宿絳霞

老子猶龍

史記丨丨傳孔子適周將問禮於老子孔子云謂
弟子曰鳥吾知其能飛魚吾知其能游獸吾知其

能走走者可以爲罔游者可以爲綸飛者可以爲矰吾于龍吾不知其乘風雲而上天吾今日見老子其丨丨耶

變幻焉能測真人柱下逢楚狂歌比鳳周史見猶龍

神異神傳李支離合似松探驪留著作屈蠖隱行蹤

鱗長羣三百牛騎路幾重蒼髯難歲紀紫氣是雲從

玭爾非魚化皤然想鶴容漆園差可擬蝶夢正惺忪

變幻王光蘊江心塔燈賦神五色于丨丨嘘七寶而騫騰真人莊子關尹老聃乎古之傳大丨丨哉柱下史記老子傳周守藏室之史也注老子爲丨丨史即藏室之丨丨因以爲官名楚狂

歌鳳論語周史見上柱下注神異家語高辛生而神異丨丨自言其名李本傳老子

姓丨名耳字伯陽謚曰聃周守藏室之史也**支離**　**松**硯莊雜記鮮于伯璣嘗于廢圃中得

怪松一株移置齋前呼爲支離叟**探驪**詩話元稹與劉禹錫韋應物在自傳第賦金陵懷古詩劉

先成白覽之日四八丨丨龍于先得丨丨所餘鱗甲何用耶于是龍唱**著作**本傳孔子適周問禮于老

子丨書上下篇言道德之意五千餘言論衡丨丨者爲文儒說經者爲世儒**屈蠖**易經尺丨之丨

以求信也**行蹤**曹唐詩樹影疏疏花悄悄若聞簫管是丨丨**鱗長羣三百**大戴禮鱗

蟲三百六十而龍爲之長詩經三百維羣**牛騎**列異傳老子西游關令尹喜望見有紫氣浮關而老

子果乘青丨而過**路幾重**賈島詩雲山丨丨丨**蒼髩**蘇軾詩曾陪令尹丨丨古又見郎君

白髮新**歲紀**李嶠神龍歷序八十一寸爲日分徒言精密六百八年爲丨丨終非允當**紫氣**

見上牛騎注**雲從**易乾卦**眇爾**晉書許邁傳永和二年移八臨安西山登巖茹芝丨丨自

得有縧魚化三秦記江海丨集龍門下登皤然南史
焉之志者丨龍不登者點額暴腮范鎮
傳鎖年二十九髮白丨白玉蟾玉虗法說記漆
丨乃作白髮賦以自嗟鶴容松姿丨丨霞標芝範
丨史記莊子傳莊子者蒙人差可擬世說謝太傅寒
園也名周嘗爲蒙丨丨吏雪日內集俄而
雪驟公欣然曰白雪紛紛何所似兄子胡兒曰蝶夢
撒鹽空中丨丨丨兄女曰未若柳絮因風起
莊子齊物論昔者莊周夢爲蝴丨栩栩然蝴丨也自
喻適志與不知周也俄而覺則蘧蘧然周也不知周
之夢爲胡蝶與胡
丨之丨爲周與
故鄉無此好湖山
蘇軾夏日望湖樓詩我本無
家更安往丨丨丨丨丨丨丨
莫道句畱久湖山境本殊烟波斯處好風景故鄉無

西子開奩鏡南屛列畫圖詩情生杜若歸夢淡枌榆試問城名錦何如月點珠身教三載住目爲六橋誤梓里雖云樂萍蹤不厭羈棲樓憑覽勝佳句仰髯蘇句留自居易春題湖上詩未能拋得杭州去一半丨丨是此湖境殊晉書禿髮利鹿孤載記先君肇自幽朔天下威振殊境中分煙波唐書張志和傳居江湖自稱丨丨釣徒溫庭筠詩丨丨五湖逐風景趙抃詩可惜湖山天下好十分丨丨爲僧家西子蘇軾詩若把西湖比丨丨淡粧濃抹總相宜開奩鏡庾信詩玉匣聊丨鏡梁簡文帝詩丨丨迷朝色南屛本詩道人曉出丨丨山來試點茶三昧手江上飛雲來北回檻前修竹憶丨丨按此指杭之丨丨也畫圖白居易詩湖上春來似丨丨亂峯圍繞水平鋪詩情劉禹錫詩樓中飲興因明月江上丨丨爲晚霞杜若

花木考丨丨香草似薑一名杜蘅歸謝朓詩丨枌
王融詩芳洲有丨丨可以贈佳期夢丨相思夕
漢書郊祀志高祖禱豐丨城名錦華陽南益州記
榆丨社鄭氏注丨丨鄉名也益州城張儀所
築錦城在州南蜀時故宮也其處號錦里月點
杜甫詩錦宮城外柏森森又見後雖云樂注
白居易詩松排山面千白居易別杭州諸
珠重翠丨丨波心一顆丨三載住姣詩翠黛不須留
五馬皇恩只註住王年目娛土發練六橋林景熙西
柳宗元詩三載皐恩暢色娛目湖詩斷猿
芸竺曉殘劉迎詩吾不愛錦雖云樂李白詩錦
柳丨丨春梓里衣榮歸誇丨丨城丨丨丨
不如早萍跡王偁詩十年登樓見題注高適詩覽勝
還家滄海寄丨丨乘興每丨丨
王安石望九華山詩壽杜甫詩美名人不
奇出後徑丨丨倚前檐佳句及丨丨法如何髯蘇
鄭允端東坡赤壁圖詩留得青
風明月在網魚謀酒何丨丨

隔江猶唱後庭花

杜牧泊秦淮詩烟籠寒水月籠沙夜泊秦淮近酒家商女不知亡國恨｜｜｜｜｜｜｜

後庭傳後主豔曲度千家金粉迷前夢汀山付落花郎今臨白下是處尚紅牙腔拍波三折樓臺水一涯譜仍翻玉樹怨不寫琵琶往事餘寒月新聲又碧紗何人增掩抑有客動咨嗟此夜秦淮泊淒清對淺沙

後庭　唐書禮樂志玉樹｜｜花陳｜｜作也

後主　南史張貴妃傳以宮人有文學者袁大捨等爲女學士後主每引賓客對貴妃等遊宴則使諸貴人及女學士與狎客共賦新詩互相贈答采其尤豔麗者以爲曲調被以新声選宮女有容色者以千百數令習而歌之分部迭進持以相樂其曲有玉

樹後庭花臨春樂等其畧云壁月夜夜滿瓊樹朝朝新千家||見上後庭注杜甫詩||山郭靜朝暉金粉皮日休詩半垂||何似靜婉臨溪照額黃知前夢張耒詩回首事如|夕|

出門心似下山僧江山黃庭堅詩天開同畫卿||落花杜甫詩||時節又逢君卿

今高適詩聖代||多雨露白下齊書州郡志南瑯邪治金城永明徙治||舊唐書地理志武

德改金陵為||移治||故城是處蘇軾和陶詩莫從老君言亦莫用佛語仙山與佛國終恐

無|「紅牙宋史錢俶傳太平興國三年俶貢||樂器二十二事陘游詩疏教後苑||版引

上西川絲錦茵腔拍楊基詩瞖歌趁拍促腔急旋舞回身應節徐波三折書訣鍾繇弟子

宋翼每畫一|||筆作一戈如百鈞弩作一點如高峯墜石作一牽如百歲枯藤作一放縱如驚蛇入

草此三折之妙樓臺杜牧江南春絕句南朝四百八十寺多少||烟雨中水一涯朱白

牧郊行詩綫嚮譜劉因明妃曲君王要聽新聲丨
尋春丨丨丨翻爲譜高皇猛士歌元稹連昌宮
詞李謩擪笛傍宮牆玉樹見上後怨琵琶石崇王
偷得譜丨数般曲庭註明君辭
序王明君者本是王昭君以觸文帝諱改之昔公主
嫁烏孫令琵琶馬上作樂以慰其道路之思其送明
君亦必爾也其造往事史記太史公自序兵見題
新曲多哀怨之声述丨丨思來者月注
新聲見上後碧紗李白烏夜啼機中織錦秦何八詩
庭注川女丨丨如烟隔窗語經
彼丨王融詩丨丨有奇有客詩經丨丨咨嗟李白
丨斯掩抑態悽鏘多好声丨丨丨詩蜀
道之難難于上青天此夜詩經如丨秦淮見題
側身西望長丨丨良丨何泊注淒
白居易詩掩抑復祖詠詩丨丨平有
清丨丨非琴不是箏淺沙路流水漫無聲
一渠春水赤欄橋

溫庭筠楊柳枝詞正是玉人
腸斷處｜｜｜｜｜｜｜
最是渠邊柳春深拂畫橋赤欄窺隱隱綠水泛迢迢
薄暖桃初漲新晴絮正飄鴨頭三尺膩虹影一弓搖
淺碧斜紋皺輕紅亞字抽有人思放棹何處問吹簫
倒映千絲漾低迷夾岸遙

龍池承

渥澤雨露兆豐饒

春深春渚紀聞唐明皇曉起苑中詩｜侯已｜而林
花未落顧視左右曰是須我一判斷耳白居易
劉禹錫有和｜泥與來詩｜｜依約垂上
｜詩各二十首畫橋楊外映帶殘陽一抹紅隱隱林

賦沈沈丨丨砰磅訇磕綠水王灣詩客路青山下行舟丨丨前迢迢杜牧詩青山隱隱水

丨丨桃漲漢書溝洫志來春丨丨花水盛必羨溢有塡淤反壤之害朱子詩綠丨平湖水新晴

絮飄潘岳間居賦微雨丨丨六合清朗白居易詩柳橋晴有丨絮元帝詩柳絮丨春雪鴨

頭三尺白居易詩丨丨新綠水張雨詩雪消春水深丨丨虹影弓薩都剌垂虹橋

挈月詩萬頃太湖風浪靜玻瓈倒浸丨蜺丨丨白虎通天丨丨虹也亦名帝弓亦名挈貳淺碧曾伯

啟春暮詩半溪丨丨春前雨滿地殘紅午後風斜紋皺許渾詩泱轉水紋丨黃庭堅詩風開淺碧

魚丨丨輕紅王筠詩丹霞映白日細雨帶丨丨亞字青箱雜記陳亞寫丨丨謎日若教有

口便啞且要無心為惡中間全沒肚腸外面強生口角接丨丨欄形也放棹范成大詩丨丨松江

花已遠憍江江外更鄞江何處吹簫杜牧詩二十四橋明月夜玉人丨丨教丨丨干

絲 李白詩欲知根別心易苦莫向春風楊柳絲李商隱詩莫將越客丨丨網網得西施別贈人

低迷 李商隱詩恍惚無倪明又暗丨丨不已斷還連

夾岸 陶潛桃花源記晉太原中武陵人捕魚為業緣溪行忘路之遠近忽逢桃花林丨丨數百步中無雜樹芳華鮮美落英繽紛漁人甚異之

龍池 沈佺期丨丨篇丨丨躍龍龍已飛龍德先天天不違

渥澤 王僧孺啓一遇休明多逢丨丨

雨露 白居易詩丨丨施恩無厚薄蓬蒿隨分有榮枯

豐饒 舊唐書第五琦傳論第五琦促辦應卒民不加賦而國丨丨亦無幾矣

夜寒應聳作詩肩

蘇軾宿水陸寺寄北山清順僧詩遙想後身窮賈島丨丨丨丨丨

料得逍遙夜詩人未肯眠禁興舒倦眼作勢聳吟肩

瑟縮形堪繪推敲律細研玉樓頻起粟銀箭任催蓮

句尚攤箋待神從據案傳析聲殘月外山字一燈前

雄合名稱伯癯應骨比仙佳篇新脫稿遼雁唳遙天

料得韓偓詩｜｜南枝有早梅迢迢夜韓偓詩晝漏｜｜｜漏遲傾城消息杳無期詩

入楚辭竊慕｜｜之遺風兮禁寒張以甯詩雪擁蘆芽短｜｜柳眼絨倦眼趙嘏詩馬思邊

草拳毛動雕盼青雲｜｜開作勢晉書王敦傳帝遣中軍司馬曹渾等擊含於越城含軍敗敦聞

怒謂叅軍呂寶曰吾當力行因｜｜而起因之復卧聳吟肩朱子詩樂醜窮通祇偶然未妨閒共

｜｜｜瑟縮蘇軾詩凄風｜｜經絃柱香霧凄迷著鬢髮形繪岳珂詩遺｜高閣｜推

敲隋唐嘉話賈島初赴舉京師一日于馬上得句云鳥宿池邊樹僧敲月下門初欲作｜字練之未定

不覺衝尹時韓吏部權京尹左右擁至前馬具告所以韓立馬良久曰作丨字隹矣

律細研 杜甫詩晚節漸于詩丨丨沈立詩丹砂細細丨

玉樓 起粟 蘇軾詩凍合丨丨寒丨丨光搖銀海眩生花

銀箭 催蓮 武平一詩遽惜瓊筵歡正洽催愁丨丨曉相丨鄭谷詩丨漏滴階前

句箋 待 杜甫詩佳丨染華丨王稱登詩齋神傳盧西畔濡毫丨香案前頭捧硯行

世說顧長康畫人或數年不點目睛人問其故顧曰四体妍蚩本無關於妙處傳神寫照正在阿堵中

據案 陸游詩兒童冬學鬧比鄰丨丨愚儒郄自珍

柝聲 顧況上節度使啓邊烽息餤寒丨沈

丨殘月外 庾信詩丨丨如初月岑參詩荷戈月窟丨

山 蘇軾贈寫真何充秀才詩君不見雪中騎驢孟浩然皺眉吟詩聳肩丨

一燈前 韓偓六言詩丨丨丨雨落夜三月盡草青時

雄 杜甫詩名因賦頌雄晉陽秋張植謂陸機

名伯 兄弟文章藻麗語八日乃今之詩伯也

癯骨　仙蘇軾詩相如依舊是癯仙　仙白居易詩各抱神仙骨　佳篇新脫稿

李白詩投贈有｜｜韓愈詩｜篇奚其愚蘇軾詩新

詩如彈丸｜手不暫停曹伯啟詩行囊只賸新詩｜

遠雁唳郎士元詩｜｜入寒雲沈佺期隴頭水曲隴山風落葉隴雁｜寒天　遙天見詩　張正

雨師清遠路

風伯靜｜｜

秋燕已如客

杜甫立秋後題詩寒蟬

無停號｜｜｜｜｜

秋信催征客烏衣去影徐已知歸路促漸與畫梁疏

金粉飄零後樓臺眷戀餘風霜程早計花月夢何如

輭語情偏絮離愁翦不除一番來歲約幾日故人居

小住羈香國分襟悵微處巢痕頻護惜待爾及春初

秋信賈島詩一點新螢報丨丨**征客**李白詩丨丨無歸日**烏衣**劉斧摭遺王謝金陵人航海遇風抵一州其王以女妻之女曰此丨丨國也後謝思歸王命取飛雲車送之至家見梁上雙燕呢喃乃悟所止燕子國也至秋二燕相去悲鳴庭戶謝書一絕繫燕尾曰誤到華胥夢裏來玉人終日苦憐才雲軒飄去無消息淚灑春風幾百回燕寄詩去來春復至尾有小柬乃女所寄詩曰昔日相逢冥數合如今睽違是生離來春縱有相思字三月天南雁不飛**去影**指月錄寶誌禪師大乘讚妄身臨鏡照影影在妄身不殊但欲丨丨留形不知身本同虛**歸路**陶潛詩行行循丨丨計日望舊居**畫梁**趙嘏空梁落燕泥詩飛斜珠箔隔語近丨丨低**金粉**陸游詩露下丹芽生藥壠月明丨丨落松梢**飄零**杜甫螢詩十月清霜重丨丨何處歸**樓臺**司空圖詩品楊柳丨丨**眷戀**晉書庾亮

傳哀悲丨丨
不敢違距
風霜盧象詩丨丨迎馬程
首兩雪事魚麗
不計白居易醉
李十一同
憶元九詩忽憶故人天
際去計程今日到梁州
花月林景熙詩客心空老鶯
丨丨詩貌不肥魚稍香
何如白居易詩十五年來洛
下居道緣問俗兩丨丨
軟語情
絮杜甫詩夜
闌接軟語
落月如金盆劉孝標書
丁寧絮語情切意深
離愁雍陶詩行行何處散丨
丨長路無因暫上樓
蘙不除張養浩詩荆棘胸中有丨
除左傳蔓草猶丨可丨
一番元好問詩數
日西園看車
馬丨丨桃
李又春風
來歲禮記以待丨丨之宜張說詩
今年只如此丨丨知如何
幾日孟
子
子來丨丨矣李端詩後
期知丨丨前路轉多山
故人居孟浩然詩漾舟隨水
便因訪丨丨丨
小住陸游詩諸君
丨丨聽松聲
香國元好問詩已從丨丨偏
薰染更借花神巧剪裁
分襟
杜甫詩不堪垂老
鬢還對欲丨丨
敝廬左傳有先人之丨丨在庾信
小園賦余有數畝丨丨寂寞

人蘇軾詩五畝漸成終老　陸游山園詩扶
外巢痕計九重新掃舊｜｜　護惜持新長桂｜｜
欲殘　謝靈運山居賦送墜葉
梅　春初于秋宴遲含萼于｜｜

陶元亮不能爲五斗米折腰
晉書｜潛傳潛字｜｜爲彭澤令郡遣督郵至縣
吏曰應束帶見之潛歎曰吾｜｜｜｜｜｜
拳拳事鄉里小
人耶解印去縣

一笑辭官去先生懶折腰不因糧五斗便學柳千條
鶴飼羞微俸鳧趨讓庶僚骨留今日傲腹任異時榜
雲本無心出風難下拜邀望塵漸組綬所志在簞瓢
種秫容疏放存松伴寂寥他年强項令梗概許同標

一笑丨王維詩相逢方丨丨相送還成泣　辭官李白寄裴明府詩題詩招茂宰思爾欲丨丨丨
晉書陶潛傳嘗著五柳先生傳以自況曰丨丨丨
先生不知何許人不詳姓字宅邊有五柳樹因以為
號焉
柳千條沈佺期望春官詩楊丨丨丨花欲綻葡萄百丈蔓初縈
鶴微俸墨莊
漫錄皮日休新秋即事詩云酒坊吏到常相見丨俸
符來每探支鶴俸之說曾文彥和有西齋自遺詩云
當羨一囊供鶴料注云唐幕府官俸謂之鶴料彥和
用事必有所據齊書明帝紀百司者齒許以自陳東
西二省猶沾丨丨
鳧趨後漢書王喬傳喬為葉令有神術每月朔望詣臺朝帝怪其來數密令太
史伺之有雙丨從東南飛來舉網張之得雙舄乃所
賜尚書官屬履也王安石詩偶從諫官列謬向丹墀
丨
庶僚舊唐書解琬傳脫屣歸閑拂衣高謝因可以激勵頹俗儀刑丨丨
骨傲鼠璞唐人
言李白不能屈身逢世以腰間有丨丨
孟子則丨丨丨
傲丨歸去來辭倚南窗以寄丨
今日之受非也

腹榻范成大詩丨丨已丨經笥異時漢書董仲舒傳帝王之條貫同然而勞逸丨者所遇之丨異也雲無心出歸去來辭丨丨丨而丨岫下拜左傳齊侯將丨丨望塵晉書石崇與潘岳諂事賈謐廣成君每出崇降車路左丨丨而拜組綬禮記天子佩白玉而玄丨丨公侯佩山玄玉而朱丨丨志在白居易詩雖云丨氣在豈免顏色低簞瓢論語一丨食一丨飲種秫本傳為彭澤令在縣公田悉令丨丨穀曰令吾嘗醉于酒足矣妻子固請種秔乃使一頃五十畝丨丨五十畝種秔疏放杜甫詩階酒盆丨丨白居易詩丨丨遺于慮存松歸去來辭三徑就荒松菊猶存寂寞蘇軾詩村酤慰丨丨他年左傳晉人以其役之勞請侯丨丨强項令後漢書董宣傳宣為洛陽令湖陽公主蒼頭殺人匿王家吏不能得及主出以奴驂乘宣乃駐車叩馬大言數王之失叱奴下車因格殺之主訴帝帝召宣欲箠殺之宣以頭擊楹流而被面帝使謝主宣不從强

使頻之宜兩手撫地終不俯㨮北史齊上黨王渙
因勅丨丨丨出賜錢二十萬㮣傳每謂左右曰人
不可無學但要不爲博士耳故
讀書頗知丨丨而不甚耽習

淺深紅樹見揚州

張祜詩嘹唳塞鴻經楚
驛丨丨丨丨丨丨丨

不斷紅深淺楓林入望稠片帆來遠客佳景見揚州
淡抹晨霜染濃皴夕照浮參差千萬樹隱約十三樓
雉堞看前路鶯花憶舊游臙脂新畫本歌吹古風流
繞郭秋容醉停車暮色幽緣楊何處認鄉夢儘句留

不斷 李白詩海風吹丨丨江月照還空 楓林 杜甫詩春岸桃花水雲帆丨樹丨 入望

孟貫冬日登江樓詩遠片帆李白詩疾風吹丨來遠
村雖丨丨危檻不堪凭丨日暮千里隔
「楚辭去鄉離家佳景黃庚題吳實齋北山別業詩
客兮丨丨丨北山丨丨勝南山乘興登臨
眼界淡抹麻九疇紅梅詩歲寒未許晨霜染王融雙
寬東風管丨丨濃粧得自由樹歌亭
亭淒月流朏朏丨丨結楊巖之夂照淨李嶠詩氣滌
詩新丨丨楓葉皓月借蘆花朝川朗光瀅
丨丨李涉竹枝詞巫峽雲間神岑參詩
丨丨參差女祠綠潭紅樹影丨丨千萬樹忽如一
夜春風來丨樹隱約何遜詩帝城猶丨十三樓蘇軾
丨丨梨花開丨家園無處所詞遊
入都上雄蝶鮑照蕪城賦是以板築丨丨之般注鄭
丨丨丨元周禮注日丨長三丈高一丈杜預左
氏傳注日前路陶潛歸去來辭鶯花高駢詩不辭不
丨文牆也問征夫以丨丨為青春去只恐
丨丨也舊游韋應物詩日夂逢范成大詩海棠
醉入歸客那能忘丨丨臙脂雨後沁丨丨

畫本陸游詩村村皆丨丨處處有詩材歌吹杜牧題揚州禪智寺詩誰知竹西路丨丨是揚

州風流司空圖詩品不著一字盡得丨丨繞郭元稹詩丨丨烟嵐新雨後滿山樓閣上燈

初秋容醉李白詩浮雲滅霽景萬物入丨丨曾鞏詩荷氣夜涼生枕席水聲秋丨丨入簾韓停

車杜牧山行詩丨丨坐看楓林晚霜葉紅於二月花暮色古樂府浮雲多丨丨似從崦嵫來

綠楊竇鞏登玉鉤亭詩丨丨如薺繞江流何處崔顥詩日暮鄉關丨丨是烟波江上使人愁

鄉夢孫逖詩客愁西向盡丨丨北歸難句留白居易詩未能拋得杭州去一半丨丨是此湖

東林

壺園試帖目錄

太白仙才　池草暗生春
木蘭從軍　安得猛士兮守四方
相公親破蔡州回　守其雌
點點楊花入硯池　近水遠山俱有情
山深四月始聞鶯　劍化爲龍
農丈人　指揮若定失蕭曹
秋色從西來　絡緯鳴
醯雞生乎酒　陂塘五月秋

不知秋思在誰家　月黑雁飛高

目送歸鴻　飛將軍

所寶惟賢　王猛捫蝨

拔茶植桑　唱籌量沙

賦雪禁體　蠏執穗以朝其魁

疊爾于茅　秋山爽益奇

壺園試帖輯註

古歙徐寳善廉峯著　甘泉王祿書硯耘註釋

儀徵嚴玉燁韞初
儀徵張寳恩石生校字
儀徵張兆蘭畹九

太白仙才

宋景文評唐人詩云丨丨丨丨長吉鬼才

入夢長庚謫詩仙亦酒仙千秋淩屈宋六代掃雲煙
得姓根蟠李聞香座擁蓮華年鸚鵡句綺歲鳳凰篇
學士狂誰敵君王醉許眠三山求碧海五字問青天
金粟參眞訣丹砂悟妙詮騎鯨遺跡在牛渚大江邊

入夢陸龜蒙詩酒香偏丨丨花發又關情長庚新唐書李白傳白之生其母夢丨丨星因以名
之詩仙白居易與元九書知我者以爲丨丨不知我者以爲詩魔酒仙杜甫飲中八仙歌李
白斗酒詩百篇長安市上酒家眠天子呼來不上船自稱臣是丨中丨千秋杜牧詩歌吹丨丨節
屈宋集中何荊門倒丨丨梁苑傾鄒枚六代魏萬金陵酬李翰林詩金陵百萬戶丨丨帝王
都雲烟宋之問詩開襟坐霄漢揮手拂丨丨根蟠李杜甫詩仙李蟠根大猗蘭奕葉光
聞香杜甫詩燈影照無睡心清丨妙丨座蓮王勃淨直寺碑仙爐柏葉寶丨丨花又集
中句青蓮居士謫仙人酒市藏名三十春湖州司馬何須問金粟如來是後身華年李商隱錦瑟詩
一絃一柱思丨丨鸚鵡集中有詠丨丨詩鳳凰集中有登金陵丨丨臺詩學士李白
號逍遥丨丨狂敵李白答丁十八以詩譏予槌碎黃鶴詩一州笑我爲丨容少年往往來相

譏杜甫詩白也詩無丨**君王醉眠**詩小雅室家君王范傳正新墓碑他日泛白蓮池公
不在宴皇懽既洽召公作序時公已被酒於翰苑中
仍命高將軍扶以登舟優寵如是　樂史別集序上
命李龜年持金花牋宣賜翰林供奉李白立進清平
調詞三章白欣然承詔猶苦宿醒未解因援筆賦之
國史補白在翰林多沉飲元宗命撰樂章醉不可
待以水沃之白稍能動索筆一揮十數章文不加點
三**山**李白詩巨鼇莫戴丨丨十洲記扶桑在東
去吾欲蓬萊頂上行丨丨**碧海**海之東岸岸直陸
行登岸一萬里東復有丨丨海廣浩漢與**五字**沈佺期詩
東海等水既不鹹苦正碧色甘香味美
一經傳舊德　雲仙雜記李白登華山落雁峯
丨丨擢芙才**問青天**日恨不攜謝眺驚人句搔首丨丨
丨丨見上座　集中送賀監歸四明詩丨丨
耳**金粟**蓮注**眞訣**自從葬氏得恩波甯阻洞庭
晉書葛洪傳年老欲鍊丹以祈遐**妙詮**陳書
歸**丹砂**壽聞交阯出丨丨求爲勾漏令周弘

正傳乾坤之蘊未杜甫送孔巢父謝病歸兼呈
剖繫表之丨莫丨騎鯨李白詩南尋禹穴見李白道
甫問訊今何如一本作若逢李集中何飛聲塞
白丨丨魚道甫問訊今何如遺迹天衢萬古仰丨
牛渚唐書李白傳晚年更好黃老度丨丨磯至姑
孰時與崔宗之乘舟由采石抵金陵著宮錦
袍坐舟中儲光羲詩山橫小
旁若無人大江邊苑前路盡丨丨丨
池草暗生春李白宮中行樂詞宮花
爭笑日丨丨丨丨丨
誰識池邊草都從暗裏生天心潛醞釀春意引勾萌
似逗芳塘色偏含遠道情碧吹波影皺青入燒痕平
窺沼知魚戲棲煙讓鷺明侵階苔有迹流徑水無聲
待得陽和徧全看靃靡迎新詞賡太白何幸侍

池邊 魏文帝詩栁垂重陰綠向我｜｜生

天心 易復卦

醞釀 漢書薛廣德傳溫雅有醞藉注師古曰醞言如｜｜也

春意 杜甫秋日詩碧草逢｜｜沅湘萬里秋

勾萌 禮月令｜者畢出｜者盡達

芳塘 謝靈運登池上樓詩池塘生春草園柳變鳴禽 謝眺聯句兩喜花葉新泉漫｜｜溢

含情 李商隱詩桃綬｜｜依露井柳綿相憶隔章臺

遠道 飲馬長城窟行青青河畔草緜緜思｜｜

碧吹波影 皺縐 蘇軾詩小風吹水碧鱗開高騈詩蜀江波影碧悠悠四望烟花匝郡樓馮延巳謁金門詞風乍起吹縐一池春水

青入燒痕 蘇軾詩｜青没燒痕僧惠崇詩山｜｜｜青

窺沼 梁簡文帝詩｜｜泣前魚

知魚戲 王勃詩烏飛村覺曙魚戲水知春

棲煙 鷺鶄 閒居詩話寇萊公廷僧惠崇於池亭分韻為詩公採得池上柳青字韻崇

探得池上鷺明字韻自午至晡崇忽點頭云得之矣
此篇在明字五壓不倒公曰試口占僧曰照水千尋
迴棲烟侵階苔杜荀鶴詩半欹茅屋草｜｜宋
一點明劉禹錫陋室銘｜痕上階綠有迹之
問詩鳥歸流徑水杜甫詩暗水流花杜甫喜雨
沙｜｜徑春星帶草堂無聲詩潤物細
｜史記秦始皇紀時靃靡廣韻｜｜草弱貌楚
｜陽和在中春｜｜方起辭招隱士蘋草｜｜
靃音髓一作元稹上令狐相公啟往往戲排蕉
蘼一作蘼新詞韻別創｜｜名為次韻蓋欲以難
相挑史記秦始皇本紀齊人徐市等上書言海
耳蓬瀛中有三神山名曰｜萊方丈｜洲仙人居
之李白詩東風已綠瀛洲
草柳宗元詩遠意駐｜｜｜
木蘭從軍古樂府｜｜代父去秣馬備戎
行衛敬瑜妻王氏有木蘭詩
有友辭親去從征萬里遙鞍韉求上市機杼罷深宵

燕頷雄誰相蛾眉淡不描黃河聞夢遠黑水虜情驕
兵氣軍中振戎裝馬上嬌鐲鐃橫吹奏巾幗戰功標
薄鬢歸來整離魂去日銷和親憐漢室青冢草蕭蕭
辛見夏侯湛賦剖符兮辭親南荊｜｜兮遠征從征張正見度關山詩關山度曉月劍客遠｜｜
萬里後漢書班超傳相者曰生燕頷虎頸飛而食肉者此｜｜侯相也鞍韉木蘭詩西市買
｜｜上市陸游詩已過燕子穿簾去又見鰣魚｜｜時機杼木蘭詩不聞｜｜聲深宵
林逋詩的的孤峯意｜｜一夢狂燕頷相見上萬里注蛾眉詩衛風不描
高得暘題畫詩屋粱落月見顏色妙處｜待窮摹｜黃河木蘭詩旦辭｜｜云暮宿黑水頭王氏詩
不聞爺孃喚女聲但聞｜｜流水鳴濺濺聞夢陳陶詩可憐無定河邊骨猶是春｜｜裏人黑

水見上黄河注**兵氣軍中振**杜甫詩婦人在軍中兵氣恐不揚漢書李陵傳我士氣少
衰而鼓不振者何也軍中豈有女子乎搜得皆斬之**戎裝**北史楊大眼傳大眼妻潘氏善騎射至攻
戰遊獵之際潘亦丨丨齊鑣**馬上嬌**輟耕錄陳伯敷題楊妃上馬嬌圖云此索清平調赴沈香
亭畔耶抑聞漁陽鼙鼓聲赴馬嵬坡時耶上馬固相似情狀大不同觀者當審諸**鐲鐃**周禮夏官
司馬以旗致萬民辨鼓鐸丨丨之用**橫吹**古今樂錄丨丨胡樂張騫入西域傳之王維詩丨丨雜繁
笳邊聲捲塞沙**巾幗**李劉列女傳論丨丨之丈夫不少**戰功**周禮司勳治功日力丨丨日多
注蒐敵出奇若韓信陳平**薄鬢**徐陵玉臺新詠序妝鳴蟬之丨丨李沈方響賞歌李倫怨擊珊瑚
攉靈芒丨丨步搖折**歸來**白居易詩念此早丨丨莫作經年別**離魂** **消**崔徥詩憶夢殘
燈落丨丨暗馬驚江淹別賦黯然丨丨魂者惟別而已矣**去日**魏武帝對酒歌譬如朝露丨丨苦多

和親史記匈奴列傳漢議擊與丨丨孰便公卿皆曰單于新破月氏乘勝不可擊且得匈奴地澤鹵非可居也丨丨甚便漢室後漢書鄧皇后紀永安丨丨綏靜四方青冢漢書元帝紀竟寧元年賜單于待詔掖庭王嬙為閼氏又匈奴傳單于自言願壻漢氏以自親元帝以後宮良家子王嬙字昭君賜單于歸州圖經胡中多白草王昭君冢獨青號曰丨丨草蕭蕭見上青冢注許渾送隱者詩無媒徑路丨丨丨自古雲林遠市朝

安得猛士兮守四方漢書高帝紀十二年冬十月上破布軍于會缶過過沛留置酒于沛宮悉召故人父老子弟佐酒發沛中兒得百二十人教之歌酒酣上擊筑自歌曰大風起兮雲飛揚威加海內兮歸故鄉丨丨丨丨丨丨丨丨令兒皆和習之上乃起舞忼慨傷懷泣數行下謂沛父兄曰遊子悲故鄉吾雖都關中萬

歲之後吾魂魄猶思樂沛

猛士韓彭盡長歌返沛中卽今從父老安得起英雄

憶昔羣材合横驅四海同斷蛇憑刱業逐鹿遂成功

鎖鑰當關鈌貔貅宿衛空但敎聽擊筑何處問藏弓

六服歸炎運千秋戀故宫高臺臨泗上髣髴想遺風

韓彭漢書李陵答蘇武書蕭樊囚縶丨丨菹醢丨韓信丨彭越長歌舊唐書薛仁貴傳領兵擊九姓突厥于天山仁貴發三矢射殺三人自餘一時下馬請降軍中歌曰將軍三箭天山戰士長歌入漢關沛中見題注父老見題注英雄人物志草之精秀者爲丨鳥之將羣者爲丨張良是丨韓信是丨羣材庾信連珠丨丨既聚故能成鄧林四海書文命敷于丨丨

斷蛇史記高祖本紀高祖被酒夜經澤中令一人行前行前者還報曰前有大蛇當徑願還高祖醉曰壯士行何畏乃前拔劍擊斬蛇蛇遂分爲兩徑開**刱業**孟子君子創業垂統創通作刱**逐鹿**漢書蒯通傳通曰秦失其鹿天下共逐之高材者先得**成功**書大禹謨**鎖鑰**宋史寇準傳契丹使過語曰相公望重何故不在中朝準曰主上以朝廷無事北門丨丨非準不可**當關**李白蜀道難詩一夫丨丨萬夫莫開**貔貅**史記五帝紀教熊羆丨丨貙虎以與黃帝戰于阪泉之野**宿衛**周禮稾人注燕子卿大夫之子丨丨王宮**擊筑**注見題**藏弓**范蠡遺文種書高鳥已散良弓將藏史記淮陰侯列傳上令武士縛信載後車信曰果若人言狡兔死良狗烹高鳥盡良弓藏敵國破良臣亡天下已定我固當烹**六服**書丨丨羣辟**炎運**唐太宗咏續漢志詩丨漢承君道百藥詩丨丨精華歇清都寶命開**千秋**見太白仙才詩注**故宮**注見題**高臺**王應麟玉海宮

室部國史地理志徐州沛縣有漢歌風臺崔 泗上高
曙詩漢文皇帝有丨丨此日登臨曙色開 上帝
記及壯試吏芒碭史記高祖紀秦始皇帝常日東南
爲丨丨亭長 有天子氣於是因東游以壓之高
祖卽自疑亡匿隱于
丨丨山澤巖石之間

相公親破蔡州回

韓愈次潼關先寄張十二閣使君詩荆已去華山
來日出潼關四扇開刺史莫辭迎候遠丨丨丨
丨丨丨按唐書憲宗紀元和十二年七月
裴度爲淮西宣慰處置使十月克蔡州

懸瓠孤城破雄師上相提誓將驅虎豹親爲翦鯨鯢
凱仗三軍[illegible]歡騰萬馬嘶潼關朝日曙洄曲暮雲低
幾費籌帷幄方教靖鼓鼙擁兵藩鎮恐積甲華山齊

旌旆清風捲林園綠野題韓碑濡大筆勳業震淮西

懸弧孤城唐書李晟傳子愬襲蔡州以兵絕朗山道行七十里夜半至｜｜城雪甚城旁皆鵝鸛池愬令擊之以亂軍聲庾信文月暈｜｜塵侵虛援**雄師**朱子詩陰功覃遠繳餘箭飽｜｜

上相周禮春官太宗伯朝覲會同則爲上相**驅虎豹**孟子｜｜｜犀象而遠之列子黃帝與炎帝戰于阪泉之野師熊羆狼豹貙虎爲前驅又魏志曹真傳常獵爲虎所逐顧射應弦而倒帝壯其鷙勇使將｜｜騎**鯨鯢**左傳宣公十二年古者明王伐不敬取其｜｜而封之以爲大戮于是乎有京觀注｜｜大魚喻不義之人**三軍**春秋作｜｜**歡騰**玉海朱乾道二年十一月甲子幸白石大閱時大陰曀追出郊風日開霽諸軍｜｜｜觀者山峙**萬馬歸**李山甫詩陌上分飛｜｜

｜**潼關朝日**｜｜｜見題注漢書武帝紀五年十一月辛巳朔旦冬至立泰畤于甘泉天子親

郊見丨丨夕月**洞曲**韓愈平淮西碑十二年八月丞相度至師都統宏責戰益急顏允武合戰益用命元濟盡并其象丨丨以備**暮雲低**杜甫詩江東日丨丨孟浩然詩山出晚丨丨**籌帷幄**漢書高帝紀帝曰運丨丨丨之中決勝千里之外吾不如子房**鼓鼙**禮樂記劉長卿詩王師罷丨丨**擁兵**後漢書李忠傳忠遷丹陽太守是時海內新定南方海濱江淮多丨丨據土忠到郡旬月皆平易林丨丨荷糧戟千齊魯**藩鎮**李尤函谷關賦丨丨造而煬息侯伯過而震惶**積甲埒山齊**後漢書劉盆子傳赤眉忽遇大軍驚震不知所為乃遣劉恭乞降曰盆子將百萬衆降陛下何以待之帝曰待汝以不死耳樊崇乃將盆子及丞相徐宣以下三十餘人肉袒降上所得傳國璽綬更始七尺寶劍及玉璧各一積兵甲宜陽城西與熊耳出齊華山見題注**旌旆**韓愈晚秋郾城夜會聯句舳艫互淮泗旆旌連夏鄂**風捲**沈佺期詩雲迎出塞馬丨丨渡河旗**林園**韓愈奉和僕射裴相

公感恩言志詩｜｜窮勝事鐘鼓樂清時綠野唐書裴度傳於午橋創別墅花木萬株中起涼臺暑館名曰｜｜堂韓碑濡大筆李商隱｜｜詩公退齋戒坐小閣｜染｜｜何林漓勳業宋史韓琦傳琦與范仲淹富弼皆以海內人望同時中外皷想其｜｜無名氏詩淮西功業冠吾唐

淮西見上勳業注舊唐書韓愈傳淮蔡平十二月隨度還朝以功授刑部侍郎仍詔撰平｜｜碑碑辭多敘裴度事李愬不平之愬妻唐安公主女也出入禁中訴碑不實詔磨去愈文命段文昌撰文勒石

守其雌

老子知其雄｜｜｜為天下谿為天下谿常德不離復歸于嬰兒

執守猶龍訓雄飛道所訾易原懲用壯詩亦詠求雌

亭育深胎息軒騰陋羽儀冀將貽以燕尾或憚為犧

閶闔門司牝持循實奉慈覓通詞客解風與庶人披
膺服情同執胞懷理可思山梁觀化處惟聖契隨時
猶龍見玉笙樓老雄飛後漢書趙溫傳溫爲京兆郡
子｜｜題注丞歎曰大丈夫當爲｜｜馬
能雌伏遂用壯易大亨育漢武帝祠南郊恩詔胎息
棄宮去壯卦思隨乾覆布兹｜｜
抱朴子｜｜者能以鼻口噓吸如在胎之中宋軒騰
史藝文志神仙部有卧龍隱者｜｜歌一卷
韓愈詩逸志不拘羽儀易漸翼貽以燕詩大尾
教｜｜斷牽攣卦雅
憚儀左傳昭公二十二年賓孟適郊見雄雞閶闔易
自断其尾問之侍者曰自｜其｜也繫
辭傳門司牝老子谷神不死是謂元牝持循漢書賈誼
元牝之門是謂天地根傳此業已
定世世常安而實奉慈老子我有三寶寶而持之一
後有所｜｜矣曰慈二曰儉三曰不敢爲天

下南史王筠傳沈約作郊居賦示筠草筠讀至雌
先霓丨連蜷約撫掌大笑曰僕常恐人呼爲丨接上
丨五的反下詞客張萬頃詩舊傳丨風庶人宋玉
丨五兮反賦丨惟見有鄒枚風賦
其丨中人狀直慠涸鬱色毆温致溼中心慘怛生病
造熱中脣爲胗得目爲蔑眳齰嗽獲死生不卒此所
謂丨丨之膺服中論觀化莊子支離叔與滑介
雌風也庸山梁語叔觀于冥伯之丘崐
崙之虛俄而柳生其左肘其意蹷蹷然惡之支離叔
曰子惡之乎滑介叔曰亡何惡吾與子丨丨而化及
我我又聖契隨時自居易汎沿賦伊萬物各樂其樂
何惡焉者由丨賢之相丨易天下丨時孟
子孔子聖
之丨者也

點點楊花入硯池

丨葉平巖暮春即事詩雙雙瓦
鵲行書案丨丨丨丨丨丨

楊柳春光暮楊花正落時飄飄依古硯點點入凹池碎訝冰痕釋輕嫌雪影篩披棉纔脫白濡墨未成緇糁去氈無迹黏來筆不知蕉還添膩滑萍可幻參差注水圓渦聚經風細纈吹平嚴嘉詠續摛藻侍

彤墀

楊柳司空圖詩品青春鸜鵒丨丨㨗臺 春光暮杜甫詩侵陵雪色還萱草漏洩丨丨有柳條陸游春晚詩欲知春已丨地上亦無花 楊花落古樂府楊白花歌丨丨飄蕩丨南家 飄飄宋之問詩漾漾潭際月丨丨杉上風 古硯陸游詩垂簾不捲留香久丨丨微凹聚墨多 凹池硯史硯發墨久不乏者石必差軟扣之聲低而有韻歲久漸丨丨柳宗元零陵三亭記積凹爲池 碎

冰痕釋孔平仲詩清影冰玉丨方于詩香醪滴輕
處有丨丨陸游詩暖日烘窗丨硯冰
雪影篩杜甫詩香羅疊雪丨杜甫詩楊花丨落覆白
蘋陳旅題畫梅詩移得晴窗雪來韓愈詩春
雪嚏披緜范成大詩山頭雲氣偏丨丨濡墨唐
如丨白杜牧詩生憎柳絮丨于緜書
李白詩張旭吳人嗜酒每大醉呼叫狂走乃成緇列
下筆或以頭丨丨而書及醒自視以為神子
點素糝氈杜甫詩丨徑楊花鋪白丨点無迹茬子
丨丨谿荷葉疊青錢鶯海丨雜也其來
丨丨其黏股文珪詩花丨繁蕉端石譜凡石以下巖
往無崖闘錦入藉敲勝茵爲上中巖龍巖牛巖
次之按朱彝尊曝書亭集說硯云上巖者質純而艷
微紫中巖者質潤而凝色漸青下巖者質淺而細色
近白有眼沈水觀之若有蘋藻浮動其中者是日青
花試以墨若熬釜塗蠟者然斯爲美矣其餘紋不同
紫氣奔而迴薄謂之火捺聚而爲輪謂之金錢紫氣
旣竭白氣次之謂之丨葉白凝綠若瀝汁謂之翡翠

白凝于綠繼而長者謂之玉帶黃氣亙其上若虹謂
之黃龍若縷謂之金線點墨瘢相比謂之雀班丹砂若
粟者謂之硃砂班剝蝕如蟲嚙謂岑安卿題太
之蟲蛀旁色赭者謂之鯉血邊 膩滑 真春睡圖詩
玉牀｜｜芙蓉展 陸佃埤雅釋草月令季春月｜
水沈烟裊金屏煖 萍 始生舊說｜善滋生一夜七子
一日｜浮于流水則不生於止水則一夕生九子故
謂之九子｜也世說楊花入水化為浮｜李商隱詩
點點末 詩｜｜何遜詩思君意不 正韻
開｜ 參差 荇菜 注水 竆長如流水注 淍 音倭
水坳爾雅釋水｜ 細纈 李適詩輕絲半拂朱門
辨回川註旋流也 柳｜｜全披畫閣梅 平巖
見題 嘉詠 韓愈城南聯句惟昔 摘藻 班固賓戲馳辯
注 集｜｜吐芳類鳴嚶 如濤波｜｜如
春 韓愈詩我欲進短
華彤墀策無由至｜｜

近水遠山俱有情

樓鑰詩綠楊白鷺各自
得丨丨丨丨丨丨丨

水外羣山繞山邊一水横登臨俱入畫遠近並移情
鳧藻波心聚鶯花谷口迎青溪原有路紅樹不知名
泉石膺新貺漁樵認舊盟數程村與郭攬勝兩兼晴
遐邇仙區繪高深
睿鑒精
懐柔川嶽頌橐筆侍
蓬瀛

水外 水經注洩谿廣數丈中道有兩高山夾谿造雲壁立凡有三洩中二洩不可得至登山遠望乃

得見之下洩懸百餘丈水勢高急聲震丨丨上洩羣
懸二百餘丈望若雲垂此是瀑布土人號爲洩也
山繞海賦丨丨既略百川潛潨司山邊張籍詩此時
空曙詩焆蕪滿洞青山丨幽興遠不覺
到丨一水橫趙嘏詩清猿處處三聲登臨禮曲禮不
丨盡碧落悠悠丨丨丨丨高不丨
深梁蕭子顯自序若乃丨高目極丨水送歸風動春
朝月明秋夜早雁初鶯開花落葉有來斯應每不能
巳八畫吳益道送孟益之詩山倚石移情樂府題解
也頭青丨丨江吞天際白吹潮伯牙學琴
于成連先生三年不成成連云吾師方子春在東海
中能丨人丨乃與伯牙俱往至蓬萊山留伯牙曰子
居習之吾將迎之刺船而去旬時不返伯牙延望無
人但聞海水聲澒洞山林杳冥禽鳥啼號乃歎曰吾
師謂丨人丨者豈此也哉乃援琴而歌作水仙之操
曲終成連回刺船迎之而還伯牙遂爲天下妙手
鳧藻後漢書杜詩傳陛下起兵十有三年將帥和睦
士卒丨丨李商隱獻韓郎中琮啟幽谷未見於

鶯喬曲沼空唐太宗小池賦湧菱花高駢
勤於丨丨波心於岸腹劈蓮影於丨丨鶯花詩不
辭不爲青春醉只揚子丨丨鄭子眞耕于巖石
恐丨丨也怪八谷口之下名震京師杜甫詩丨丨
樵歸唱孤南史劉巘傳住在檀橋瓦屋数間上
城笛起愁青溪皆穿瀟學徒敬慕不敢指斥呼爲丨
丨杜甫詩林中纔有謝朓詩丨丨岩
焉有路路峽外絶無天紅樹舒青莎水被不知
耶律楚材詩山新論被麗紘沈約南郊
名花爛漫丨丨丨泉石歌取娟丨丨賡既恩詔朕肅
丨乾丨君漁樵岑參詩遂眈山水舊盟左傳晉人使
臨卒土與畫作丨丨言以幣如鄭問
駟乞之立故子產不待而對客曰平丘之會君尋丨
丨日無或失職若寡君之二三臣其卽世者晉大夫
而專制其位是晉之縣鄙也何數程貢奎詩歸村郭
國之爲陸游詩我與梅花有丨心丨驛丨
杜牧詩水丨攬勝見辛田集江山爲雨晴陸龜蒙詩
山丨酒旗風助筆縱橫詩注半波風丨

半波丨張九齡詩試上 遐邇 晉書沮渠蒙遜載記今
江樓望初逢山丨丨 皇化日隆丨丨寧泰宜
肅振綱維諸葛若鷩括州貢土判括州水鄉遐
申修舊則 仙區 服台嶺丨丨梓漆標材幾馳声于後
造竹箭爲美 亦 陸樹聲詩賦就烟雲干宋
飛譽于東南 高深 氣色曲終山水契丨丨 睿鑒 書
江夏王義恭傳性道淵深丨 懷柔川嶽 詩丨丨丨百神
丨遹遠樹声列藩宣風鉉德 顏延之三月
三日侍遊曲阿後湖詩德 漢書趙充國辛慶忌
禮既普洽丨丨偏懷柔 橐筆 傳卭家將軍以爲安
世本持丨簪丨丨事孝武帝數十年注張晏曰丨契囊
也近臣負丨簪丨從備顧問或有所紀也師古曰丨
所以盛書也有底曰丨無底曰囊簪丨者插筆于首
接庾長集註云丨自持丨自簪非置筆于橐也唐席
元明三日宴王明府山亭詩始有書僮丨丨膳夫行
魚之語元高祖常奏對興勝殿詩遂以侍臣丨丨對
御士橐弓至 見池草塘
今承用之 蓬瀛 生春詩注

山深四月始聞鶯

陸游新夏感事詩病起兼旬疎把酒丨丨丨丨丨丨丨

盼到春深候山中未有鶯關心方涉夏入耳始聞聲已分芳時負偏來巧語清澗邊紅雨歇洞裏白雲驚釆藥無人問攜柑此日行境幽拚絕迹音好忽移情高隱吟遒軸艮辰紀長嬴何如聽百囀草綠侍仙瀛

春深　春渚紀聞唐明皇曉起苑中詩丨候已丨而林花未放顧視左右曰是須我一判斷耳白居易劉禹錫有和丨　山中　王維詩丨丨相送　關心　范成大丨詩二十首　山中罷日暮掩柴扉　詩除却

一犂春雨足眼前無物可｜｜**涉夏**翁卷詩｜｜思已深感秋念逾迫**入耳**左傳太子建奔

宋王召奮揚曰言出于余口｜于爾｜誰告建也**聞聲**鬼谷子遙｜｜而相思李商隱詩對影｜

｜已可憐**芳時**沈佺期詩胡爲賞心客歡遇此｜｜**巧語**方回詩解｜鶯能巧交飛蝶許狂

澗邊蘇軾詩莫遺孤芳老｜｜**紅雨歇**王立程天台山記桃源洞郎漢永平中劉晨阮肇遇

仙處澗之東鳴有桃數畦春時花發射目｜｜點綴芳草如踏錦茵庾信司馬裔神道碑烟沈氷井雨｜

雲門**洞裏**劉長卿懷許道士詩桃花｜｜居人滿桂樹山中住日長**白雲驚**詩英英｜｜朱

鄰扶桑賦露戢雲｜珠懸熖生**采藥**賈島詩隱士不遇詩松下問童子言師｜｜去只在此山中雲

深不知處**無人問**蘇軾詩黃花白酒｜｜｜日暮歸來洗鞾韈**攜柑**馮贄雲仙雜記戴顒

春日｜雙｜斗酒人問何之曰往聽黃鸝聲此俗耳鍼砭詩腸鼓吹後知之乎原註高隱外書**此日**

喬知之綠珠篇｜｜可憐境幽白居易詩地與塵絕
君自許此時可喜得人情相遠人將｜共｜
班彪北征賦遂奮袂以北征兮超｜｜而遠
迹遊王康琚反招隱放神青雲外｜｜窮山裏音好
黃庭堅詩青春白日无移情見近水遠山南史
公事紫燕黃鸝俱好｜俱有情詩注高隱阮孝
緒傳著｜｜傳上自炎皇終于天監末斟酌分爲三
品言行超逸名氏弗傳爲上篇始終不撓姓名可錄
爲中篇桂冠人世棲心塵表爲下篇邁軸詩衛長辰
周昂詩谷口堪｜｜河梁厭遠遊風
梁元帝纂要春日青陽辰嬴爾雅釋春爲發生夏
曰｜｜曰嘉辰日芳辰長爲｜｜秋爲收成冬
爲安寧釋文長謝丁兩反李云萬百囀賈至早朝大
物各發生也施直良反此本謝說明宮呈兩省
僚友詩｜｜李白侍從宜春苑奉詔賦龍池柳
流鶯繞建章草綠色初青聽新鶯百囀歌東風已綠
瀛洲葉清臣秋洪賦執
草仙瀛簡｜｜持荷帝柱

劒化爲龍

豫章記晉雷煥子佩丨過延平津劒飛入水丨丨丨

不信豐城劒延平竟化龍斗間誰望氣江介爲尋蹤幻影嘘雲出寒芒挾浪衝袪襓銷電鍔鱗甲隱霜鋒鬬或干將逐馴宜務相逢春雷驚霹靂秋水失芙蓉閃鑠空留佩蟠蜿肯就鎔還應華煥在上下許相從

豐城 晉書張華傳初吳之未滅斗牛之間常有紫氣及吳平紫氣愈明華聞豫章人雷煥妙達緯象乃邀煥問曰此何祥也曰寶劍之精上徹于天耳華問在何郡曰丨丨華即補煥爲丨丨令掘獄屋基入地四丈餘得石函中有雙劍一曰龍泉二曰太阿其夕斗牛間不復見氣焉

延平 見題江斗

間見上望氣史記孝文帝紀趙人新垣平以｜｜見因說上設立渭陽五廟欲出周鼎當有玉英見

江介謝靈運述祖德詩河外無反正｜｜有蹶圮

尋蹤皮日休詩帶露嗅藥蔓和雲｜鹿｜

幻影蘇軾海市詩心知所見皆｜｜敢以耳目煩神工

噓雲韓愈雜說龍｜氣成｜

寒芒蘇軾詩新月皎如晝疏星弄｜｜

浪衝駱賓王詩忽值風飆折坐為波｜｜

衭襓禮記少儀加夫襓與劍焉註夫一作衭劍衣也廣雅｜｜衭劍衣也

電鍔吳向詩劍光夜揮｜｜說文本作劉刀劍刃也今作｜劍端

鱗甲宣和畫譜吳道子化龍｜｜飛動每天雨則煙霧生

霜鋒裴夷詩蓮花生寶錯秋日厲｜｜

鬪左傳鄭大水龍｜于洧淵國人請禜焉子產弗許日我｜龍不我覿也龍｜｜我獨何覿焉

干將吳越春秋吳王闔閭使｜｜作劍｜｜者吳人其妻莫耶｜｜採五山之鐵精合六金之金英候天何地陰陽同光百神臨觀而金鐵之頡不銷｜｜日神物之化須人而成

妻乃断髮剪瓜投入爐中使童女童男三百人鼓橐裝灰金鐵皆濡遂成二劍陽曰丨丨而作龜文陰曰莫邪而作漫理丨丨匿其陽出其陰以獻闔閭闔閭甚寶重之

馴 李咸用送李尊師詩鼎中龍虎伏初

丨務相 晉書後蜀載記昔武落鍾離山有石穴二所其一赤如丹一黑如漆有人出于赤穴者名曰丨丨姓巴氏有出于黑穴者凡四姓曰瞫氏樊氏柏氏鄭氏五姓俱出爭為神于是相與以劍刺穴屋能著者以為廩君四姓莫著而丨丨之劍懸焉

春雷 霹靂 師曠占丨丨初起其音洛洛丨丨者所謂雄雷旱氣也又蘇軾木山引水詩泫然疑有蛟龍吐断處人言丨丨焦

秋水 撥賈餘有太阿如丨丨賦錦繡萬花谷前集劍門引越絕書曰太阿劍其色如丨丨今越絕書無此何

芙蓉 越絕書取純鈞燭望之手帳拂揚其華淬如丨丨始出

閃鑠 劉基詩空蒙白毫光丨丨動崖巘楊載詩丨劍黃金佩環呾丹白王盤

蟠蜿 東京賦龍雀丨丨天馬半漢

鋊 楊萬里詩乾坤

一氣華煥劇談錄興善寺阿闍黎以教法傳授都下翕然宗之所居院金碧丨丨器用俱是寶

丨王上下左傳昔夏之方有德也遠方圖物貢金九牧鑄鼎象物百物而爲之備使民知神姦故民入川澤山林不逢不若魑魅魍魎莫能逢之用能協于丨丨以承天休相從李白詩含笑凌倒景

欣然願丨丨

農丈人

晉書天文志丨丨丨一星在南斗西南老農主穡也

天市西南畔農星耀炳麟凝年呼以丈昭象儼同人

候不愆耕卯生原始建寅瞻榆宜上界荷篠定前身

穮蔉形惟肖痀瘻望偏真稭槍銷作器倉庾指盈囷

林屋衍占協銀河甕灌頻
聖朝推四重乃粒編烝民
天市史記天官書房心東北曲十二星曰旗西南見
旗中四星曰丨丨市中六星曰市樓題
炳麟楊雄劇秦美新凝年左傳襄三十年二月癸卯
文炳丨麟丨晉悼夫人食輿人之城杞
者絳縣人或年長矣而往呼丈石林燕語米芾知無
與於食有與丨丨使之年為軍初入州廨見立
石顥奇郎命取袍笏昭象隋書音樂志俯丨候不愆
拜之毎丨曰石丨丨物仰致高烟
耕卯陸璣詩疏篇經云鳴鳩戴勝布穀也亦曰鵲鴾
亦曰穫穀春耕候也王融策秀才文杏花菖葉
畊穫不愆清明冷風述遵無廢管生降寅漢書律
子十二小卯出耕按是節氣名目曆志天
施復于子地化于丑自丑畢于辰入生自寅成于申
註地以丨二月生萬物三月乃畢入功自正月至七

月乃皐又離騷攝提貞於孟陬兮惟庚寅吾以降**瞻榆**朱宏春祈穀歌丨丨東來望杏開田**上界**張九齡祀紫蓋山經玉泉寺詩丨丨投佛影中天揚梵音**荷篠**論語**前身**司空圖詩品明月丨丨**襏襫**國語首戴茅蒲身衣丨丨**形惟肖**書乃審厥象得以丨旁求于天下說築傳巖之野丨丨**痾瘻**莊子仲尼日用志不紛乃疑於神其丨丨丈人之謂乎拔丨有佝婁二音丨有樓縷二音**望偪真**水經注上粉縣堵水之傍有白馬中山石似馬望之逼真拔集韻偪與逼同**棓**史記天官書紫官右三星日天丨**槍**前漢書天文志紫官左三星日天丨**作器**家語致思回願得明王聖主輔相之敷其五教導之以禮樂使民城郭不修蒲池不越鑄劍戟以爲作器放牛馬於如蔡文心雕龍揚子比雕玉以丨丨謂五經之含文也**倉庾**隋書天文志天丨丨西南四星日天丨積儲粟之所也**盈囷**元積詩禾黍日夜長足得丨我丨**林屋符**吳郡圖經續記包山有丨

洞昔吳王宮使靈威丈人入洞穴十七日不能窮得靈寶玉符以獻**銀河**白帖天河謂之丨漢亦曰丨丨**甕灌**莊子子貢過漢陰見一丈人方將為圃畦鑿隧而入井抱丨而出**聖朝**岑參詩丨丨無闕事自覺諫書稀**推四**謹按大清會典雍正四年世宗憲皇帝親耕奉旨朕四推四返乾隆九年高宗純皇帝親耕奉旨四推四返嗣後每年親耕皆奉旨四推四返嘉慶元年以後皇帝舉行耕耤亦皆奉旨四推四返**乃粒烝民**書益稷

指揮若定失蕭曹杜甫詠懷古跡詩伯仲之間見伊呂丨丨丨丨丨丨丨

未定安劉業宗臣蹟已高若教恢宇宙奚翅失蕭曹

五代謀方銳三分志竟摧矢直毒刃騷筆皆仗如刀

清靜讖司鑰功名笑飲醪劍提動易集鼎峙算難操

天阻眞王運入懷上將勞指揮空羽扇八陣咽秋濤

未定書四方迪亂｜｜於宗禮安劉史記高祖紀周勃厚重少交然｜｜氏者必勃也宗

臣漢書蕭何曹參傳唯何參擅功名位冠羣臣聲施後世爲一代｜｜慶流苗裔盛矣哉杜甫詩諸葛

大名垂宇宙｜｜遺像肅清高躋高傳毅七激遵孔氏之憲則投顏閔之高｜懷宇宙曾鞏

詩許國風猷壯容民宇量｜｜｜見上宗臣注奚翅孟子五代按綱目五書代魏一戰街亭一

次成固一圍陳倉祁山一拔武都陰平一斬王雙敗司馬懿殺張郃方銳歐陽原功示姪詩子年弱

冠氣方｜立志要與青雲齊三分蜀志諸葛亮表今天下｜｜益州疲敝此誠危急存亡之秋也

矢櫜 韔 詩載丨弓丨周禮夏官仲秋獻矢丨註丨盛矢器也 筆 如刀 漢書
蕭曹列傳贊蕭何曹參皆起秦丨丨吏當時錄錄未
有奇節漢興依日月之末光何以信謹守管籥蘇軾
詩君才有丨切玉丨見之凜凜生寒毛 清靜 漢書曹參傳聞膠西有蓋公善治黃老言使人厚幣
請之既見蓋公蓋公為言治道貴丨丨而民自定 司鑰 見上筆如刀注呂惟簡制學丨門丨之嚴
功名 戰國策此皆以一勝立尊令成丨丨于天下 飲醪 漢書曹參傳日夜飲酒卿大夫以下
吏及賓客見參不事事來者皆欲有言至者參輒飲
以醕酒曾鞏一鶚詩歸來磔蒐載俎豆快丨百壺行
春丨丨 劍提 史記高祖本紀高祖曰吾以布衣提三尺丨取天下此非天命乎 勳集 書六丨未
丨 鼎峙 劉禹錫蜀先主廟詩勢分三足丨業復五銖錢吳志孫權傳權屈身忍辱任才尚計有句
踐之奇英人之傑故能自擅江表成丨丨之業 天咀 南史沈約傳漳閱丨丨所謂形勝之地鎮懸孤

軍勢危若使姚紹據之則鄭圖也闕圖巨靈真王運
擘太華賦蹐丹崖于丨丨呀峭壁而相距
史記淮陰侯傳漢王亦悟因復罵曰大丈夫定諸侯
即為丨丨耳何以假為晉書樂志景王承丨纂隆洪
緒八懷孟郊詩萬丨丨為懷上將勞詩正義先言王命南仲者以南仲為丨丨又李商隱
籌筆驛詩徒令丨丨揮神筆終見降王走傳車羽扇
銕起詩三軍服縶脫金刀黎庶反斬將士丨
語林諸葛武侯與司馬宣王戰于渭濱著葛八陣蜀志
巾搖白丨丨指揮三軍宣王曰可謂名士矣
諸葛亮傳性長于巧思損益連弩木牛流馬皆出其
意推演兵法作丨丨圖咸得其要云按綱目武侯丨
丨圖凡三一在沔陽之高平舊壘一在廣都秋濤虞
之丨丨丨鄉一在魚復永安宮南江灘水上集
詩秉槎幾月至
二泛九丨丨

秋色從西來

岑參與高適薛據登慈恩寺浮圖詩連山若波濤奔走似朝東青槐夾馳道宮館何玲瓏｜｜｜｜｜蒼然滿關中五陵北原上萬古青濛濛

一上慈恩塔秋光近可躋報從青海外來白玉闕西
天淨虹初斂雲開雁不迷川原橫舊隴氛靄卷朝隮
落日明鴉背流沙趁馬蹄派分河勢遠氣壓華峯低
萬里金飆爽三霄白露淒蓐收方命駕應爲指渠黎

慈恩塔見題註秋光杜甫詩｜｜近青岑參月當泛菊可躋紆千仞登天壇山望海出日賦懿其千仞｜｜四目在望危岫陵乎碧落日域還乎蒼海報黃庭堅詩秋｜千倉獲青海北史吐谷渾傳｜｜周回千餘里內有小山每冬冰合後以良牝馬置此來春收之所生得駒號爲

龍種嘗得波斯草馬放入海因生驄駒日行千里世傳丨丨驄是也**玉關西**漢書班超傳超自以久住絕域年老思土上疏曰臣不敢望到酒泉郡但願生入丨門丨李白詩不知楊伯起早晚向關西**天淨**僧善住秋夜獨坐詩夜涼螢語細丨丨月華清**虹斂**許尭佐詩曲渚殘丨丨蔡䈂宿鳥喧**雲開雁**王胄詩雨過蟬聲急丨丨丨路長**不迷**班固幽通賦乘高而遌神兮道遐邇而丨丨**川原**陸游詩地連秦雍丨丨壯水下荊揚日夜流**舊隴**漢書地理志隴西郡秦置顏師古註隴坻謂隴阪即今之隴山也此郡在隴之西南史褚貢傳貢曰吾少無人間心豈身名之可慕但願啓手歸全必在丨丨**氛靄**謝惠連雪賦連丨累丨掩日韜霞**朝隮**詩丨丨于西崇朝其雨註丨升也箋云朝有升氣于西乃疏有隮氣必有雨音義云鄭注周禮云隮虹**落日**謝靈運撰征賦望新晴于丨丨起明光于隮月**鴉背**溫庭筠詩蝶翎朝粉盡丨丨夕陽多**流沙**禮王制西不盡

丨丨杜甫高都護驄馬行功成惠養隨所致飄飄遠自丨丨至**趁馬蹄**張謂詩江月隨人影山花丨丨丨**泒分**皇甫冉詩山從建業千峯斷江至尋陽九丨丨**河勢遠**書黑水西丨惟雍州又浮於積石至于龍門西河許渾詩河丨抱關來蘇軾入峽詩餘流細不數丨勢帶吳蜀**氣壓**李君元天子劍賦獨立而光連日月橫行而丨丨山川**華峯**蘇軾詩太丨丨頭作重九天風吹艷黃花酒廣輿記卽西嶽也**萬里**李白詩長風丨丨送秋雁對此可以酣高樓**金飈**王僧孺與何炯書素鐘肇節丨丨戒序**三霄**李商隱詩仙人掌冷三丨露玉女窗虛五夜風**白露淒**詩丨丨爲霜秋興賦月朧朧以含光兮露丨清以凝冷**蓐收**禮孟秋之月其神丨丨左昭公一十九年金正曰丨丨**命駕**拾遺記西王母與穆王歡歌既畢乃丨丨昇雲而去陸機詩丨丨登北山**渠黎**漢書鄭吉傳自張騫通西域初置屯田丨丨宣帝時吉以侍郎田丨丨積穀因發諸國兵破車師降

日逐遂弁護車師以西花
道都護之置自吉始焉

絡緯鳴

崔豹古今注莎雞一名促織一名丨丨一名蟋蟀
促織謂丨聲如急織丨丨謂丨如紡績陸游老學
菴筆記詩正義云丨丨丨丨嬾婦驚按唐風蟋蟀篇
陸機注蟋蟀似蝗而小正黑有光澤如漆有角翅
一名蛬一名蜻蛚楚人謂之王孫幽州人
人謂之趨織里語曰趨織鳴嬾婦驚是也

天迴星河淡淒涼絡緯聲空閨曾不寐遥夜此相驚
杼聽迴環急絲憐宛轉縈綺羅三月夢砧杵萬家情
帶月機頻促經秋織未成繫懷聞斷續觸緒理縱橫
紡出齊紈巧繅來越葛輕授衣豳俗古莫負草蟲鳴

孟浩然詩清旦江河圖括地象川德布
天迴丨丨涼風西北吹星河淡精上爲丨丨孟浩然
詩徵雲丨丨河漢淒涼李白詩懷歸路綿空闊鮑照詩
疎雨滴梧桐邈覽古情丨丨環情倦
始復丨丨不寐詩耿耿丨丨九辨獨申旦遙夜楚辭
起長椎丨丨而丨丨哀蟋蟀之宵征靚抄
愁之丨丨兮心杼急盧綸詩夜村机丨周衡秀
緣悷而有哀丨秋水芰荷深迴環野軒詩
背郭幽居如畫裏絲縈虞世南琵琶賦或錦散宛轉
斷林春水綠丨丨而花開或丨丨而緒結
莊子椎拍輐綺羅古樂府大婦織丨丨詩如丨丨
斷與物丨丨丨丨中婦織流黃三月分採桑度
蠶生春丨丨丨春桑正含綠碪杵古子夜歌佳人理寒
女兒採春桑歌吹當春曲服萬結丨丨勞溫庭
鈞詩丨丨碪帶月陶潛歸園田居詩晨興機促古今
杵三篙水理荒穢丨丨荷鋤歸注促
織一日促机經秋張正見詩離鴻暫織未成中論至
又名紡緯罷曲別路已丨丨人蹈機

捏杅丨成天地之化史記**繫懷**陸游詩勳業**斷續**唐
毛羽丨丨丨不可以高蜚于今莫丨丨太
宗詩哀笳時丨**觸緒**令狐楚爲請朝覲表心傷者縱
丨悲旆乍卷舒丨丨成悲意切者發言皆懇
橫李中題柳詩情隄三**紡**方儀禮聘禮賄用束丨注**齊**
月暮飛絮想丨丨丨丨絲爲之今之縛也
紈梁簡文帝謝賚納袈裟啓荀針秦縷因**纚**說文繹
絹製以成文魯縞丨丨借新香而受彩藏山繇
也禮記夫人**越葛**洛陽伽藍記河間王琛引諸王按
丨三盆手行府庫錦罽珠璣冰羅霧縠充積
其內繡纈紬綾絲彩丨**授衣**詩九月**俗古**歐陽修彝
丨錢絹等不可勝計丨丨陵歲暮詩
遊女髻鬟風丨丨**草蟲**詩喓喓
野巫歌舞歲年豐丨丨

醽雞生乎酒

列子天瑞篇后稷生乎巨跡伊尹生乎空桑厥
昭生乎濕丨丨丨丨按醽雞酒上蠛蠓也

酒國春長駐醯雞此化生居然吹以息曾不假之鳴
族類蜎蠉集經時醞釀成醷漿宜辨味風雨可傳聲
麴部前身幻糟邱幾輩嘗醉忘千日曉舞逐一壺傞
攘乞鄉都謝酸甜宿未醒劉伶如共語昧旦莫相驚
酒國春長駐唐庚詩硯田無惡歲酒國有長春化生
張說詩庭榔餘春駐宮鶯早夏催
唐歲時紀事七夕俗以蠟作嬰兒形浮水吹以息
中以爲戲爲婦人宜子之祥謂之||莊子
遺遙遊野馬也塵埃也假之鳴韓愈送孟東野序樂
生物之以息相吹也也者鬱于中而泄于
外者也擇其善族類左傳非我|蜎蠉爾雅釋魚|
鳴者而||||其心必異|註井中
赤蟲也一名||一名|經時古詩此物何足醞釀成
一名蛣蟩一名孑孓貴但感別||

淮南子斟酌萬殊旁薄衆宜醷漿禮內則或以丨爲
以相嘔附丨丨而丨育羣生醴酏醷丨水醷濫
風雨詩丨丨瀟瀟傳聲漢書叔孫通傳麴部雲仙雜
雞鳴膠膠注丨丨而唱驚錄汝南
王建取雲夢石甃泛春渠以蓄酒作金銀龜魚前身
浮沈其上爲酌酒具自稱醸王兼丨丨尚書
幻晉書羊祜傳祜五歲令乳母取所弄金環母日汝
無此物祜即詣鄰人李氏東垣桑木中探得之主
人驚日此吾亡兒所失物盍李氏子祜之丨幾輩韓
丨也王禹偁詩身世喻泡丨衣冠如贅瘤愈
寄崔立之詩君看一醉忘千日博物志劉元石于中
時人丨丨先騰馳山酒家沽酒酒家忘
其節度歸至家大丨而家人不知以爲死也權葬之
酒家計千日滿乃憶元石往視之則三年已葬於是
開棺醉始醒俗云元舞范成大憎蚊詩蠓惟丨醯甕
石飲酒一醉丨丨蠛止祟書帙又周枚詩齺齺
可憐雞丨甕昂一壺歐陽修六一居士詩有琴一攘
昂未羨鶴乘軒、張棊一局而嘗置酒一丨

乞鄰孟子月丨一雞論語或丨酸甜陸游詩野花紅
醯焉乞諸其丨而與之碧自爭春村酒
丨丨也宿醒雲仙雜記陳泳陽王丨丨未解則爲密
醉人浸烏梅每啖不下二十枚清醒乃已
劉伶晉書丨丨傳丨丨字伯倫沛國人也放情肆志
常以細宇宙齊萬物爲心與阮籍嵇康相遇欣
然解攜手入林初不以家產有無介意常乘鹿車攜
一壺酒使人荷鍤而隨之謂曰死便埋我其遺形體
如此共語雲笈七籤老子曰丹蛇來到心不驚不恐者
當與眞人丨丨時目中忽然見正黃浩浩而
無形兆身昧旦詩女曰雞鳴相驚元稹詩感愴正多
体因变化士曰丨丨緒鵶鵶丨喚丨
陂塘五月秋
杜甫丈八溝遇雨詩歸
路翻蕭颯丨丨丨丨
忽覺秋知許渾教夏月忘相看殊節候總爲近陂塘

吠蛤沿晴浦鳴蜩澹夕陽涼先歸鷺嶼暑不到鷗鄉
爽挹蘭池外寒生草閣傍江城入悄悄煙水景茫茫
荷氣難侵曉菱歌欲奏商放船乘薄暮清境憶滄浪

如許 楊萬里詩把酒春｜｜論詩夜未央 夏月 禮記孟｜之｜ 相看 李白詩｜｜兩不厭祇有敬亭山 節候 晉書天文志華蓋杜旁六星日六甲可以分陰陽而配｜｜故在帝旁所以布政教而授農時也 吠蛤 蘇軾嶺南詩稻涼初｜｜柳老半書蟲注嶺南呼蝦蟇爲蛤 晴浦 葉適詩浣花炫春瀠濯錦絢｜｜ 鳴蜩 詩五月｜｜ 夕陽 詩大雅又杜甫詩｜｜薰細草江色映疏簾 涼歸 沈佺期詩小池殘暑退高樹早｜｜ 鷺嶼 劉詵詩暮春歸帆拂｜滿城酒香咽簫鼓 暑不到 杜甫詩修竹不受｜岑參詩春風｜曾｜漢使亦應稀 鷗鄉 王十朋蓬

萊閣賦往來乎丨鷺之爽挹杜甫詩舊挹金波蘭池
丨欸乃乎烟波之裏　爽皆傳玉露秋
茫蔚宗詩丨寒生草閣李白詩地右丨陰丨杜甫詩
丨清夏氣　百年地僻柴門迥五月江深
丨丨江城李白詩丨丨悄悄曹唐詩樹影悠悠花丨
寒五月落梅花丨若聞簫管是行蹤
烟水長茫茫杜荀鶴詩蒼翠雲峯開俗眼澄懃丨丨
浸塵心劉因詩霜與秋容增古淡樹因
烟丨悠微茫僧貫休詩羨荷氣韋應物詩微風送
師終不及湘浪綠丨丨　丨丨坐客散塵纓侵
曉杜甫詩遠菱歌鮑照詩簫弄澄香奏商禮月令章
夢歸丨丨　北丨丨清漢南　商註商數
七十二屬金者以其濁次宮臣之象也秋氣和則商
聲調唐書尉遲敬德傳敬德晚節謝賓客飭觀溜丨
清丨樂自奉養甚厚又餌放船杜甫詩落日丨丨薄
雲母粉爲方上術延年　好輕風生浪遲
暮廣雅日將清境韓維遊城南雙塔院詩久從塵邑
落曰丨丨　居樂與丨丨遇坐聽百禽響日晏

不忍孟子｜｜
去滄浪之水清兮
不知秋思在誰家
王建十五夜望月詩中庭地白樹棲鴉冷露無
聲溼桂花今夜月明人盡望｜｜｜｜｜｜｜
此夜秋光滿人人對月華不知縈旅思畢竟屬誰家
今古輝同照悲懽意各賒孰憐清露冷爲望曙河斜
故里音塵隔芳鄰笑語譁高樓懸客夢别館卽天涯
綃邈情難問低徊手自叉搗衣聲處處獨坐伴棲鴉
此夜詩經如｜秋光滿杜牧詩江畔｜｜蟾閣鏡檻
良｜何前山翠茂陵眉陳後主聞山
月樂府暈缺隨灰人人孟子人｜親其親長其長而
滅｜｜應珠圓天下平杜甫有事於南郊賦

丨丨自以遣唐虞丨**月華**梁元帝烏棲曲復值西施新浣紗共向江頭眺丨丨**縈旅思**陸龜蒙詩賢彦風流遠江湖思緒丨王勃詩寧覺山川遠悠悠丨丨難**畢竟**左傳凡土功龍見而丨務踏卜者丨也**今古同照**抱朴子尚博篇俗士多云今山不及古山之高今海不及古海之廣今日不及古日之熱今月不及古月之朗陶宗儀詩中天孤月應丨丨尺素雙魚孰爲傳**悲懽**范成大詩吳鄉風物雜丨丨**意賒**許渾詩故人書信越褒斜新丨雖多舊約丨**清露冷**隋煬帝望江南詞丨丨丨侵銀兔影西風吹落桂枝花**曙河斜**晏殊遷鶯詞丨丨低斜月沒謝莊文行光既丨晏長河又丨**故里**唐書張介然傳始爲河隴支郡太守啓日臣位三品當給棨戟若列于京師雖富貴不爲鄉人知願得列戟丨丨明皇許之**音塵隔**謝莊賦美人邁兮丨丨闕丨于里兮共明月**芳鄰**王勃滕王閣序非謝家之寶樹接孟氏之丨丨**笑語譁**陸游詩地僻衣

冠古年豐丨丨丨高樓杜甫詩花近丨丨傷客心客夢岑參詩孤燈燃丨丨寒杵搗鄉愁別
館上林賦離宮丨丨弥山跨谷天涯徐陵與王僧辯書惟桑與梓翻若丨丨杖相裁松悠然長
絕綿邈何劭遊仙詩長懷慕仙類眩然心丨丨低徊杜甫詩拂水丨丨舞袖翻手叉
柳宗元詩入郡腰恒折逢人丨盡丨搗衣聲處處李白子夜秋歌長安一片月萬戶丨丨丨
杜甫詩寒夜丨丨催刀尺白帝城高急暮砧獨坐王維詩丨丨幽篁裏棲鴉見題注
月黑雁飛高
盧綸塞下詩丨丨丨丨丨單于夜遁逃欲將輕騎逐大雪滿弓刀
大雪陰山黑橫空塞雁高扶搖迷月魄迢遞刷霜毛
絕漠三更暝胡沙萬里翶雲低聲欲過河淡影全韜

曖靆天容晦縱橫陣勢鏖暗疑遮斷磧寒不下平臯

中夜漫漫永層霄肅肅勞料應飛將在烽火熄臨洮

大雪注見題陰山漢書匈奴傳侯應日臣聞北邊塞至遼東外有丨丨横空虞世南詩丨丨一烏度

塞雁庾信燕歌行丨丨嗈嗈度遼水桑葉紛紛落薊門杜甫詩檣烏相背發丨丨一行鳴

扶搖莊子鵬之徒于南冥也水擊三于里摶丨丨而上者九萬里去以六月息者也

月魄粱文帝文珠生丨丨鐘應秋霜

迢遞水經注夾塘崇峻邃岸高深左右百步一釣臺參差交峙丨丨相望更爲佳觀矣

刷霜毛李白詩照影玉潭裏丨毛琪樹遑鮑照舞鶴賦疊丨丨而弄影振玉羽而臨霞

絕漠拾遺記堯在位七十年麒麟遊于澤藪梟鴟逃于丨丨

三更崔塗詩蝴蝶夢中家萬里杜鵑枝上月丨丨

胡沙盧照鄰詩雪似丨丨暗氷如漢月明

萬里李白詩長風丨丨

丨送秋雁對此可以酣高樓 **雲低** **聲遏** 杜甫詩蕭蕭古塞冷漠漠秋丨丨列子薛譚學謳于秦青未窮青之技自謂盡之遂辭歸青弗止餞于郊衢撫節悲歌丨振林木響丨行雲譚乃謝求反終身不敢言歸 **河淡** 孟浩然詩微雲淡丨漢 **影翻** 王勃淨惠寺碑蜀龍丨丨避堯日于幽都雲騁敘翼俟虞風于晏海 **曖曃** 楚辭遠遊時丨丨其曭莽兮 **天容暗** 蘇軾詩丨丨海色本澄淸參同絜日月于卯則天明而魂盛日入于酉則天丨而魂盡 **縱橫** 陳琳交豪傑丨丨熊據虎跱 **陣勢** 北史周廣川公測傳測弟深年數歲便累石爲營折草作旌旗布置行伍皆有軍丨之丨 **斷磧** 陳子良入蜀詩山陰黑丨丨月影素寒流 **下平皋** 接唐鄭褒有霜隼丨晴皋詩孟浩然詩積雪粟丨丨 **中夜** **漫漫** **永** 書丨丨以與寧戚飯牛歌長夜丨丨何時旦王勃山亭夜宴詩桂宇幽襟積松臺涼夜丨 **曾霄** 舊唐書李德裕傳雉堞高峻臨衝難及于丨丨鳥徑屈盤猛士

多麋于　肅肅勞　詩經鴻雁于飛丨丨其　飛將　漢書李
礧石　羽之子于征劬丨于野　廣傳廣
在郡匈奴號曰漢丨丨軍避之數歲不入界陸游詩
生希李廣名丨丨拔唐韵將即諒切禮記註方氏曰
才足以將物而勝之之謂將　烽火熄　史記周紀有寇
智足以帥物而先之之謂帥　至則舉丨丨莊
子堯讓天下于許由曰日月出矣而爝火不丨于其
光也不亦難乎時雨降矣而猶浸灌其于澤也不亦
勞　臨洮　漢書地理志隴西郡丨丨縣西部
乎　哥舒歌至今窺牧馬不敢過丨丨

自送歸鴻

稽康贈秀才入軍第四首丨丨丨
丨手揮五絃俯仰自得游心泰元

極目冥鴻過清琴手怡揮低徊勞遠望迢遞送將歸
江濶尋聲杳天高辨影微清方絃外寄音未曲中希

似識春風約曾銜朔雪飛衡峯迴側陣鬬月睇斜暉
翹首征途緲驚心故國違廣陵遺響絕清怨入金徽
極目水經注夷道縣北有友觀山廠處高顯回眺丨丨冥鴻揚子鴻飛冥冥弋人何篡焉
清琴陸機詩去去遺情累出處撫清丨手揮見題注低徊高啓梅花詩幾看花影丨
丨處只道花神夜出遊遙望九歌荒忽兮丨丨觀流水兮潺湲迢遞稽康琴賦指蒼梧之
丨丨臨迴江之威夷送將歸楚辭九辯憭慄兮若在遠行登山臨水兮丨丨丨江澗白居
易詩近海丨弥丨迎秋夜更長尋聲杳陸機辨亡論豪彥丨丨而響臻志士希光而景鶩王惲詩
落日鄉音丨秋空望眼穿天高詩謂丨盞丨影微李商隱越燕詩拂水斜文乱銜花片丨丨
情寄詩品阮籍詠懷之作言在耳目之內丨丨八荒之表絃外王昌齡詩髩鬚丨指丨遂見初

古人**音希**禮記大丨聲丨**曲中**釋虛賓琴賦鍾期不可遇誰辨丨丨心**似識**晏殊詩無可奈何花落去丨會相丨燕歸來**春風**約丨丨不奈樓頭夜雨声戴復古詩頗思湖上丨**衡**鄭谷詩蜀雪隨僧蹈荊烟逐雁丨**朔雪**鮑照詩胡風吹丨丨于里度龍山**衡峯迴**宋之問詩丨丨石閣閉一統志回雁峯在衡州雁至此不過遇春而丨**側陣**唐太宗詩丨丨移鴻影**關月**崔塗孤雁詩渚雲低暗度丨丨冷相隨**斜暉**梁簡文賦既飛花之八戸看丨丨之度寮**翹首**晉書阮籍傳以含一之德據上台之位英傑丨丨俊賢抗足**征途**李中詩南楚丨丨澗**驚心**杜甫詩感時花濺淚恨別鳥丨丨**故國**孟子又趙嘏詩禁鐘声盡見棲禽關塞迢迢丨丨心**廣陵**晉書稽康傳康將刑東市顧視日影索琴彈之曰昔袁孝尼嘗從吾學丨丨散吾每靳固之丨丨散于今絕矣初康嘗游于洛西暮宿華陽亭琴而彈夜分忽有客詣之稱是古人與共談音律

因索琴彈之而爲｜｜散聲遺響絕潘岳西征賦想
調絕倫遂以授康侃誓不傳遺響絕珮聲之｜｜苦
經鏘之在耳嘯賦清怨錢起歸雁詩瀟湘何事等閒
曲既終而響｜清怨回水碧沙明兩岸苔二十五
絃彈夜月不勝
｜｜却飛來金徽梁元帝秋夜詩｜｜調玉軫茲夜撫離鴻

飛將軍

見月黑雁飛
高詩飛將注

飛將龍城在威名振一軍長驅鵝鸛隊誓掃犬羊羣
氣勢從天下騫騰自古聞㓹毛思蹋頓傳翼會摩雲
遠擊漁南水潛消塞北氛屯營烏弋合入陣鶴旋分
王朔空論相單于孰策勳封侯諸校尉燕頷本紛紛

飛將在 王昌齡詩但使龍城｜｜｜不教胡馬度陰山

龍城 見上又漢書匈奴傳五月大會｜｜祭其先天地鬼神

威名振 晉書王惲傳王濬破石頭降後皓｜｜｜明白惲始濟江登建鄴宮醼酒高會自以先據江上破皓中軍按甲不進致在王濬之後甚愧恨有不平之色

一軍 史記淮陰侯傳諸將皆喜各自以爲得力將至拜大將乃韓信也｜｜皆驚

建驅 戰國策樂毅輕兵銳卒｜｜至齊

鵝鸛隊 左傳昭公二十一年鄭翩願爲鸛其御願爲鵝顧瑛玉山席上詩弓盤舞撥銀鵝隊水調歌傳金鳳槽

誓掃 陳陶詩｜｜侮奴不顧身

犬羊羣 後漢鄭太傳且天下強勇百姓所長者有弁涼之人及何奴屠各湟中義從西羌八種而明公擁之以爲瓜牙譬驅虎兒以起｜｜孟浩然詩迴嗆山下路但見牛羊｜

氣勢 蘇舜欽詩若爲神龍憑｜｜非一端

從天下 漢書周勃傳趙涉遮說亞夫亞夫下車禮而問之涉曰吳王素富懷輯死士久矣此知將軍且行必

置人於殺罷阨陿之閒且兵上熏窋將軍何不從此
右去走藍田出武關抵雒陽閒不過差一二日直八
武庫擊鳴鼓諸侯聞之杜甫詩筆飛鶱聳
以爲將軍｜｜而｜｜也鶱騰立章龍鳳｜｜自古
詩自｜在昔周伯琦過太李白詩照影玉潭
聞行詩疊嶺重閟自昔｜刷毛襃｜｜琪樹邊
陸游詩鬼門關外逢人口｜｜于傳翼漢書董
蹋磧家萬家出撥說文水嗜有石者仲舒傳
予之齒者去其角五代史李罕之傳居民屯聚
｜之｜者兩其兄摩雲｜｜山罕之悉攻殺之立柵
其上時八號漢書趙充國傳奉洫南水莊子逍
曰李｜｜遶擊詔出塞引兵｜｜遙遊篇
鵬之背不知其幾千里也怒而飛其翼若垂天之雲
是鳥也海運則將徙于南冥南冥者天池也鵬之徙
于南冥也水擊三千里潜消氛舊唐書哀帝紀妖星
摶扶搖而上者九萬里不見子碧虛矣沴｜
｜于天漢晉書景帝文帝塞北杜甫詩｜吳都
紀論踰劍銷｜浮准靜亂｜春嶠暮屯營賦｜

丨擲比解 後漢書耿弇傳弇按劍曰我至長安
署碁布 烏合 與國家陳漁陽上谷兵馬之用還出
太原代郡反覆数十日歸發突騎 張說
以轔丨丨之家如摧枯折腐耳 九陣鶻 分都督
安公神道碑銘霹靂陷營衝風丨丨丨北史上洛王思
宗弟思好天保五年討蠕蠕文宣悅其驍勇謂曰尔
擊賊如丨八鴉羣李頻廣將軍詩逆 王朔 本傳廣與
風走馬貂裘卷塑塞懸弧雁陣丨 望氣丨丨
語目自漢擊匈奴未嘗不在其中而諸校尉已下
材能不及中以軍功取侯者数十八廣不爲後然終
無尺寸得封邑者何 見上王 單于 本傳臣結髮
也豈相不當侯耶 論相 朔注 而與匈奴戰
今乃得一 唐書百官志諸州授勳八歲 封侯諸
當丨丨 第勳 一丨丨之高下三月一報
校尉 見上王朔註封侯 燕頷 後漢書班超傳其後行
又見下燕頷注 詣象者曰祭酒布衣諸
生耳而當封侯萬里之外超問其狀相者指 紛紛 王
曰生丨丨虎頭飛而食肉此萬里侯相也 發

石詩畫師丨丨何足
數惠崇晚出吾最許
所寶惟賢
書旅獒丨丨丨
丨則邇人安
別有奇珍在遐稽旅貢年所求天下寶惟曰國之賢
懸想披沙意重陳典瑞篇瑾瑜皆黻佩珠玉自山淵
韜櫝神先繫分璜禮特專圭璋無匿朵蒲穀不虛鐫
豈肯琛輸楚何來璞笑燕
聖人昭朗鑑追琢勵官聯
奇珍書珍禽奇獸旅貢書西丨底丨厥獒天下寶徐彥伯比干墓詩大位丨丨丨

惟賢國之鎮

國賢 見上天下寶注後漢書韋彪傳丨以簡丨爲務賢以孝行爲先

披沙 唐書南詔傳長川諸山往往有黃金或丨丨得之

典瑞 周禮春官丨丨掌玉瑞玉器之藏

瑾瑜 左傳宣公十五年丨丨匿瑕國君含垢天之道也

撤佩 古詩偕隱歌天下有道我丨子丨天下無道我負子戴

珠玉

山淵 莊子捐金于山藏珠于淵不利貨利不尚富貴也又陸机文賦石韞玉而山煇水懷珠而川媚

韞櫝 論語

神繫 淮南子凡人之志若有所在而神有所丨

分璜 左傳定公四年丨魯公以大路大旗夏后氏之丨封父之繁弱

禮専 宋史樂志齋居寂誠心肅丨容丨鳴鑾石

圭璋 禮記丨丨特達

匿采 李尤夏城門銘陰陽不通螺螄丨丨

蒲穀 周禮春官以玉作六器以等邦國王執鎮圭公執桓桓圭侯執信圭伯執躬圭子執穀璧男執蒲璧

不虛 鎸吳志諸葛恪論辨應机莫與爲對權見而奇之謂瑄曰藍田生玉真不虛也抱朴子臣節卷昆吾鏤

器能者ㄧ動

琛輸楚 李嶠上尊號册文航海梯山之客奉貢輸琛耕田鑿井之夫擊壤鼓腹李ㄧ頑西都賦越璞ㄧㄧ蜀賄巴賓

璞笑燕 玉篇ㄧ玉未治者韓非子宋之愚人得燕石于梧臺之側藏之以爲大寶周客聞而觀焉ㄧ曰此ㄧ石也與瓦甓同

昭朗鑑 隋書音樂志天鑒孔昭晬機君子行ㄧㄧ豈逮假取之在傾冠

追琢 詩經ㄧㄧ其章

官聯 周禮太宰之職以八法治官府三曰ㄧㄧ以會官治

王猛捫蝨 晉書ㄧㄧ載記桓温入關猛被褐而詣之一面談當時之事ㄧㄧ而言旁若無人

杖策軍門坐匡時景略堪臥龍思頤畫捫蝨縱高談

建業蠶屯擾成都蟻戰酣中原披褐顧餘子處褌蝨

湯沐奚煩具爬搔儘許探搜將蟣蝨細劘向齒牙甘
痛癢羣生繫么麼一例戡苻秦容抵掌魚水樂方湛
杖策軍門後漢書鄧禹傳光武收河北禹｜｜｜說上延攬英雄上問欲仕乎曰不願也願｜效尺寸垂功名于竹帛耳匡時唐太宗詩弱齡逢運改提劍鬱｜｜景略晉書本載記字｜｜北海劇人也臥龍晉書本載記堅曰卿昔蝸蟠布衣朕龍潛弱冠屬世事紛紜厲士之際顛覆厥德朕奇卿于暫見擬卿爲｜｜卿亦異朕于一言迴考槃之雅志碩畫魏都賦｜｜精通自無匯
制縱高談權德興詩中飲見逸氣｜｜談窮化元後漢書馮衍傳申眉｜｜無媿天下建業吳志孫權傳十六年徙治秣陵明年城石頭改秣陵爲｜｜蠭屯韓愈送鄭尚書序｜｜蟻聚不可爬搜成都漢書地理志蜀郡成｜縣蟻戰酣陳樵詩往來酣｜中｜誰是投間人

原左傳晉楚治兵遇于｜｜其辟君三舍北史在城王澄傳崤函帝宅洛河王里因茲大舉光定｜｜
披褐陶潛詩｜｜欣自得屢空常晏如餘子周禮地官小司徒凡國之大事致民大故致｜
｜蘇軾詩氣槙｜｜無全目處褌阮籍大人先生傳獨不見羣蝨之｜｜乎湯沐具淮南
子｜｜｜而蟣蝨相弔爬搔嵇康與山巨源書性復多蝨｜｜無已許採林光朝詩諸生
考古頭潭白禹穴何時更｜｜蟣蝨說文｜蝨子也山堂肆考｜齧人蟲也齒牙曹植令禽
惡鳥論撮蝨者莫不糜之｜｜爲害身也痛癢晉書范弘之傳下官之身非有｜｜羣生繫
漢書宣帝紀獄者萬民之命所以禁暴止邪養有｜｜也淮南子夫一者至貴無適于天下聖人託于無
適故民命｜矣么麿班彪王命論｜｜不及數子注細小曰｜一例朱子詩筒中自有超然處
肯共兜曹｜｜忙苻秦晉書｜堅載記以升平元年僭稱大｜天王抵掌國策｜｜而談

越王魚水蜀志諸葛亮傳先主曰孤馮衍顯志
大悅之有孔明猶丨之有丨也梁湛賦忽道德
之珍麗兮務
富貴之丨丨

抜茶植桑

宋子名臣言行錄張詠知崇陽民以茶爲業公曰
茶利厚官將榷之不若早自異也命丨丨而丨丨
民以爲苦其後榷茶他縣皆失業而崇陽之
桑皆已成爲絹而北者歲百萬疋民富至今

預計興茶榷乖崖重勸甿拔將千樹槓植徧萬家桑
連茹推桑緣分條茁嫩黃舊纖烏嚬贈新祀馬頭忙
斥其園葵味栽添柘館涼有八歌大野無憂到浮梁
自昔詷梅菊於時銑邊筐侯封齊魯等漫與鬪旗槍

茶榷舊唐書穆宗紀長慶元年加丨丨舊額百支更加五十支從王播奏乖崖宋史本傳自號
丨丨以爲丨則違衆丨不利物勸甿周禮地官遂人以時器丨丨千樹史記貨殖傳安邑丨
丨棗河濟之間丨丨梨其人皆與千戶侯等檟爾雅丨苦茶注小如梔子冬生葉可煮作羹飲今呼
早采者爲茶晚采者爲茗一名荈蜀人謂之苦茶萬家史記年表天下初定故大城名都散亡戶
口可得而數者十二三是以大侯不過丨丨小者五六百戶連茹易拔茅丨丨柔綠李商
隱詩側近嫣紅伴丨丨分條本草李時珍曰桑有數種白桑葉大如掌而厚雞桑葉細而薄子桑
先椹而後葉山桑葉尖而長以子種者不若壓條而分者劉勰新論丨丨布葉輪囷磥砢嫩黃韓琦
詩水荇初花其丨丨緘徐夤詩擕來茗碗堪供客新啓旗槍白絹丨鳥嘴鄭谷峽中嘗茶詩吳
僧漫說鴉山好蜀客休誇丨丨香馬頭原化傳拾遺蠶女當高辛時其父爲鄰所掠惟所乘馬在

毋因誓曰有得父還者以女嫁之馬驚躍振迅而去
數日父乘馬歸自此馬嘶鳴不肯飲齕父問其故毋
以誓白之父怒射殺馬曝皮于庭女行過其側馬皮
蹶然而起卷女飛去棲于桑樹之上女化爲蠶食桑
葉吐絲成繭衣被人間宮觀塑女子之 園葵味 漢書
像披馬皮謂之丨丨娘以祈蠶桑焉 董仲
舒傳昔公儀子相魯之其家見織帛怒而出其妻食
于舍而茹葵慍而拔其葵列女傳魯漆室女倚柱而
嘯曰吾憂魯君老而太子少也隣婦曰此魯大夫之
憂女曰昔晉客舍吾家繫馬于園馬佚踐吾丨丨使
吾終歲不厭葵丨魯國 栽 李商隱詩好爲麻姑到館
有患婦女獨安所避乎 東海勸丨黄竹莫丨桑丨
石何遜七召其中則有桂宮柏寢吳 述異記空
杯臺柘丨格物總論丨樹高大如桑 大野 桑生丨丨
山中爲琴瑟之 無夢 曹鄴詩掃葉煎茶摘葉 浮梁 唐
最者空桑也 書心間丨丨夜窗虛 書
地理志鄱陽郡縣丨丨武德四年置日 自昔 劉孝綽
居易詩商人重利輕別離前月丨買茶去 哀詩

伊臣獨何取調梅菊丨王光庭詩惠風初應律和氣正
隆恩徒丨丨丨煮泉小品人有以丨花丨
花茉莉花荐茶者雖風韻可賞於時詩丨丨執邀偕
亦損茶味如有佳茶亦無此事處處
后書禮樂志皇后初采桑典製等各以鈎授內外命
婦皇后采桑訖內外命婦以次采女史丨偕者受之
礼記具曲侯封齊魯等丨丨見飛將軍詩王朔及燕
植丨丨額注史記貨殖列傳丨丨千
故桑其人與蔡襄茶錄建人七修類藁世八
千戶侯丨鬪謂丨茶爲茗戰旗槍烹茶有一横一
竪而細嫩于湯
中者謂之丨丨

唱籌量沙

南史檀道濟傳道濟時與魏軍三十餘戰多捷軍
至歷陽城以資運竭乃還時人降魏者具說糧米
已罄于是士卒憂懼莫有固志道濟夜丨丨丨丨
以所餘少米散其上及旦魏軍謂資糧有餘故不

復
追

餽饟軍中聲倉皇大敵遮忽聽籌唱米誰料斛量沙
炊劍兵方怯傾囊士勿譁繞堆疑白粲騰響入清笳
夾寨傳聲遠恒河計數賒裹糧奇獨出減竈智休誇
韜略分前席威名懾建牙滑臺餘瓦礫戰蹟溯元嘉

餽饟 史記高帝紀鎮國家撫百姓給 軍中 史記絳侯
||不絕糧道吾不如蕭何 周勃世家
將軍令||但聞 倉皇 胡曾詩||闘智成何 大敵 左傳以
倉皇語遺笑當時廣武山 遇||
通鑑漢淮陽王紀更始元年諸將喜日劉將 斛量 莊
軍生平見小敵怯今見||勇可怪也 子
爲之斗|以|之則 炊劍 世說桓南郡與殷荊州共
並其斗斛以竊之 作危語桓日矛頭淅米劍

頭炊

兵怯　宋史楊瓊傳賊寇清遠瓊率丨將往援及聞清遠之敗益怯丨不前

傾囊　史記淮陰侯傳韓信乃夜令人爲萬餘囊滿盛沙壅水上流周邦彥賦皆丨丨鼓篋羅列而願售

土譁　歐陽修詩無譁戰士銜枚勇

繞堆　李中經古寺詩丨塔丨黃葉沿階積綠苔

白粲　宋書何子平傳尊老在東不辦常得生米何心獨饗丨丨

騰響　鮑照河清頌垂光九野丨丨四遐

清笳　梁簡文帝傷離新體胡香巽還聽丨丨送後塵

夾寨　五代史王彥章傳築河南北爲兩城號丨丨

傳聲　陸游詩竹枝歌舞新教成夔怨丨得三巴丨

恒河計數　金剛經須菩提如丨丨所有沙数論衡天地開闢人皇以來隨壽而死若中年夭亡以億萬数計

裹糧　詩經乃丨餱丨

奇出　史記田單傳贊兵以正合以丨勝善之者出奇無窮

減竈　史記孫子傳孫子使齊入魏地爲十萬竈明日爲五萬竈又明日爲三萬竈龐涓行三日大喜曰我固知齊軍怯士卒亡者過半矣梁簡

文帝詩丨丨驅前 休誇丨丨 李商隱孔雀詠妬好 韜略 李
馬銜枚進後兵 無經寒且少啼 韜略 林
甫詩丹青不獨 顏延之三月三日曲水詩序
在丨丨遂雙該 分前席 閱水環階引池丨席史記商
君傳鞅見孝公公與語不自知 威名懾 唐書張萬福
知之丨干丨也語數日不厭 傳德宗以萬
福爲濠州刺史召謂曰江淮草木亦知尒丨丨蘇頲
命姚崇等北伐制威而勇決目丨單于之臺惠則撫
循咸仰將 建牙 南史宋武帝紀 滑臺 南史本傳元嘉
車之樹 帝丨丨于軍門 人年到彥之侵
魏已平河南復失之道濟都督征討諸軍 瓦礫 北史
事北略地轉戰至濟上魏軍盛遂克丨丨 李安
世傳聖朝不貴金 宋書文帝紀改景平
玉所以同于丨丨 元嘉 二年爲丨丨元年

賦雪禁體

蘇軾聚星堂雪詩引元祐六年十一月一日禱雨
張龍公得小雪與客會飲聚星堂忽憶歐陽文忠

公作守時雪中約客｜｜｜｜物語于艱難中特出奇麗

千古論詩體由來賦雪難奇才偏獨絕厲禁不容于

法峻三章約威爭六出嚴尖又揮自捷競病限仍寬

和比巴人寡嚴於漢律刊絮風迴硯側黎月遊毫端

忍凍沉思苦無譁落點殘歐蘇真沆瀣白戰重騷壇

千古唐書薛收傳收卒秦王與其從兄子元敬書曰吾與伯襄共軍旅間未嘗不驅馳經畧款曲襟抱豈期一朝成｜｜也論詩體元史余闕傳詩體尚江左高視鮑謝徐庾以下不足論也由來易經其所｜｜者漸矣奇才絕宋史蘇軾傳遷翰林學士宣仁曰此先帝意也先帝每誦卿文必曰｜｜｜但未及用卿耳閻潛詩陵岑聳逸峯遙贍皆奇｜厲禁于周禮秋官

蠻隸在野外則守丨丨唐書劉蕡傳列郡在平頒條而丨禁或未絕**法** **三章約**漢書高帝本紀吾與諸侯約先入關者王之吾當王關中與父老約法三章耳**六出**米書符瑞志草木花皆五出雪獨丨丨**尖叉**蘇軾雪後書北臺壁二首黃昏猶作雨纖纖夜靜無風勢轉嚴但覺衾裯如潑水不知庭院已堆鹽五更曉色來書幌半夜寒聲落畫簷試掃北臺看馬耳未隨埋沒有雙丨城頭初日始翻鴉陌上晴泥已沒車凍合玉樓寒起粟光搖銀海眩生花遺蝗入地應千尺宿麥連雲有幾家老病自嗟詩力退空吟冰桂憶劉丨**自捷**韓紹彭詩下筆或無意與合丨妍丨**競病**南史曹景宗傳景宗振旅凱入帝于華光殿宴飲聯句令沈約賦韻景宗不得韻意色不平啟求賦詩令約賦韻時韻已盡惟餘丨丨二韻景宗便操筆斯須而成日去時兒女悲歸來笳鼓丨試問行路人何如霍去丨**和** **巴人寡**宋玉對楚王問客有歌于郢中者其始日下里巴人國中屬而和者數千人其

為陽阿薤露國中屬而和者數百人其為陽春白雪
國中屬而和者不過數十人引商刻羽雜以流徵國
中屬而和者不過數人而 嚴 宋史趙范傳紀
已是其曲彌高其和彌寡 漢律律必丨賞罰必
公後漢書馬援傳援條奏越律與丨丨 晉書
駮者十餘事與越人申明舊例約束之 絜風迴 謝安
傳円雪驟降欣然日白雪紛紛何所似兄子客見日
撒鹽空中差可擬女道蘊日未若柳丨因丨起張說
和聖製野次喜雪詩決 黎月 廬陵集雪詩序王月丨
濟陰雪積氤氳風雪 梅練絮白舞鷺鴒銀等
字皆請庾肩吾書品轉注假借之流指字會意
勿用 毫端 之內莫不狀範丨丨呈形字表
忍凍 命爱雪常丨丨 蘇軾詩尋花不論 沈思苦 南史傳縡傳縡為文
未嘗起草丨丨者無
以加焉宋史黃幹傳受業朱熹夜不設榻不解帶少
倦則微坐一椅或至達曙熹語人日直卿志堅思丨
與之處 無譁 歐陽修詩丨丨戰士銜 杜甫夕
甚有益 校勇下筆春蠶食葉聲 落點殘 烽詩塞

上傳光小雲歐蘇見題沆瀣南部新書唐崔｜放崔
遑｜｜｜蘇注｜榜談者稱｜｜一氣
白戰蘇軾詩當時號令君聽騷壇宋元詩｜｜先佩
取｜｜不許持寸鐵印策陣巳奪旗
蠏執穗以朝其魁
陸龜蒙蠏志｜始窟穴於沮洳中秋冬交必大
出江東八云稻之登也率｜一｜｜｜｜｜｜
誰料橫行蠏賓賓碧水隈執着亥以穗朝乃奉其魁
八跪銜芒去雙歧輯瑞來輸將沮舍闖蹡濟渚宮開
方物羣分獻蔿盟主共推秉疑田祖貸租謝海王催
纈耤菰蔣儷班聯璅蛣陪蘆花明月上好趁夜潮回
橫行蠏譜出師下砦之際忽見蠏
則呼爲｜｜介士以權安衆賓賓莊子無趾語
老聃曰孔某

之於至八其未耶彼何｜｜以學子爲

碧水喂

李白江行寄遠詩思君不可得愁見江水｜李

嶠詩堀沓雎陽涘浮游漢｜｜

八跪

埤雅蟹｜｜而二螯水蟲殼堅而脆圍臍者牝尖者牡也八月

腹內有芒眞稻芒也

芒

見上八跪注又王十朋會稽風俗賦輸｜之蟹孕珠之蠃

銜去

秦觀詩鶴

｜寶箭｜排煙｜｜

雙歧

漢書張堪傳堪爲漁陽守民歌之曰桑無附枝麥秀兩歧張公爲政樂不可支

劉子翬詩靈芝九蓋麥｜｜

輯瑞

書經｜五｜

輸將

漢書鼂錯傳屯戍之事益省｜｜之

費益寡

沮舍

淮南子｜｜之下不可以坐

躋濟

詩蹌蹌濟濟韵躋與蹌同

集

渚宮

開

左傳文公十年王在｜｜下見之蔡君知詩鐘鳴宮寺｜

方物

分獻

書經畢献｜｜

王勃南郊頌玉觴｜｜金鎬暢矩

齊盟主共推

晉語樂王鮒曰諸侯有盟未退而魯背之

安用｜｜左傳晉爲盟｜諸侯或相侵也則討而使歸其地晉書劉寔傳在朝之士相讓於上草廬之人

咸皆化之爲一國所讓則一國土也天下所丨丨則天下土也 **秉** **田祖** 詩經彼有遺丨又以御丨丨 **租催** 詩話總龜謝無逸常問潘大臨有新詩否答曰昨日得滿城風雨近重陽句忽催租人至遂敗人意祇一句奉寄 **海王** 管子丨丨之國謹正鹽筴 **繅藉** 周禮春官王搢大圭執鎮圭丨丨五采五就 **菰蔣** 爾雅蘡丨者丨草也生水中葉如蔗菰江南人呼爲茭草生兩浙下澤者根既相結歲久則並土浮于水上土人謂之葑田其苗有莖根者謂之丨丨菰又作菰 **儷** 儀礼束帛丨皮 **班聯** 王逢詩紘誦家櫛比冠蓋里丨丨 **璅蛣** 松陵集註丨丨似蚌有一小蟹在腹中爲丨丨出求食蟹或不至丨丨餒死 **蘆花** 蟹譜其生于盛夏者無遺穗以自充俗呼爲丨根蟹謂其止食菱蘆根許有王詩清霜醉楓葉淡月隱丨丨 **明月上** 張九齡詩海上生丨丨祖詠詩漸覺丨初丨 **好趁** 朱子春晴詩側聞溫詔詢耆艾丨丨春風八殿倚 **夜潮迴** 許渾詩蘆花風

起丨丨來范成大詩
鄉心却附晚潮丨

晝爾于茅

詩豳風丨丨丨
丨宵爾索綯

晝聽豳民語方冬、利用茅爾田先爾宅于野更于郊
寒日疏林淡前村曲徑鈔隙宜防駟過情匪借簷包
有室思桑土攸居待竹苞迢迢黃葉路去去白雲坳
亞旅應偕刈光陰總易拋索綯還下夜莫厭析頻敲

晝聽張雨詩爛聽豳民語詩正義公劉之篇述公劉
晝聽雨聲眠白晝豳民語居丨愛丨事是民歸之而
成國也漢書賈誼傳丨丨杜甫詩丨丨易經藉丨丨
大夫進謀士傳民丨丨方冬丨變所爲丨用茅白丨无咎

爾田爾宅 書經宅爾宅畋爾田
于野于郊 易同人｜｜又同人｜｜
寒日薄 杜甫詩｜｜外澹｜長風中怒號
疏林 杜甫飛仙閣詩萬壑欹｜｜積陰帶奔濤
前村 儲光羲田舍詩自說年來稔｜｜酒可賒
曲經 常建詩｜｜通幽處禪房花木深
隟駟過 禮記三年問將由夫修飾之君子與則三年之喪二十五月而畢若駟之過｜孔穎達疏言急速之甚 程大昌演繁露劉孝綽答劉紹書曰隟駟不留李善注墨子曰人之生平地上無幾何也譬猶｜之｜隟 按莊子外篇知北遊作白駒過郤漢書韓王信傳亦作白駒過隟故置彼引此
麕包 詩經野有死｜白茅｜之
有室
桑土 詩經曰予未有｜家又徹彼｜｜
攸居 書經奠厥｜｜
竹苞 詩經如｜｜矣
迢迢 古詩｜｜牽牛星
黃葉路 杜甫詩｜｜墜林疏范成大詩記取南溼萎葉｜
去去 曹植詩｜｜莫復道
白雲 詩經英英｜｜露彼菅茅
亞旅

詩經俟刂陸游小葺村居詩茆茨光陰張九齡
｜俟｜乂寒自｜｜條梅細相桂抛詩行行
念歸路溦溦借｜｜張詠詩人生見題左
年少不再來莫把青春枉｜擲索綯注卜夜傳
臣｜其晝斥說文作㯳欜判也夜行所
末｜其｜柝擊者易繫辭重門擊｜

秋山瘦益奇

陸游秋郊有懷詩｜｜
｜｜｜秋水淺可涉

拔地羣山峙非秋已覺奇瘦來偏料峭草處益欲巉
草木凋新序煙霞護昔時勢驚千仞削危怯一峯支
不覩高稜聳焉知舊態移嵯峨雲氣斂皺透石根離
跡喚猿難挂顏癯鶴亦疑底須嘲飯顆好誦渭南詩

拔地 吳融詩拔地孤峯秀當天一鶚雄

羣山峙 杜甫詩｜｜萬壑赴荆門 魯靈光殿賦屹山｜以紆鬱隆崛屹乎青雲

非秋 庾信謝趙王示新詩啟文異水而湧泉筆｜｜而垂露

料峭 蘇軾詩漸覺東風｜｜寒

嵚巇 南都賦岩嵒嵲嵬｜｜屹嵑

草木凋 杜牧詩秋盡江南｜｜｜

新序 杜審言詩偏驚物候｜ 李嘉祐詩萬木迎秋序

烟霞護 北史隱逸傳滄松餌朮棲息｜｜ 李商隱詩風雲長爲｜儲胥

昔時 陸機挽歌念我疇｜｜

勢驚 釋皎然陳氏童子草書歌王家小令草最徑爲子揮酒驚騰勢

千仞削 梁肴吾山詩刻削臨｜｜嵯峨起百重

危

一峯支 陸游詩亂雲高處一峰｜陶翰詩文開｜｜見白居易詩千鈞勢易壓一柱力難｜

不觀 蘇軾詩問開作何味如眼｜自｜

高稜聳 韓愈詩清陸卷書坐南山見｜｜陸龜蒙古杉詩肢鎖洪水腦稜｜梵天眉

焉知 論語｜｜來者之不如今也

舊態 陸龜蒙病

孔雀詩懶移金翠傍檐嵯峨北史魏文帝紀帝嘗登
楹斜倚芳叢｜｜生逍遙觀望｜｜山因謂
左右曰望此令　杜甫詩蓬萊足｜｜應合總
人有脫屣之意雲氣斂從龍謝莊月賦氣靑地表雲
｜天　畫譜石畫家以兼　李白詩錯落干丈
末　鈹透｜｜瘦者爲上　石根松虬龍蟠｜｜
迹喩唐書朱敬則傳武后稱制遂開告密羅織之路
與大獄敬則諫曰臣聞急趨者無善迹促柱者
無和聲願下寬大之令流聽大之澤塞羅織猿挂何
之妄源掃朋黨之險迹曠然使天下更始　遜
渡連折詩魚遊若擁顏臞鶴陸龜蒙詩必有學眞子
釰｜｜似懸爪　鹿冠秋鶴｜正韻與臞
同膌也黃雲詩一嘲飯顆蘇軾詩不獨飲｜｜我瘦
｜如｜見遺形　本事詩李白才逸氣高律
詩殊少故戲杜云｜｜山前逢杜甫頭戴笠子
日卓午借問別來太瘦生總爲從前作詩苦渭南
按趙翼甌北詩話陸放翁年譜先生生於宋徽宗
詩宣和七年十月十七日歷徽欽高孝光甯六朝年

八十三恩封渭南伯先生
文集曰丨丨丨集曰劍南

可自怡齋試帖目錄

元和顧文彬子山著

醉爬短髮枕書眠　一帆暝色鷗邊雨
裹鹽迎得小貍奴　水落枯萍黏蟹斷
酒熟封侯快不如　階蟻相逢如偶語
燈窗禪坐時聯句　清露初晞藥草香
鬅鬙暗樹類奇鬼　不知秋思在誰家
草堂花少今欲栽　抱琴無語立斜暉
橫橋過盡見松庵　滿添茶鼎候吟僧

月戀梅花未肯歸　竹亞晴梢巧避山
野堂防漏卻添茅　特酌山醪讀古書
詩成多是在車中　下水船輕易到家
嫩涼偷入藕花心　思家步月清宵立
倦僕觸屏呼不應　燒藥爐存草亦靈
詩債棋讐俱見尋　人立梅花月正高
忽從電影得前村　欲作家書下筆難
帶風棋閣竹相敲　雨匀春圃桔槔間
雪晴天鵝避皂雕　瓜緣茅屋抽長蔓

曉鶯窗戶客爭棋　貍奴氊暖夜相親
里儒朱墨開冬學　雪擁春蓑夜自溫
間敲巖果呼猿接　慣遲作答愛書來
酒徒頻約典春衣

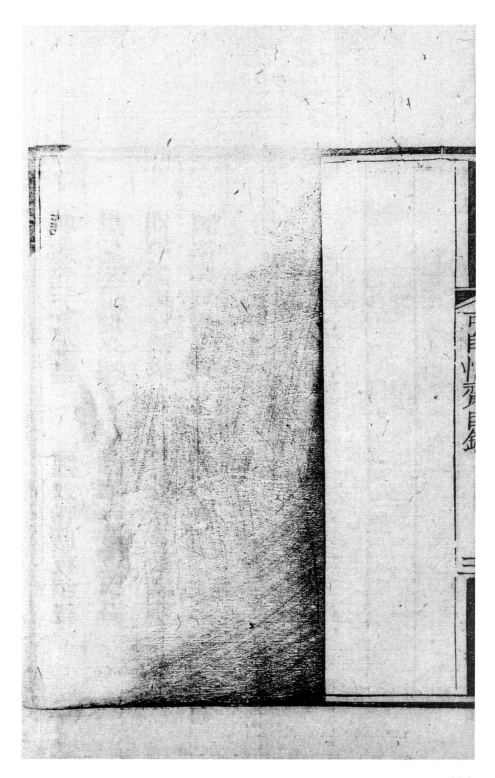

可自怡齋試帖輯註

元和顧亥彬子山著　甘泉王祿青硯耘註釋

儀徵嚴玉輝韞初

儀徵張實恩石生校字

儀徵張兆蘭畹九

醉𣈆短髮枕書眠

毛滂詩老對涷醪留客

話｜｜｜｜｜｜｜

醉態渾如畫拋書作枕眠酡看顏渥若𣈆笑髮鬖然

漉酒陶巾裏支牀鄴架前龜搘聱欲墮蟫隱夢初圓

殘菊飄雙鬢芳芸擁一肩最宜纖爪試聊比曲肱便
竊鏡年華感橫琴睡味韋覺來詩快讀搔癢倩頑仙
醉態白居易詩野情遺世界｜｜任天真如畫後漢書馬援傳為人明須髮眉目｜｜閑於進
對拋書蔡確詩手倦｜｜午夢長作枕李洞詩臥穩蓬舟龜｜｜病來茅舍網為簾酡
顏渥若楚辭美人既醉朱顏酡些詩顏如渥丹其君也哉髮鬈說文鬈髮好也詩其
人美且鬈漉酒陶巾南史陶潛傳郡將候潛逢其酒熟取頭上葛巾漉酒畢還復著之支
牀史記龜策傳南方老人用龜｜｜足行二十餘歲移牀尚生不死龜能行氣導別鄴架
韓愈送諸葛覺往隨州讀書詩｜侯家多書插｜三萬軸蝨捫晉書王猛載記桓溫入關猛被褐而
詣之一面談當世之事捫蝨而言旁若無人溫察而異之陸游詩衣敝｜可｜簪隨陸游詩曾

會蘭亭醉噫譆僧後黃庭堅詩茶殘菊蘇
身依舊住山陰蔓圓丨小僧丨雙鬢軾
詩鬢重不嫌黃菊滿手香新壺綠橙搓唐續博
太宗詩丨丨猶承露王維詩獨坐悲丨丨芳芸物志
典略云芸香辟紙魚蠹故藏書臺古詩丨丨兩
稱芸臺傳亮詩丨丨應節馥一肩日夫先婦後
纖爪益部方物畧緣手曲肱論語丨丨窺鏡戰國策
丨丨藥肯肆尾而枕之鄒忌修
八尺形貌昳麗朝服衣冠丨丨謂其妻曰我孰與城
北徐公美其妻曰君美甚徐公何能及君也復問其
妾妾曰徐公何能及君也客從外來與坐談問之客
日徐公不若君之美也明日徐公來熟視之年華感
自以爲不如丨丨丨而視又弗如遠甚
庾信枯賦丨丨丨未暮容貌先秋陸游詩一樽又動流
年丨城上斜橫琴李白詩丨丨倚高睡味玉壺冰前
暘書角殘松把酒望遠山輩言王荆
公嗜睡夏月常用方枕或問其意公云睡久氣蒸枕
熱則枕一方冷處此非真知丨丨未易語此也

覺來　道院集本覺爲如今丨爲丨故曰如來　詩快讀　漢書楚元王傳元王好丨諸子皆讀
詩陳造次韻蘇監倉詩丨丨凊篇病如掃北軒風竹對森疎　搔癢　顏氏家訓骨肉之愛不可以簡
簡則慈孝不接抑丨丨痛懸衾篋枕此不簡之教也　頑仙　法書要錄陶隱居與梁武帝啟每以
爲得作才鬼亦當勝於丨丨
一帆瞑色鷗邊雨　殷堯藩詩丨丨丨丨丨丨丨丨數尺節枝物外身
一片征帆影空江暮雨天晴光慳雁外瞑色入鷗邊
風挂秋無恙波寒夢不圓煙痕雙翅重飽勢半弓偏
浴浪低衝霧隨湘峭破烟晨喧爭渡客燈上遠歸船

返照避鴉背新涼逼鷺拳收篷蘆渚宿沙鳥伴人眠
一片溫庭筠詩江雨蕭蕭帆丨丨此行誰道爲鱸魚征帆影何遜詩無由下丨丨獨與暮潮
歸賀朝詩巖巖石帆丨如得海風便空江張泌詩丨丨帖蕩景蕭然暮雨天岑參詩山驛秋
雲冷江帆丨丨低杜荀鶴詩滿洞松聲似雨丨晴光李白水閣納涼詩傷然金國賞遠近含丨丨
慳廣韻悋也正韻音堅薩都刺詩欲晴不晴天氣丨雁卜范大成詩水綠涘攵邊漲天青丨丨晴
風挂秋無恙李白詩霜落荊門江樹空布帆無恙挂秋風波寒謝靈運山居賦
慈溫泉于春流馳寒波而秋徂夢圓黃庭堅詩茶丨小僧丨溼痕李咸用謝友遺硯詩
普紙痕猶溼停句水末低雙翅重曹植鬭雞篇羣雄正翕赫丨丨自飛楊西陽雜翎鳥飛翅丨丨天
將雨勢半弓偏白居易詩弓丨月初三元稹詩宵輝欲丨丨穀梁丨弓錐天不出疆場

浴浪王逢詩新水綠塘鵁並丨王起秋潭賦鷗丨不震鷺濤不驚衡霧李商隱畫松詩霧露
常衡衡隨湘水經注衡山東南二面臨映湘川自長沙至此江湘七百里中有九背故漁者歌曰
帆丨丨轉望衡九面破煙陸游詩汀洲雁下依殘火水墟里人行丨夕丨侵喧爭渡蘇軾
詩山靜聞響侵孟浩然詩山寺鳴鐘晝已昏漁梁渡頭爭渡喧燈上元稹詩繞郭烟嵐新雨後滿山
樓閣上燈初歸船孟浩然詩洞庭秋正澗余欲亙丨丨又皇甫曾詩孤村明夜火穉子候丨丨
返照遲鴉背宋書高祖紀二儀廓清三光丨丨嚴維詩花塢夕陽丨溫庭筠詩丨丨夕陽多
新涼韓愈詩時秋積雨霽丨丨入郊墟鷺拳杜甫詩沙頭宿丨連丨靜船尾跳魚撥剌鳴
收篷孟浩然詩風止客帆丨胡仔詩短丨斜掩宿漁磯蘆渚李嘉祐詩丨花丨裏鳴桔叫苦
竹叢邊猿暗啼沙鳥錢起詩棹驚丨丨迅飛濺夕陽波入眠陸游詩夜長誰作斷人伴

惟是蛩聲與月明沈立海棠
詩穠郁蘭供夢扶疎柳伴眠
裹鹽迎得小貍奴
陸游贈貓詩盡護山房萬
卷書丨丨丨丨丨丨丨
生計惟書卷伊誰衛夜嚴貔奴迎小隊虎子裹形鹽
掃塌紅毹設攜筐碧蒻拈饋宜儲醬甑馴解亂棋奩
阿鵲歌堪贈銜蟬繭最纖禮同羣犬古聘較買魚廉
蘆品巾情薄花陰午睡甜一氊盧左待巳喜穴鼴潛
生計晉書杜預傳自秋以來討賊之形頗露若令中
止孫皓怖而丨丨或徙都武昌更完修江南諸
城則明年之計或無所及書卷杜甫詩雨檻臥花夜
鬼谷子事生謀謀丨丨叢風牀展丨丨

晉書佛圖澄傳石勒欲試澄夜冠冑衣甲執刀而
嚴坐遣人告澄云夜來不知大將軍何所在使人始
至未及有言澄逆問曰
平居無寇何故｜｜
小隊 宋史兵志趙高奏曰聖
制凡隊內一人用命二
人應援｜｜用
命中隊應援
虎子 周禮玉府凡褻器注
褻器清器｜｜之屬
形鹽 周禮
天官
邊人朝事之邊其實麷蕡白黑｜｜膴鮑
魚鱐注築鹽以爲虎形謂之｜｜｜
掃榻 冷齋
夜話
范堯夫謫居永州閉門人稀識面客若欲見者或出
則問寒暄而已僮｜｜奠枕於是揖客解帶對臥良
久鼻息如雷霆客自度未可起
亦熟睡睡覺常及暮而去
紅毹 陳旅詩松風吹
絲鬢花雨落｜
｜
擕筐 大平廣記唐貞元中湘潭有一媼但稱湘媼
遇里人女名曰戚逍遥｜｜採菊遇媼瞪覗
兒不能移媼目之曰汝乃愛我可同之所止否逍遥
欣然擲筐斂袵稱弟子從媼歸室後媼與逍遥一時
返
真
醬瓿 戰國策夫鼎者非效壺醯｜
｜耳可懷挾提挈以至齊者
馴 張耒詩鼠步
翻書冊猫｜

件坐
氊**亂棋匳**酉陽雜俎明皇與親王對奕將輸貴妃
放康國猧子上局丨之上大悅宋書范
蔚宗傳彭城王義康餉孔熙**阿鵲**洪咨夔詞丨丨數
先銅已鋼鑷袍段丨丨等物歸程人倚低窗小
晝**銜蟬**蔡天啓乞貓詩腐儒生計惟黃卷乞取丨丨
屏與護持又黃庭堅乞貓詩聞道貍奴將數子
買魚穿柳**牽犬**周禮秋官犬人凡相犬**聘買魚**見
聘丨丨丨丨者屬焉掌其政治上
銜蟬**虀品**韓愈送窮文大字**申情薄**南史何子平傳
注四年朝虀暮鹽毋豥東土飢荒
八年不得營葬所居屋敗兄子欲爲葺理子平不肯
日我情事未丨丨天地一罪人屋何宜覆也潛夫論此
有可患者三丨丨實丨而辭禰厚念**花陰午睡甜**林逋
實忽而文想蔓憂懷不來而外克期詩飽
卧丨丨興有餘蘇軾答舒堯文書丨丨昏昏使者及
門授教及詩振衣起觀頓爾醒快蘇軾詩三杯軟飽
後一抌黑丨餘注**一氊**桂海虞衡志蠻氊出西南諸
俗謂睡爲黑甜蕃以大理者爲最蠻人晝披

夜卧無貴賤人有丨丨虛空待張籍詩蒲堂丨丨丿丨象目望喬遷

水落枯萍黏蟹斷陸游詩丨丨丨丨丨丿丨雲開寒日上魚梁

蠏舍低排處平沙水半淹荒波催木落枯斷賸萍黏

鷗外潮歸蒲角邊竹界簾飄零根葉散蹤跡絮泥霑

幽火餙紅瘦跡飫糝碧纖烟痕攙細碎風味話團尖

拾蛤撈蝦外殘蘆折葦兼持螯秋可賞灘菊傲霜巖

蟹舍張志和漁父詞松江丨丨主人歡平沙何遜詩遠岸丨丨合連山遠霧浮木半

淹韓偓詩柳腰人户風斜倚榆莢堆牆丨丨丨荒波催木落杜甫詩美人娟娟隔

秋水濯足洞庭望入丨楚辭洞庭丨兮木葉下沈儉朋詩九月寒砧丨丨葉禮記季秋之月草木黄丨

鷗外杜甫詩柔櫓輕丨丨含悽覺汝賢丨潮歸浦劉長卿詩九江春草綠千里暮丨丨

庾肩吾詩疏林不擬日淵丨暫通潮魚邉岑參詩波上思羅韈丨丨憶素書竹簾西京雜記漢諸陵寢皆以丨爲丨皆爲水紋及龍鳳之像飄零劉勰新論春蕊雖茂假朝露而抽翠秋葉誠危因微風而丨丨

根葉淮南子萍樹丨于水木樹根于土本草浮萍季春始生或云楊花所生一丨経宿即生數葉蹤跡李白詩譬如雲中鳥一去無丨丨絮泥沾釋道潛詩禪心已作沾泥絮不逐東風上下狂幽火釋道潛詩斑枝芒鞋隨步遠月來丨丨認茅茨紅瘦李易安詩知否知否應是綠肥丨丨篊陸龜蒙詩到頭江畔尋漁事織竹中流萬尺丨楊愼集篊从洪石梁絕水日洪射洪呂梁洪是也洪加竹爲丨蓋以竹爲魚梁也烟痕張碧詩牛酣書破青丨丨細碎蘇軾

詩東坡也是可憐人　風味　開天傳信記唐葉法善有
披扶泥沙收｜｜道術一日會數朝士滿座
思酒忽有人稱麴秀才突入座少年秀美講論不凡
法善以小劍擊之應手墮地化爲瓶榼中有美酒共
飲之皆曰麴生｜　團尖　張憲碧雲歸送蟹詩洲田秋
｜不可忘也　稻稽未鎌葦箔竹斷雙｜｜
拾蛤　李商隱詩洞庭魚可｜　撈蝦　王維詩不如儂家｜
王安石詩慣食蝦蝲｜｜　任佻達草屩｜｜
富春　殘蘆　郝經雁媒詩晚靄帶　折葦　雍陶詩江思葦
諸　｜｜老岸青草長　花折笛聲聞月
高　持螯　見特酌山醪讀古書詩別陽注又晉書畢卓
傳卓常謂人曰得酒滿數百斛船四時甘味
置兩頭右手持酒杯左手｜蝲｜　秋實　駱賓王初｜
拍浮酒船中便足了一生矣　宴序道合采
蔡嘯懸鶉而契｜情諧　潭菊　孟浩然詩行至菊花潭
伐木仰登龍以締歡　村西白巳斜
傲霜嚴｜｜見楸涼偷人藕花心詩孽雨
注唐樂章氣霜肅｜林彫草勁

酒熟封侯快不如

高駢詩

富貴浮雲耳何如酒味濃快聞新釀熟不羨列侯封

射虎無奇骨還鵰有笑容剪桐原戲汝枕麴合輸儂

縱與縻高爵終殊卧醉龍頭銜輕萬戶口福享千鍾

投筆誇誰手澆書豁此胸糟邱工卜築莫感種瓜傭

富貴浮雲 論語不義而丨丨且丨於我如丨丨 酒味 杜審言詩玉泉移丨丨 新釀 韋莊詩榴花丨丨綠于苔對酒悶傾滿滿杯

列侯 史記周紀漢興求周苗裔封其後嘉日周子南君比丨丨以奉其祭祀 射虎 周禮天官司裘王大丨則共丨侯熊侯豹侯設其鵠卿大夫則共麋侯皆設其鵠 奇骨 晉書桓溫傳溫生未

期温嶠見之曰此兒有丨丨可試使啼及聞其聲曰真英物也**還鴟**聞見錄俗語借書與人爲一癡還書爲一癡嘗疑借書還書理也何癡之云後見王樂道與錢穆四書云出師頌最絶妙古語借書一瓻丨書一瓻乃知今人訛以瓻爲癡也按瓻盛酒瓶通作丨**夫容**子夜歌吹歡羅裳開動儂含丨丨**翦桐**呂氏春秋成王與叔虞燕居援桐葉翦珪曰以封汝周公曰天子無戲言遂封叔虞於唐**戲汝**見上**枕麴**晉書劉伶傳奮髯箕踞丨丨藉糟**縻高爵**易我有好爵吾與爾丨之史記傅靳蒯成傳贊陽陵侯傅寬信武侯靳歙皆丨丨從高祖起山東攻項籍**卧醉龍**語林蔡邑飲酒乃至一石常醉在路上丨人名之曰丨丨**頭銜**摭遺仁王寺僧喜唱望江南僧主一剎來幾欲歸歌曰當初只欲轉丨丨轉得丨丨轉不堪何似仁主高閣上倚欄間唱望江南陸游詩拜賜明時散吏名丨丨字字敘永清**輕萬戶**史記李廣傳文帝謂廣曰惜乎子不遇時如令子當高帝時萬

戸侯豈足道哉杜牧詩何人得似張公子千首詩丨丨丨侯

千鍾 列子公孫朝之室聚酒丨丨

丨**投筆** 後漢書班起傳起家貧爲官傭書嘗輟業丨丨丨歎曰大丈夫無他志畧猶當效傅介子張騫立功異域以取封侯安能久事筆硯乎

誰手 書堂

晉書石勒載記勒曰朕若逢高皇當北面事之朕遇光武當竝驅中原未知鹿死丨

澆書 詩話

東坡謂晨飲爲丨丨黃門謂午睡爲攤飯

豁胸 杜南詩天邊同客舍攜我丨心丨

糟邱 南史

陳暄傳暄嗜酒過差非度其兄子秀常憂之致書于暄友人何胥冀以諷諫暄聞之與秀書曰速營丨丨吾將老焉爾無多言

卜築 孟浩然詩丨丨依自然南溪不敢穿

種瓜 李白詩靑門丨丨人舊日東陵侯

階蟻相逢如偶語

劉禹錫詩丨丨丨丨丨丨丨丨丨圍蜂速去恐違程

喚醒南柯夢絡𥇛蟻偶逢旋看行緣繹如接語從容
諜報羣三五郵傳砌幾重聞風羶可慕話雨穴先封
命以君臣肅情同主客恭交鬚何絜䀹投足儼䔒蹤
是否頭能點居然舌有鋒蟲天誰共訴莎隙引吟蛩

喚醒楊萬里詩殷勤丨丨梅花睡枝上春禽一兩聲南柯夢異聞録湻于棼往廣陵郡宅南有古槐一株貞元間嘗卧東廡下夢入大槐安國尚金枝公主王謂生曰吾南柯政事不理欲藉卿才可屈為之及寤于槐樹下尋穴究源有大穴洞然明朗積土為城郭臺殿之狀有蟻數斛隱聚一大蟻素翼朱首此其王矣又窮一穴直上南枝可四丈宛轉方中亦有土城小樓羣蟻處其中即所領丨丨郡也緣階李白寄遠詩長短春草綠丨丨如有情偶逢盧綸詩丨丨樵者問山名絡繹釋名

往來不絕日丨丨**如接**王安石示蔡天啟詩淸語從容談肜不徧陳迹悅丨丨姚合揚柳
枝詞黃鶯徧戀丨丨丨**諜報**宋史理宗紀詔淮安主簿周子鎔久俘于北數遣蠟書丨丨邊事今
遂生還可改朝奉郎優與陞擢**郵傳**孟子孔子曰德之流行速於置丨而丨命**幾童**
杜甫詩烟霞障丨丨**聞風**孟子故丨伯夷之丨者頑夫廉懦夫有立志丨柳下惠之丨者薄夫敦鄙
夫寬**羶慕**莊子羊肉不慕蟻蟻慕羊肉羊肉羶也舜有羶行百姓悅之故三從成都至鄧之墟而十
有萬家**語雨**李商隱詩何當共翦西窗燭却丨巴山夜丨時**穴封**東觀漢紀永平二年京師
少雨以周易古之其繇曰蟻封穴戶大雨將至**命**　**君臣肅**陸機詩整駕肅時命杖策將遠
尋埤雅蟻有君臣之義故其字从豈或从義化書曰
一拳之官與衆處之一粒之食與衆蓄之一罪無疑
與衆戮之**情恭**張說詩枌楡恩賞洽桑梓舊丨丨**主客**杜甫詩一爲歌行歌丨丨

絮聒劉孝標書丁寧丨話情切意深書今汝丨聒起信險膚投足張華鷦鷯賦動翼而逸丨
丨而安委命順理與物無患萍蹤王勃滕王閣序丨水相逢盡是他鄉之客王僔詩十年滄海寄
萍丨頭點歐陽脩詩朱衣暗裏點頭時異苑有小蟲形色如大豆兒令叩頭狀如稽顙故俗呼為叩
頭蟲傳咸有叩頭蟲賦舌有鋒韓詩外傳君子宜避三端文士筆端武士鋒端辨士丨端暘萬
里詩下筆縱橫劍丨丨蟲天莊子唯蟲能蟲唯丨能丨誰共訴白居易詩翡翠衾寒丨與
丨陸游詩號野百蟲如自丨莎吟蛩吳融詩此時空見清涼影來伴蛩聲咽砌丨埤雅蟋
蟀隨陰迎陽一名丨丨秋初生得寒乃鳴
燈窗禪坐時聯句
張翥憶金陵詩丨丨丨丨丨丨丨山舘仙游幾引杯

梵宇開詩社松燈耿紙窗樓禪龕坐一留客句聯雙
清越僧敲鉢光明佛擁幢寒深檽早閉韻險筆爭扛
瘦影交相倚吟魔雨未降聳肩哦石鼎促膝對銀釭
鶴和真同調雞談久息哤佳章成急就莫待曉鐘撞

梵宇江總攝山棲霞寺碑找開丨丨面壑臨印**詩社**都城紀勝社會文字則有西湖丨丨此社非其他社集之比乃行都士夫及寓居詩人舊多出名士**松燈**陸游詩三斤麸米晨炊飯一碗丨丨夜讀書**紙窗**蘇軾尺牘丨丨竹屋燈火青熒時于此中獲少佳趣**樓禪**魏書釋老志今此僧徒戀著城邑豈湫溢自經行所宜浮諠必丨丨之宅**龕坐**范成大詩困眠醒坐一龕多竹洞無閙斷客過**留客**野客業談陳遵嘗因醉中丨丨不佳遂取客車轄投井中史家紀此一事以見

遵平時好丨丨如此

句聯雙 文心雕龍回文所興則道原爲始聯句共韻則柏梁餘製陸游詩買書安得黃金萬頁句如求白璧雙

清越 禮記叩之其聲丨丨以長其終詘然樂也

僧敲鉢 賈島詩鳥宿池邊樹丨丨月下門孫覿詩鼠迹留僧丨蝸涎宛佛金

光明 法苑珠林如來有六種丨丨一青光二黃光三赤光四白光五紅光六紫光

佛擁幢 股文珪詩破寺荆榛擁佛幢

寒深 水經注代凌山高峻巖障丨丨陰崖積雪凝氷夏結因以名山

櫺早閒 楊萬里詩補青空丨閉盡門茶甌火閣對爐熏張翥詩歐脫數家門丨丨轒溫于帳火宵明

韻險 陸游詩才衰愁丨丨量退怯杯深

筆扛 黃庭堅詩𪓟炙丨力可丨鼎

瘦影 鄭谷淨衆寺松溪詩澄多僧影瘦光瀲客心清

相倚 羅隱柳詩灞岸晴來送別頻相偎丨丨不勝春

吟魔 許棠詩學劍雖無術丨詩似有丨

未降 蘇軾詩此心苟丨丨何適不閒門

石鼎 庾信長孫儉神道碑槃案

之間不過桑杯丨丨韓僉有丨丨聯句詩序

促膝 南史王瞻傳嘗詣劉彥節直登搨曰君侯是公孫僕是公子引滿丨丨唯余二人

對銀釭 陸游詩悠然殘夢丨寒釭梁元帝草名詩金錢買含笑丨丨影梳頭

鶴和 易鳴丨在陰其子丨之

同調 謝靈運七里瀨詩誰謂古今殊異代可丨丨

雜談 幽明錄晉兖州刺史沛國宋處宗嘗買得一長鳴雞愛養甚至恒籠著窗間丨遂作人語與處宗丨論極有元致終日不輟處宗因此功業大進

佳章成急就 蘇軾詩偶然談笑得佳篇李頻詩錦字已成章玉海太宗賜錢俶御書金花扇及急就章

曉鐘撞 孔德紹詩映流看夜月臨風聽丨丨范成大詩明朝桂帆去曉鐘烟外丨

清露初晞藥草香 陸游初夏閒居詩輕風忽起楊花鬧丨丨丨丨丨丨丨

采藥人何處空山白露晞草於花較媚香得氣之微
地脈經春暖林容破曉霏跡收金竈冷馨吐玉苗肥
膩粉猶零蝶芳芽待劚豨靈芬參碧杜薄潤豔紅薇
烟泫龍耕去霜凝兔搗歸朝華供掇拾餌朮欲忘饑

採藥後漢書龐公傳龐公者南郡襄陽人也居峴山之南未嘗入城府後攜妻子登鹿門山因｜｜不反人何處司空圖楊柳枝壽杯詞若似松篁須帶雪人問｜｜認風流空山張說詩｜｜寂歷道心生白露晞詩經｜｜未｜花媚劉長卿詩春城百｜｜香得氣微孟浩然詩薰籠香氣微乖固答賔戲得氣者蕃滋失時者零落地脈經春暖吳地記包山下有洞庭穴潛行水底無所不通號為｜｜王儉詩露華方縣歲雲彩復｜｜謝靈運詩悽故巨新歎含悲

忘丨丨破曉霏楊萬里詩荒荒瘦日作秋暉稍稍微暄丨丨丨玉苗肥李紳詩金簡真
人護丨丨鄭常詩儒衣
荷葉落野飯藥丨丨膩粉蝶白居易木蘭花詩紫房日照臙脂拆素艷
風吹丨丨開薇括蜘蛛賦彼蒼蠅兮則營
營而見繫此丨丨兮亦栩栩而就拘芳苓豨
楊雄反離騷愍吾纍之眾芬兮颺爗爗之丨丨韓愈
進學解是所謂詰匠氏之不以杙為楹而訾醫師以
昌陽引年欲進其丨苓也靈芬馮衍顯志賦披綺季之蘼服兮揚屈原之丨丨注楚詞曰畦留夷與
揭車兮雜杜蘅與芳芷屈原皆喻
身有令德故衍欲揚其丨丨也碧杜朱子蘭澗詩光風浮丨澗
蘭丨日
猗猗薄潤江總華貂賦茂置醴之殊私詩賜田之丨丨盥紅薇雲仙雜記柳宗
元得韓愈所寄詩先以薔薇露灌手然後發讀援集
韻丨灌祭也或作灌溫庭筠詩濃陰似帳丨丨晚細
雨如絲
碧草春烟泫李咸用巫山高樂府露泫烟愁巖上花至今猶滴相思淚龍耕王偁尋小

雄仙岊二龍潭作昔人洗玉髓幽洞驅|| 霜凝 粱昭明太子詩霧苦瑤池累||丹墀皓 兔

鳥李白飛龍引紫皇乃賜白|所寺|之藥方後天而老凋三光 朝華 漢書蘇武傳李陵謂武曰

人生如|露何久自苦如此王儉詩露|方照歲雲彩復經春 掇拾 楊基詩明朝買魚期再酌

我自||山中薪 餌朮 晉書嵇康傳||黃精令人久壽 忘饑 詩泌之洋洋可以樂飢毛

傳樂飢可以樂道|飢拨飢通作|

鬅鬙暗樹類奇鬼

陸游湖塘雷雨詩|||||||突兀黑雲如壞山

月黑深林樹鬅鬙醜枝險將人暗攫勢與鬼爭奇

突兀森晉髮彖葺絡蘚皮呼燈昏落穗潑墨畫綵葵

風竅聲淒絕霜粗饕腹餒而槎枒增寘嚇蓬首動狐疑
悲慨蘭成賦精靈李賀詩女蘿荒僻徑恍惚導雲旗
月黑國史補初惠遠以山中不知更漏乃取銅葉製器狀如蓮花置盆水之上底孔漏水半之則沈每晝夜十二沈爲行道之節雖冬夏長短雲際||亦無差也
深林樹漢書嚴助傳輿轎而踰領拕舟而入水行數百千里夾以||叢竹阮瑀苦雨詩丹墀自蘸殖深|猶沾裳
醜枝梅堯臣詩野鳧眠岸有閒意老樹著花無||
突兀宜和書譜釋法暉政和二年天寧節以細書經塔來上效封人祝萬歲壽作正書如半芝蘇粒寫佛書十部經字僅足開卷晝飛照暎眼睫恍然如鬱羅蕭臺||碧落孕育氣象亦奇觀也
苕髮皮日休詩洞氣黑眹眈||紅影鬖
蒙茸謝朓詩霜畦紛倚錯町疃||秋
蘚皮杜甫雙松圖歌兩株慘裂苔||
呼燈落葉陸游

詩一枕淒涼眠不得丨丨起作感秋詩趙師秀詩閒敲棋子丨燈花唐庾詩昨夜燈花柰丨拙

瀫壘 陸龜蒙詩拉訪談玄客持看丨丨圖

終葵 周禮考工記註齊人謂椎爲丨丨葵馗聲相近即鍾馗也

風簝 莊子冷風則小和飄風則大郊厲丨濟則衆丨爲虛

淒絕 馮鼎位詩長亭丨丨去歲傷秋曾送客

霜饕 劉仙倫詩自臨清流洗破研赤脚不怕風丨丨

餒而 左傳若敖氏之鬼不其丨丨

槎牙 唐書李愬傳憲宗討吳元濟以愬爲隋唐鄧節度使繕鎧厲兵攻馬鞍山下之拔道口栅戰槎枒山以取爐冶城按槎一作丨枒一作丨

鼠嚇 蘇軾詩腐丨何勞丨高鴻本自冥

蓬首 朱子梅詩與來亂插飛丨丨按詩自伯之東首如飛蓬

狐疑 史記蒯通曰孟賁之丨丨不如庸夫之必至也

悲慨 先主義之書忠言嘉謀棄而莫用何能不痛心丨丨也

蘭成賦 小名錄庾信幼而俊邁聰敏絕倫有天竺僧呼信爲丨丨因以爲小字按庾信有枯樹丨

精靈 隋書音樂志羣

望咸秩丨李賀詩丨丨秋來詩秋墳鬼唱絶家丨恨
丨畢臻 血千年土中碧又宋景文評唐人
詩云太白仙才長吉鬼女蘿詩蔦與丨丨施于松柏
才按李賀字長吉 傳蔦寄生也丨丨菟絲
松蘿荒僻徑韓愈詩俱是嶺南巡管內莫期丨丨斷
也 郊聞鼯鼪詩荒丨馳野鼠空庭聚山雀
恍惚禮記論其志意以其雲旗九歌入不言兮出不
丨丨以與神明交 亂乘回風兮載丨丨

不知秋思在誰家
王建十五夜望月詩今夜月
明人盡望丨丨丨丨丨丨

一樣離家客今宵思更幽不知無賴月畢竟爲誰秋
分對三人影同消萬古愁關山空極目河漢總當頭
定照流黃織應邀太白浮梅花何處笛楊柳最高樓

翠袖禁寒未青天許問不銀蟾偏省識深夜伴簾鉤
一樣陸游詩天垂綠野三邊靜雲與朱欄｜｜平離家客曹植詩悠悠遠行客去家千餘里邢居實詩昨日同袍友今朝離鄉客今宵徐陵詩｜｜花燭淚非是夜迎人思幽史記屈原傳屈平疾王聽之不聰也讒諂之蔽明也邪曲之害公也方正之不容也故憂愁幽思而作離騷無賴杜甫詩韋曲花｜｜家家惱殺人對三人影李白月下獨酌詩舉杯邀明月對影成三人同消萬古愁李白詩五花馬千金裘呼兒將出換美酒與爾｜｜｜｜｜關山樂府解題｜｜月傷離別也古木蘭詩曰萬里起戎機｜｜度若飛拔相和曲有反｜｜亦類此極目王粲登樓賦平原遠而｜｜兮蔽荊山之高岑河漢左傳有夏孔甲擾于有帝帝賜之乘龍｜｜各二各有雌雄當頭詩萬事不如杯在手一年幾見月｜｜流黃織

古樂府相逢行大婦織綺羅中婦織流黃

大白浮　說苑魏文侯與大夫飲酒使公乘不仁爲觴政日飲不釂者浮以丨丨文侯飲而不盡釂公乘不仁舉白丨君

梅花笛　李白與史郎中聽黃鶴樓上吹笛詩黃鶴樓中吹玉笛江城五月落梅花

楊柳　司空圖詩品精神青春鸚鵡丨丨樓臺

最高樓　張籍詩下藥遠求新熟酒看山多上丨丨丨

翠袖　杜甫詩天寒丨丨薄日暮倚修竹

青天

問　丨莊子有鳥焉其名爲鵬絕雲氣負丨丨王逸楚詞天問序天丨者屈原之所作也何不言丨天天尊不可丨故曰天丨也

銀蟾　朱鄴扶桑賦玉漏聲殘丨丨影度

省識　杜甫古跡郵詩畫圖丨丨春風面環珮空歸月夜魂

深夜　韓愈詩悄悄丨丨語悠悠寒月輝

草堂花少今欲栽　杜甫詩丨丨丨丨丨丨丨不問綠李與黃梅

欲試栽紅手蹉跎直到今終嫌花徑少孤負草堂深
竹院三弓闢茅齋十笏臨擬開山藥館移補海棠陰
鄰圃分應易軒庭曠不禁疏籬將槿插隙地怕苔侵
商略攜鴉嘴安排稱蝶心何如依
上苑韶麗愜
寢襟

裁紅梁簡文春盤賦暈蹉跎晉書周處傳入吳尋二
栽碧｜｜巧助春情蹉跎陸見雲具以情告曰欲
自修而年已｜｜恐將無及雲曰古人貴朝聞夕改
君前塗尚可且患志之不立何憂名之不彰
到今論語伯夷叔齊餓於首陽之下民｜｜於｜稱之花徑明皇雜錄王元寶以銅線穿錢甃於

後園｜｜中貴其泥雨不滑也
草堂深陸游詩菰蒲溪路暗松竹｜｜｜**竹院**張說詩｜｜龍鳴箭梧宮鳳繞牀
三弓李涉詩荒園花竹拓｜｜
茅齋南齊書劉善明傳質素不好聲色所居｜｜斧木而已
山藥本草衍義薯蕷因唐代宗名預避諱改爲薯藥又因宋英宗諱曙改爲｜｜又古方皆因乾｜｜蓋生則性滑熱則滯氣
海棠陰太真外傳明皇登沉香亭召太眞妃於時卯酒未醒侍兒扶掖而至妃子醉韻殘粧釵橫鬢亂不能再拜明皇笑曰｜｜｜春睡未足耶盧象詩停杯歌麥秀秉燭醉｜｜
鄰園温庭筠寒食詩綵素拂庭柯輕毬落｜｜
分易陸機詩｜索則｜擕手實難
軒庭南史齊高帝紀五色來儀於｜｜九穗含芳於郊牧
不禁夷堅志紫姑詠美人手詩云笑折櫻桃力｜｜時攀揚柳弄春陰
疎籬杜甫詩旁舍連高竹｜｜帶晚花
槿插韓偓詩插槿作藩蘺叢生覆小池
隙地貢性之有感詩安得盡圖分｜｜移家仍住小

蓬萊

苔侵 虞世南詩鏡前紅粉歇階上綠｜｜

商略 晉書阮籍傳籍嘗於蘇門山遇孫登與｜｜終古及栖神道氣之術登皆不應籍因長嘯而退至半嶺聞有聲若鸞鳳之音響乎巖谷乃登之嘯也

鴉嘴 陸游詩采藥常攜｜｜鋤

安排 莊子造適不及笑獻笑不及排｜｜而去化乃入於寥天一

蝶心 釋清洪詩草深蛇性悅日暖｜｜狂

上苑 唐蘇良嗣傳遷荊州長史高宗遣宦者采怪竹汀南蕣蒔｜｜宦者所過縱暴至荊良嗣囚之上書言狀帝下詔慰獎取竹棄之

韶麗 梁簡文帝答湘東王書暮春美景風雲｜｜｜蘭葉摧把沂川可浴

宸 禁何遜九日禊侍宴樂游院詩｜｜動時豫歲序厲淙氛

抱琴無語立斜暉 蘇軾與天慶觀道士詩惟有道人應不忘｜｜｜｜｜｜｜

悄抱雲和立斜暉下碧琴清談拋玉塵古調閟瑤琴

綠綺偎三尺蒼烟抹一林偶隨修竹倚賸有晚松吟

翹鶴幢幢影飛鴻渺渺音閒情雙袖擁薄暝萬峰陰

竹月空凡響聽泉契道心故人邀茗話還待杖藜尋

雲和 周禮春官大司樂孤竹之管||之琴瑟注||山名 碧琴 杜甫詩自我登隴首十年經||| 清談 後漢書鄭太傅孔公緒||高論噓枯吹生 玉塵 晉書王衍傳每捉|柄|尾與手同色 古調 耿偉詩綠琴聽||白屋被深仁 瑤琴 絕照詩明鏡塵匣中||生網羅 綠綺 傅休奕琴賦序楚王有琴曰繞梁司馬相如有||蔡邕有焦尾皆名器也 三尺 後漢書禰衡傳孔融見操說衡狂疾求得自謝操勅門者便通衡乃著布單衣疎巾手持||梲杖坐大

營門以杖華地大罵蒼烟陳子昂詩野樹丨丨斷津樓晚氣過一林庾信步虛詞碧玉成雙樹

空青爲丨丨修竹倚注見不知秋思在誰家翠袖倚晚松吟駱賓王詠懷詩槐疎非盡

意松晚夜凌雲陸倕賦譬鄒子之吟松故未寒而能標翹鶴杜牧詩迴野丨霜丨澄潭舞錦雞

幢幢影元稹詩殘燈無燄影幢幢飛鴻稽康送秀才入軍詩手揮五絃目送丨丨

渺渺音謝朓詩連連絕雁舉丨丨青烟移謝靈運詩潛虯媚幽姿飛鴻響遠丨問情梁昭

明太子陶靖節集序白璧微瑕惟在丨丨一賦雙袖擁祖孫登詠風詩飄香丨丨裏亂曲五絃中

袁桷春思詩題詩紅袖丨傳詔錦袍迴薄暝宋和海棠詩丨丨霞烘爛平明露濯鮮萬

峰陰皇甫冉詩長憶雲門寺門前于丨丨杜甫詩昆吾御宿自逶迤紫閣峰丨入渼陂佇

月謝朓詩停琴丨涼丨滅燭聽歸鴻聽泉李白尋雍尊師隱居詩撥雲尋古道倚樹丨流丨

道心劉長卿龍門八詠石樓詩夜靜羣動息風泉清||故人孟浩然過||莊詩||具雞

黍邀我至田家茗話嚴維詩新詩酌||論耶律楚材詩同城雅會清茶||杖藜史記留侯世家

圯黄石公鬚眉皆白||丹||履赤舄

横橋過盡見松庵

魏道明詩||||||||||

聞說横塘路松陰有古庵不曾臨水見相約過橋探

弓影波清淺鐘聲岸北南邐迤穿谷畢歡喜話精藍

樹杪虹工欹板柴扃鶴守龕寺兼藏竹僻客似看梅貪

筇杖殘孤往聽經作小參虎溪佳話在遺跡訪瞿曇

橫塘梁簡文帝詩朝風動春草落日照｜｜松陰隋煬帝古松樹詩獨留麈尾影猶橫偃蓋陰古庵洛陽名園記水北胡氏園有庵在松檜籐葛之中闢旁牖則臺之所見畢陳於前名之曰學｜｜臨水許渾詩林徑繞山松葉暗柴門｜｜稻花香相約史記楚世家秦昭王遺楚王書日寡人願與君會武關｜｜結盟而去寡人之願也過橋元稹詩去去我移馬遲遲君｜｜弓影李白塞下曲邊月隨｜｜胡霜拂劍花波清淺李羣玉詩浪翻新月金｜淺風損輕雲玉葉疏古詩河漢｜且｜相去復幾許鐘聲禮記｜｜鏗又張繼詩姑蘇城外寒山寺夜半｜｜到客船北南說林墨翟見練絲而悲爲其可以黃可以黑楊朱見岐路而泣爲其可以南可以北邐迤爾雅｜｜沙邱形斜行連接者名沙邱冷翠白居易詩｜｜千竿玉歡喜唐書杜審言傳武后召審言將用之問曰卿喜否審言蹈舞謝后令賦｜｜詩精藍戴表

元瀟湘圖詩今日丨丨方丈樹杪王維詩山中一夜
地倚窗眠看洞庭山　雨丨丨百重泉
虹板風土記陽羨縣大橋七十二丈橋橋高柴扃
起似丨形白居易詩紅丨江橋青酒簱
吳融詩寒潮落遠鶴守龕鄭昂林處士詩天寒有丨
汀暝色入丨丨　丨梅花庾信麥積崖佛龕
銘拜燈王於石空乃假馭風禮寺藏竹辛蘇軾詩丨
花首於山丨方資控鶴　僻丨修丨不
知門崔塗詩問人尋看梅食楊士奇詩飛雪初晴酒
寺丨乞食過街慵　未消溪山深處踏瓊瑤
不嫌寒氣侵人骨策杖北史張文詡傳文詡博覽羣
食丨丨花過野橋　書特精三禮隋開皇時文詡
游太學二時朝彥恒執弟子之禮仁壽孤往南史陶
未學廢交栩丨丨而歸灌園爲業　潛傳懷
良辰以丨丨或聽經鄭谷慈恩寺詩林下丨丨作小
植杖而耘耔　秋苑鹿江邊橘葉夕陽僧
參唐庚詩玉版虎溪廬山記惠遠法師送客過丨丨
堂頭丨丨丨　虎輙鳴號送陶元亮陸修靜與

語道合不覺送過丨丨隹晁補之詩倏然一室遺
因大笑世傳三笑圖　内黃卷開丨丨
亦周易上義序康成瞿曇南史于陁利國傳天監元
跡之說丨丨可尋　年其丨丨修跋陁羅以四
月八日夢一僧謂曰中國今
有聖主十年之後佛法大興
满添茶鼎候吟僧
杜荀鶴山中對雪詩牢繫鹿
兒防獵客丨丨丨丨
風與山僧訂聯吟句共拈濤聲茶鼎沸火候竹爐添
折足鐺支穩擔肩社約嚴因緣瓶鉢在蹤跡水雲兼
敲月僧窺戶銜烟鶴避檐經神尊陸羽詩夢印蘇髯
腹愛彭亨貯盟無褦襶嫌過從剛茗熟待鬭韻叉尖

山僧舊唐書白居易傳會昌中以刑部尚書致仕與香丨丨僧如滿結香火社聯吟句括
洪希文詩毛穎蹇滌非張顛與起石鼎句再丨方干
詩惟應化行後丨丨上間樓蘇軾詩却對酒杯渾是
夢試丨詩筆已如神濤聲皮日休詩脚底龍丨丨蛇氣頭上波丨丨鼎沸漢書霍光傳拏下丨
丨令日之議不得旋踵火候王逢詩內景琴心貿谷夜外丹丨丨杳闇晨竹爐杜甫詩簡
易高人意匠牀丨火丨折足後漢書謝弼傳夫台宰重器國命所繼今之四公唯司空劉龍斷斷
首善餘皆素餐致寇之人必有丨丨覆餗之凶鐺蘇軾詩折脚丨邊煨燄鬻曲枝桑下飲離杯
攢眉周續之廬山記遠師勉令陶潛入蓮社淵明丨丨而去因緣蘇軾詩經卷藥爐新活計
舞彩歌扇舊丨丨瓶鉢傳燈錄守清禪師有僧問如侮是和尚家風日一丨兼一丨到處是生涯
蹤跡韓愈詩涼風九月到掃木見丨丨水雲王昌齡詩山長不見秋城色日暮蒹葭空丨丨

敲月賈島詩鳥宿池邊樹僧丨丨下門窺戶蘇軾詩開窗風細細丨丨月斜斜衝煙
鶴避畫梅譜笑春向陽蓓蕾珠聯左偏右偏覆寒丨丨魏野詩洗硯魚吞墨烹茶丨丨烟經神
陸全唐詩活陸鴻漸撰茶丨丨三卷羽世自爲茶丨桉鴻漸丨丨字詩夢蘇髯
蘇軾在貞州夢參寥誦所作詩曰寒食清明都過了石泉槐火一時新夢中曰火固新矣泉何故新荅曰
俗以清明淘井鄭允端東坡赤壁圖詩留得清風明月在維魚謀酒付髯蘇腹膨脝
韓愈石昆聯句承丨脹丨丨褦襶程曉詩今世丨丨子觸熱到人家過從令狐楚詩休澣
許丨丨茗熱權德輿詩清論松枝低閑吟丨花丨鬬韻蘇軾詩衰年壯觀空驚目儉韻清詩
苦闘新
月戀梅花未肯歸

最是多情月梅邊未肯歸與花增繾綣竟多戀芳菲
苑轉臨青鏡徘徊伴縞衣移從甌影蹬聽到漏聲微
小駐瓊仙馭遥留玉女扉雲行歌緩緩星曙悵依依
瘦鶴寒同守涼蟾倦不飛黄昏應有約莫更怨琴徽

多情月梁簡文帝夜夜曲秪恐||||旋來照妾牀梅邊金消夜伯顏江詩影隨月下成三友春到|繾綣杜甫詩無論再||第一風繾綣|已是安著黄竟多後漢書第五倫傳或問第五倫曰公有私乎對曰吾兄子常病一夜十往退而安寢吾子有疾雖不省視而||不眠若是者豈可謂無私乎芳菲庾肩吾詩佳期竟不歸春日生||宛轉晉書皇甫謐傳||棄情之形

表排托虛寂青鏡杜甫詩僕夫問盥徘徊南都聽彈
以音身櫛暮顏覿丨丨琴擣驚流
風丨丨縞衣禮記殷人冔而甎影唐書李程傳召爲翰學
丨丨祭丨丨而養老士學士入署常視日
影爲候程性懶日過八甎聽漏聲徹李昌符詩酒
乃至時號八甎學士醒鄉閑遶迢
迢丨丨終居高宋詩路曲迴輪影嚴虛傳小駐韓駒
丨丨杜牧詩鳳酬簫管玉筵丨丨丨詩丨
丨丨卻陽未宜遠欲仙馭宋史樂志丨丨搠返耶邀清
見尺素問寒溫都焉此壹毅既豐既腆
玉女屏宋之問詩殼飾金雲行李賀詩直貫開花歇
人影窗搖丨丨丨風之上駔丨丨
綏綏蘇軾詩遺民幾度垂垂星曙楊億詩渴烏依依
志遊女長丨丨丨歸漏盡聲丨丨
陳章風不鳴條賦似有心于松柏之內上瘦鶴寒
下丨丨類無言于桃李之間往來默默
守蘇軾詩應有仙人依樹聽笙教丨丨舞風騫鄭昂
詩歲饑無人供柴把天丨有鶴丨梅花

涼蟾李商隱詩月痕衡奚宇濕〡〡落盡跡星八倦不飛陶淵明歸去來辭鳥〡飛而知

還儲光羲詩當書暑氣盛鳥雀靜〡〡黃昏淮南子日至于虞淵是日〡〡薄于蒙谷是謂定昏

有約趙師秀詩〡〡不來過夜半竹琴微謝朓詩停琴〡涼月滅燭听歸鴻漢書楊雄傳

注〡〡所以表發撫抑之處也

竹亞晴梢巧避山

別具天然巧晴林竹亞梢不爭頭地出似避青山朝

霜鐸低干个烟巒補一凹枝疑經雪壓瞬不受雲包

折節如人意虛心讓石交縮龍先退舍鶩鶴亦移巢

窈窕螺鬟擁玲瓏鳳尾梢此中供遠眺靈境好誅茅

天然巧後漢書第五倫傳章帝躬丨丨之德體晏然工之姿以寬宏臨下韓愈詩規模背時利文字覷天丨竹亞梢林逋詩粉丨丨丨垂薄露翠荷差影聚游魚頭地出宋史蘇軾傳軾以書見歐陽修修語梅聖俞曰吾當避此人出一頭地聞者始譁不厭久乃信服霜籜李嶠賀瑞筍表綠籜含霜紫苞承雪低千个虞集詩風雨橫江萬竹丨曾鞏詩旁坐竹相圍竦碧丨丨烟巒何景明詩朝來鐘聲隔丨丨凸李昂英宴鳴珮亭詩數尺飛泉漏隔城寒巘丨虞落

琮琤枝雪壓畫繼山谷戴道宗閔銅官假舍墨竹一枝爲作詩云獨來野寺無人識故作寒崖雪壓枝雪苞楊萬里詩先生深住萬山村霧裏丨丨不見痕折節戰国策武安君曰主丨丨以下其臣臣推体以下死士如人意史記賈誼傳賈生年二十餘最爲少每詔令議下語

老先生不能言賈生盡爲之對人人各如其意所欲出語生於是事以爲能不及也**虛心**白居易詩竹解||是我師**石交**黃庭堅詩||化虎豹**縮龍**抱朴子有西坡方上禹步吹氣龍即浮出十餘丈更吹輒縮至數寸掇取入壺之旱處發龍入潭又禹步吹之後長十數丈須臾雨至**退舍**楊萬詩日鑄建溪尚||落霞秋水夢還鄉**鷩鶴**李嶠露詩夜|千年|朝零上月風**移巢**庾信詩長籐連格從高樹帶巢移**窈窕**夏侯湛石榴賦纖條參差以||分洪柯流離以相拂**螺鬟擁**吳敵詩鳥度屏風明水鏡雲生畫棟擁螺鬟**玲瓏**蘇舜欽詩日光穿竹翠||**鳳尾**王冕息齋雙竹圖詩疎梢颯颯||顫**此中**賈島詩只在|出|雲深不知處**邃眺**陶潛聯句高梅濯條幹||同天色**靈境**孫逖歸谿中詩晚從||出林壑曙雲飛**誅茅**朱子詩憶昔||日山房我自名

野堂防漏却添茅 陸游湖村雜題詩稻隴作坡先蓄水ㄧㄧㄧㄧㄧ

詩曰聽春雨詩堂枕野郊漏防垣剝粉窗趁屋添茅牀怕乾難覓書愁濕欲拋牽蘿鋪瓦縫劚竹讓檐坳處白窺星竅微黃覆露梢塌除蝸篆壁補綴燕營巢松蓋撐空護花枝宿影交龍衣貧未換莫作畫蛇嘲

詩曰 後漢書郭伋傳伋行部到西河美稷有兒童數百各騎竹馬道次迎拜及事訖諸兒復送至郭外問使君何日當還伋謂別駕從事ㄧㄧ當告之行部既還足期一日伋爲違信遂止於野亭須期乃入

聽春雨 陸游詩小樓一夜ㄧㄧㄧ深巷明朝賣杏花

詩堂 蘇軾有會飲聚星堂雪中

賦白戰體詩丨**野郊**宋書樂志麒麟步郊野黃龍游津梁**垣剝粉**楊巨源詩曠懷玉京雪孤

唱粉丨丨雪李商隱殘雪詩遶牆全丨丨傍井漸銷銀**屋茅**司馬光詩丨小疎丨覆門深亂

柳遮**牀乾**杜甫詩丨牀屋丨無丨處雨腳為麻未斷絕**難覓**皮日休詩囊腸無限

烟霞地丨丨幽許似此殊**書愁濕****抛**蔡確詩紙屏石枕竹方床手倦抛書午夢長

經詩樹密鶯愁溼庭荒雀畏深**牽蘿**杜甫詩丨丨補茅屋**瓦縫**杜牧阿房宮賦釘頭磷磷多于

在庾之粟粒丨丨參差多于周身之帛縷**剛竹**韓琦詩入戶好峯誰可畫礙人修竹不容刪**檐坿**

張羽古林樹歌盤藝蒼翠當丨丨**虛白**莊子丨室生丨吉祥止止**星殼**張憲鐵笛道人

遺簞策詩一十八丨丨清丨泠無人喚起醉陽閣**微黃**傳休奕鬬雞賦紅纓廁于丨丨兮妻彩蔚

而流青**露梢**錢宰詩丨丨黃鳥啄來禽**埽除**周禮夏官隸僕掌五寢之丨丨糞灑之事

杜甫詩門庭蝸篆王湧詞泥銀甫綴顧況右拾遺朱
問丨丨四壁盤蝸篆示綴君集亭朱君能
以烟霞風景丨丨燕營巢之積詩雙丨丨丨始酉松
藻繡符于自然別百花成子又東還
蓋李山甫詩高撐空韓愈詩仰見張正見
卯丨丨方突兀丨青丨花枝宿影詩暗開
脂粉弄丨丨常建詩茅襲馮贄雲仙雜記饒子隱
亭丨花丨藥院滋苔紋廬山康王谷無屋瓦代
以亭每歲一易畫蛇戰國策楚有祠者賜其舍人巵
謂之茅丨更丨酒舍人相謂曰數人飲之不足
一人飲之有餘請丨地為丨先成者飲酒一人蛇先
成引酒且飲乃左手持巵右手丨丨曰吾能為之足
未成一人之蛇成奪其巵曰蛇固
無足子安能為之足遂飲其酒
特酌山醪讀古書

古味填胸滿書癡亦酒豪料應供夜讀特與酌山醪
花撲沽春釀蘭焚繼晷膏聲牙苛句澀著眼醉鄉高
秦火逃殘刼陶樽耐老饕別腸睆[illegible][illegible]近體薄莊騷
問字暮蝌蚪持杯憶蟹螯添香紅袖洽茶鼎拂秋濤

古味 歐陽修張李二生文詩謂嚴義正質非俚｜｜雖淡泊不薄
填胸 晁補之詩壯士志屈羞｜｜
書癡 唐書竇威傳竇氏子弟皆喜武獨威尚交諸兄誚爲｜｜
酒豪 孫覿詩幽懷誰與語不見｜中｜
夜讀 羅隱秋｜｜闕｜｜進士常修三篇詩劍相如驌步秋吟煬帝悲
花
撲 岑參詩｜｜王缾春酒香
春釀 齊民要術造酒法冬初下釀時以炭火擲著甕中拔刀橫於甕上酒熟乃去之冬釀十五日熟｜｜十日熟
蘭焚繼晷膏 楚詞蘭膏明燭華容備些韓愈

進學解焚膏油以繼晷恒兀兀以窮年**聱牙**韓愈進學解周誥殷盤佶屈丨丨**奇句澀**宋史隱逸傳林逋善爲詩其詩澄浹峭特多丨丨既就藁隨輒棄之唐書孟郊傳爲詩有理致最爲韓愈所稱然思若奇丨**著眼**蘇軾詩丨丨看君君勿誤**醉鄉**唐書藝文志皇甫松丨丨日月三卷

秦火史記秦始皇本紀丞相李斯曰臣請天下敢有藏詩書百家語者悉詣守尉燒之宋史道學傳凡詩書六藝之文與夫孔孟之遺言顛錯於丨丨支離于漢儒幽沈于魏晉六朝者至是皆煥然而大明

殘刧吳融詩空刧已歎周禾熟舊苑應秦漢火丨宋之問詩燒丨辨沈灰**陶鑄**晉書禮志景初元年營洛陽南委粟山以爲圓丘祀之日以始祖帝舜配房祖生魚丨丨玄酒非搢紳之爲之綱紀其孰能與于此者哉**老饕**蘇軾丨丨賦蓋聚物之天美以養吾之丨丨**別腸**戴復古詩復有丨丨能貯酒天生左手擯持螯**麴糵**書若作酒醴爾惟丨丨禮丨丨取時**近體**金史趙秉

文傳小詩精絶多以丨丨爲之

莊騷韓愈進學解下逮丨丨太史所錄子雲相如同工異曲

問字漢書楊雄傳時有好事者載酒丨奇丨

蝌蚪索靖草書狀蒼頡既正書契是爲丨丨鳥篆

持杯蟹螯晉書畢卓傳卓嘗謂人曰得酒滿數百斛船四時甘味置兩頭右手丨酒丨左手持丨丨拍浮酒船中便足了一生矣

添香紅袖詩紅袖添香夜讀書

茶鼎見上

滿添丨丨候吟僧題桂

秋濤蘇軾詩聊欲廢書眠丨丨春于枕

詩成多是在車中

陸游倦飛詩酒盡不妨沽巷口丨丨丨丨丨丨丨

檢點尋詩地車中得句多底須嫌簿笨從不廢吟哦

轆轆身忘客推敲境入魔錦囊新稿本畫幰小行窩

鞭影羣懷遠鈴聲攪夢過馬蹄兼追促驢背悔蹉跎
傚帝金同亭雕輪鐵共磨輪他書舫載分席占煙波
檢點杜甫詩曉漏追趍青瑣闘晴窗丨丨白雲篇尋詩高啟詩獨騎款段丨丨云得句
多方岳詩丨丨丨題竹觀書半倚松吟哦宋史何基傳讀詩之法須掃蕩胸次淨盡然後丨丨
上下諷詠從容使人感發方爲有功轣轆方言維車趙魏之間謂之丨丨丨車東齊海岱之間謂之道
軌忘客吳儆詩爲郡似家丨似客視民如子吏如奴柳宗元詩山花落幽戶中有丨機丨
推敲隋唐嘉話賈島初赴舉京師一日于馬上得句云鳥宿池邊樹僧敲月下門初欲作丨字練之
未定不覺衝尹時韓吏部權京尹左右擁至前
島具告所以韓立馬良久日作丨字佳矣入
魔滄浪詩話學詩者以識爲主入門須正立志須
高以漢魏晉盛唐爲師不作開元天寶以下人

物若自退屈即有下劣詩魔入其肺腑之間由立志之不高也

錦囊 唐書李賀傳每旦日出騎弱馬從小奚奴背古丨丨遇所得書投囊中及暮歸足成之

新稿本 曹伯啟詩行囊只贏丨丨丨詩丨身世端居古畫圖白居易詩袖中吳郡新詩丨襟上杭州舊酒痕

畫幰 王維上張令公詩步檐青瑣闥方幰畫輪車

牽懷 韓愈秋雨聯句丨丨到空山屬聽邇驚瀨

鈴聲 左傳錫鸞和丨昭其丨也

遽過 李商隱詩故念飛書急薪歡借丨丨

馬蹄 莊子丨丨篇丨丨可以踐霜雪毛可以禦風寒齕草飲水翹足而陸此馬之真性也

遑促 春秋公及宋公遇于清注遇者草次之期疏草次猶造次丨丨不暇之意

驢背 全唐詩話相國鄭綮善詩或曰相國近為新詩否對曰詩思在灞橋風雪中丨子丨上此何以得之

蹉跎 晉書周處專入吳尋二陸見雲具以情告曰欲自修而年已丨丨恐將無及雲曰古人貴朝聞夕死君前途尚可且患志之不立何憂名之不彰

敝帚

魏文帝典論夫人難於自見而文非一體鮮能備善是以各以所長相輕所短里語曰家有｜｜享之千金此不自見之患也

金享見雖輪上周車鐵

磨謝惠連長安有狹邪行脩脩｜｜馳軒軒翠蓋舒拾遺記因墀國在西城之北送使者一｜｜爲車輪十年方至晉及還輪皆絕鏡莫知其遠近也朱成隴頭吟一從結髮成遼州鐵用｜穿巳

秃頭**分席**顏延之三月三日曲水詩序閱水環階引池｜｜

烟波唐書張志和傳居江湖自稱｜｜釣徒

下水船輕易到家

劉克莊送陶仁父詩新班人少先投卷｜｜｜｜｜｜

渺渺思鄉夢常愁驛路賒扁舟輕下水獨客易還家

新漲知雲活前程不日誇駛疑流竹箭阻莫悵蒹葭

別感消行李歸期喜及瓜回頭帆影疾入耳土音譁
飄忽兼風力團圞比月華侯門携稚子樽酒話桑麻
少火楚辭魂｜｜而馳騁洏洏兮心煩冤之爞爞思鄉夢謝靈運撰征賦思陳錦而莫照｜反
｜而有歎孫逖詩客愁西向盡鄉｜北归難驛路賒北山移文馳烟｜｜勒移山庭梁簡文帝
阻归賦終知客遊之阻無解歸路之｜扁舟史記貨殖傳范蠡記雪會稽之耻乃乘｜｜浮於江
湖蜀客杜甫詩暝色無人｜歸｜還家後漢書臧洪傳舉孝廉補仰仰長中平末葉官｜｜
李白詩錦城雖云樂不如早｜｜新漲杜牧街西詩碧池｜｜洛嬌鴉分鑣長安富貴家如
雲蘇軾詩｜｜｜鷺鴉散平湖前程孟浩然詩訪人留不從信策蹇趂｜｜不日詩庶民攻之｜
｜成之駛流竹箭慎子河下龍門流駛竹箭駟馬追之不及阻蒹葭

詩蒹葭蒼蒼別宋之問送裴司法赴都**行李**左傳丨
又道阻且長別序有丨必丨今昔共之丨之往
來共其**歸期**李白詩長安如夢**及瓜**左傳瓜期而往
乏困裏何日是丨丨日丨丨而代
回頭杜甫詩仰面貪看**帆影疾**賀朝詩巖巖石丨丨
馬丨丨錯應人夘得海風便沈達山
玄王賦動之在聽隨短步而聲**入耳**左傳太子建奔
繁佩之在躬響風趨而影丨宋王召舊揚曰
言出于余口丨干**土音**左傳口操丨**飄忽**風賦丨丨
爾丨誰告建也丨不忘本也淜滂激颺
慓**風力**吳均初至壽春詩淨瀱**團圞**梵書大家丨丨
怨隨波影飄揚怒丨丨頭共說無生話
月華梁元帝烏樓曲後值西施**候門稚子**歸去來
新浣紗共向江頭眺丨丨辭僮僕
歡迎稚**樽酒**易丨丨簋**話桑麻**孟浩然詩開軒面
子候門貳用缶場圃把酒丨丨丨
嫩涼偷入藕花心

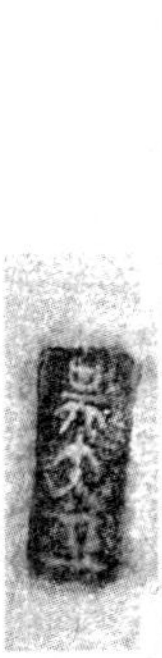

嫩涼偷入藕花心

秋又瞞花至波心作嫩涼偷將梧葉信驀入藕絲鄉隱約吹蘋末霏微逗瓣香弱抛煙半縷隙漏月中央清露鷗先覺輕颸蝶不防無聲揺水珮和粉墜蓮房翠蓋空擎雨紅情遞拒霜搴芳人徙倚渾欲怯羅裳

秋至杜甫詩亦知戍不返||拭清砧 波心唐太宗小池賦湧菱花於岸腹勞蓮影於|| 梧葉鮑照詩紫蘭花已歇碧||方稀 藕絲鄉杜甫詩佳人雪||楊萬里詩荷花世界柳絲| 隱約蘇軾詩||見津涘 蘋末宋玉風賦夫風生於地起於青|之| 霏微杜甫詩水晶宮殿轉|| 瓣香陳師道觀兗文忠公家六一堂圖書詩向來一||敬爲曾南豐

弱拕烟縷沈約詩丨縷冠緌衣黃庚詩煙丨野色入書堂蘇軾詩但見香丨横碧丨丨

隙漏應璩與尚書諸郎書陋巷之居無高宮之宇壁立之室無旬朔之資流潦津於北堂丨丨霤於衣服

月中央孟郊詩我心如丨光寫君庭丨丨

清露隋書盧思道傳孤鴻賦日晨休丨丨安趾徐步夕息芳洲延頸乘流

鷗先覺李中詩驚起白丨眠劉因詩荷花拂面秋丨丨巠思朱子詩疏車屋樹含丨丨

無聲詩丨丨無臭又劉長卿詩間花落地聽丨丨

水珮姜夔荷花詞三十六陂人未到丨丨風裳無數

粉墜蓮房杜甫詩波漂菰米沈雲黑露冷蓮房墜粉紅

翠蓋擎雨韓愈詠荷詩丨丨臨風迴水華浥露鮮蘇軾詩荷盡已無丨丨葢菊殘猶有傲霜枝

紅情張炎山中白雪詞有丨丨綠意二詞詠荷花荷葉即姜夔暗香疏影二調也

拒霜本草芙蓉一名丨丨豔如荷花八九月始開故名丨丨

搴芳謝靈運山居賦㩁假駒以表谷涓隱

巖以丨丨**徙倚**洛神賦於是洛靈感焉丨丨彷徨**羅裳**貢師泰詩野館吹燈月未央薄寒偏透越丨丨

思家步月清宵立

杜甫恨別詩丨丨丨丨丨丨丨憶弟看雲白日眠

驚斷還家夢褰衣步月行深宵猶佇立浮客倍淒清
行藻中庭影荊榛萬里程倚隨枯樹兀照作故鄉明
地印寒蟾魄天懸旅雁聲星霜縈別緒風露逼殘更
耿耿横銀漢迢迢滯錦城聞蛩愁不寐虛幌對寒檠
驚斷還家夢孔仲武詩旅枕春風底翛然一夢丨夢丨李白詞簫聲咽秦娥夢丨秦樓月張謂詩

｜｜萬里｜｜褰衣柳宗元詩苦熱中步月行嗟游詩
爲客五更愁夜起登樓獨｜｜倚裝效
子埀頭坐搖手兒女小｜｜行白居易深宵林逋詩的
詩寂點桃燈坐沈吟踏｜｜｜的孤峯意
｜｜一佇立詩瞻望弗及｜｜浮客鮑照詩旗雁方南
夢狂｜以泣過｜｜來西日
凄清秋興賦月朣朧以含荇藻中庭影東坡題跋過
光兮露｜｜以凝冷承天寺尋張
懷民懷民亦未寢相與步于中庭庭下如積水空明
水中藻荇交橫蓋竹柏影也何夜無月何處無竹柏
但少閑人如荊榛李白詩王風委蔓萬里程韓愈詩
吾兩人者耳草戰國多｜｜子子｜
｜｜倚枯樹兀｜莊子今子外乎子之神勞乎子之精
｜樹而吟據槁梧而瞑天選子之形
子以堅白鳴晉書王羲之傳制曰獻之雖有父風殊
非新巧觀其字勢疎痩如隆冬之｜｜｜雖槎枒而無
屈伸莊子照故鄉明月詩月出｜兮杜甫詩露｜｜寒蟾
｜若槁木從今夜白月是｜｜｜

魄鄭谷詩莫恨淸光盡丨丨卽照空皮日休詩撫時解轉蟾蜍丨抛虜能啼絡緯聲**旅鴈聲**白居易詩百鳥無食東西飛中有丨丨丨最飢**星霜**柳宗元詩風月歡寍間丨丨分益親**別緒**獨孤及送張少府序雜珮可以申永懷尊酒可以慰丨丨**風露**陶潛詩靡靡秋已夕淒淒丨丨交**殘更**張耒詩鄄亭結束問丨丨**耿耿橫銀漢**蘇舜欽詩星河丨丨秋還迥樓觀澄澄夜更高庾信詩北闕連丨漢南宮應鑿龍雜跖集天河謂之丨丨**迢迢**潘岳內顧詩漫漫三千里丨丨遠行客**錦城**李白蜀道難詩丨丨雖云樂不如早還家側身西望長咨嗟**聞蛩**賈島詩家貧初罷吏年長畏丨丨**愁不寐**曹鄴詩丨八丨成丨五月夜亦長**虛幌**杜甫月夜詩何時倚丨丨雙照淚痕乾**對寒檠**劉克莊詩何日斷原荒澗畔一間茅屋丨丨丨**倦僕觸屏呼不應**

范成大詩｜｜｜｜｜
｜｜梅花影下一窗燈
瘦矣嗟余僕深宵倦獨屏寂無人答應難喚汝惺惺
但解垂頭睡奚知側耳聽肱宜橫作枕口竟守如瓶
徼撼銅鋪響真同木偶形健偏輸匣劍語只答檐鈴
堪哂僮孤約翻嫌我獨醒添香供夜讀侍史讓樵青
瘦矣詩我僕｜｜深宵杜通詩的的孤峯意｜｜一夢狂寂無老君清淨心経湛然
常寂｜｜｜其寂無寂｜｜俱了無矣人答應後漢書五行志注熹平五年天下大旱禱請名山求獲｜
｜難喚李商隱詩夢為遠別啼｜｜書被催成墨未濃惺惺元稹詩桐花暗淡柳惺惺
垂頭睡鹽鐵論騏驥之輓鹽車｜｜於太行屠者持刀而睨之戴復古詩衲被蒙頭｜翛然

百慮寬

側耳聽 史記周昌傳帝欲立如意昌為人吃曰臣口不能言臣期期知其不可召后不丨于東廂丨

肱 **橫作枕** 丨論語曲丨而枕之禮記並坐不肱黃山谷集支髮枕庚公所丨蓋令俗山丨

口 **守如瓶** 晁氏客話劉器之云富鄭公年八十書坐屏云守口如瓶防意如城

微摵 孔平仲詩丨風丨晚色

銅鋪 李賀詩麗人映月開丨丨

木偶 史記孟嘗君傳孟嘗君將入秦蘇代謂曰今旦代從外來見丨丨人與土偶人相與語丨丨人曰天雨子將敗矣土偶人曰我生於土敗則歸土今天雨流子而行未知所止息也今秦虎狼之國也而君欲往如有不得還君得無為土偶人所笑乎孟嘗君乃止

健 **匣劍** 司空圖退棲詩得劍乍如添丨僕亡書入似憶艮朋何遜詩可憐丨丨復此雙鳧鳥

玉檐鈴 錢惟善詩金剎天開畫鐵丨鳳語丨

我獨醒 史記屈原傳舉世混濁而我獨清眾人皆醉而丨丨丨

添香 薛逢詩雲鬟罷梳還對鏡羅衣欲換

更丨供夜讀通賢詩拾螢丨丨侍史史記孟嘗君傳
丨丨言丨走馬散春愁孟嘗君待客坐
語而屏風後嘗有丨樵青唐書張志和傳帝賜奴婢
丨主記君所與客言各一志和配爲夫婦奴曰
漁童女
日丨丨

燒藥爐存草亦靈

方岳詩丨丨丨丨丨丨
丨煮茶竈冷水猶清

爐橐千年閉空存採藥經大丹能換骨小草亦通靈
竈坼苔花冷銅埋土鏽腥耕呼龍蛻甲銜待鶴歸丁
歷刼鞭痕赭前塵火候青神光消獸炭仙品傲豨苓
點雪尋遺迹餐霞擷古馨焚香抄朮序石室晝當扃

爐橐淮南子丨丨埵坊設非巧冶不能以冶金**千年**拾遺記丹丘丨丨一燒黃河丨丨一清至聖之君以爲大瑞**採藥經**隋書經籍志梁有神農丨丨丨一卷**大丹****換骨**唐書勢文志李林甫唐朝煉丨丨感應頌一卷嚴靜大丹至論一卷捫蝨新話文章雖不要蹈襲古人一言一句然自有奪胎丨丨等法所謂靈丹一粒點鐵成金也**小草**世說謝公始有東公之志後就桓公司馬時人有餉桓公藥草中有遠志公取以問謝此藥又名丨丨何一物而有二稱時郝隆在坐應聲答曰此甚易解處則爲遠志出則爲丨丨謝有愧色又博物志遠志苗曰丨丨根曰遠志**通靈**袁桷詩玉局講殘春換劫石臺丹在草丨丨**竈冷**袁桷詩丨丨廚烟溼窗低檐溜懸**苔花**陸龜蒙詩問岢雨過丨丨潤小簟風來薤葉涼**銅埋**庾信文君子之陵止理銅劍**土鏽腥**迺賢鐵午廟詩角斷苔花碧號穿丨丨丨**耕呼龍蛻甲**李賀詩呼龍耕烟種瑤草鳳鑄山谷

透絹恬詩清潭錯落印星壁入澤龍蜿縱橫散戊辰雜衫有大龍蜿於太湖之湄其鱗甲中出蟲化爲蜻

蜓朱邑人謂之龍甲又謂之龍孫 銜 鶴歸丁 易林白鶴丨珠夜食爲明黄庭堅詩

只恐蘇耽丨丨丨時却姓丨 歷劫 沈約爲文惠太子禮佛願踈丨丨多幸夙世善緣 鞭痕

赭 蘇軾詩下馬作雪詩滿地丨筆丨庾信華林園馬射賦鳴鞭則汗丨入埒則塵紅 前塵

禮記丨有丨埃則載鳴鳶 火候 酉陽雜俎貞元中有一將軍家出飯食每說物無不堪喫惟在丨丨

善均五味嘗取敗障泥胡盝修理食之其味極佳 青 陸游詩人家績火丨 神光 漢書武帝紀詔

朕禮首山昆田出珍物化或爲黄金祭后土丨丨三燭洛神賦丨丨離合乍陰乍陽 獸炭 晉書

華琇傳琇性豪侈費用無復齊限而屑炭和作獸形以温酒洛下豪貴咸競效之 仙昂 宣和

書譜吳彩鸞唐書字畫雖小而寬綽希有餘全不類世人筆當于丨中丸之豕 茶 見清露初晞蘂草香

題注**點雪**傳燈錄長髭禪師叅師去嶺頭一尊功德成就也未師曰成就久矣只欠石頭點眼便請石頭乃翹一足師禮拜云某甲所見如紅爐上一｜｜

尋遺跡亦周易正義序成康之說遺跡可尋

餐霞列仙傳贊子輿擷振俗｜｜飲露

古馨和經詩叟香絪｜生霞蕊李賀詩南山老桂吹｜香米芾西園雅集記爐烟方鳥草木自｜

焚香比史王勃傳勃撰皇隋靈誌奏之上令宣示天下劭集諸州朝集便洗手｜閉目讀之折其聲有如歌詠

抄花序皮日休讀日半窗｜｜清泉器援芝圖

石室漢書高帝紀丹書鐵契金匱｜｜又司馬遷傳遷爲太史令抽史記｜｜金鐀之書

書扃顏延之陽給事誄金柝夜擊和門｜｜

詩債棋讐俱見尋范成大詩柳顰梅笑各相惱｜｜｜｜｜｜

詩欠尋常債棋成細碎讐一身殊追促兩事每勾留
夙負催銅鉢微嫌引玉楸苦吟門欲閉急劫局難收
已索枯腸和還增敵手愁靜思臺上避冥擬橘中搜
鬬險輸彊孟爭雄笑項劉何須捐結習高枕臥糟邱

欠尋常債陸游詩酒寬剩丨丨丨丨劍不虛施細碎讐細碎讐見上欠尋常債注
一身後漢書周勰傳自勰曾祖父揚至勰孫恂六世丨丨皆知名云追促春秋公及宋公遇于清注遇者草次之期疏草次猶造次丨丨不暇之意兩事王錡詩如何寸心中一宵懷丨丨勾
留白居易詩未能拋得杭州去一半丨丨是此湖催銅鉢張甬詩詩債敲門不厭丨南史王僧孺傳竟陵王嘗夜集學士刻燭爲詩四韻者則刻一寸以此爲率蕭文琰曰何難之有乃與邱令楷江洪

等其打丨丨立韻響滅則詩成皆可觀覽 玉楸 杜牧送國棊王逢詩丨子紋丨一路饒最宜簷

雨竹蕭蕭 苦吟 全唐詩話裴說以丨丨難得爲二嘗有句云丨丨僧入定得句將成功 門欲

閑 曹鄴詩言畢尊未乾十二丨丨丨 急劫 周 收 水經注阮蘭字茂弘爲開封令縣側

有劫賊外白甚急數阮方圍棋長嘯吏云劫丨阮曰局上有丨亦甚急其耽樂如是李商隱燈詩錦囊名

畫掩玉敗棋丨 枯腸 盧全詩寄新茶詩三碗搜丨丨惟有文字五千卷 敵手 晉書謝安傳苻

堅率衆百萬次于淮淝謝玄入問計安與玄圍棊安常棊劣于玄是日玄懼便爲丨丨 增愁 張衡

賦坐太陰之屏室兮慨含欷而丨丨 臺 避 通志周赧王爲諸侯所侵與家人無異多負債無以

歸乃上丨逃丨丨因名曰避債臺 橘中 幽冥錄巴園人收大橘如三斗盎剖之有二叟胡對身長尺餘

象戲一叟曰丨丨之樂不減商山但恨不得深根固蔕爾一叟曰僕饑矣須龍脯食之食訖以水噴地爲

二白龍而去韓孟丨唐書丨愈傳從愈游者丨郊張籍皆有名于時爭雄韓愈月蝕詩星如撤沙出攢集丨強丨項劉史記項羽紀諸項氏枝屬漢王皆不誅乃封丨伯為謝陽侯桃侯平皋侯元武侯皆賜姓丨氏又晉書劉毅傳嘗云恨不遇劉項與之爭中原結習沉約內典序孤策獨鶩莫知所恨丨丨紛綸一隨理悟高枕臥戰國策馮煖曰狡兔有三窟僅得免其死耳今有一窟未得丨丨丨而丨丨也糟邱李白憶舊遊寄譙郡元參軍詩憶昔洛陽董丨丨為余天津橋南造酒樓

釣魚閒客捲綸遲鄭谷詩洗鉢老僧臨岸入丨丨丨丨丨丨丨

魚梁懸搭白釣艇散漁人間客遲歸棹移時未捲綸

香殘抛桂餌坐久煖苔茵竿倚雲留影簑披月上身

支頭垂獨繭隨意數纖鱗尋夢鷗都倦忘機鷺亦馴
溪童猶弄笛鄰舫早收緡蓴暮湘江曲銀絲更柔蒓
魚梁晉書習鑿齒傳相溫弟秘素與鑿齒善鑿齒罷郡歸與秘書曰吾來達襄陽縱目檀溪念崔徐
之友肆睇｜｜追二德之遠未嘗不徘徊移日惆悵極多落日謝靈運撰征賦望新晴於｜｜
起明光于躋月釣艇杜甫詩｜｜收緡盡昏鴉棲翅歸漁人張說詩鳥戶巢爲館｜｜艇作
家歸棹王勃詩去驂嘶別路｜｜隱寒洲移時杜甫詩｜｜施朱鉛香殘羊士諤詩
紅衣落盡暗｜｜葉上秋光白露寒桂餌文心雕龍舝綸｜｜夜所以失魚坐久王維詩興
蘭啼鳥緩｜｜落花多李昌符詩空庭吟｜｜苔茵顧況詩屋古布｜｜竿倚顏氏家訓
投壺之禮近世愈精有倚竿帶劍狼壺豹尾龍骨之名雲留影梁簡文帝詩神通七星變貌逐

五丨丨謝眺高松賦懷風蓑披崔道融詩雨足高田
陰而送聲當月露而留丨白披蓑半夜耕
月上身戴表元詩風定松支頤蘇軾詩丨獨繭列子
鳴屋吟圓丨丨丨丨丨識此心詹何
以丨丨隨意數杜甫詩見輕吹鳥纖鱗盧綸詩峯嶂
絲爲綸毳丨丨丨花鬚徘徊霞景新
一潭寒水詩夢鷗倦蘇軾詩暗香入戶丨短丨許
絕丨丨渾詩眼丨猶戀草羊士諤詩氣
昏高閣雨夢忘機李白詩我醉君復樂陶然共丨丨丨
丨下簾眠又陸龜蒙詩野鷗何處更丨丨丨
鷺鷥皮日休詩鶴靜共溪童梅堯臣詩捧弄笛超蝦
眠覺丨丨同釣歸膳丨丨潔詩芰
荷日暖垂鞭袖楊鄰舫陸游詩參差丨丨一時收綸
柳風橫丨丨船發郎聽滿江柔櫓聲
見上釣薄暮廣雅日將落日丨丨漢書呂皇湘江韓
艇注后傳戚夫人歌云終日春丨丨愈
詩紅亭枕丨丨蓺水會其間桜銀絲元積詩采蒓陸
水經溯水出零陵陽海山卜丨繳游

詩短艇湘湖
白｜｜
人立梅花月正高
趙師秀詩鳥翻竹葉霜
初下｜｜｜｜｜｜｜
月色明如畫梅花瘦似人高寒當此夕小立著吟身
香徑停雙屐晴霄湧一輪昂頭橫素練插脚洗紅塵
林下筇攜玉天邊鏡爛銀鶴拳同徒倚蟾魄倍精神
河漢迢迢影羅浮渺渺春夜闌風露寂索笑步檐巡
月色東京夢華錄元宵花燈寶炬｜｜花光霏霧融融動燭遠近明如畫崔國輔詩刀光
照寒月陣色｜｜｜黃庚月梅夜登樓詩寒蟾千里夜如畫才瘦似人黃庚詩菊殘卯倦客

｜｜｜詩｜高寒劉都西使記自和林出兀孫中西北行二百餘里入跕経瀚海地極｜｜雖暑

酷而雪不消此夕白居易麴生訪宿詩不是愛閑人肯來同｜｜｜小立陸游詩葦叢枯

倒蓼花紅｜｜東海更向東吟身賈島詩三月正當三十日風光別我苦｜｜香徑香譜

皃王闔閭起響屧即採香徑皮日休詩｜｜泥消露玉鈒雙屐劉長卿入抱達洞壽靈山寺詩遂便

康樂侯披榛著｜｜曙陳慥詩平淮翦緑野白塔界｜｜湧杜甫詩月｜大江流一輪

孟郊詩高秋數奏琴澄潭｜｜月上頭李羣玉詩竟夕瞻光杉｜｜把白醪素練杜甫畫鷹

詩｜｜風霜起蒼鷹畫作殊插腳紅塵陸游詩嗟予獨何事己插紅塵腳林

下詩于以求之于｜之｜孟浩然詩宴息花｜｜高談竹嶼間鈿攜玉范成大詩低花妨帽

小攜鈿袜德暘詩紫霞之佩緑玉鈿天邊宋之問上陽宮侍宴序參光有地遊日月於｜｜覩邊無

窮見城池鏡爛銀劉憲詩更深移月丨表桷角中雜
於掌上　金詠鸖鵲漾晴空意態極楚楚翻風
蒼雪迴轉**徙倚**庾信詩徘徊出桂**蟾魄**歲華紀麗蟾
月丨丨舞　苑丨丨就花林　蛾白眉丨丨皎兮
出**精神**莊子五未者須丨丨運心　**河漢**古詩迢迢牽
矣　術之動然從之者也　牛星皎皎丨
丨**迢迢**見上又陸機梁甫**羅浮**龍城錄隋趙師雄遷
女吟丨丨天路微　丨丨丨一日天寒日暮
憩於松林　肆傍舍見一女人淡粧素服師雄與
語芳香襲人因與扣酒家門飲少頃有一綠衣童來
笑歌戲舞師雄醉寢久之東方**渺渺**楚辭魂丨丨而
已白起視乃在大梅花樹下　馳騁兮心煩寃
之爐**春**蘇軾詩一杯付與羅浮丨**夜闌**王昌齡長信
爐　注公自釀酒名羅浮丨　秋詞高殿秋
砧響丨丨霜深**風露**陶潛詩靡靡秋已**索笑****步檐**巡
猶憶御衣寒　夕淒淒丨丨交
杜甫詩巡檐索共梅花笑冷蘂疏枝半不禁史記司
馬相如傳步檐周流長途中宿注步檐步廊也

忽從電影得前村

趙秉文詩行過斷橋沙路黑丨丨丨丨丨丨丨

歸途天似墨何處覓前村路忽烟中辨人從電隙奔

螢燈寒不熠蟹火渺無存谿霧飛紅寮燒雲裂紫痕

鬅鬙分樹障閃爍認籬根鞭影神施枝金芒眼洗昏

掣蛇開蘚徑吠犬近柴門甫喜投茅舍排空雨瀉盆

歸途陸機贈從兄詩感彼丨丨艱天似墨皮日休詩一剔半丨墨柳宗元詩桂嶺瘴來雲丨丨洞庭春盡水連天何處崔顥黃鶴樓詩日暮鄉關丨丨是烟波江上使人愁烟中江總詩相期紅粉色飛向紫丨丨電隙劉孝綽秋雨卧疾詩丨丨時光帳風簾乍扣扉螢燈

馮子振十八公賦莫金鼐寒焰段成式觀小燈詩夜
於螘屁椽寶炬於｜｜深｜｜白猶自綴金
繩螢火白居易詩春雨星攢尋谷霧劉基清齋記太
｜｜秋風霞颭弄濤旗害霧虛澄朗烟空霧
裕日月光華原野昭曠紅索張希復聖柱聯句載恐
而天地爲之清焉雷輪重縈疑電索長王
建詩白衫眠古燒雲裂白居易別行簡詩豈是遠行
巷｜｜搶高枝時火雲｜機熱唐太宗經破
薛畢地詩營碎落星髣髴見｜｜暗樹閃爍王僧孺
沈陣卷橫｜｜如奇兒題注中寺碑
口流｜｜離根盧綸詩亂篠穿井鞭影隋書音樂志
風度清鏘口流水到｜｜電鞭激雷車
遶虹旌靡青龍馭元好問詩｜｜施枝羽獵賦舉烽烈
｜驚疲馬鐘聲急莫禽火轡者｜｜
金芒劉孝威關雞篇趣中眼洗昏杜南詩洗眼看輕
含芥粉距外曜｜｜薄盧綸詩病中饒
淚眼常昏聞說花電蛇蘇軾望海樓晚景詩雨過潮
開亦閉門平江海碧電光時｜紫金｜

蘚逕姚合寄華州李中丞詩丨人稀到松齋藥自生

吠犬翰府名言前輩贈邑令詩雨後有人耕綠野月明無犬吠花村可見教化仁愛民樂耕耨且無盜賊之警

柴門後漢書楊震傳于是丨丨絕賓客杜甫詩白沙翠竹江村暮相送丨丨月色新

茅舍蜀志秦宓傳廣漢太守夏侯纂請宓為師友宓稱疾臥在丨丨纂將廚膳即宓第宴設宓臥如故白居易詩三間丨丨向山開一帶山泉繞舍迴

排空白易易長恨歌丨馭氣奔如電

雨瀉盆蘇轍詩雲氣連山丨丨丨

暮投僧舍

欲關門

欲作家書下筆難

家音誰寄與每恨路漫漫辛有傳書便翻愁下筆難

蘭情遍宛轉絮語慰平安星紀從頭憶風塵刻意瞞
寒暄都不著啼笑兩無端起草燈頻剔拈毫墨屢乾
輸他雙管捷抵得萬金看待到函封就殷勤祝雁翰
家音邵寶詩讀罷||添鬢白書成國事剩心丹寄與陸凱詩折梅逢驛使||隴頭人
路漫漫離騷|||其修遠兮吾將上下而求索傳書便李商隱詩||兩行雁取酒一|
封駝王僧孺詩倘有還書||一言詠死生蘭情韓琮春愁詩承誓||別來久宛轉晉書皇甫
謠傳||爲情之形表排托虛寂以寄身絮語劉孝標書于盈||情切意深平安名臣
言行錄胡安定讀書泰山十年不歸得家書見||字即投澗中不復展讀岑參詩馬上相逢無紙筆憑
君傳語報||星紀左傳春無冰梓慎曰今茲宋鄭其饑乎歲在||而淫于

玄枵以有時災陰不堪陽蛇乘龍龍宋鄭之星也**從頭**朱子詩三秋風月丨丨說千里湖山覿面開**風塵**世說王戎云太尉神姿高徹如瑤林瓊樹自然是丨丨外物**刻意**後漢書黨錮傳夫丨丨則行不肆牽物則其志流是以聖人導人理性裁抑宕佚慎其所與節其所偏**寒暄**南唐書孫忌口吃初與人接不能道丨丨坐定辭抑鋒起又李商隱詩待得郎來月已低丨丨不道醉如泥**不著**司空圖詩品含蓄丨丨一字盡得風流**啼笑**詩話陳太子舍人徐德言遭亂與妻樂昌公主以貲破鏡爲約後得半鏡於楊素蒼頭處題詩其上素見之召德言還其妻因命公主賦詩口占云今日何遷次新官與舊官笑啼俱不敢方信作人難**無端**史記田單傳太史公曰兵以正合以奇勝奇正相生如環之丨丨**起草燈剔**岑參詩筆爲題詩點燈緣起草挑岳珂拙婦吟東家拙婦擁面啼強剔孤燈訴愁寠**拈毫**蘇軾詩試丨詩筆已如神隋書許善心傳文不加點

筆不停丨**墨乾**范雲四色詩烏林葉將竄丨池水就丨**雙管**溫庭筠詩吳姬怨思吹丨丨**抵萬金**杜甫詩烽火連三月家書丨丨丨**待到**孟浩然詩丨丨重陽日還來就菊花**函封**成廷珪詩丹井洗瓢分石髓寶丨丨檢秘天文**般勤**史記司馬相如傳相如使人重賜文君侍者通丨丨又李白詩餞離駐高駕惜別空丨丨**雁翰**陸龜蒙詩池上已看鶯舌雲間應卸丨丨開

帶風棋閣竹相敲

李洞宿葉公棋閣詩丨丨丨丨丨丨丨局瑩無塵樹拂梢

高閣小於巢祐棋客對敲帶將風瑟瑟併入竹稍稍

靜覺枰投響微聞鐸解色峭涼生檻角空翠撲簷坳

繁籟明玎曳雙聲洽玉抛坐篁消夏好隱橋奕秋教

篔水蕉波綳烟枝雨葉交夜窗燈燼落攤譜手頻鈔

高閣後漢書樊宏傳世善農稼好貨殖財利歲倍開土田三百餘頃其所起廬舍皆有重堂丨頃陂渠灌注

小巢蘇軾詩下居近流水丨丨依嶺岑

棋棋聲昭博奕論丨丨三百孰與萬人之將

敲呉融寄僧詩門倚山根重蘇破棋丨石面碎雲生

風瑟瑟梁簡文帝詩二十聞丨丨丨

目覩雪霏霏

竹梢梢杜甫詩綠丨丨半含籜博雅匾匾丨丨小也

靜枰李中石棋局詩公退敲枰書院靜日斜收子竹雲移

籜解色程俱詩恨無籜龍包此味那得闕陸游東湖新竹詩解籜時聞聲簌簌長梢初見影離離

峭涼生白居易春風冷丨雪乾殘李俊民詩暑退閒蒲扇丨丨換葛衣

空翠謝靈運過白岸亭詩丨丨難強名漁釣易爲曲

檐坳張羽古朴樹歌盤鬱蒼翠嘗丨丨

萬籟常建詩丨丨此俱寂唯聞鐘磬音

明玕竹坡詩話士大夫學淵明作詩往往

故爲平淡之語而不知淵明制作之妙如讀山海經
云亭亭｜｜照落落情瑶流｜｜謂竹清琭謂水也
豈無雕琢雙聲陸游詩薄暮過梅杜陽雜編日
之功耶市呼謳｜櫓｜冷玉本東三萬里
有集真島上有凝霞臺臺上有手談池池中出玉棊
子不由制度自然黑白分明冬温夏冷謂之｜燠｜
更產楸玉狀如楸木琢坐篁王維詩獨消夏陸龜蒙
之爲棊局光潔可鑑｜幽｜裏詩遺名
復避世｜｜復消憂陸隱橘世說王中郎以圍棋爲
游詩長日惟消一局棋坐｜支公以圍棊爲手
談幽怪錄巴卬八家有橘園生兩橘一太如三斗盎剖
開每橘有二叟鬚眉皓然相對奕戲一叟日橘中之
樂不減商山一叟曰饑虛矣須龍根脯食之即出一
草根削食之隨削隨滿食訖以清水噀之化爲二龍
共乘之奕秋孟簟冰趙彥端詞簾翡翠枕珊簾波李
而去子瑚錦衾冰｜｜紋鋪商
隱燒香曲玉佩珂光銅照昏｜｜日温庭筠詩
暮衡斜門杜甫詩清簟疏簾看奕棋烟枝南塘｜露

丨雨葉江爲詩空餘兩岸千株柳丨丨風花作恨媒夜窗孟浩然詩松月丨丨虛燈

燼落蘇軾詩坐久丨丨丨起看比斗斜譜手抄馬祖常趙伯顯畫家山圖詩琴

客分抄丨仙翁許借壺晉書紀瞻性靜穆少交游好讀書或丨自丨寫

雨勻春圃桔槔閒

韓琦登廣教院閣詩風定曉枝蜂蝶閙丨丨丨丨丨丨丨

澆園偏多暇春深臥桔槔蕭閒雲寫致勻輭雨流膏

土潤場如滌輪安求不屢價平蔬菜譜綆冷轆轤繅

花露周遮滴車星目在高更番鴝鵒與餘事蛤蝦撈

氣醲蓬蓬遠歌忘踏踏勞聽泉頻倚樹一鷺漾漁舠

澆圃丨杜甫詩幾道泉丨交橫落慢坡多暇晉書夏侯湛傳湛爲野王令以郵隱爲急而緩
于公調政淸務間優游丨丨春溪陳羽詩象草穿沙芳色齊踏莎行草過丨丨蕭閒徐鉉
題白鶴廟詩滿洞烟霞五陵亂何峯臺榭是丨丨雲致鄒象先詩別後青丨丨流膏
管子大者爲之隄小者爲之防夾水四道禾稼不傷
歲埤增之樹以荆棘以固其地雜之以柏楊以備決
水民得其饒是謂丨丨土潤禮月令又李康運命論升之于雲則雨施沈之於地則丨丨場
滌詩豳風輪木陳章水輪賦鉤深致遠沿洄而可使在山積少成多灌輸而各由其道
不麋蘇舜欽瓦亭聯句地形窄東甲刺骨皆裂丨復能相丨價平晁補之詩茶雞戶種租宜
薄鹽不家煎丨欲丨蔬菜譜采史天文志左更五星在婁東亦秦爵名山虞之官主山澤林藪竹
木丨丨之屬亦主仁智占同右更陸游詩身嘗著禾丨兒解讀農書綆轆轤張雨無波古井

水詩去來絕攀援挽斷轆轤丨又高啓花霧吳均詩
氷壺井詩腮有定中僧休犇丨丨綆雲山輕
掩曖丨丨周遭劉禹錫詩山圍故國丨滃馬融廣成
共依霏丨在潮打空城寂寞迴頌黃塵滓
丨闇若車星星經丨騎三丨在騎官自在杜甫詩江
霧昏南總領車騎行軍之事流太丨丨
坐穩與更番舊唐書于志寧傳閹宦之徒體鳩鵲喚
悠哉非全氣丨丨丨階闥左石宮闈
易林深藥得雛丨丨丨俱來使我欣欵元好餘事漢
問詩華川三月春事忙布穀勸耕鳩丨雨書
敘傳取舍者昔人之土蛤蝦撈元稹詩泥補喧撈蛤
務著作者前列之丨丨荒郊險闞蹷王維詩
不如傴家任挑達草氣釀王維詩門前人鬧馬嘶蓬
屩撈蝦富春渚急一家喜丨如春丨丨
蓬蓬司空圖詩品歌踏列仙傳藍采和丨於市
丨丨丨春踏日丨丨歌藍采和世界
能幾何紅顏一春聽泉倚樹李白詩撥雲尋古一
樹流年一擲梭道倚樹聽流泉

鷺溫庭筠詩萬頃江田丨丨飛 漁舠鄧文原詩白髮詩翁曾天舟趣吳山一笑返丨丨

雪暗天鵝避皂雕

天色圍全暗驚飛雪夜鵝不同倉雉竄奈此皂雕何

黑壓雲容重紅分獵火多距鉤卷似鐵影瞥疾於梭

霜翮摩穹健風毛掠地過均晴空塞草側翅入煙蘿

陡作翩然逝如防弋者羅

上林秋獮蕭較射滿巖阿

天色元好問詩天丨平野莽無際陳後主雨雪曲濛濛九天丨霏霏千里深 圍 暗陶潛

聯句高柯濯條鶱飛張鷟御史推屬吏判神羊疎角
幹遠眺同｜｜鷙飛必觸邪人隼鷙｜｜先驅惡鳥
雪夜｜崔塗詩亂山殘｜孤燭異鄉人雉竄唐書高昌傳鷹飛于天｜｜于嵩黑壓
雲容重蘇軾詩｜雲翻墨未遮山曾鞏詩雲｜楚山春後雪風吹襄水坐來寒澹文詩積水浸｜
｜蘇軾詩昨日雲陰｜東風凝雪注又杜甫詩霏霏雲氣重紅燧火庾信上益州上柱國
趙王詩第二首寒沙甫岸白燧火一山紅距鉤卷似鐵六帖鳳有九苞七日｜兌｜黃
庭堅觀畫角鷹詩爪拳金鉤觜屈鐵萬里風鶱影沈
雲藏勁翮杜甫詩布衾多年冷｜｜｜衛景達
山玄王賦動之在聽隨矩步而聲繁佩之在
躬齊風趨而影｜寇準詩不堪急景似奔｜疾梭
崔護屈刀爲鏡賦｜然而電
｜初散熖爾而菱花已新霜翮摩霄健白居易詩開龍展｜
｜白居易詩誰念深籠中七換｜天翮高適詩高蹤
激頹波逸翮馳蒼｜戴良詩青冥來｜翮滄海起修

鱗風毛西都賦｜｜雨血灑野蔽天掠地蘇軾祭常山回小獵詩弄風驕馬跑空走趁兔
蒼鷹｜｜飛塞草鮑照蕪城賦白楊早落｜｜前衰側翅李邕鶻賦始飛聲而遠引忽｜
｜而橫戚白居易詩傷禽｜｜驚弓箭煙蘿皇甫冉詩吟詩向月路驅馬出｜｜翩然逝
鶺鴒賦繁滋族類乘居匹游翩｜｜有以自樂也傳燈錄達摩葬熊耳山其年魏使宋雲葱嶺回見祖手
攜雙履翩翩而｜雲問師何往祖日西天去雲歸具說其事及門人啟壙棺空惟隻履存焉弋者
羅新論｜｜挾繁弱之弓貫會稽之箭加以蒲苴之巧不能與爵｜競獲術小故也上林漢書
百官公卿表水衡都尉武帝元鼎二年初置掌｜｜苑秋獮左傳春蒐夏苗｜｜冬狩皆于農隙
以講事也巖阿晉書隱逸傳贊養粹｜｜銷聲林曲激貪止競永垂高躅
瓜緣茅屋抽長蔓

戴昺詩｜｜｜｜｜｜｜

｜耦過蔬畦出矮墻

籬豆園蔬外遶鋤屋後瓜結廬茅偃蓋緣壁蔓抽芽

瓦縫蘿胃補牆陰葉半遮縈青沿蘚骨扶綠上檐牙

小圃苗絲瓞虛亭影宿花伏鵙三春東引繭一繩斜

野色墾雲瘦春聲賞雨賒夕陽藤架滿重訪故侯家

籬豆高啓詩野蟲催響天將夕｜｜垂花雨稍寒園蔬後漢書安帝紀學舍頹廢鞠爲｜｜

鋤瓜白居易詩泰時列故侯老作｜｜士屋後陸游詩稍從牛｜｜却過鶴巢時結廬

唐書王績傳仲長子光隱者也無妻子｜｜比渚人三十年又陶潛詩｜｜在人境而無車馬喧偃

蓋抱朴子大陵｜｜之松大谷倒生之柏凡此諸木皆與天齊其長地等其久緣壁後漢書東方

朔傳上使諸數家射覆置守宮盂下射之皆不能中朔日跂跂脈脈善｜｜是非守宮即蜥蜴

抽芽 茶苑總錄段成式謝因禪師云忽惠荆州紫筍茶一角寒茸擢筍本貴含膏嫩葉｜｜方珍搗草

瓦縫 杜牧阿房宮賦釘頭磷磷多于在庾之粟粒｜｜參差多于周身之帛縷

蘿補 杜甫詩牽｜｜茅屋

牆陰 大戴禮｜｜無日不我知也鄙夫鄙婦相會於｜｜可謂密矣明日則或揚其言矣

葉半遮 蘇軾詩便應築室苕溪上荷｜遮門水浸階司空圖詩總是此中皆有恨更堪微雨｜｜山

縈青 柳宗元始得西山宴遊記｜｜繚白外與天際四望如一

蘚骨 謝宗可松技火詩｜｜誰教劫火侵欲將春意破窮陰

扶綠 迺賢月湖竹枝詞五月荷花紅滿湖園園荷葉綠雲扶

檐牙 杜牧阿房宮賦廊腰縵迴｜｜高啄

小園 蘇軾詩清江入城郭｜｜生微瀾

苗 馬臻詩野田春蔓苦瓜｜

綿瓞 詩｜綿瓜｜

虛亭 韓愈詩急時促暗棹戀月留｜｜

影

宿花常建宿王昌齡隱居詩茅亭宿花影藥院滋苔紋伏鴟爾雅茅鴟怪鴟注似鷹而白蜀都賦交讓所植蹲鴟所伏注蹲鴟大芋也三脊史記封禪書江淮之間一茅丨丨所以爲藉也束詩白茅純丨引蔓元史焉古孫澤傳使者旁午隨地置獄株連蔓丨陸倕刻漏銘微若抽丨逝如激電一繩後漢書徐穉傳穉謂茅容曰爲我謝郭林宗大樹將顛非丨丨所維何爲棲棲不遑寧處野色李白詩茅草換丨丨牽雲李賀洛姝真珠詩玉喉窱窱排空光丨丨曳雪留陸郎春聲杜甫詩鷗泛已丨丨賞雨司空圖詩品丨丨茅屋夕陽詩大雅又杜甫詩丨丨薰細草江色映疏簾藤架上官昭容詩書引丨爲丨人將薜作衣故侯史記蕭相國世家召平者故秦東陵侯秦破爲布衣貧種瓜于長安城東瓜美世俗謂之東陵瓜韋應物詩誰能更闢青門外秋草茫茫覓丨丨

曉鶯窗戸客爭棋

陸游詩疏雨池塘魚避釣｜｜｜｜｜｜

不了殘棋局朝來共客爭幽窗拋蝶夢綺戸唤鶯聲選樹宜深晥敲花憶短檠晨拋人算劫簾捲鳥窺枰聽載林間酒談聞紙上兵引吭珠乙乙落手玉丁丁日暖調簧慶風流賭墅贏金衣傳信慣何處覓書城

不了 晉書庾純傳賈充宴朝士而純後至充曰何以在後純曰且有小市井事｜｜是以來後 殘

棋局 陸游詩暮窗留客算｜｜後漢書張衡傳奕秋以棊｜取譽王豹以清謳流聲 朝來 晉書王徽之傳為桓冲參軍冲曰卿在府日久比當相料理徽之初不酬答直高視以手版拄頰云西來｜｜

致有共客黄庭堅詩松風佳于鵠詩丨抛蝶夢
爽氣客共茶夢小僧圓幽窗丨聞墜葉
杜荀鶴詩笑躡紫雲金作闕夢丨塵世鐵爲般莊子
昔者莊周夢爲蝴蝶栩栩然蝴蝶也自喻適志與不
知周也我而覺則蘧蘧然周也不知周之夢爲蝴蝶
與蝴丨之丨爲周與周與蝴綺戶温庭筠吳苑行丨
蝶則必有分矣此之謂物化丨雕檻長若此部
光歲歲與鶯聲元好問詩香玉春來因不勝啼鶯丨
如歸來夢幾時譍劉得仁詩御林聞有早丨丨
丨玉檻春遷樹丨盧照隣詩鶯啼非深院李中詩鶯花
香九陌晴丨丨魚戲不驚綸丨丨甫書劍
滿牀敲花趙師秀約客詩有約不來短檠韓愈丨燈
塵過夜半開丨棋子落燈丨丨歌長檠
八尺空自長丨丨人算刼范梈詩齊丨舊丨無遺策
二尺便生光漢史新藏有贖錢水經注
阮蘭字茂弘爲開封令縣側有劫賊外白甚急數阮
方圓棋長嘯吏云劫急阮曰局簾捲鳥窺杜甫詩花
上有丨亦甚急其耽樂如是亞欲移竹

烏窺新枰博局楊子方言聽載酒高隱外書戴顒
捲簾　投博謂之｜　春日攜雙柑斗
酒往｜黃鸝聲漢書揚雄傳贊家素貧林閒孫綽天
嗜酒時有好事者｜｜肴從遊學　台賦朱
閒玲瓏於｜｜玉堂談麈紙上兵世說王中郎以圍
掩映于高隅｜　　棊是坐隱支公以
圍棋爲手｜庾信賦｜兵金匱棲戰引吭會經博則
玉堂劉三吾詩朝野猶誇｜｜｜　利箭鳴則
｜｜珠王惲詩串｜乙乙王羲之十七帖足下所云皆
｜｜喉穩怯春寒　盡事勢吾無閒然諸問想足
下別臭不落拏杜甫詩崑意青草玉丁王禹偁黃
復｜｜　湖扁舟｜吾｜　州竹樓記
宜圍棋子聲丁丁然陸龜日燬歐陽修詩｜｜調贊
棠詩擊霜寒｜亂｜｜　山鳥鳴交加
脆歐楊修詩燬入鶯簧舌漸調王彥泓久秀風流後
詞｜坐恰喜銅｜｜掃鱗唯憐蠣蔕輕　漢
書王暢傳園廟出于章陵三后生自新野士女沽教
化黔首仰｜｜自中興以來功臣將相繼世而降

賭墅晉書謝安傳苻堅率衆百萬次淮淝加安征討大都督命駕出山墅親朋畢集與幼度圍棊丨別丨遊涉至夜乃還指授將師各當其任

金衣天寶遺事明皇於禁苑中見黃鶯呼為丨丨公子

傳信王禹偁詩京中吏去慵丨丨江外僧來與撰碑

何處崔顥黃鶴樓詩日暮鄉關丨丨丨是煙波江上使人愁

青城庾信詩赤岸繞新村丨丨臨綺門接元和郡國志丨丨縣因山為名垂拱二年改為蜀州開元十八年仍為丨丨

貍奴氈暖夜相親
陸游戲書間適詩鸚鵡籠寒晨自訴丨丨丨丨丨丨丨

故物青氈在相依夜榻俱守寒憐鶴子偎煖愛貍奴
薄襯鵝毛罽溫分鵲尾鑪嫌他冰簟冷伴我佛燈孤

屏障圍雲毋花茵擁雪姑護書依枕藉壽夢變氍毹
熟與銜蟬字慵描却鼠符闌干晴日午睡損錦茵無
故物青氊杜甫玉華宮詩當時侍金輿｜｜獨石馬晉書王獻之傳獻之夜卧齋中而有偷人入其室盜物都盡獻之徐曰偷兒｜我家舊物可特置之羣偷驚走
相依阮籍詩迴風吹四壁寒鳥｜因｜
夜榻陸游詩朝鑪獸炭騰紅醆｜｜虀黏擁紫茸
守寒鶴子鄭昂林處士幽居詩歲饉無人供藥把天寒有｜鶴守梅花海賦島鄰離縱鶴子淋滲
偎愛列子黃帝篇不｜不｜偎聖爲之臣
鵝毛罽酉陽雜俎安祿山恩寵莫比其所賜品自有繡｜｜氊兼令瑤令光就宅張設爾雅氂罽也注毛罽所以爲｜疏所謂毛緼也織毛爲之若今之氍毹以衣馬之褶鞦也
溫
鵲尾鑪宋之問詩豫屋喜鑪｜皮日休詩｜｜金｜｜一世焚
冰簟冷溫庭筠詩｜｜｜｜銀牀

夢不成虞集寄友詩湘筠簟丨伴我白居易詩丨丨
魚波合梅柏梁深燕語通綠槐陰下歇向
君紅旆馬戴詩松門山半寺雨夜丨丨前屏障
影前行佛燈孤丨張詠詩一溪風雨夜燈丨丨
圍雲母晉書阮籍傳拜為東平相籍乘驢到郡壞府
舍丨丨使內外相望法令清肅旬日而還王
惲詞雲影湖光淡無際錦屏丨李花茵開光天寶遺
商隱嫦娥詩丨丨屏風燭影深事學士許慎
宴花圃朱嘗貝幄設坐使童僕物類相感志俗
聚落花鋪坐下曰吾自有丨丨雪姑呼鵲鴿為丨丨
鳴則天當大雪又性護青秦觀龍瑞宮詩鶴銜寶箭
好食雪故名丨丨拼空出龍丨金丨帶甫來
枕藉杜甫詩前後百卷詩夢蘇軾詩閉毷毛見上鶩
文丨丨皆禁臠戶時丨丨瞿俞毛繡注
古樂府坐銜蟬蔡天敵乞貓詩腐儒生計却鼠符桂
客氊丨丨惟黃卷乞取丨丨與護持去苑
叢談唐僖宗末廣陵八闌干溫庭筠詩吳波不動楚
杜可均能書符却鼠山曉花壓丨丨春疊長

晴日午蘇轍詩修廈欺｜｜重簾度細風風錦芳朱騷吉格｜｜遊都市天寒隹華山之問初至崔卩詩｜續纖｜蘇冊青畫松不

里儒朱墨開冬學陸游北窗詩｜｜｜｜｜｜廟史牲牢祝歲穰

又取比鄰鬧冬烘笑里儒青氈留故物朱墨課生徒時恰農桑暇師原何讀粗暫教書塾設聊闢硯田無指授鄉音雜頭銜學究呼東塗西抹慣春誦夏絃俱駒隙匆忙甚羊修淡薄無村童欣換歲乞汝寫桃符比鄰鬧陸游秋日郊居詩兒童冬學鬧比鄰冬烘摭言鄭薰謂顏標是魯公後以為狀元人

嘲曰主司頭腦太丨丨錯認顏標作魯公　青氊　故物　見貍奴氊縢夜相親詩註　生徒

後漢書寇恂傳恂素好學乃修鄉校教丨丨聘能爲左氏春秋者親受學焉　農桑　服漢書食貨

志務民於丨丨薄賦斂廣畜積以實倉廩備水旱故民可得有也韋應物詩讌集親農丨坐歌聽訟餘

師　句讀　韓愈師說彼童子丨受之書而習丨丨者非吾所謂傳道而解惑也　書塾

湘山野錄江州陳氏別墅建家塾聚書四方學者伏臘皆資焉江南名士皆肄業于其家　開硯田

蕪孟子田野丨唐庾詩丨丨無惡歲酒國有長春老子朝甚除旧甚丨倉甚虛　指授　魏書高允

傳允所引劉模者頗涉經籍允修撰國記與俱緝著允年九十目手稍衰多遺模執筆而丨丨裁斷之

鄉音　范成大詩乍聽丨丨直是歸　頭銜　擁遺仁王寺僧喜唱望江南後出主一刹未幾欲歸

歌曰當初只欲轉丨丨轉得丨丨丨轉不堪何似仁王高閣上倚闌閒唱望江南　學究　唐書選舉志明

經之別有五經有三經有二經有丨丨一經有三禮有三傳宋史太祖紀賜襴衣王澤方同丨丨出身

東塗西抹 陸游詩西抹復東塗

春誦夏絃 禮記丨丨丨丨大師詔之瞽宗

駒隙 史記留侯世家學辟穀導引輕身呂后德留侯乃強食之日人生一世間如白丨過丨何至自苦如此乎

怱忙 杜甫詩暮婚晨告別無乃太丨丨丨

羞修 魏書劉昞傳號元處先生學徒數百日致丨酒論語自行束丨以上

淡薄 顏延之五君詠向秀甘丨丨深心托豪素

村童 杜甫詩黎場憐穴蟻拾穗許丨丨

換歲 白居易和微之寄詩別君只如昨芳歲換六七

乞汝 庾信柳霞志銘世父忠惠公特加器異謂公曰吾昔逮事伯父太尉公見語云我昨夢一高樓吾以坐席丨丨汝或富貴恨吾不及見耳

桃符 六帖正月一日造丨丨著戶謂之仙木百鬼所畏蘇軾詩老去怕看新歷日退歸儗學舊丨丨

雪擁春蓑衣自温

方岳詩甫荒寒草秋如洗｜｜｜｜｜｜｜

不羨金貂擁漁蓑一領存夜深知許雪春到自然温
客龍臨江釣天留挾纊恩襹褷冰繭護偎倚凍鴟蹲
蘆絮侵詩骨梅花穩夢魂負暄遲白醉臥月伴黄昏
風重愁掀笠霜晴待曬褌披衣晳樣緑宿酒尚留痕

不羨漢書司馬遷傳去健羨黜聰明注知雄守雌是去健也｜見可欲使心不亂是去｜｜也金貂漢書谷永傳敕正左右齊栗之臣戴｜｜之飾執豸常伯之職者皆使學先王之道知君臣之義漁蓑圖畫見聞志鄭谷有雪詩云江上晚來堪畫處漁蓑｜人披得一｜歸時人多傳誦段贊善善畫因

採其詩意景物圖寫之曲盡瀟灑之思持以贈谷谷爲詩寄謝云愛余風雪句幽絕寫丨丨

一領 晉書盧志傳帝賜盧志衣一襲鶴綾袍丨丨

夜深 杜甫贊公房詩丨丨殿突兀風動金琅璫

如許 蘇軾詩明朝門外泥一尺始悟三更雨丨丨

春到 劉禹錫揚枝詞迎得丨光先丨來淺黃輕緑映樓臺

自然 老子人法地地法天天法道道法丨丨

客罷臨江釣 虞集詩前澗魚遊留丨釣鄭巢詩秋江丨釣行謝靈運詩丨丨遲來客柳宗元詩獨丨寒江雪

天留 蘇軾詩萬木鎮雲龍丨丨與戴公

挾纊恩 段文昌平淮西碑乃命御史中丞裴度布丨丨之丨奉如綸之命离徙韋莊劉雪詩皓鶴丨丨飛禾示不辨玉山重疊凍相連

冰蕭 拾遺記員嶠山東有丨籠長七才黒色有角有鱗以霜雪覆之然後作丨長一尺其色五彩織爲文錦八水不濡以之投火經宿不燎

傴僂 羅隱詠柳詩瀰岸晴來送別頻相丨相丨不勝春

凍鷗蹲 歐陽修詩見吟愁鳳語翁

坐丨丨**蘆絮**孝子傳閔損後母所生子衣以棉絮損以
丨丨花丨父欲出之損曰毋在一子單母去
三子寒**侵詩骨**呂栖詩夜深**梅花**龍城錄師雄遷羅
遂止寒露丨丨丨浮日暮于松林酒
肆旁見一美人淡裝素服因與語酒家**穩夢魂**尹亭
共飲師雄醉寢起視在大丨丨林下高耕
雲郎事詩夢丨疑宵短心閒覺晝長詞話晏丨山詞
丨丨慣得無拘檢又踏楊花過謝橋伊川見之曰鬼
語也意**負暄**列子宋田父自曝于日顧謂其妻曰丨
亦賞之日之丨人莫知者以獻吾君將有重賞
白醉輟耕錄閒元時高太素隱商山起六逍遙館各
製一銘其三爲冬日初出銘曰折膠墮指夢想
負背金鑼騰空**臥月****黃昏**呂仙牧童絕句歸來飽
暎檐丨丨飯黃昏後不脫蓑衣臥
月**風亞****掀笠**左傳拔旆投衡疏旆扇丨丨故馬便
明旋而不能進蒲道源詩風丨危帽整
還偏胡長孺詩青**霜晴**溫庭筠詩山近覺**曬褌**王安
蓑綠丨風煙下寒早草堂丨氣丨石詩

會須重丨披衣信王贈李泌詩夜掩苔樣綠崆游詩
阮郎丨九仙骨朝丨一品丨新買一
梭丨宿酒痕蘇軾詩欠伸丨丨餘起坐濯清泚白
丨丨居易故彩詩袖中吳郡新詩本襟土
杭州舊
酒丨
閒敲巖菓呼猿接
杜荀鶴詩丨丨丨丨丨
丨丨時釣溪魚引鶴爭
絕似呼猿洞清幽境隔凡獻花曾佛座接果此仙巖
馴性依藤杖閒情倚藥鑱丸抛枝麗冣響應石空嵌
解語同鸚慧儲糧倩鶴監勞酬煎茗役渴慰望梅鑱
隧甬餘猿藉零星任鳥鵑援琴還引和嘯月抱蒼杉

呼猿洞宋史禮志紹興二十九年皇帝御紫宸殿北使見畢遂宴垂拱殿見之二日與伴使偕往天竺燒香次至冷泉亭丨丨丨而歸

清幽境唐明皇詩坐朝繁聽覽尋勝在丨丨李頎詩行人與我歒幽丨北風切切吹衣冷

隔凡名勝志林屋洞天在包山深窈幽罘遊者列炬而入壁上下皆作金色有石乳自上至地瑩如白玉所謂金庭玉柱也中設石牀稍進流水阻絕不知何入所題曰丨丨字勢飛逸疑非八間書也

獻花五燈會元世尊因地布髮掩泥丨丨于然燈然燈見布髮處遂約退象乃指地曰此一方地宜建一梵刹

佛坐白居易香山寺經歲記堂中間置高廣丨丨一座上列金色像五百像

仙巖李德裕詩丨丨接絳氣谿路雜桃花

馴性許棠雙鷺詩天然不興凡禽類傍砌聽吟性自馴

藤杖杜甫呈楊綰詩兼將老丨丨扶汝醉初醒

閒情梁昭明太子陶靖節集序白璧微瑕惟在丨丨一賦

藥鑪陸游詩正令不遇亦何慊丨丨丹爐老青嶂

丸

枝麗穀徐寅詠荔枝詩珠彈星丨燈日光綠瓊丨散小香囊元微之連昌宮詞風動落花紅丨丨

響應石洽聞記南嶽峋嶁峯有一石呼喚則丨南州南河縣東南丹溪有響丨壯如卧獸人呼之應笑亦應之塊然獨處亦號曰獨石

空嵌范成大假山詩或瘦露丨丨

解語開元遺事太液池白蓮開明皇指妃子曰何如此丨丨花

鸚慧張華鷦鷯賦蒼鷹鷙而受緤丨鵡丨而入籠

儲唐書獨孤及傳以糧儲屏履之資充疲八貢賦歲可減國租半

鶴皮日休詩園蔬預遣分僧料廩粟先教算丨糧

勞酬周書武帝紀建德二年十二月癸巳詔尊年尚齒列代弘規序舊酬勞括王明範

煎著陸游詩委巒看山無鐵獺恰樵丨丨有青猿

渴

望梅世說魏武行役失汲道軍皆丨乃令日前有大梅林饒子甘酸可以解渴士卒聞之口皆出水乘此得及前源李紳詩淮口值春偏悵丨數株臨水是寒丨

墜雨謝朓辭記室箋邈若丨丨翩似秋帶

狼藉韓愈感春詩狂

風簸枯榆｜烏鵲元稹詩菌須蟲巳 援琴 引和子
｜九衢內蠹果重｜光｜ 華
子孔子轍環子河滸彿濟｜｜寫志命之曰臨河之
操嵇康琴賦曲｜向闌衆音將歇貢師泰詩懸深花
拂琴絲｜小吏杜荀鶴早發詩落葉鋪霜
呼籌備又過 嘯月 馬蹄滑寒猿｜｜人心孤 抱蒼
杉 僧惠洪山寺早秋詩千本｜
｜俱合抱夕陰相映寒蟬噪
慣遲作答愛書來
吳偉業詩不好詣人貧
客至｜｜｜｜｜｜｜
任作嵇康懶知多不棄予慣遲實戲答翻愛客遺書
敢希應能恕郵筒莫便疏覆函羈一鴈飛札盼雙魚
玉未抛瓢引金休惜疊如蘭言愁渺渺竹報正徐途

容我攜吟債多君慰寂居往來投贈孰禮數入刪除
嵇康懶王維山中示弟詩莫學｜｜｜且安原憲貧知交後漢書王丹傳論王丹難于交
執之道斯｜｜矣棄予詩經｜｜如遺賓戲答漢書敘傳固以著述爲業或譏以無功又
咸東方朔揚雄自諭以不遭蘇張范蔡之時曾不折之以正道明君子之所守故聊復應焉其辭曰｜｜
主人倪瓚詩藝場馳騁｜賓戲客遺書古詩｜從遠方來｜我雙鯉魚呼童烹鯉魚中有尺素｜｜
敝帚魏文帝典論夫人難于自見而非一體鮮能備善是以各以所長相輕所短里語曰家有｜｜
享之千金此不自見之患也郵筒貫休詩尺書函裁罷寄｜｜一鴈陸龜蒙詩欲寄
一｜聊問訊洪喬甯作致書郵庾信哀江南賦李陵之雙鳧永去蘇武之｜｜空飛飛札元稹詩紫
臺｜｜看猶溼黃字新詩和未成雙魚見上客遺書注玉抛甎章碣詩珠｜亂｜高駿佛

綺羅深拜遠山僧盧綸詩倚金樓鑰催老
玉齡成雜投丨敢望酬惜墨如融墨戲詩
古人惜墨如惜丨蘭言易經同心之渺李益長干
老融丨丨丨惜命丨言其臭如蘭渺行丨丨暗
無邊行人竹報段酉陽雜俎北都唯童子寺有竹一窠
在何處纔長數尺其寺綱維每日報竹平安
丐集韻音蓋乞也徐徐易經來吟債劉克莊答李泉
取也又與也丨丨州詩平生陳無
已白首索居禮記子夏曰吾離羣而丨丨亦已久矣
償丨丨謝靈運詩丨丨易永久離羣難處心
往來禮記禮投贈祖詠酬李別駕詩所愧禮數白居
尚丨丨能丨丨清言益潤身易詩
客來存刪除丨廣韻
丨丨丨削也
酒徒頻約典春衣
陸游山園詩世事只成驚
老眼丨丨丨丨丨丨丨

頻爽旗亭約追隨愧酒徒春衣猶可典村釀不愁沽
莫惜歌金縷相期倒玉壺拌將搜篋去抵得拔釵無
利且償三倍寒休戀五銖促教童折券笑比吏催租
鵝絮何妨擁鶯花未肯辜杖頭錢已換同卧阮家爐
爽約李商隱爲張周封上楊相公書郭攸還朝旗亭
尚不欺於童子友侯稜獵甯｜｜干虞入
見時晴齋｜追隨曹植公讌詩清夜遊村釀沽蘇
｜賭唱注西園飛蓋相｜｜軾
詩不羨紫駝分御食不愁劉長卿詩孤莫惜金縷
自遣赤脚沽村釀客｜勝｜
杜秋娘金縷衣詩勸君｜相期韻府摘句青林玉壺
｜｜衣勸君惜取少年時碧樹暗｜｜
司空圖詩品搜篋拔釵元稹詩顧我無衣｜盡利
｜｜買春｜泥他沽酒｜金｜

三倍易經爲近丨市丨丨寒窻溫庭筠春日偶作詩夜聞猛雨拌花盡丨丨重衾覺夢多

五銖李商隱[illegible]寒長著丨丨衣折劵史記高祖紀嘗從王媼武負貰酒醉卧武負王媼見

其上常有龍怪之高祖每酤留飲酒讎數倍及見怪歲竟此兩家常丨丨棄責吏催祖薩都

刺詩又不聞田家婦日埽春蠶宵織布催祖縣吏夜打門摒斂布裙夫短袮鶉縈擁孫卿

子子夏家貧衣若縣丨白居易詩妻知年老添衣丨婢報天家撥酒醅許渾詩柳絮丨堤添衲軟鶯

花丨高騈詩不辭不爲青春去只恐丨丨也醉八杖頭錢晉書阮修詩修嘗步行以百錢掛杖

頭至酒店便獨酣暢家無擔石晏如也已換盧肇詩褒衣丨丨金章貴禁掖曾隨玉樹榮同

卧史記諸少孫任安傳安與田仁俱爲衛將軍舍人君門下同心相愛兩人丨牀丨阮家鑪

世說新語丨公鄰丨婦有美色當丨酤酒阮與王安豐常從婦飲酒阮醉便眠其婦側夫殆殊疑之伺察終無他意